Das Buch

Drogen machen Schlagzeilen: 2099 Rauschgiftopfer verzeichnet das Bundeskriminalamt für das Jahr 1992. Drogen machen reich: Weltweit fließen gigantische Profite zwischen den Banken der Steuerparadiese hin und her. Und Drogen machen Politik: Zahlreiche Konflikte werden auch vom »schmutzigen« Geld genährt, Korruption bestimmt die Machtverhältnisse nicht nur in nicht-demokratischen Staaten. Man kann von einer neuen »Weltunordnung« durch die Drogen sprechen, an der nationale und internationale Sicherheitsdienste und Anti-Drogen-Kampagnen faktisch scheitern.
Nun liegt erstmals ein in dieser Breite und Zusammenstellung bisher einzigartiger Jahresreport über die Verflechtungen der weltweit operierenden Rauschgiftkriminalität vor: mit genauem und äußerst schwer zugänglichem Datenmaterial aus 65 Staaten, auf dessen Basis Drogenproduktion, -handel und Geldwäsche in Zusammenschau mit Verletzungen von Menschen- und Minderheitenrechten, mit Umweltschäden, Waffenhandel, Korruption und regionalen Konflikten analysiert werden. Bisweilen spannend wie ein Krimi, bietet dieser Bericht eine fundierte Auseinandersetzung mit den politischen, ökonomischen und gesellschaftlichen Rahmenbedingungen der behandelten Länder.

Die Herausgeber

Observatoire géopolitique des drogues (OGD) ist eine 1990 gegründete, nicht-staatliche Organisation mit Sitz in Paris, die ein weltweites Korrespondentennetz mit 150 Mitarbeitern unterhält. Sie gibt einen monatlichen Informationsdienst (The Geopolitical Drug Dispatch) heraus, der in 50 Ländern erscheint.

Der Welt-Drogen-Bericht
Ein Jahresbericht von
Observatoire géopolitique des drogues (OGD)
Mit 16 Karten

Vorwort für die deutsche Ausgabe von
Berndt Georg Thamm
Aus dem Französischen von
Norbert Neumann und Thomas Lemke

Deutscher
Taschenbuch
Verlag

Für die deutsche Ausgabe wurde das Deutschland-Kapitel aktualisiert und erweitert von Berndt Georg Thamm.

Deutsche Erstausgabe
Dezember 1993
Deutscher Taschenbuch Verlag GmbH & Co.KG, München
© 1993 Hachette, Paris
Titel der französischen Originalausgabe:
La Drogue, nouveau désordre mondial
ISBN 2-01-020742-4
Karten von Elizabeth Morin
© der deutschsprachigen Ausgabe:
Deutscher Taschenbuch Verlag GmbH & Co.KG, München
Umschlaggestaltung: Klaus Meyer, Ruth E. Kreider
Gesamtherstellung: C.H. Beck'sche Buchdruckerei, Nördlingen
Printed in Germany · ISBN 3-423-30401-4

Inhalt

Vorwort zur deutschen Ausgabe 9
Einleitung 13
Warum ein Jahresbericht? (13) – Bilanz 1992: Anstieg der Gefahren (15)

Gebrauchsanweisung 17

Südwestasien 19
Pakistan 21
Die Auswirkung der Konflikte in der Region (21) – »Ein von Drogenbaronen als Geisel genommenes Land« (23) – Von der Seidenstraße zur Straße nach Punjab (25) – Ambivalente Haltung der westlichen Länder (27)
Afghanistan................................ 31
Der schwere Tribut des Krieges (31) – Die Rückkehr einer Million Flüchtlinge (33) – Halbpächter und Grundbesitzer (34) – Die Rolle der Kommandanten (35) – Alternative Entwicklungsprojekte und neue Schmuggelrouten in Badachschan (38)
Iran 39
Indien 41
Nepal..................................... 44
Bangladesh 45
Sri Lanka 46

Südostasien 47
Birma (Myanmar) 49
Inszenierte Drogenvernichtung für Journalisten (49) – »Gewandelte« Rotgardisten (50) – Die vierte Seite des Goldenen Dreiecks (51) – Die drei Brüder der »Brigade 525« (53) – Die Vorzeigestadt des Khun Sa (55) – Der Test von Kokang (56)
China..................................... 58
Transit, Produktion und Weißwäscherei (58) – Säuberungen (60) – Widersprüchliche Politik (61)
Hongkong................................. 62
Thailand................................... 63
Königreich des Schmuggels und der Geldwäsche (63) – Vernichtung der Mohnfelder, Ökologie und Drogensucht (66)
Laos 68
Ersatz von Cannabis und Opium durch Heroin (70)
Kambodscha 71
Vietnam 72

Philippinen 73
Die Opiumkriege 74

Ex-UdSSR 77
Rußland 80
Ein steiler Anstieg (80) – »Moskau unter Drogen« (82) Tschetschenen und Aserbeidshaner (84) – Die neue Goldgrube der Mafias (86)
Ukraine und Weißrußland 87
Lettland 88
Litauen 89
Usbekistan 91
Produktionsaufschwung und Mittelknappheit (91) – Errichtung von Schmuggelringen (93)
Tadschikistan 94
Kasachstan 95

Zentral- und Westeuropa 97
Ex-Jugoslawien 99
Das Kosovo-Netz (99) – Die neuen Balkanrouten (100)
Ungarn 102
Ein Transitland (103) – Synthetische Drogen (104) – Eine Oase für Geldwäscher (106)
Rumänien 107
Polen 108
Schweiz 110
Vom Ghetto zur Entkriminalisierung (110) – Nachgiebigkeit der Strafverfolger (111) – Unzureichende juristische Zusammenarbeit (113) – Gegen Journalisten statt Bankiers (114)
Niederlande 115
Großbritannien 117
Deutschland 118
Drogenbekämpfungsorgane (118) – Drogenschmuggel (119) – Staatliche Drogenpolitik (121) – Oppositionelle Drogenpolitik (123) – Trends (124)
Luxemburg 125
Frankreich 127
Mehr Sicherstellungen und höherer Drogenkonsum (128) – Magere Ergebnisse (130) – Mafiaabkömmlinge (131) – Große Gesetzesmanöver (132) – Keine einheitliche Politik (133)

Mittelmeerländer 135
Türkei 137

Neue Heroinwege (137) – Kokainkonsum (141) – Die PKK und die Droge (142) – Die Türkei klagt Irak und Syrien an (144)

Libanon und Syrien 145
Echte und falsche Antidrogenkampagnen (146) – Drogen im Tausch gegen Frieden (147) – Kokainlabors (149)

Marokko 151
Die Cannabisrouten (153) – Europäischer Druck (155) – Die Kif-Abgeordneten (156) – Mafiose Verbindungen (158)

Algerien und Tunesien 159

Spanien 161
Der »Flugzeugträger für Drogen« (161) – Die galicischen Clans (162) – Marokkanisches Haschisch (164) – Die ›Guardia Civil‹ auf der Anklagebank (165) – Geldwäsche und Strafgesetze (166)

Italien 167
Die »Stidde« (167) – Mafia und Politik (168) – Ein Wendepunkt: Die Ermordung Salvo Limas (169) – Umbrüche innerhalb der Cosa Nostra (171) – Der Gegenschlag des Staates (172) – Die Beschuldigung Bruno Contradas (174) – Die Festnahme Toto Riinas (176) – Von den Massakern zur Vermittlung? (176) – Chronologie (178)

Subsaharisches und südliches Afrika 181
  Subsaharisches Afrika 184
  Die Professionalisierung der Drogenhändler (185) – Der nigerianische Brückenkopf (187) – Drogenhandel und Korruption (188) – Kriege und Drogen (191) – Demokratie und »gedopte« Ökonomie (194)
  Südliches Afrika 197
  Die Ökonomie des Mandrax (197) – Drehscheibe Durban (198) – Polytoxikomanie und harte Drogen (199) – Die Ankunft des Kokains (200) – Drogen und Demokratieprozeß (201)

Die Antidrogenpolitik der USA in Lateinamerika 203
Eine kontinentale Zuspitzung (204) – Die verlorene Schlacht (205) – Zurückschraubung der Ziele (206) – Marihuana in den USA (207)

Mittelamerika 209
  Guatemala 211
  Honduras 212
  Nicaragua 213
  Costa Rica 214
  Panama 215

Südamerika 217
  Peru 219
    Neue amerikanische Priorität: die Guerillas (219) – Die Kokainsteuer (222) – Maoisten, Narkos und Militärs (223) – In Richtung Narkoregime (225)
  Bolivien 226
    Das Scheitern der Substitutionspolitik (228) – Die nächste Stufe in der Drogenproduktion (230) – Die »Diplomatie des Cocablattes« (231) – Elitetruppen und militärisches Eingreifen der USA (232) – Kolumbianische Ansteckung? (234) – Wahlen und Drogenbekämpfung (235)
  Kolumbien 236
    Opium, Gewalt und Umweltdesaster (236) – Verhandlungen und Unterwerfung unter die Staatsgewalt (240) – Rückkehr zum Ausgangspunkt (243)
  Argentinien 244
  Brasilien 246
  Chile 248
  Ecuador 249
  Paraguay 250
  Uruguay 251
  Venezuela 252

Drogen und regionale Konflikte 255
  Von lokalen Konflikten zu regionalen Umwälzungen (255) – Orte der Machtanhäufung (256) – Internationale Netzwerke militanter Gruppen (259) – Kriege von »Drogenhandel-Staaten« (260) – Kriege um Drogen (263) – Die Bekämpfung der Geldwäsche (264) – Weltweite Mobilisierung mit mageren Ergebnissen (264) – Eine beunruhigende Bilanz (265) – Widersprüchliche Politik (267) – Neue Gebiete der Geldwäsche (269)

Die innerstaatliche US-Drogenpolitik 273
  Konsumenten unter Beschuß (273) – Behandlungsweisen der Sucht (275) – Der organisierte Drogenschmuggel (276) – Militarisierung der Drogenbekämpfung (277) – Dealer und Gangs (278) – Kriminelle Logistik und Geldwäsche (279) – Meinungsumschwung in der Clinton-Administration (280)

Glossar 281
Literaturverzeichnis 283
Namenregister 285

Vorwort zur deutschen Ausgabe

Für die Völkergemeinschaft ging 1990 ein jahrzehntelanger »Kalter Krieg« zwischen Ost und West zu Ende. Zugleich trat sie in einen Krieg gegen die Drogen ein, den »war on drugs« der Amerikaner. Die Wurzeln dieses von den USA internationalisierten »war on drugs« sind über zwanzig Jahre alt. Sie liegen in der Zeit des zweiten Indochinakrieges, als die USA erstmals massiv mit der Heroinproblematik konfrontiert wurden. Den Drogenmißbrauch erklärte Präsident Nixon 1971 zum »Feind Nummer eins«, hatte dieser doch im Lande zu einem »nationalen Notstand« geführt. In der Folge wurde mit Ende des Vietnamkrieges 1973 die Rauschgiftabwehr-Bundesbehörde Drug Enforcement Administration (DEA) gegründet. Zehn Jahr später rief Präsident Reagan das National Narcotics Border Interdiction System (NNBIS) als Instrument zur Drogenbekämpfung ins Leben und unterstellte es seinem Vizepräsidenten Bush. 1986 erklärte die Reagan-Administration den Drogenhandel zu einem Problem der nationalen Sicherheit. Im Zuge des nun einsetzenden »nationalen Feldzuges gegen die Drogensucht der Amerikaner« wurde auch das NNBIS umorganisiert, war 1989 nun ein Teil des Office of National Drug Control Policy. Das vom sogenannten »Drogenzaren« (drugczar) geleitete Büro wurde auf Anregung des Präsidenten Bush gegründet. Dieser hatte im September 1989 sein Anti-Drogen-Programm als »Mehrfrontenstrategie gegen eine nationale Seuche« bekanntgegeben. Mit Realisierung dieser Strategie begann 1990 die Militarisierung der Rauschgiftbekämpfung. Doch war und ist dieses Konzept, das drogenpolitisch wie kein anderes auf Repression setzt, international umstritten. Nicht wenige hielten dieses Vorgehen von Anfang an für verfehlt und wirkungslos.

Um das deutlich zu machen, gründeten in Frankreich Mitglieder der dortigen Dritte-Welt-Bewegung, aber auch namhafte Publizisten wie Alain Labrousse – quasi als Antwort auf die Drogenpolitik der Amerikaner – das von Politikern unabhängige internationale geopolitische Drogenbeobachtungszentrum Observatoire géopolitique des drogues (OGD) mit Sitz in Paris. Aus der nicht-staatlichen Organisation erwuchs in nur drei Jahren ein weltweit Informationen sammelndes Netzwerk. Informationen über Drogenproduktion, Transport und Rauschgifthandel trugen und tragen normalerweise nur Sicherheits- und Strafverfolgungsbehörden zusammmen. Internationale Polizeiorganisationen und nationale Polizeien wie in Deutschland das

Bundeskriminalamt (BKA), in den USA das Federal Bureau of Investigation (FBI) und in Großbritannien Scotland Yard, um nur einige zu nennen, sind in Sachen Rauschgiftinformation quasi Monopolisten.

OGD will unabhängig sein und verläßt sich dementsprechend nicht nur auf polizeiliches Wissen, sondern baut vielmehr auf eigene Recherchen von mittlerweile an die 150 Korrespondenten in über 60 Ländern der Welt. Die für OGD tätigen Forscher, Juristen, Journalisten, Studenten und Mitarbeiter in Dokumentationszentren belassen es bei ihren Recherchen vor Ort eben nicht bei detaillierten Kenntnissen über Schmuggelrouten und Drogenhändlerringe, sondern stellen durch nüchterne Zahlen, Daten, Fakten und mutige Namensnennungen Zusammenhänge zu Politik und Wirtschaft her: Drogenhandel und -produktion entstehen unter benennbaren politischen Rahmenbedingungen. Armut und wirtschaftliche Not in den Dritte-Welt-Ländern Lateinamerikas, Afrikas und Asiens werden nicht, wie sonst so oft bei der Drogenfrage, außen vor gelassen, sondern eindringlich dargestellt. Ebenso werden Interdependenzen zwischen politischen Interessen – von Regierungen über Widerstandsbewegungen bis zu Terrorgruppen – und Rauschgifthandel deutlich gemacht sowie der Weg von Krieg – Waffen – Drogen – Korruption – politischer Macht beschrieben. Damit geht der OGD-Drogenreport weit über die kriminal- und sicherheitspolitischen Ansätze hinaus.

Der Report ist eine Art politischer Drogenländerkunde von A wie Afghanistan bis Z wie Zaire. Über hundert Länder finden sich hier; auf über sechzig, die sieben geographischen Großräumen zugeordnet sind, wird näher eingegangen. Mit Stand von 1992/93 ist dieser Jahresbericht hochaktuell. Berücksichtigt werden sowohl die neuen Drogenschmuggelrouten, die sich durch den Bürgerkrieg in Bosnien-Herzegowina ergeben haben, als auch die neuen Hanf- und Schlafmohnanbaugebiete in der Gemeinschaft Unabhängiger Staaten (GUS). Die Aktivitäten der neuen italienischen Polizeibehörde DIA (Direzione Investigativa Antimafia), die Festnahme des Cosa Nostra Paten Toto Riina in Sizilien finden genauso Erwähnung wie das Wirken galicischer Schmuggler-Clans in Spanien und der Partiva Karkaren Kurdistan (PKK) in der Türkei. Die Drogenländerkunde wird durch hervorragende, zum Teil völlig neu erstellte Kartenwerke mehr als nur illustriert.

Der OGD-Report ist insbesondere für Journalisten, Polizisten, Zollbeamte, Wirtschafter, Historiker und Politiker eine wahre Wissensfundgrube. Sehr deutlich wird durch das detailreiche »Weltlagebild Drogen«, daß es keine einfachen Lösungen für dieses globale, vielschichtige Problem gibt. Auch das Lösungskonzept der USA, eben der »war on drugs«, steht heute mehr denn je zur Disposition. Mit erkennbaren ersten Liberalisierungstendenzen in der Drogenpolitik sucht Europa andere Antworten auf die Drogenfrage. Der OGD-Bericht, dessen jährliche Fortschreibung schon heute notwendig erscheint, hilft hierbei mit seiner faktenreichen Bilanz.

Berndt Georg Thamm
Berlin, im Juni 1993

Einleitung

Fast alle verantwortlichen Politiker werden nicht müde zu verkünden, Drogen seien eine der schlimmsten Geißeln für unsere Gesellschaft. Dabei überbieten sie sich in ihren Reden oft gegenseitig mit Sicherheitsversprechen. Zumindest kommt dieser Debatte der Verdienst zu, auf ein nunmehr weltweites Phänomen mit gravierenden Folgen aufmerksam zu machen. Das genügt jedoch nicht. Um ein Problem dieser Tragweite zu verstehen und zu bekämpfen, muß man die Zusammenhänge kennen und sich eine umfassende Vorstellung über die Verflechtungen von Drogen mit vor allem wirtschaftlichen, politischen und militärischen Aspekten bilden.

Warum ein Jahresbericht?

Wohin können sich denn Entscheidungsträger oder interessierte Bürger wenden, um sich verläßlich darüber zu informieren, was sich während des vergangenen Jahres weltweit in Bezug auf Drogen ereignet hat, und sich schließlich ein Gesamtbild machen zu können? Bis jetzt gab es nur die Wahl zwischen zwei spezialisierten Jahresberichten: Den einen veröffentlichen die Vereinten Nationen[*], den anderen das US-Außenministerium[**]. Der erste wird hauptsächlich auf Grundlage nationaler Angaben erstellt, die teilweise aus Ländern stammen, in denen führende Politiker mitunter ihrerseits in illegale Drogengeschäfte verwickelt sind; diese müssen in jedem Fall ihre aktuellen politischen und diplomatischen Belange berücksichtigen. Der zweite Bericht wird von einer Weltmacht herausgegeben, deren Entscheidungen im Kampf gegen Drogenproduktion und -handel von ihren geostrategischen Interessen bestimmt werden.

Immer mehr läßt sich feststellen, daß Informationen in diesem Bereich sorgfältig gefiltert werden. Die finanziellen und politischen Auswirkungen des in großem Stil ablaufenden illegalen Handels, von Fachleuten ausführlich auf Veranstaltungen geschildert und den offiziellen Behörden zweifellos bekannt, erscheinen in den Medien meist in einer abgeschwächten oder auf ihre spektakulärste Dimension re-

---

[*] Report of the International Narcotics Control Board (INCB) for 1992, Wien-New York, 1993.

[**] United States Department of State/Bureau of International Narcotics Matters, International Narcotics Control Strategy Report, Executive Summary, March 1993.

duzierten Form. Man kann nicht länger auf unabhängige Information, die von politischen Strategien und den jeweiligen Umständen angepaßten Diskursen losgelöst sind, verzichten. Das Observatoire géopolitique des drogues (OGD), eine unabhängige Vereinigung von Forschern, Journalisten und Korrespondenten in fast sechzig Ländern, hat sich aus diesen Gründen entschlossen, seinen eigenen Bericht vorzulegen*.

Dieser Bericht beansprucht keineswegs, allumfassend zu informieren. Vielmehr beruht die Auswahl auf einem geopolitischen Ansatz, der die Elemente des weltweiten Phänomens »Drogenproblem« mit seiner Wechselwirkung auf allen Ebenen zu erfassen versucht. Dies erstreckt sich vom einzelnen Produzenten bis zu den Großmächten, über ethnische Gruppen, politische oder militärische Kräfte, Nationen, Staaten mit ihren unterschiedlichen Regionen bis hin zu internationalen Organisationen und kriminellen Netzwerken. Alle Beteiligten, ob sie nun Bündnisse schließen oder sich bekämpfen, handeln aufgrund eigener Strategien, die immer stärker aufeinander bezogen sind. Weltweit finden in Gebieten, die sich nach Größe und natürlichen Gegebenheiten unterscheiden, Kämpfe um Macht und Gegenmacht statt, Kämpfe, die zu einer Dynamik beitragen, deren Bedrohung heute unumstritten ist.

Dabei wird deutlich, daß die pauschale Gegenüberstellung von Konsumentenländern im Norden – als bloße Absatzmärkte – und Produzentenländern im Süden – als invasive und rauschgiftanbietende Mächte – eine unzutreffende Sicht der tatsächlichen Verhältnisse ist. Dies gilt ebenso für die vorbehaltlose Grenzziehung, der zufolge auf der einen Seite der Staat wie von Natur aus als Verfechter des Rechts auftritt und auf der anderen Seite die Rolle der Drogenhändler ausschließlich den im Untergrund operierenden Kriminellen zugeteilt wird.

Um zu versuchen, die verschiedenen Dimensionen dieser Dynamik zu erhellen, hat OGD drei Themen nachdrücklich herausgearbeitet. Zum einen werden die Produktionsgebiete für Drogen bestimmt und abgegrenzt, vor allem weil viele neue Anbauflächen hinzugekommen sind. Zum anderen erfolgt die Beschreibung regionaler Konflikte, die durch Drogen finanziert, hervorgerufen oder verschärft werden, weil sie uns gegenwärtig als das vielleicht bedeutendste Merkmal des Drogenschmuggels erscheinen und zweifellos das meiste Blutvergießen verursachen. Darüber hinaus wird die Praxis

---

* Seit November 1991 veröffentlicht OGD monatlich in drei Sprachen (Englisch, Französisch, Spanisch) ein Informationsbulletin: The Geopolitical Drug Dispatch. Die Bezugsadresse lautet: OGD, B. P. 190, F-75463 Paris CEDEX 10.

der Geldwäsche dargestellt. Dies ist ein entscheidender Bereich, in dem es aber der Forschung, trotz einiger treffender Analysen, noch an genauen Daten fehlt, um weiterzukommen.

Bilanz 1992: Anstieg der Gefahren

Trotz der 1992 von der internationalen Staatengemeinschaft getroffenen Maßnahmen im Bereich der Polizeizusammenarbeit, Geldwäsche, Kontrolle chemischer Produkte, Hilfeleistungen an Erzeugerländer und Prävention hat sich die Situation weiterhin verschlechtert.

Praktisch überall werden immer mehr Drogen sichergestellt, und ebenso steigt die Zahl derjenigen, die durch eine Überdosis sterben. Läßt der Konsum einer bestimmten Droge nach, wie zum Beispiel der Kokainverbrauch in den USA, werden gleichzeitig andere Produkte wie Heroin oder Amphetamine vermehrt konsumiert. In Europa können selbst einige Erfolge gegenüber kriminellen Organisationen in Italien zum Jahreswechsel 1992/93 nicht über die Tatsache hinwegtäuschen, daß diese nicht nur in den Ländern, die das Schengener Abkommen unterzeichnet haben, sondern ebenso im ehemaligen Ostblock weiterhin auf dem Vormarsch sind. Niemand kann mehr leugnen, daß die Mafia, die das soziale Gefüge tief durchdringen konnte, in erheblichem Maße mit der Politik und Wirtschaft Italiens verknüpft ist und es wohl auch bleibt. Ebenso erkennen die mit der Bekämpfung der Geldwäsche beauftragten Polizeibehörden überall ihre Ohnmacht, die Ströme des »schmutzigen« Geldes zu kontrollieren.

Wendet man sich den Erzeugerländern zu, zeigt sich hier eine noch weitaus bedrückendere Situation. Sind in Lateinamerika bis vor kurzem lediglich drei oder vier Länder vom Drogenhandel betroffen gewesen, so gibt es gegenwärtig kein einziges mehr, das davon nicht schwer in Mitleidenschaft gezogen wäre. Darüber hinaus beginnt der Anbau von Mohn (als Rohstoff für die Opium- und Heroinherstellung) sich auf diesem Kontinent zu entwickeln. In Asien steigt die Heroinproduktion sowohl im Goldenen Halbmond (Afghanistan, Pakistan, Iran) als auch im Goldenen Dreieck (Birma, Thailand, Laos). Und in den illegalen Anbau und den Schmuggel sind vor allem neue Länder in Zentralasien, im Kaukasus, in Zentraleuropa und in Afrika in großem Stil eingestiegen. Tschetschenen-Clans, aserbaidshanische oder nigerianische Mafias konkurrieren zunehmend mit ihren kolumbianischen, chinesischen, pakistanischen, türkischen oder italienischen Rivalen. Die Protagonisten in regionalen, nationalen oder ethnischen Konflikten, die infolge des Endes des Kalten Krieges nicht mehr von den Großmächten bewaffnet werden, suchen nun wie in Afghanistan, Nagorny-Karabach, Kaschmir, Birma (Myanmar), Somalia oder in Ex-Jugoslawien in Super-Drogengewinnen eine alternative Finanzierungsquelle.

Wir laden die Leser dazu ein, mit ebensoviel, wenn möglich noch größerer Wachsamkeit als die Korrespondenten des OGD, die von ihnen in diesem Bericht veröffentlichten Informationen, die sie recherchiert und geprüft haben, zu lesen. Dabei können die Leser mit uns die tatsächlichen Dimensionen dieser »neuen Weltunordnung«, ohne sie zu dramatisieren, entdecken.

Charles-Henri De Choiseul-Praslin
Präsident von Observatoire géopolitique des drogues

Gebrauchsanweisung

Dieser Bericht folgt dem Konzept, Regionen darzustellen, deren Einheit sich aus ihrer Rolle in der Drogenproduktion und im Drogenschmuggel ergibt. Manchmal handelt es sich – wie in Lateinamerika oder im gesamten Mittelmeerraum – um eine Kette, die die rohstofferzeugenden Länder mit den Exportländern und gegebenenfalls mit den Händlern, Konsumenten und Geldwäschern verbindet. In anderen Fällen, in denen Länder wie in Südwest- und Südostasien ihre Aggressionen gegen ethnische Minderheiten oder Nachbarstaaten durch Drogengelder finanzieren, ist die Beziehung unmittelbar geopolitischer Natur. Dagegen sind es in Ex-Jugoslawien bestimmte ethnische Minderheiten, die sich durch Gelder aus dem Heroinschmuggel bewaffnen. Drogen können in einer Region Kriege auslösen und in anderen, wie Kolumbien, Peru oder bestimmten afrikanischen Ländern, zum Einsatz in Konflikten werden.

Ein solches Konzept bedingt eine bestimmte Auswahl. Einige Länder, wie beispielsweise diejenigen Zentralasiens, gehören zu mehreren Komplexen: als natürliche Verlängerung Südwestasiens einerseits und der Ex-UdSSR andererseits. Die Anrainer bestimmter »großer Drogen-Länder« lassen wir diesen folgen: Hongkong nach China, Algerien und Tunesien nach Marokko, Weißrußland und die Ukraine nach Rußland. Manchmal bilden zwei Länder, wie Libanon und Syrien, eine Einheit. Frankreich, wo Drogen über den Nordosten und Süden ins Land gelangen, könnte sowohl in die Gruppe West- und Zentraleuropa als auch in die der Mittelmeerländer eingeordnet werden. Im Fall Afrikas schien es uns insgesamt bei einer ersten Annäherung unmöglich, einzelne Länder herauszugreifen; wir haben diesen Komplex lieber querschnittartig untersucht.

Ein solcher Bericht beansprucht keineswegs, auf Anhieb erschöpfend zu sein. Es ist vorgesehen, jedes Jahr eine bestimmte Zahl »großer Länder« separat zu behandeln und andere in einer schnellen, überblicksartigen Weise zu präsentieren. Diese Prioritäten können sich dann im folgenden Jahr aus Gründen der Aktualität oder des Standes der Untersuchungen von OGD verlagern. Wenn bestimmte Länder oder Regionen wie Mexiko und die Karibik in diesem Jahr nicht eingehend untersucht worden sind, so liegt dies entweder an noch laufenden Studien des OGD oder an einem bislang fehlenden Korrespondentennetz in diesen Ländern. Sie werden deshalb im nächsten Bericht vorrangig behandelt.

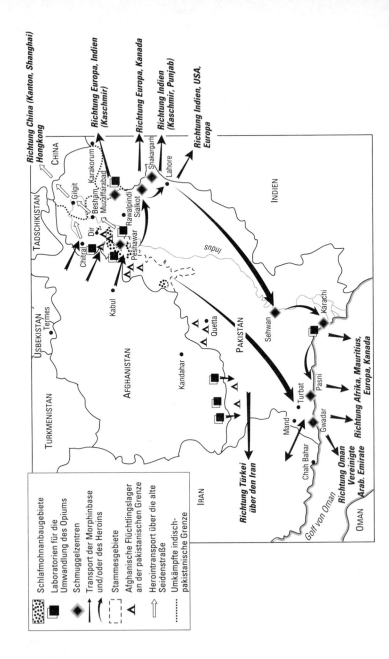

Südwestasien

Aus der Region des Goldenen Halbmonds (Afghanistan, Pakistan und Iran) kamen 1992 ungefähr 70 Prozent des auf dem europäischen und 20 Prozent des auf dem nordamerikanischen Markt erhältlichen Heroins.

Im Großraum Südwestasiens nimmt Indien eine ebenfalls bedeutende Rolle als Erzeuger ein, da hier Opium, das für Bedürfnisse der Weltpharmaindustrie in Morphium umgewandelt wird, aus der legalen Produktion abgezweigt wird. Außerdem kommt Drogen eine bedeutende Rolle bei der Finanzierung von Konflikten in dieser Region zu (Afghanistan, Kaschmir, Punjab/Indien, Sri Lanka). Drogenkuriere aus Nigeria, Somalia, Ghana und Tansania, von denen 1992 weltweit Hunderte verhaftet worden sind, versorgen sich hauptsächlich in Pakistan und Indien. Unter ihnen befinden sich immer häufiger Frauen mit höherer Ausbildung, die von Reiseagenturen ihres Landes mit dem Versprechen auf interessante Arbeit angeworben werden.

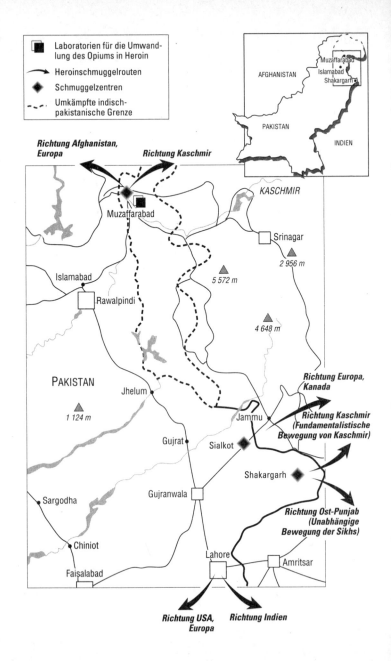

Pakistan

Am 6. Januar 1993 wurden nach Angaben türkischer Behörden 14 Tonnen Heroin aus Pakistan auf dem Frachtschiff ›Lucky Star‹ sichergestellt. Es hatte zwar die Flagge Panamas gehißt, fuhr aber unter türkischem Kommando, als es in internationalen Gewässern im Mittelmeer auf der Höhe von Port-Said (Suezkanal) überprüft wurde. Die vorhergehende Rekordsicherstellung von Heroin betraf ebenfalls Pakistan: Am 12. März 1992 wurden 3,6 Tonnen dieser Droge im Süden Belutschistans beschlagnahmt. Beides bestätigt hinreichend, daß die islamische Volksrepublik neben Birma (Myanmar) eines der beiden weltweit größten Erzeuger- und Ausfuhrländer von Heroin und Europas bedeutendster Lieferant ist. Allerdings stammen die 150 Tonnen Heroin, die 1992 nach Europa und in die USA exportiert wurden, nicht aus einer Verarbeitung des lokal erzeugten Rohstoffes. Denn die Menge des in der Grenzprovinz im Nordwesten Pakistans (North West Frontier Province, NWFP) produzierten Opiums (200 bis 250 Tonnen) reicht nicht einmal aus, um den Konsum der ein bis zwei Millionen pakistanischen Heroinsüchtigen zu befriedigen. Aus diesem Grund wird Opium illegal aus Afghanistan importiert.

Die Auswirkung der Konflikte in der Region

Pakistans Rolle in der Drogenherstellung ist jüngeren Datums. 1975 gab es einige Labors für Morphinbase; aber erst seit 1979, mit dem Auftakt des Krieges in Afghanistan und unter dem Schutz der Militärdiktatur des Generals Zia ul-Haq, ist die Drogenindustrie aufgebaut worden. Begünstigt wurde diese Entwicklung durch die Existenz der »Stammesgebiete«, ein Erbe der britischen Kolonialherrschaft. Sie befinden sich im Nordwesten des Landes, wo die Regierung ihre Souveränität nur auf den Verbindungsstraßen, der Eisenbahnlinie und in den Kasernen ausübt. Die Aufrechterhaltung der Ordnung obliegt der Kontrollgewalt der traditionell kriegerischen und Schmuggel treibenden Pathanenstämme*. Die Kriegssituation in

---

* Die Stammesgebiete unterliegen keiner Hoheitsgewalt. In diesen autonomen Zonen gilt nicht das Zivil- und Strafrecht des pakistanischen Staates. Vgl. Michel Lamberti/Catherine Lamour: Die Opium-Mafia. Frankfurt am Main 1973, S. 210–221 (Anm. d. Übers.).

Afghanistan und der Aufenthalt von drei Millionen Flüchtlingen in Lagern entlang der Grenze zu Pakistan haben zu einer noch explosiveren Lage beigetragen. 1993 befinden sich genau in diesem Gebiet zwischen 150 und 200 Labors – oder besser »Feldküchen« –, die hauptsächlich afghanisches Opium in Heroin verwandeln.

Weder geographische noch geschichtliche Zufälle haben aus weiten Gebieten Pakistans Standorte der Drogenproduktion gemacht. Seit Beginn des Afghanistan-Konfliktes haben die USA den Geheimdiensten der pakistanischen Armee, den Inter Services Intelligence (ISI), das Monopol der Lieferungen internationaler Militärhilfe an die afghanischen Mudjaheddin anvertraut. Die ISI profitierten von dieser Rolle und bemächtigten sich gleichermaßen des Heroinschmuggels. Die versiegelten Lastwagen (NLC), die die Waffen in die befreiten Gebiete beförderten, kehrten mit Opium beladen zurück, das in die Labors der Stammesgebiete geliefert wurde. Der amerikanische Geheimdienst CIA, der eng mit den ISI zusammenarbeitete, hat diese geheime Aktivität gedeckt – ebenso wie in den sechziger und siebziger Jahren bei den amerikanischen Verbündeten in Vietnam und, zeitlich parallel zu Afghanistan, in Mittelamerika. Einkünfte aus dem Drogenhandel füllten die schwarzen Kassen und ermöglichten die Finanzierung heimlicher Operationen, wie zum Beispiel die Waffenversorgung der Sikh- und Kaschmiri-Rebellen, um Unruhen in Indien zu schüren. Einer Untersuchung eines OGD-Korrespondenten zufolge fanden am 21. und 28. September 1991 im Dorf Jalala in der Nähe von Shakargarh in Pakistan zwei Begegnungen zwischen Offizieren der ISI und militanten Sikhs statt, die für die Schaffung eines unabhängigen Khalistan kämpfen. Kurz vor diesen Treffen gingen die Manöver der pakistanischen Armee zu Ende, die von Heroinlieferungen in den Dörfern Jalala, Barabhai und Baramangah an den Ufern des Flusses Ravi, der die Grenze zu Indien markiert, begleitet waren. Am 11. Juli 1991 zitierte die pakistanische Tageszeitung ›The Frontier Press‹ norwegische Quellen, nach denen die Drogen wahrscheinlich aus den Dutzenden von Heroinfabriken stammten, die in Muzzafarabad, der von Pakistan kontrollierten Hauptstadt von Azad Kaschmir, errichtet wurden. Bei Einbruch der Nacht verschwanden die militanten Sikhs, die aus dem Dorf Dospur im Westen des indischen Punjab kamen, mit einer in Säcken der pakistanischen Armee abgepackten Ladung Kalaschnikows und Heroin.

Anfang des Jahres 1992 äußerten westliche Nachrichtendienste gegenüber einem OGD-Korrespondenten, daß bis zu 30 Prozent der Ausrüstung der pakistanischen Armee mit Drogengeldern bezahlt worden seien. Sie gehen ebenfalls davon aus, daß bestimmte Teile des unter strikter Geheimhaltung durchgeführten militärischen Nuklearprogramms durch »schmutziges« Geld finanziert sein könnten. Nach Berechnungen von Ökonomen belaufen sich die aus dem Drogenhandel nach Pakistan zurückkehrenden Summen auf jährlich zwei bis vier Milliarden Dollar. Das sind glaubwürdige Schätzungen, vor allem seit bekannt ist, daß die Bank of Commerce and Credit International (BCCI)* Gelder der pakistanischen Geheimdienste auf einem Konto ihrer Filiale in Miami führte.

Trotz der Geheimhaltung, mit der die ISI ihre Aktivitäten umgeben, heben gelegentliche Ausrutscher einen Zipfel des Deckmantels hoch. Während der zweiten Maiwoche 1992 wurde ein in den Ruhestand versetzter Armeekommandant bei einer Polizeisperre in Lahore im Besitz von acht Kilogramm Heroin verhaftet, die in eigens dafür eingerichteten Hohlräumen seines Wagens versteckt waren. Die näheren Umstände haben dann dafür gesorgt, daß diese Affäre publik wurde: So begleitete eine Dame aus der High Society von Lahore den Offizier, dieser trug Uniform, und er arbeitete vor seinem Ruhestand für die ISI. Nach Ermittlungen des lokalen OGD-Korrespondenten schafften sich die ISI auf diese Weise einen pensionierten Offizier vom Hals, der in diesem Fall den Heroinschmuggel, in den sie ihn eingeweiht hatten, auf eigene Rechnung weiterbetreiben wollte.

»Ein von Drogenbaronen als Geisel genommenes Land«

Nach dem kurzen Zwischenspiel der Regierung Benazir Bhutto zieht das aktuelle Regime, das sich als Erbe der Militärdiktatur sieht, weiterhin Gewinn aus dem illegalen Heroinhandel. 15 Mitglieder der Provinzversammlungen, fünf Parlamentsabgeordnete sowie mehrere Minister, die den an der Macht befindlichen Parteien angehören und die sie auch finanziell unterstützen, sind Heroinbarone. Der bekannteste unter ihnen ist der Abgeordnete Haji Mohammad Ayub Afridi, der der Islamischen Demokratischen Allianz (ADI), einer vom pakistanischen Premierminister Nawaz Sharif angeführten Koalition, an-

---

* Das 1972 im Scheichtum Abu Dhabi von dem pakistanischen Geschäftsmann Abedi gegründete Geldhaus, das ein weltweites Netz errichtet hatte, wurde im Juli 1991 wegen betrügerischer Machenschaften von internationalen Aufsichtsbehörden geschlossen. Seine Geschäfte wurden vor allem in Großbritannien und in arabischen Ländern abgewickelt, obwohl die Muttergesellschaft in Luxemburg und eine weitere Hauptfirma auf den Cayman-Inseln registriert war. Siehe auch im Analysen-Teil den Abschnitt über die Bekämpfung der Geldwäsche (Anm. d. Übers.).

gehört. Bis ins Jahr 1990 konnte er die »Stammesgebiete« nicht verlassen, da in Pakistan zwei Vorführungsbefehle gegen ihn vorlagen und er ganz oben auf einer von den internationalen Antidrogenbehörden aufgestellten Liste der großen Drogenhändler stand. Haji Ayub besitzt ein traumhaftes Schloß im Landikotal, dem Stammesgebiet der Khyber, das er verlassen hat, um einen »gekauften« Abgeordnetensitz einzunehmen, denn das allgemeine Wahlrecht gilt in den Stammesgebieten nicht; dort ernennen die Versammlungen der Mächtigen (jirga) ihre Vertreter selbst. Da Abgeordnete in Pakistan außerhalb der Parlamentssitzungen keine Immunität besitzen, hätte er verhaftet werden können. Wie ein Richter gegenüber einem Vertreter von OGD erklärte, wartete man allerdings dafür auf grünes Licht seitens der Regierungspartei.

Statt aber Haji Ayub zu verfolgen, machte die gegenwärtige Regierung ihn bei zumindest einer Gelegenheit sogar zu ihrem Botschafter. So traf am 16. Mai 1992 eine Abordnung von 60 pakistanischen Stammeschefs in Kabul ein. Mit ihrer offiziellen Mission wollten sie versuchen, die verschiedenen sich in Afghanistan bekämpfenden Gruppen zu versöhnen. Der Mission gehörten mehrere Drogenbarone an, und geleitet wurde sie von Haji Ayub. Die neue Situation in Afghanistan sowie die Einrichtung von immer mehr Raffinerien auf dem Territorium dieses Landes bedeuten für die pakistanischen Drogenhändler ein immer größeres Risiko, da sie in ihrer Versorgung mit Opium überwiegend von ihren Nachbarn abhängig sind. Denn einen teilweisen Verlust der durch die Drogengeschäfte erzielten Einnahmen zwischen zwei und vier Milliarden Dollar würde die gegenwärtige Regierung deutlich spüren, steht sie doch kurz davor, sich international als zahlungsunfähig zu erklären. Der Auftrag von Haji Ayub könnte daher uneingestandene Motive gehabt haben. Die Rolle, die er spielte, beweist auf jeden Fall, wie wenig sich die pakistanische Regierung um die internationalen Klagen über ihre Drogen-Abgeordneten und Drogen-Minister kümmert.

Als die frühere kolumbianische Justizministerin Monica de Grieff, die unter Drohung der Drogenkartelle von ihrem Amt zurücktreten mußte, im Mai 1992 zu einer Reihe von Konferenzen in Islamabad eingeladen wurde, erklärte sie bei ihrer Ankunft: »Man interessiert sich in Pakistan nicht für die Bankkonten einer gewissen Zahl von Abgeordneten, die verdächtigt werden, in Drogengeschäfte verwickelt zu sein.« Robert C. Horner, ein Verantwortlicher der US-Drogenbekämpfungsbehörde (DEA), kam noch genauer zur Sache, als er während eines von der ›Voice of America‹ im September 1991 gesponserten Seminars mitteilte: »Wir sind dazu bereit, Pakistan handfeste Beweise gegen einen Abgeordneten und gleichzeitigen Drogenhändler zu liefern, aber dieses Land hat in dieser Sache noch kein Gesuch eingereicht.« Die Anspielung auf Haji Ayub hätte kaum deutlicher ausfallen können.

Am 28. Oktober klagte ein Sprecher der Nationalen Demokratischen Allianz, eine von der früheren Premierministerin Benazir Bhutto ins Leben gerufene politische Front, Premierminister Nawaz Sharif an, »eine Drogenclique zu vertreten, die das pakistanische Volk und die Volkswirtschaft als Geisel nimmt.« Diese Formulierung bezog sich auf die Entführung acht chinesischer Ingenieure eine Woche zuvor, die seither von einem Stammeschef in Belutschistan festgehalten wurden, der als Austausch für ihre Freilassung die Befreiung seiner beiden wegen Heroinhandels verurteilten Söhne verlangte. Die Regierung von Sharif scheint in diesen »Deal« eingewilligt zu haben, denn die acht Männer kamen am selben Tag frei.

Ghulam Ishaq Khan, der Präsident Pakistans, hatte zu dem Zeitpunkt ebenfalls einige Sorgen, die ihm die Verhaftung Izek Mayals durch die DEA am 23. Oktober in New York bereiteten. Mayal diente in den Vereinigten Staaten als rechter Arm von Anwar Khattak, der gegenwärtig eine Haftstrafe wegen Heroinschmuggels verbüßt. Letzterer ist der Neffe des Ex-Innenministers, Aslam Khattak, eines engen Beraters des Präsidenten der Republik. Gleichfalls ist er der Cousin des Umweltministers Anwar Saifullah, der Pakistan und die Länder der Dritten Welt im Juni 1992 auf dem Umweltgipfel in Rio de Janeiro repräsentierte und der einer der mächtigen Familien der Pathanen in den Stammesgebieten der NWFP angehört, von der behauptet wird, sie sei an Heroingeschäften beteiligt. Diese Familien exportieren die Droge über Land von Indien nach Iran, übers Meer in die Golfstaaten und nach Afrika und auf dem Luftweg in die gesamte Welt.

Von der Seidenstraße zur Straße nach Punjab

Es existiert jedoch noch eine andere Schmuggelroute: Die alte »Seidenstraße« ermöglicht den Transport der Droge durch den Norden Pakistans über China bis nach Kanton, Shanghai und Hongkong. Zwei Varianten gibt es. Die erste Route nimmt ihren Ausgang in den Stammesgebieten der Bajaur, führt dann über Chitral in die »Northern Areas«; die zweite Route beginnt in Peshawar, führt über Swat, Besham und die Straße von Karakorum bis nach Gilgit. Um nach China zu gelangen, müssen die Schmugglerringe von dort den nur von Mai bis September passierbaren Gebirgspaß von Khunjerab überqueren, der seit Ende der achtziger Jahre existiert und eine stark frequentierte Tourismusstrecke nach China bildet. Pathanen oder Punjabis organisieren den Schmuggel, wobei sie Kaufleute dieser Gebiete anwerben, die ihrerseits die Zöllner kennen. Auf diese Weise öffnet sich ihnen die Grenze für ihre kleinen Koffer, die mit jeweils ungefähr fünf Kilogramm Heroin gefüllt sind. Die Kaufleute erhalten pro Reise 25000 Rupien (1000 Dollar). Die Geldgeber nehmen die Ware in Kashi oder Tashkurgan wieder an sich, durchqueren daraufhin China von Norden in Richtung Süden oder Westen, um schließlich zu versuchen, die Grenze nach Hongkong zu überwinden. Hier handelt es sich jedoch noch um einen verhältnismäßig bescheidenen Schmuggel; Beobachter gehen davon aus, daß Punjab, die Provinz des Premierministers, 1992 zur Drehscheibe des Schmuggels in industrieller Größenordnung geworden ist.

Am 24. Oktober wurde einer der Zollchefs von Lahore festgenommen, weil er die Ausfuhr von mit Haschisch gefüllten Fußbällen nach Europa durch eine Firma aus der Freihandelszone von Sialkot, ein auf die Produktion von Sportartikeln spezialisiertes Industriezentrum, gedeckt hatte. Vier Tage später verhaftete man einen anderen Zollbeamten in der ebenfalls in Punjab liegenden Stadt Loran, weil er die Verladung von 100 Kilogramm Haschisch im Flughafen von Lahore finanziell sicherte. Politische Kreise in der Hauptstadt Islamabad machen darauf aufmerksam, daß der Stadt Okara in Punjab heute der Beiname »Klein-Sohrab Goth« angehängt wird. Sohrab Goth, eine Vorstadt Karachis in der Provinz Sind, wird als größter Heroinmarkt der Region betrachtet. Okara ist das Hauptquartier der von Nawaz Sharif angeführten Islamischen Demokratischen Allianz ebenso wie die Stadt des Präfekten von Punjhab, Ghulam Haidar Wain, und dreier Minister, die der Bundesregierung angehören. Nicht genug, daß Heroin an jeder Straßenecke und in den fünfzig Marktflecken und Dörfern der Region auftaucht – diese Stadt wird auch als Depotzentrum für Drogen genutzt. Als der Journalist Azhar Solai den Präfekten zu diesem Thema befragen wollte, versuchte dieser wutentbrannt handgreiflich zu werden, was in Pakistan vollkommen ungewöhnlich ist.

Die lokalen Auswirkungen dieses Drogenhandels sind dramatisch: Zählte man in Pakistan 1979 noch keinen Heroinsüchtigen, wird ihre Zahl heute auf ein bis zwei Millionen geschätzt. Die Drogendealer sind in der Provinz von Sind, im Süden des Landes, derart massiv in Erscheinung getreten, daß Bürgervertretungen die Behörden aufforderten, dringend Maßnahmen dagegen zu ergreifen. Insbesondere die Friedhöfe sind zu Umschlagzentren von Heroin geworden, wo die Dealer die kleinen Päckchen in den Gräbern verstecken und sich in den Moscheen der Nachbarschaft auf Kundenfang begeben. Die Provinzversammlung von Sind verabschiedete am 12. Juni 1992 eine Resolution, in der die Polizei angeklagt wird, insbesondere in den Kleinstädten Khairpur und Khapro die Händler zu schützen. Der Handel berührt mittlerweile auch die ländlichen Gebiete, in denen der Konsum ansteigt.

Auch ist die im Vergleich zur afghanischen eher bescheidene Opiumproduktion Pakistans nach offiziellen Angaben auf 160 bis 180 Tonnen (höhere Zahlen sind wahrscheinlich) angestiegen, trotz alternativer Entwicklungsprogramme und für den Anbau ungünstiger klimatischer Bedingungen. Hauptgrund dieser Zunahme war einerseits der gestiegene Opiumpreis zum Zeitpunkt der Saat im November, der zwischen 1800 und 2500 Rupien (85 bis 120 Dollar) je Kilogramm betrug. Andererseits wollten die lokalen Behörden und Politiker die Bevölkerung der Gebiete, in denen der Staat kaum präsent ist, nicht gegen sich aufbringen. Der Versuch, nach dem Bau einer Straße im Usheray-Tal, eines der wichtigsten Anbaugebiete des Dir-Distriktes, zur Zeit der Latexernte im Mai verstärkt Schlafmohnfelder zu vernichten, sorgte für Unruhen. Darüberhinaus verkündeten die Bauern öffentlich, daß sie erst einmal Schlafmohn säen würden, um anschließend Hilfeleistungen für andere landwirtschaftliche Produkte zu erhalten. Angesichts dieser Widersprüche und enttäuschenden Resultate haben die reichen Länder ihre Beiträge zu alternativen Entwicklungsfonds verringert, was wiederum die Situation 1993 und 1994 wahrscheinlich verschlimmern wird.

Ambivalente Haltung der westlichen Länder

Die ersten Informationen, die Ende Januar 1993 über die Affäre »Lucky Star« vorlagen, die mit der historisch einmaligen Beschlagnahmung von 14 Tonnen Heroin endete, lassen die Mitschuld aller Verantwortlichen in Pakistan wie auch die tolerante Haltung der westlichen Regierungen gegenüber diesem Land erkennen. Laut eines von OGD befragten Angehörigen der pakistanischen Zollbehörden hatte das Schiff den Hafen von Karachi Mitte Dezember mit einer offiziell angegebenen Fracht von 14 Tonnen Weizen – eine von Pakistan üblicherweise importierte Ware – verlassen. Britischen Quellen zufolge fuhr die ›Lucky Star‹ zuerst entlang der Küste von Makran nach Westen, um dort zwischen Pasni und der Halbinsel

Gwadar ihre Fracht von Heroin Nr. 4 und Haschisch aufzunehmen. Der Stil dieser Lieferung großer Mengen Drogen, die nicht mit anderen Waren vermischt sind, scheint eine Spezialität des pakistanischen Drogenbarons Anwar Khattak zu sein, der sich zwar gegenwärtig im Gefängnis von Karachi befindet, aber dessen »Familie« und Kontaktpersonen in Großbritannien, den Niederlanden, in Kanada und den USA den Schmuggel weiterbetreiben. Nach Angaben der türkischen Polizei sollte die Ladung von verschiedenen Auftraggebern in Zypern, der Türkei, Italien und Spanien empfangen werden. Andererseits aber schien das Schiff mysteriöse Beziehungen zu den pakistanischen und amerikanischen Drogenbehörden zu haben, denn die ›Lucky Star‹ vermittelte in der Tat den seltsamen Eindruck, seit langem ohne nachteilige Folgen über die Meere fahren zu können. Die türkischen Behörden bestätigten, daß das Schiff zuvor mehrmals und ohne Zwischenfälle Nordeuropa ansteuerte. Und eine von OGD kontaktierte amerikanische Quelle in Washington erklärte, daß die Überprüfung der Ladung mit äußerster Vorsicht durchgeführt worden sei, »um die pakistanischen Behörden nicht zu verstimmen.«

Das Schiff ist überdies der DEA seit längerer Zeit bekannt. 1989 war es ihm unter dem Namen ›Red Star‹ und unter südkoreanischer Flagge gelungen, den gemeinsamen Anstrengungen der DEA und des pakistanischen Zolls, die das Schiff bereits ausreichend im voraus »erahnt« zu haben schienen, in internationale Gewässer zu entkommen. Zwei Jahre später, am 1. Juli 1991, wurde die ›Lucky Star‹, die diesmal in Saint Vincent (britische Karibikinsel) registriert war, aber mit pakistanischer Mannschaft und Kapitän in Richtung Philippinen fuhr, vor den pazifischen Midway-Inseln (USA) erneut – dieses Mal jedoch in der internationalen Meereszone – überprüft, wobei eine Ladung von 100 Tonnen Haschisch entdeckt wurde, die dann später der US-Zoll in Honolulu beschlagnahmte. Aber »wie durch ein Wunder« konnte die ›Lucky Star‹ wieder über das Meer entkommen.

Die Haltung der US-Behörden gegenüber Pakistan scheint in dem Maße verständlich, solange aus diesem Land nur ein Anteil von 20 Prozent an der Gesamtmenge Heroin stammt, die in die USA gelangt. Dafür richten die Washingtoner Behörden ihre Aufmerksamkeit viel stärker auf Pakistans militärisches Nuklearprogramm – weshalb 1990 die US-Hilfe eingestellt wurde – und seine Unterstützung des internationalen Terrorismus. Das Drogenproblem bildet nur ein Element in dem auf Pakistan ausgeübten Druck, vergleichbar beispielsweise mit dem gegenüber Syrien oder Marokko.

Weniger verständlich ist die Haltung Frankreichs, da dieses Land von dem in Pakistan produzierten Heroin äußerst stark betroffen ist.

Während des Besuchs des Premierministers Nawaz Sharif im Januar 1992 in Paris wurde das Thema Drogen ganz im Unterschied zum Thema Menschenrechte zwar nicht offiziell angesprochen. Aber anläßlich des Gegenbesuches des französischen Verteidigungsministers im September desselben Jahres in Pakistan unterzeichneten beide Länder einen Vertrag über umgerechnet 1,1 Milliarden Mark, der die Lieferung von drei U-Booten des Typs Agosta-90 an die pakistanische Marine vorsah. Zugleich erhielt Pakistan das erste aus einer Lieferung von Jagdflugzeugen, die Paris beim Besuch des Premierministers bewilligte. Bei dieser Gelegenheit wurde ein weiterer Vertrag geschlossen, über den Kauf von drei Jagdflugzeugen des Typs Sagittaire für umgerechnet 400 Millionen Mark. Die Gespräche über den Kauf von Mirage 2000-5 sind nicht fortgeführt worden, da Pakistan Schwierigkeiten bei der Finanzierung hatte. Nach nicht offiziell bestätigten Informationen wurde ein Einverständnisprotokoll über die Lieferung zweier Militärflugzeuge am 18. September 1992 in Paris unterzeichnet. Dieser Abschluß könnte dem Unternehmen Dassault-Aviation dringend benötigte Aufträge verschaffen. Anfang Februar 1993 wurde im Bereich der nuklearen Zusammenarbeit ein Abkommen zwischen Frankreich und Pakistan unterzeichnet. Solche wirtschaftlichen Beziehungen erklären vielleicht, warum die damalige sozialistische Regierung und die gesamte französische Presse derart zurückhaltend waren gegenüber diesem Land in seiner Rolle als der wichtigste Lieferant des in Europa konsumierten Heroins.

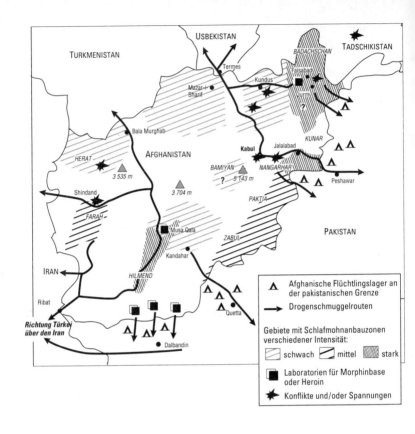

Afghanistan

Die Mohnanbauflächen haben sich 1992 weiter vergrößert; einzig die schlechten Wetterbedingungen während der Ernte im Frühjahr haben wahrscheinlich eine alle Rekorde brechende Opiumproduktion verhindert. Trotz der gewaltsamen Auseinandersetzungen in Kabul, seit die Mudjaheddin die Macht übernommen haben, kehren viele Flüchtlinge aus Pakistan in die ländlichen Gebiete Afghanistans zurück. Diese Situation wird sich 1993 hemmend auf die Opiumerzeugung auswirken, obwohl die Tendenz eher auf eine Steigerung der Produktion hinweist.

Der schwere Tribut des Krieges

Vor der Machtübernahme der Kommunisten im Jahr 1979 und dem darauffolgenden Krieg wurde Mohn nur in wenigen Provinzen angepflanzt: insbesondere in Nangarhar, Kandahar, Balkh und Badachschan. Die Bauern brauchten Opium hauptsächlich als Arzneimittel, und seine Verwendung als Rauschmittel war sozial kontrolliert. Gleichwohl wurden andere aus Mohn gewonnene Produkte insbesondere in abgelegenen Regionen wie Badachschan gewinnbringend genutzt, wobei die Samenkörner zu Öl (als Kochfett) und Seife verarbeitet und aus den Stengeln pflanzliche Farbstoffe gewonnen werden, während das Stroh als Viehfutter dient. Nur ein sehr geringer Anteil der jährlichen Opiumproduktion von 200 bis 400 Tonnen wurde in den Iran und die Türkei exportiert, um geraucht oder zu Heroin raffiniert zu werden. Heroin aus dem Iran tauchte in Kabul Mitte der siebziger Jahre auf, allerdings in sehr beschränktem Maße.

Zehn Jahre Krieg haben ein beträchtliches Anwachsen der Produktion bewirkt, weniger aus Gründen des Waffenbedarfs der Mudjaheddin als aufgrund der fehlenden territorialen Kontrolle durch eine Zentralregierung. Die Gegner des Regimes in Kabul erhielten tatsächlich erhebliche Mengen an Waffen, so daß sie keine Drogengelder benötigten, um sich diese zu verschaffen. Ein pakistanischer Ökonom hat errechnet, daß sie in einem einzigen Jahr 300 Millionen Dollar von den USA und internationalen Organisationen erhielten, wohingegen die bäuerlichen Produzenten im selben Zeitraum lediglich für 21 Millionen Dollar Opium verkauften.

Aber die Schmugglerbanden konnten ihre Aktivitäten ungehindert entfalten, und die Bauern, deren kultivierbare Flächen wegen des Krieges und der systematischen Bombardierungen der Ernten durch Regierungsflugzeuge so spärlich wie Chagrinleder wurden, waren gezwungen, sich einem rentableren Anbauprodukt, eben Opium, zu widmen. Dann erst zeigten sich die Mudjaheddin an der Kontrolle über Produktion und Verkauf von Opium interessiert. 1988 betrug die Prouktion wahrscheinlich zwischen 1000 und 1500 Tonnen.

Es ist paradox, daß gerade im Zeitraum vom Rückzug der Regierungstruppen aus den Dörfern (1988) und Abzug der sowjetischen Truppen (1989) bis zur Bildung einer islamischen Regierung in Kabul (1992) die Produktion riesige Dimensionen angenommen hat. Nach einem offiziellen Bericht der UNO, der Anfang Dezember 1991 in Pakistan verteilt wurde, betrug die Opiumherstellung in Afghanistan während dieses Jahres »mindestens 2000 Tonnen«, was gemessen an den 2500 Tonnen des seit zehn Jahren weltweit größten Erzeugers Birma eine riesige Menge ist. Im privaten Kreis sagten hohe Verantwortliche des UN-Drogenkontrollprogramms (UNDCP), die sich auf ihnen vorliegende Daten über die im Oktober und November 1991 erfolgte Aussaat bezogen, für das darauffolgende Frühjahr eine Ernte von 3000 bis 4000 Tonnen voraus. Und sie schätzen, daß der größte Teil dieses Opiums in Heroin umgewandelt werden soll, wobei zehn Kilogramm Opium je ein Kilogramm dieser Droge ergeben. Zur Ausweitung der großen Anbauregionen von Hilmend, Nangarhar und Badachschan kamen 1991 neue Anpflanzungen in zahlreichen Provinzen hinzu: in Paktia, Kandahar, Farah, Uruzgun, Zabul, Herat. Schlechtes Wetter beeinträchtigte jedoch die in den meisten Gebieten von Mai bis Juli stattfindende Ernte. Abendlicher Regen wusch oft das Opium weg, welches aus den Mohnkapseln austrat, die die Bauern am Morgen aufgeritzt hatten. In der Provinz Badachschan im Norden des Landes, die zur Hälfte über 3000 Meter liegt, fiel in den Mohnanbaugebieten (Höhenlage zwischen 1800 und 2500 Meter) noch im Juni Schnee, so daß die Opiumernte auf Oktober verschoben werden mußte.

Der enorme Anstieg des Anbaus, seitdem der Krieg an Intensität verloren und eine islamische Koalition die kommunistische Regierung abgelöst hat, hat mehrere Gründe. Sie sind zuerst ökonomischer Art. In den Regionen, aus denen sich die Russen und die Regierungstruppen zurückzogen, konnten die Bauern nach Beendigung der Kämpfe wieder mit dem Anbau von Getreide beginnen. Aber die Zerstörung der Infrastruktur, insbesondere der Bewässerungskanäle und des traditionellen Brunnensystems, trug dazu bei, daß der Mohn als wenig anspruchsvolle, aber hohen Gewinn versprechende Pflanze für die am Ort gebliebenen Bauern unübertreffliche Vorteile bot. Vor allem setzte 1989 die Rückkehr von Flüchtlingen aus Pakistan ein, wo sich drei Millionen von ihnen in Lagern entlang der Grenze aufhielten. Ihnen geht es um die Wiedererlangung ihres Grund und Bodens. Und andere kehrten aus dem Iran zurück, wo sich ebenfalls drei Millionen Afghanen befanden. Bis Anfang 1992 wurde die Zahl der Rückkehrenden auf 350000 geschätzt; sie blieb begrenzt, da einige Mitglieder jeder Familie lieber zwischen Afghanistan und den Lagern pendelten, bis sich die Situation stabilisierte.

Die Rückkehr einer Million Flüchtlinge

Seit der Bildung einer islamischen Regierung Ende April 1992 hat die Rückkehr jedoch riesige Dimensionen angenommen. Die Vereinten Nationen fördern diese Bewegung, indem sie denen, die ihren Flüchtlingsausweis zurückgeben, 130 Dollar und 300 Kilogramm Weizen zuteilen; sie schätzen, daß bis Ende 1992 mehr als eine Million Flüchtlinge aus Pakistan und 200000 bis 300000 aus dem Iran zurückgekehrt sind. Trotz der kriegerischen Auseinandersetzungen in der Hauptstadt Kabul wächst die Zahl der Rückkehrer zwar langsam aber stetig an. Andererseits sind schätzungsweise 500000 Einwohner der Hauptstadt in die ländlichen Regionen gezogen, wo die Lage im allgemeinen viel sicherer ist. In diesem vom Krieg verwüsteten Land, an dem der Westen sein Interesse verloren hat, seit es nicht mehr den Schauplatz einer Ost-West-Auseinandersetzung bietet, steht zu befürchten, daß viele Ex-Flüchtlinge versucht sein könnten, Mohn anzupflanzen. So hat man bemerkt, daß eine bedeutende Anzahl der 700000 in den Osten des Landes zurückgekehrten Flüchtlinge sich in der Region Nangarhar angesiedelt haben, die eine der Hauptproduktionszonen von Opium ist.

OGD und die französische Hilfsorganisation für ländliche Entwicklung (MADERA) haben im Mai 1992 in den Flüchtlingslagern in Pakistan eine erste Studie bei 200 Familien über die wirtschaftlichen Folgen ihrer Rückkehr nach Afghanistan durchgeführt. Diese Familien stammen aus dem Norden von Nangarhar und aus dem Süden von Kunar, Gebiete, die an die Anbauregionen von Opium grenzen. Etwa 50 Fragen wurden ihnen gestellt. Diejenigen, die beabsichtigten, unmittelbar nach ihrer Rückkehr ihr Haus wiederaufzubauen, wurden gefragt, mit welchen Mitteln sie das Holz und die Arbeit der Maurer bezahlen wollten. Sie gaben darauf mehrere Antworten: Anleihen, Opiumverkauf, persönliche Ersparnisse, Handel, Verkauf von Getreide, Holz und Vieh. 28 Prozent der Befragten erklärten sich dazu bereit, ihr Einkommen mit Opium zu sichern. Wenn die Bevölkerung repräsentativ für die gesamte Zahl der afghanischen Flüchtlinge in Pakistan ist und man gleichzeitig berücksichtigt, daß acht Prozent von ihnen bereits saisonale Wanderarbeit für den Mohnanbau betreiben, würde die Rückkehr von etwa 300000 Familien den zusätzlichen Anbau von 35000 Hektar Mohn, die 1000 Tonnen Opium ergeben, bedeuten. Diese Schätzungen müssen allerdings differenziert werden. In den Gebieten, wo bereits Mohn angebaut wird, kommen sie der Wirklichkeit sicherlich viel näher als dort, wo die Pflanze noch unbekannt ist.

Halbpächter und Grundbesitzer

Eine zeitgleiche Feldstudie – die Opiumernte stand bevor – eines OGD-Mitglieds hat zunächst die Tendenzen der Befragung bestätigt. Fuhr man entlang der Strecke, die zwischen der pakistanischen Grenze und der Stadt Jalalabad – Hauptstadt der Provinz Nangarhar, in der sich die Mudjaheddin einrichteten – wieder passierbar war, konnte man beobachten, daß zwischen 30 und 40 Prozent der Anbauflächen mit Mohn bepflanzt waren. In einem Hochtal derselben Provinz waren 50 Prozent der Felder für diesen Anbau bestimmt gegenüber 25 Prozent im Jahr zuvor. Ein Halbpächter und Opiumbauer, der sich bei der Ernte befand, erklärte: »Zehn Jahre lang war ich im Jihad (heiliger Krieg). 1991 bin ich ins Dorf zurückgekommen, um Ackerland zu pachten, und ich habe fünf Prozent der Fläche für das Dreckzeug benutzt. Dieses Jahr ist meine Familie, die nach Pakistan floh, zu mir zurückgekehrt, und ich mußte auf 25 Prozent raufgehen.« Die durchschnittlichen Erträge betragen 35 bis 50 Kilogramm je Hektar, aber ein erfahrener Bauer kann bis zu 60 Kilogramm erzeugen. Diese Erträge sorgen für ein jährliches Einkommen in Höhe von umgerechnet 3000 Mark je Hektar – das Drei- bis Fünffache des Weizenanbaus.

Jedoch ließ eine erneute Untersuchung im Oktober 1992 im selben Tal, diesmal zur Zeit der Aussaat, im Vergleich zum Vorjahr eine Verringerung der mit Mohn besäten Flächen erkennen. Die von den Halbpächtern kultivierten Felder sind in diesem Jahr von ihren nach Pakistan geflüchteten Grundbesitzern wieder übernommen worden, die einen viel höheren Flächenanteil für Weizen vorsehen, ohne jedoch völlig auf Mohn zu verzichten. Zum einen haben nun die viel ärmeren und daher stärker zur Opiumerzeugung neigenden Halbpächter Schwierigkeiten, Pachtflächen zu finden. Zum andern ist es wahrscheinlich, daß das religiöse Verbot, Opium zu erzeugen, bei den Moslems ein viel stärkeres Gewicht hat, wenn es sich um ihren eigenen Boden handelt. So kommt es dazu, daß mit wachsender Zahl von Rückkehrern die Opiumerzeugung einerseits ansteigt, andererseits rückläufig ist. Darüberhinaus blieben von den 50 in den Lagern befragten Flüchtlingen, die den Wiederaufbau ihres Hauses durch Mohnanbau zu finanzieren beabsichtigten, lediglich sieben übrig, die damit auch zukünftig weitermachen wollten. So bekannten einige: »Wenn die islamische Regierung den Mohn verbietet, werde ich ihn nicht anpflanzen.«

Nach Ansicht dieser Moslems ist Opium tatsächlich weniger eine Frage von Moral als von Scherereien, die sie sich einhandeln könnten. Die Haltung der nationalen und lokalen Behörden wird also einen bedeutenden Einfluß auf das Verhalten der Bauern ausüben.

Aber die von der internationalen Gemeinschaft erfolgenden Hilfeleistungen werden zweifellos noch entscheidender sein. So kann man feststellen, daß beispielsweise Kunar – eine der seltenen Provinzen, in denen der Mohnanbau in den letzten Jahren regelmäßig zurückgegangen ist – die bedeutendste Unterstützung seitens der Europäischen Gemeinschaft, des UNDCP und verschiedener westlicher Regierungen erhielt, und zwar über Projekte, die regierungsunabhängige Organisationen vermitteln und betreiben. 1991 betrug diese Hilfe zehn Millionen Dollar gegenüber lediglich vier Millionen für Nangarhar, zweieinhalb Millionen für Badachschan und eine halbe Million für Hilmend, die die wichtigsten Gebiete des illegalen Anbaus sind. Auch kann beobachtet werden, daß in Kunar die Partei der Wahhabiten, eine der wichtigsten militärischen und politischen Kräfte, sich stets dem Mohnanbau widersetzt hat und die Felder zerstören ließ, wenn sich die Bauern über das Verbot hinwegsetzten. Die lokalen Befehlshaber zeichnen sich in diesem Bereich durch eine fraglos entschlossene Haltung aus.

Die Rolle der Kommandanten

Genaugenommen hatte die enorme Produktionssteigerung außer der sich auch gegenläufig auswirkenden Flüchtlingsrückkehr weitere Ursachen. Dazu zählt seit Januar 1992 der Wille einiger Kommandanten, sich gegen den Stop der Waffenlieferungen seitens der USA, der im Herbst 1991 verkündet wurde, abzusichern. Was beispielsweise in der Region von Hilmend geschah, könnte für einige Kriegherren eine Lehre sein: Nachdem der Kommandant Nasim Akhunzada, ein Mullah, der mit eiserner Hand einen Großteil dieser Provinz dirigierte, 1981 verkündete, daß »der Mohn angebaut werden muß, um den heiligen Krieg gegen die sowjetischen Truppen und ihre Lakaien in Kabul zu finanzieren«, produzierten 90 Prozent der Bauern Opium, wovon sie fünf Prozent ihrem Führer abgaben. Im September 1989 haben Abgesandte der amerikanischen Botschaft in Pakistan Nasim Akhunzada die Vernichtung der Mohnfelder im Austausch gegen eine Unterstützung von USAID (amerikanische Entwicklungshilfe) vorgeschlagen. Im Frühjahr 1990 waren die Anbauflächen in der Region praktisch verschwunden, aber die versprochenen Summen wurden niemals überwiesen. Akhunzada wurde im März 1990 in Peshawar (Pakistan) von Angehörigen einer gegnerischen Partei ermordet. Sein Bruder Rasoul begriff dieses Ereignis als Zeichen und forderte die »betrogenen« Bauern auf, »soviel Mohn zu säen, wie sie können, bis über die Dächer ihrer Häuser.« Es scheint, daß es diesem unerbittlichen Kriegsherrn an der Spitze einer gut ausgerüsteten Armee mit 5000 bis 10 000 Männern gelungen ist, Chemiker in das von ihm kontrollierte Territorium zu locken, um selbst Heroin herstellen zu können, das für den Iran und Republiken der Ex-UdSSR bestimmt wäre. Im Frühjahr 1992 sind erbitterte Kämpfe zwischen den Truppen der Harakat-i enqilab-i islami, der Partei von Rasoul Akhunzada, und den von Abdur Rahman geführten Hezb-i islami gemeldet worden. In diesen Auseinandersetzungen ging es um Waffen der kommunistischen Garnisonen von Girishk und Lashkargah, die in die Hände von Abdur Rahman und dessen Verbündete gefallen waren. Aber Beobachter nehmen an, daß diese Kämpfe, die kurz vor der Opiumernte in Hilmend stattgefunden haben – die mit 1000 Tonnen pro Jahr größte Produktionsregion – auch die Kontrolle bestimmter Anbaugebiete zum Ziel hatten. Tatsächlich fördert Rahman die Opiumerzeugung zugunsten seiner von Gulbuddin Hekmathyar geleiteten Partei bis zur Einrichtung von Heroinraffinerien, die sich im Dorf Rabat-e-Jamo im äußersten Süden des Landes befinden. Von dort aus wird die Droge in den Iran geschmuggelt, um dann über die Balkanroute bis nach Europa weitertransportiert zu werden.

Nach dem Niedergang der kommunistischen Herrschaft in den Dörfern führt die Tendenz zur Zergliederung des Landes in Stammesgebiete dazu, daß die Droge verstärkt als Mittel dient, die Autonomie der lokalen Mächte zu sichern. So forderte im Norden des

Landes der General Abdur Rachid Dostom die Bildung einer Bundesregierung, die ausschließlich für Verteidigung, Finanzen und internationale Politik zuständig wäre, und schloß sich als Führer der usbekischen Milizen (Gilam Jam) dem Lager des tadschikischen Kommandanten Ahmad Shah Massoud an, um die Eroberung Kabuls zu proben. Nun droht er mit der Schaffung einer unabhängigen Region, falls seine Forderung nicht erfüllt wird. Diese Region würde von der Republik Usbekistan unterstützt und könnte über große Dünger- und Betonfabriken als offizielle Ressourcen verfügen. Die Republik Turkmenistan liefert ihr gleichfalls zu sehr vorteilhaften Bedingungen Erdöl. Dabei ist sehr wohl bekannt, daß Rachid Dostom enorme Gewinne mit Schmuggelgeschäften und Heroinhandel in Richtung Usbekistan und der gesamten GUS macht.

In Badachschan, der Einflußzone der von dem Professor Rabbani und dem Kommandanten Massoud geführten Jamiat-i islami, ist die Lage sehr gespannt. Dort tobten im Juni 1992 in der Region von Baharak Kämpfe zwischen dieser Partei und der von Saudi-Arabien unterstützten Ahl-e Hadith. Letztere kontrolliert die einzige Straßenverbindung, über die man Pakistan von der Stadt Jurm aus erreichen kann, die inmitten wichtiger Mohnanbaugebiete liegt: den Tälern von Khosh, Ferghamunj, Peskan, Kalp und Yabab. Andere Transportwege für die Droge wären der über Kabul und von dort aus via Termes nach Usbekistan oder nach Tadschikistan.

Im Gebiet um das Dorf Ishkashim werfen die afghanischen Bauern in Plastiktaschen verpackte Opiumkugeln in den Fluß Pandz, der die Grenze zu Tadschikistan bildet. Auf dem gleichen Weg schicken ihnen ihre tadschikischen »Brüder« dafür Tee und Zucker, an denen es ihnen mangelt. Andere Lebensmittel, Düngemittel und Gebrauchsgegenstände überqueren den Wasserlauf auf luftgefüllten Schläuchen, die auf Seilen hin- und hergezogen werden. Ein Paar Stiefel ist zum Beispiel ein halbes Kilogramm Opium wert. Denn seit die alten Kommunisten in der Hauptstadt Duschanbe wieder an der Macht sind und Hunderttausende von tadschikischen Flüchtlingen die afghanische Grenze überquert haben, wo sie unter dramatischen Bedingungen zu überleben versuchen, hat sich die Lage völlig verändert.

Alternative Entwicklungsprojekte und neue Schmuggelrouten in Badachschan

Nach dem Bericht eines OGD-Beobachters hat sich die Opiumernte in dieser abgelegenen und notleidenden Region bis Ende Oktober hingezogen. Mehrere Kommandanten gaben vor, die Erzeugung von Opium, das als bestes Afghanistans gilt, einschränken zu wollen. Der Gouverneur der Region, Ziaulhaq Abuzar, Parteigänger von Jamiat-i islami, erklärte: »Opium bildet eine große Einkommensquelle für die Bauern. Um den Schlafmohn zu ersetzen, ist viel Hilfe aus dem Ausland notwendig.« Der Gouverneur beabsichtigt einerseits, die Anbauflächen von zehn oder acht jerib (1 jerib = 0,4 Hektar) auf sechs jerib je Familie zu verringern, und sieht andererseits zwischen zehn und 20 Jahren Gefängnisstrafe für Großproduzenten vor. Dies scheint aber keine bemerkenswerte Auswirkungen auf die Anbauflächen zu haben. In den Erzeugertälern, die insbesondere von Mitgliedern der Ismaeliten-Sekte eingenommen worden sind, erheben die Parteien eine Steuer in Höhe von zehn Prozent des Werts der Ernte. Jeder jerib bringt im Durchschnitt 600 000 Afghani (600 Dollar) im Vergleich zu 10 000 Afghani für dieselbe mit Weizen bepflanzte Fläche. Die Produktivität beträgt 18 Kilogramm je jerib, und der Kilogrammpreis liegt bei 75 Dollar. Im Tal von Kasdeh, eines der großen Produktionszentren Badachschans mit den Tälern von Jurm und Khash, erzeugen 300 Familien jährlich 200 Kilogramm Opium. Die anderen Produktionszentren sind Roboti-Ceheltan, Deqalat, Sarask, Safedara, Kawak, Tirgaran, Sofyan, Alishgrow, Khasban, Jhalshal und Khonow.

Von Badachschan aus in Richtung Pakistan wählen die Esel- und Pferdekarawanen oder Lastwagen entweder die Strecke über Kunduz, wenn es die militärische Lage ermöglicht, oder den Weg über eine nicht befestigte Straße durch das Gebirge. Eine andere Strecke, die eröffnet werden sollte und nach Usbekistan führt, kann infolge des Bürgerkrieges in Tadschikistan nicht benutzt werden.

Iran

Dieses Land spielt gegenwärtig keine wichtige Rolle als Erzeuger illegalen Morphins oder Heroins, aber sein Territorium ist ein unverzichtbares Transitgebiet zwischen den Produktionsregionen in Afghanistan und Pakistan und der Türkei, wo die Morphinbase in grenznah gelegenen Laboratorien in Heroin umgewandelt wird. Ende August 1992 beschlagnahmten Einheiten der iranischen Streitkräfte 860 Kilogramm dieses Narkotikums nach einer über dreißigstündigen Schlacht mit Drogenschmugglern nahe der Grenze zu Sistan-Belutschistan. Sie erbeuteten dabei eine Luftabwehrbatterie und 9600 Granaten. Am 15. Oktober wurde dieser Rekord mit der Konfiszierung von 900 Kilogramm sehr reinen Heroins in einem türkischen Tanklastzug gebrochen, und zwar in der Provinz Yazd im Osten des Irans, einer Region in gleicher Nähe zur afghanischen wie pakistanischen Grenze. General Reza Seifollahi erklärte aus diesem Anlaß, daß die Sicherheitskräfte im Laufe der ersten Jahreshälfte 1992 28 Tonnen verschiedener Drogen und 162000 Waffen sichergestellt sowie 2450 Drogenschmuggler festgenommen hätten, die 193 verschiedenen Händlerringen angehörten. Der gravierendste Zusammenstoß aber war am 25. Januar 1993, als ein Konvoi von 60 Fahrzeugen, die mit Drogen beladen waren und von an die Hundert schwerbewaffneten Schmugglern abgesichert wurden, versuchte, von der afghanischen Region Rabat in den Südosten Pakistans einzudringen. 17 afghanische und fünf iranische Soldaten wurden bei den Kämpfen getötet.

Eine andere kritische Zone ist die Region Aserbaidshan im westlichen Iran, die als Grenzprovinz zur Türkei und dem Nordirak zum Rückzugsgebiet für den Drogenschmuggel über die Türkei nach Europa geworden ist. Zwischen dem 21. März, dem iranischen Neujahr, und dem 21. April 1992 wurden dort auf der Strecke zwischen Urmia und Salmas über zwei Tonnen Heroin beschlagnahmt. In der folgenden Woche entdeckten die Ordnungskräfte 445 Kilogramm Opium in den Provinzen Khorasan im Osten und Fars im Zentrum. Da diese Sicherstellungen vor der Erntezeit geschahen, bleibt unklar, ob es sich um Lagerbestände aus der lokalen Produktion oder um importierte Mengen handelte. Beobachter nehmen an, daß im Iran jährlich 200 bis 300 Tonnen Opium erzeugt wird in Regionen, die von der Zentralregierung nur schwer kontrolliert werden können, insbesondere in Lorestan im Südosten, nicht weit von der irakischen Grenze. Es ist sogar möglich, daß es in dieser Gebirgsregion Heroinraffinerien gibt. So stellten die iranischen Behörden 1992 gleichfalls beträchtliche Mengen des Zwischenprodukts Morphinbase sicher (fünfeinhalb Tonnen innerhalb der ersten drei Monate). Sie führen dieses Phänomen auf in Pakistan ergriffene Maßnahmen zur Kontrolle des Handels mit Essigsäureanhydrid zurück, die die Umwandlung von Morphin in Heroin ermöglicht, und bestätigen, daß die Morphinbase für türkische Laboratorien bestimmt war. Dieser Schmuggel hat verheerende lokale Folgen, denn der Iran zählte 1992 mehr als eine Million Heroinsüchtige.

Aber lokaler Mohnanbau und Heroinepidemie sind gegenüber der internationalen Öffentlichkeit von den Vertretern der Antidrogenbehörden der iranischen Regierung erneut verschwiegen worden. Während einer von der zuständigen UN-Unterorganisation vom 21. bis 23. September 1992 veranstalteten internationalen Konferenz in Islamabad, der Hauptstadt Pakistans, haben sie die Verantwortung für den Drogentransit über Afghanistan und Pakistan zurückgewiesen. Um zu veranschaulichen, wie energisch die iranische Regierung gegen den Drogenschmuggel vorgeht, verkündeten sie vielmehr, daß 70 Wachposten und 140 Eingreiftruppen entlang der Grenze aufgestellt wären mit dem Resultat, daß dort während der ersten sechs Monate 1992 140 Drogenschmuggler getötet und 86 verwundet worden seien.

Jedoch fällt beim Lesen einiger ihrer Presseverlautbarungen auf, daß die iranischen Behörden politisch-militärische Aktivitäten mit Drogenhandel verquicken. So brachte die amtliche Nachrichtenagentur AFP Ende 1991 folgende Meldung: »25 Personen, darunter 18 afghanische Staatsangehörige, sind in Maschad im Osten Irans gehängt worden, nachdem sie schuldig gesprochen wurden, einem Spionage- und Drogenschmuggelring anzugehören [...], der Unterstützung bei Milizsoldaten der [zu dieser Zeit kommunistischen] afghanischen Armee fand, die in den Kasernen der Grenzregionen stationiert sind [...].« Das islamische Gericht beschuldigte diese Personen ebenfalls, iranische Jugendliche unter 15 Jahren korrumpiert sowie verletzt und sie unter Gewaltandrohung in Militärkasernen nach Afghanistan geschleppt zu haben, um sie gegen zehn bis 15 Kilogramm Heroin auszutauschen.

Mitte Oktober 1992 wurden 20 Personen gehängt, »weil sie Hunderte Kilogramm Drogen verkauften«. Gestützt auf diese Meldungen ergibt sich, daß seit Inkrafttreten eines Gesetzes im Oktober 1989, das die Todesstrafe für den Besitz von mehr als 30 Gramm Heroin oder mehr als 5 Kilogramm Opium vorsieht, insgesamt 2083 Personen wegen Drogenschmuggels hingerichtet worden sind. Die sunnitischen Parteien bestätigen, daß die Mehrzahl der Hingerichteten in Wirklichkeit Oppositionelle gewesen sind, darunter etliche aus ihren eigenen Reihen. Viele Mitglieder dieser orthodoxen Ausrichtung des Islams, die von der Religionspartei Sunni Thrik Milli Iran vertreten werden und deren Hauptsitz in Chah Bahar (Iran) liegt, leben in der Küstenregion von Makran am Golf von Oman. Sie genießen die Unterstützung Pakistans, des Iraks und Saudi-Arabiens. In der Region Belutschistan, die zwischen Pakistan und Iran aufgeteilt ist, existiert ebenfalls eine ethnische Separatistenbewegung. Die Aktivitäten dieser Separatisten aus Belutschistan auf pakistanischem Territorium führen zu ständigen Spannungen zwischen den Armeen beider Länder.

Der enge Zusammenhang zwischen Oppositionellen und Drogenschmugglern wird dadurch begünstigt, daß die Küste von Makran und Belutschistan nicht nur die ethnische und religiöse Hochburg der Opposition, sondern auch traditionell die der Schmuggler ist, die vor zehn Jahren auf den illegalen Morphin- und Heroinhandel umgestiegen sind, den sie in großem Stil betreiben. Entlang der Küste wird die Droge auf Segelschiffe und Fischerboote verladen, die sie zu den auf offenem Meer wartenden Großschiffen bringen. Über Land wird die Droge von der pakistanischen Stadt Mand durch die Wüste bis ins iranische Chah Bahar befördert und von dort dann weiter zur türkischen Grenze.

Indien

Ende 1992 beschuldigte der US-Senat die indische Regierung, sie verschließe die Augen davor, daß Opium aus der legalen Produktion, die für die pharmazeutische Industrie bestimmt sei, abgezweigt werde. Dieses Opium würde zur Herstellung von Heroin verwendet, das hauptsächlich für die Abhängigen in den USA bestimmt sei. Die USA beziehen 80 Prozent ihres pharmazeutischen Morphinverbauchs aus indischer und türkischer Produktion. Offiziell widmet Indien, dessen Bauern Ende der siebziger Jahre noch auf 70 000 Hektar Schlafmohn anbauten, nicht mehr als 14 000 Hektar der Opiumerzeugung in den Bundesstaaten Madhya Pradesh, Rajasthan und Uttar Pradesh. Jeder Bauer darf lediglich ein Zehntel Hektar für diesen Anbau nutzen. Da Schmuggler das Dreißigfache des amtlichen Preises zahlen, hat die Regierung 1992 den Opiumpreis erhöht.

Die illegalen Mohnkulturen befinden sich in der Nähe der Grenze im Norden und Nordosten; ihre Produktion scheint für den lokalen Verbrauch bestimmt. Die zwei Fabriken zur Umwandlung des Opiums sind dagegen in der näheren Umgebung der legalen Mohnfelder eingerichtet worden, in Ghazipur und Neemash. Die legale Opiumerzeugung betrug 1992 zwischen 500 und 550 Tonnen. Die illegale oder »abgezweigte« Produktion, die nicht genau beziffert werden kann, liegt zwischen 200 und 300 Tonnen. Damit belegt Indien mit dem Iran den dritten oder vierten Rang in der Liste der weltweit größten Produzenten.

Indien ist ebenfalls ein wichtiger Cannabisproduzent (ganja). Geführt haben dazu die Krise der traditionellen Landwirtschaft und die Folgen der vom Internationalen Währungsfond (IWF) und der Weltbank verordneten Strukturanpassung. Diese Programme legen beispielsweise fest, daß die Regierung die Subvention der von den Kleinbauern benötigten Düngemittel einstellt. Im Bundesstaat Kerala im Süden des Landes sorgt der Anstieg der Produktionskosten von Gewürzen wie Kardamon, Pfeffer oder Ingwer und der Preisverfall für Kopra (aus Kokosnuß) für einen Boom der Cannabiskulturen. Die für den Anbau einer ganja-Pflanze notwendige Investition beträgt 40 Rupien (3 Mark 40). Ihr Ertrag liegt bei 1000 Rupien (80 Mark) und im Ausland bei 3000 (240 Mark). Wurde Cannabis noch bis 1992 vor allem in handwerklicher Weise angebaut, existieren mittlerweile große industrielle Anpflanzungen, die sich auf über 5000 Hektar ausdehnen und in den Wäldern des Hochlandes im Innern des Staates versteckt sind. In der Regel werden sie sorgfältig bewässert und von bewaffneten Wächtern geschützt, weshalb diese Region auch »das Kolumbien Asiens« genannt wird. Bei einer Razzia in der Region Kambakallu entdeckte die Polizei Depots, in denen große Mengen an Cannabis, ein Arsenal von Feuer- und Explosivwaffen, Radiosender und hochauflösende Ferngläser gelagert waren. Aber diese Art von Angriffen gegen die »ganja-Barone« sind eher außergewöhnlich, da letztere von der offenkundigen Komplizenschaft auf der Ebene der Forstverwaltung, der Polizei, der Zoll- und Antidrogenbehörden profitieren. Die Drogenbekämpfungsbehörden in aller Welt beunruhigt jedoch mehr der Schmuggel von Essigsäureanhydrid, die für die Umwandlung von Morphinbase in Heroin benötigt wird. Indien exportiert dieses Produkt nämlich in beträchtlichen Mengen in die großen Heroinproduktionszentren Afghanistans, Pakistans und Birmas sowie in einige zentralasiatische Republiken. Im Juli 1992 wurde fast eine Tonne dieser Chemikalie sichergestellt, die auf Kamele verladen die Grenze nach Pakistan in der Region Punjab passiert und anschließend in Kanister für den weiteren Transport in Lastwagen umgefüllt werden sollte.

Indien selbst ist Opfer des Heroins, das mit Hilfe der von seinen Staatsbürgern nach Pakistan und Birma exportierten Chemikalie hergestellt wird. Dies ist in erster Linie Folge des seit 1983 von den Sikhs in Punjab entfesselten Kampfes für einen unabhängigen Staat Khalistan. Die Pakistani, die seit Loslösung beider Länder im Jahr 1947 zwei Kriege gegen Indien verloren haben, unterstützen die Sikhs unter der Hand. So finanzieren die pakistanischen Geheimdienste (ISI) Operationen mit Geldern aus dem Verkauf von Heroin, das in den Stammesgebieten ihres Landes hergestellt wurde, und lassen die Sikhs durch afghanische Ausbilder trainieren. 1991 und 1992 sind mehr als 50 Tonnen Heroin über die pakistanische Grenze in Richtung des ostindischen Punjab verschoben worden. Die wichtigsten Schmuggler waren Sikhs und die in den Regionen Ambala, Amritsar, Pathankot und Jullunder herrschenden Rajputs. Dieses Heroin wird in den Straßen verkauft und das Geld zum Erwerb von Waffen verwendet. Ein ähnliches Phänomen ist im Fall der Kaschmir-Bewegung zu beobachten, die verstärkt seit 1988 mit dem Anstieg des muslimischen Fundamentalismus für die Schaffung eines unabhängigen Staates kämpft. Das aus Pakistan stammende Heroin ist in Kaschmirs Hauptstadt Srinagar sehr billig erhältlich, und Touristen verkaufen es in anderen indischen Städten weiter. Hauptsächlich wird es aber von den Schmuggelringen der Kaschmiris in europäische Städte, vor allem nach Großbritannien und Norwegen, exportiert. Das Geld wird in das pakistanische Kaschmir zurückgeschickt, wo es für den Kauf von Waffen und Winterkleidung dient. Die Folgen für Indien sind die, daß nicht nur terroristische Aktivitäten unterstützt werden, sondern auch eine Heroinepidemie insbesondere in den Regionen Ludhiyana, Haryana und Madhya Pradesh ausgelöst wurde.

In den Nachbarregionen zu Birma ist die Lage noch schlimmer. Heroin strömt zunehmend über die Landstraßen zur indischen Grenze; hergestellt wird es in der Region Mandalay dank des illegal durch Inder in den Shan-Staat von Birma exportierten Essigsäureanhydrids. Folge ist eine Heroinabhängigkeit, die sich unter den Jugendlichen der Ethnien der Meiteis, Kukis und Nagas im Staat Manipur ausdehnt und die die Verbreitung von Aids begünstigt. So leben nur drei Prozent aller Inder, aber 25 Prozent der HIV-Infizierten des Landes in den nordöstlichen Bundesstaaten wie Manipur, Mizoram und Nagaland.

Nepal

Nachdem Haschischliebhaber in den sechziger Jahren eine Hochburg im Königreich Nepal fanden, sorgte dieses Land 1992 erneut für Schlagzeilen – nun mit einer gefährlicheren Droge. Verhaftungen nigerianischer Kuriere Anfang des Jahres oder die am 15. Juli auf dem internationalen Flughafen in Katmandu erfolgte Festnahme einer jungen Thailänderin in Besitz von 5,7 Kilogramm Heroin bestätigen, daß Nepal zunehmend Transitland für den Versand dieser Droge nach Europa, Australien und in die USA wird.

Sukanna Yanafinio, die das Pulver in einem doppelbödigen Koffer transportierte, gab zu, daß sie nicht das erste Mal unterwegs gewesen sei; eine ihrer Freundinnen sei ihr mit einer anderen Ladung ein paar Tage vorausgeflogen. Aufgrund dieses Geständnisses konnte die Polizei ihren Auftraggeber, einen libanesischen Staatsangehörigen, festnehmen. Der Chef der Polizeidienststelle Hanuman in Katmandu erklärte gegenüber einem OGD-Korrespondenten, daß dieser Libanese als Mitglied des afrikanischen Kartells (African Link) bekannt sei und die von ihm mit Heroin versorgten thailändischen Kurierinnen Prostituierte seien, die 1500 Dollar pro Reise erhielten. Der Dealer erwartete eine weitere Lieferung, bevor er in das Flugzeug nach Addis Abeba, der äthiopischen Hauptstadt, einsteigen wollte.

Am beunruhigendsten ist, daß Nepal sich aufgrund seiner geographischen Lage zunehmend in einen Umschlagplatz für Heroin aus den beiden großen Produktionsregionen Asiens – dem Goldenen Dreieck (vor allem Birma) und dem Goldenen Halbmond (besonders Pakistan) – verwandelt. Das in Pakistan hergestellte Heroin gelangt dann von Nepal aus über Indien nach Europa und in die USA. Um bei den Behörden Verwirrung über ihre Transportwege zu stiften, sorgen die Drogenschmuggler für ein undurchsichtiges Hin und Her der Lieferungen, wie dies die Konfiszierung von 15 Kilogramm Heroin bei einem Transitpassagier auf dem Flughafen Bangkok, der nach Nepal umsteigen wollte, zeigte. Nepalesische Schmuggler wurden 1991 in Australien, Großbritannien, Hongkong und in den USA festgenommen. Überdies sind nicht nur die lokalen Verfolgungsbehörden schlecht ausgerüstet, auch die Kooperation zwischen Zoll, Kriminalpolizei und Einwanderungsbehörden funktioniert kaum. Erst Anfang 1992 wurde eine Sondereinheit zur Drogenbekämpfung in Nepal eingerichtet.

Obwohl die Regierung den Anbau von Hanfpflanzen untersagt hat, entwickelt sich die Cannabisproduktion in den im Osten gelegenen Gebirgsregionen Dhankuta, Udayapur und Bhojpur, angetrieben von indischen Händlern. Im Juli wurden 208 Kilogramm, die eine Gruppe dieser Händler mitführte, sichergestellt. Der Ausbau der Verkehrswege, die Öffnung gegenüber der Außenwelt und die Verschlechterung der wirtschaftlichen Lage bewirken zusammengenommen, daß die Bauern sich dem illegalen Anbau zuwenden.

Eine weitere Sorge der Behörden betrifft die Ausbreitung von Drogensucht und Kriminalität. Obwohl die im Vergleich zum Westen weit niedrigeren Heroinpreise für Kriminelle vergleichsweise wenig Anreize bieten, sorgt der Konsum dieser Droge für einen Markt von schätzungsweise 15000 Abhängigen, zu denen zahlreiche Ausländer hinzukommen.

Bangladesh

Die islamische Republik Bangladesh blieb auch 1992 weiterhin eine wichtige Durchgangsstation für Heroin nach Europa. Dies hat Folgen für den lokalen Verbrauch, den die Regierung dieses Landes aber erst kürzlich zugegeben hat und der mehr als 100000 Süchtige betreffen könnte, die in der Mehrzahl in der Hauptstadt Dacca leben. Obwohl die Behörden bestätigen, daß sie die Herkunft dieser Droge nicht mit Sicherheit kennen, nehmen Beobachter in Karachi an, daß pakistanisches Heroin, das über Afrika nach Europa gelangen soll, nun zunehmend über Bangladesh transportiert wird; und zwar seit die Andidrogenbehörden der westlichen Länder 1987 die Verstärkung der Kontrollmaßnahmen auf dem Flughafen Karachi erzwungen haben. Im selben Jahr behauptete die pakistanische Zeitung ›The Nation‹, daß die Geheimdienste beider Länder diese neue Schmuggelroute zu ihren Gunsten nutzen würden, um ihre schwarzen Kassen zu füllen. Journalisten in Pakistan recherchierten, daß ebenfalls höhere Offiziere sowie Bangladeshs Expräsident Mohammed Irshad persönlich von diesem Handel profitierten. Beobachter vermuten überdies, daß aus Birma stammendes Heroin in den Hafen von Chittagong, der in der Region Kirnaphuli und im Delta des Jamua liegt, transportiert wird. Ein Anzeichen dafür, daß das Heroin wohl aus diesem Land stammt, lieferte paradoxerweise die Verhaftung von vier pakistanischen (!) Schmugglern an der Grenze zu Birma 1988. Die Regierung Bangladeshs hat 1992 ein Gesetz verabschiedet, das gegen jede Person, die im Besitz von über 25 Gramm Heroin angetroffen wird, die Todesstrafe oder eine lebenslange Freiheitsstrafe verhängt.

Sri Lanka

Ende Januar 1992 wurde in Florenz Raju Tana Arumugam verhaftet, ein Staatsangehöriger Singapurs, der nach Angaben der italienischen Polizei für die tamilische Guerilla von Sri Lanka arbeitet und im Besitz von 1,5 Kilogramm Heroin war: ein Indiz dafür, daß die Schmugglerringe, von denen angenommen wurde, daß sie ihre Tätigkeit seit 1985 eingestellt haben, wieder aktiv sein könnten. Demnach wäre Bombay das Transitzentrum der aus Pakistan und Afghanistan stammenden Droge, die für die Rebellenorganisation der tamilischen ›Tiger‹ bestimmt ist. Der indischen Presse zufolge könnte Thailand eine weitere Drehscheibe dieses Schmuggels sein. Bestätigt wurden diese Annahmen durch die indische Marine, die am 6. November 1991 auf einem Boot der tamilischen Guerilla Unterlagen beschlagnahmte, die darauf hindeuten, daß die ›Tiger‹ sich aus Thailand mit verschiedenen Waffen – von Gewehren bis Raketen – versorgen.

Eine dritte Waffenquelle der ›Tiger‹ könnten die afghanischen Mudjaheddin sein, die überdies ihre Kontakte ausbauen würden, um in Europa Heroin abzusetzen. Dies erklärt vielleicht, warum nur wenige Sri-Lankesen in Heroinbesitz verhaftet wurden. Die größte Sicherstellung erfolgte im August 1992 bei einer Tamilin aus Madras, die ein Flugzeug nach Colombo besteigen wollte und sechs Kilogramm dieser Droge mit sich führte. Die Basis der Tamilen in Pakistan, die in den reichen Familien und in Haushalten von Ausländern als Fahrer, Köche und Sekretärinnen arbeiten, ist der südliche Distrikt von Karachi. Werden sie verhaftet, geben sie sich als Inder aus, weshalb sie unter dieser Nationalität in den Archiven der Antidrogenbehörden geführt werden.

Südostasien

Südostasien behält seine führende Position als weltweit größter Heroinerzeuger und -exporteur, obwohl die Produktion im Goldenen Halbmond (Afghanistan, Pakistan, Iran) enorm anstieg. In Birma haben sich Schlafmohnkulturen vor allem in den Gebieten ausgedehnt, die kürzlich unter die Kontrolle der Narko-Diktatur in Rangun geraten sind. Vietnam, das bis jetzt nur für den heimischen Markt produziert, wird sich wahrscheinlich in naher Zukunft in ein Ausfuhrland verwandeln. Dies könnte auch für China zutreffen, wo die Provinz Yunnan immer stärker zu ihrer Rolle vor der Revolution wiederfindet. Thailand und Hongkong bleiben weiterhin wichtige Umschlagplätze des Drogenschmuggels. Und schließlich ist eine bemerkenswerte Verzweigung der Exportnetzwerke nach Nordamerika und Europa zu beobachten. Eine Übersicht am Ende des Kapitels faßt die Drogengeschichte Südostasiens zusammen.

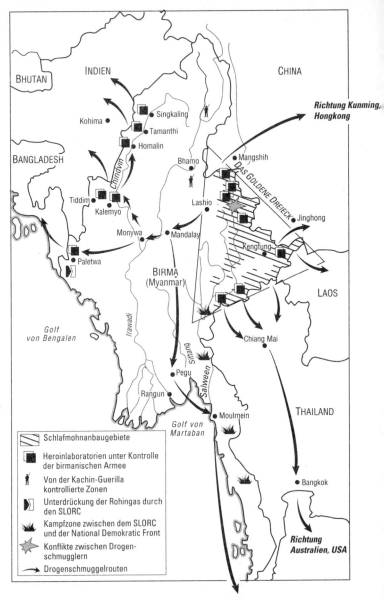

Birma (Myanmar)

Die Opiumerzeugung in Birma ist 1992 nur schwach auf schätzungsweise 2500 Tonnen angestiegen, wogegen die mit Mohn bepflanzten Flächen insbesondere im Shan-Staat stark zunehmen. Dieser Produktionszuwachs wird jedoch teilweise durch eine völlige Ausrottung der Schlafmohnkulturen im Katschin-Staat im Norden Birmas ausgeglichen, die die Kachin Independence Organization (KIO) in diesen unter ihrer Kontrolle befindlichen »befreiten Zonen« durchgeführt hat. Amerikanische Satellitenaufnahmen haben bestätigt, daß diese Vernichtung tatsächlich erfolgte. Darüber hinaus hat die KIO nicht nur ein System zur Entgiftung und Rehabilitierung der Süchtigen eingerichtet, sondern schreitet auch unerbittlich gegen jede Form von Drogenschmuggel ein. Wiederholt verhaftete Drogenhändler werden nach einer Verhandlung öffentlich hingerichtet. Seit sie vor dreißig Jahren ihren Kampf gegen die Macht in Rangun begann, erhielt die KIO niemals irgendeine Art von Unterstützung. In den Gebieten unter Kontrolle der birmanischen Militärdiktatur nimmt der Mohnanbau erheblich zu, was ebenfalls von US-Satelliten bestätigt wird.

Inszenierte Drogenvernichtung für Journalisten

Das Militärregime in Birma taufte sich 1988 selbst »Staatsrat zur Wiederherstellung von Gesetz und Ordnung« (SLORC). 1991 konnte zum ersten Mal bewiesen werden, daß dieses Regime Gelder aus dem Heroinschmuggel verwendete, um von China Waffen im Wert von über einer Milliarde Dollar zu kaufen. Um sein Ansehen besorgt, lud der SLORC 1992 vermehrt ausländische Journalisten, Diplomaten und Vertreter internationaler Organisationen dazu ein, den Zeremonien der Drogenzerstörung beizuwohnen. Dadurch sollte auch die wachsende Rolle Birmas im weltweiten Heroinhandel sowie die blutige Unterdrückung seiner Bevölkerung seit der Niederschlagung der demokratischen Bewegung im Jahr 1988 in Vergessenheit gebracht werden. Bei seinem Versuch, die Bedeutung des Goldenen Dreiecks herunterzuspielen, hat der SLORC sogar bestimmte Straßen für Touristen geöffnet, die nun zum ersten Mal seit dreißig Jahren legal aus dem Norden Thailands nach Birma einreisen können.

Erlöse aus Heroinexporten trugen 1992 zu einem Gutteil zum Einkommen des SLORC in harter Währung bei. Die spürbaren Folgen dieses Devisenhungers ließen in den Gebieten der »sensiblen« Zonen – den Grenzen zu Nordthailand, Laos, China, Indien und Bangladesh – nicht auf sich warten. Der mächtige und einflußreiche Chef der militärischen Sicherheitsdienste (DDSI), General Khin Nyunt, vergibt dort die höchsten Posten in der Armee höchstpersönlich. Außerdem erfolgten Ernennungen unter derselben »Patenschaft« für die Leitung der Zollbehörden in Rangun, der Volkspolizei sowie der hauptstädtischen Versorgungs- und Transportunternehmen, so daß nunmehr alle diese Stellen von hohen Offizieren oder Generälen besetzt sind.

Eine der Methoden, Devisen zu erlangen, besteht darin, daß im Goldenen Dreieck operierende Armeeinheiten Opium und Heroin bei Kleinhändlern vor Ort konfiszieren und die Drogen anschließend an Großhändler in der Region Kengtung im Osten des Shan-Staates weiterverkaufen. Nach Berichten gut informierter Beobachter, die über Kontakte zu in diesem Bereich tätigen Nachrichtendiensten verfügen, wird diese »wirtschaftliche Offensive« vom 226. Bataillon der birmanischen Armee koordiniert, die in Loi Mwe, 30 Kilometer südlich von Kengtung, stationiert ist.

»Gewandelte« Rotgardisten

Eine der bedeutendsten Einrichtungen zur Raffinierung von Opium in Heroin befindet sich an der Grenze zu Yunnan im Norden von Kengtung; sie wird von zwei Händlern chinesischer Herkunft – Lin Ming Xian und Zhang Zhi Ming – kontrolliert, die ursprünglich der kommunistischen Partei Birmas (PCB) angehörten, in die sie 1968 als freiwillige Rotgardisten eintraten. 21 Jahre später beteiligten sie sich an einer Revolte gegen die maoistische und vergreiste Führung der PCB und schlossen einen Friedensvertrag mit den Militärbehörden von Rangun. Im Tausch gegen einen Waffenstillstand durften die alten Parteichefs ihre Waffen behalten und in die Heroinproduktion und den Schmuggel einsteigen.

Ein Photo der beiden Chefs des von der PCB kontrollierten Gebietes im Osten des Shan-Staates veröffentlichte am 29. März 1991 die ›Working People Daily‹, die offizielle Zeitung des Regimes. Darauf ist zu sehen, wie sie den Präsidenten des SLORC, General Saw Maung, anläßlich der Feierlichkeiten zum Tag der Streitkräfte in der birmanischen Hauptstadt brüderlich umarmen und küssen. Anderen Berichten zufolge sollen Lin, Zhang und weitere wichtige Drogenhändler den zentralen Militärbehörden in Rangun nunmehr eine Provision in Dollar bezahlen für die Erlaubnis, ihre Drogen mehr oder weniger offen durch Birma zu transportieren.

Nachrichtendienste in Chiang Mai (Nordthailand) bestätigen, daß beim wöchentlichen Flug von Rangun in die Grenzstadt Tachilek, 170 Kilometer südlich von Kengtung, beträchtliche Mengen hoher Dollarnoten transportiert werden. Tachilek ist der einzige Flughafen Birmas nahe einer Landgrenze zu Thailand; das Geld wird anschließend von birmanischen Offizieren in Handkoffern über die Grenze gebracht und bei thailändischen Banken in Mae Sai deponiert.

Die vierte Seite des Goldenen Dreiecks

Übereinstimmende Informationen aus der Region lassen auf eine bedeutende Verlagerung der Schmuggelstrecken für Drogen und der Heroinraffinierung in Richtung Südwesten schließen. Wichtige Zentren der Drogenproduktion gibt es nun entlang des Flusses Schindwin, nahe der indischen Grenze; Einheiten der birmanischen Armee, die weitab der von Rebellen kontrollierten Zonen und der Mohnanbaugebiete des Goldenen Dreiecks stationiert sind, sorgen für den unmittelbaren Schutz dieser Zentren.

Seit Ende 1991 sind an der Grenze zwischen China und Birma mit Rohopium und Heroin beladene Lastwagen aufgefallen. Alles deutet auf eine wahrscheinlich folgenreiche Verlagerung des Schmuggels hin, denn wenige Zeit später wurden die nordöstlichen Bundesstaaten Indiens wie Nagaland, Manipur und Mizoram von Heroin überschwemmt. Anstatt nördlich zur chinesischen Grenze fahren die LKWs zur Zentralebene im Süden nach Mandalay und Monywa hinunter. Von dort aus wird die Droge mit Schiffen und auf dem Landweg bis zu einem Kordon sechs neuer Raffinerien gebracht, die entlang des Flusses Schindwin errichtet wurden. Die wichtigsten Standorte sind:
– im Norden von Singkaling Hkamti (Generalquartier des 52. Regiments der Armee Birmas);
– Tamanthi (Vorposten des 52. Regiments);
– Homalin (Generalquartier des 222. Regiments);
– Kalemyo (Generalquartier des 89., 228. und 235. Regiments);
– Tiddim (Vorposten des 89. Regiments);
– Paletwa an der Grenze der Staaten der Tschin und Arakan.

Die bedeutendste Raffinerie liegt bei Kalemyo; ihr Betreiber ist ein lokaler Geschäftsmann, der eng mit bekannten Drogenschmugglern aus dem Nordosten Birmas und der Armee zusammenarbeitet.

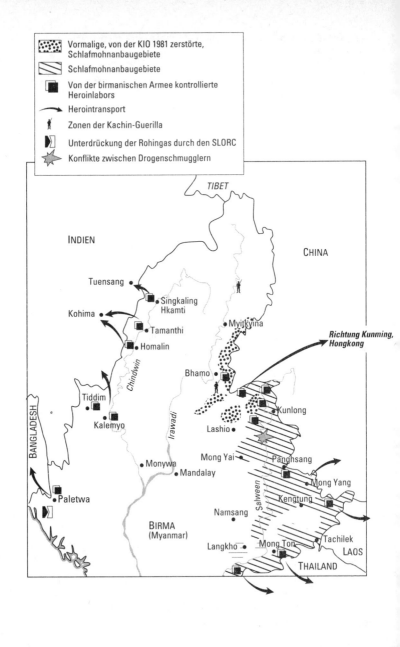

Mehrere neue Schmuggelwege nach Indien und Bangladesch sind festgestellt worden:
- von Singkaling Hkamti nach Pangsha (Grenze zum indischen Nagaland) und von dort nach Tuensang und Mokokchung in Nagaland;
- von Tamanthi und Homalin nach Somra (Grenze zu Manipur) und von dort über Jessami/Kohima (Nagaland) in den Norden.

Vier Routen beginnen in Kalemyo:
- nach Norden Richtung Khambat und Tamu-Moreh und von dort nach Imphal (Manipur);
- in den Westen nach Rikhawar/Champhai (Grenze zu Mizoram) und von dort nach Aizawl;
- in den Südwesten über Lunglei (Süd-Mizoram) weiter nach Aizawl;
- von Paletwa nach Alikadam (Chittagong Hill Tracts – Bangladesh) weiter über Cox's Bazaar und Chittagong.

Da es sich bei der südwestlichen Strecke um äußerst schwer befahrbares Gelände handelt, werden Helikopter der birmanischen Armee eingesetzt. Die durch den Westen Birmas transportierte Droge ist wahrscheinlich für die steigende Nachfrage in Indien und Bangladesh sowie auf dem europäischen Markt bestimmt, wohin sie über die Häfen von Kalkutta und Chittagong gelangt. Auch bieten diese neuen Schmuggelrouten dem SLORC den Vorteil, sich weniger Druck und Geldforderungen als auf den traditionellen Strecken nach China und Thailand auszusetzen.

Die drei Brüder der »Brigade 525«

Im Shan-Staat Birmas sind während der Saison 1992 ungefähr 2000 Tonnen Rohopium geerntet worden. Nach Abzug von 40 Prozent Verunreinigungen (der Durchschnitt in der Region) und der 200 bis 300 Tonnen des vor Ort von den Bergstämmen verbrauchten Opiums bleiben nach dem Raffinieren ungefähr 100 Tonnen Heroin zum Export übrig. Der geschätzte Preis betrug in der Saison 1991 durchschnittlich 7000 Dollar je Kilogramm an der birmanisch-thailändischen Grenze. Das Heroin ist wie üblich heftig umkämpft. Die gewaltsamen Auseinandersetzungen finden zwischen Khun Sa und seinen drei Brüdern chinesischer Herkunft (Wei Shao-Lung, Wei Shao-Kang und Wei Shao-Yin) statt.

Der Handel dieser Familie mit Opium und seiner Derivate reicht zurück in die sechziger Jahre, eine Zeit, in der die bewaffneten Gruppen der Kuomintang (KMT) praktisch ein Monopol des Drogenschmuggels nach Thailand innehatten, dessen Kontrolle sie aber Anfang der Achtziger nach und nach an Khun Sa abgeben mußten. Um ihre Marktposition aufrechtzuerhalten, waren die KMT damals gezwungen, mit den birmanischen Kommunisten (PCB) zu verhandeln, die im Nordosten des Shan-Staates den Hauptteil der Mohnanbaugebiete kontrollierten und die Erzeugung besteuerten. Dank ihrer Vermittlungstalente sind die Brüder Wei Shao die wichtigsten Teilhaber geworden. Mit Unterstützung einer Gruppe der Wa (ein kleiner Bergstamm, aus dem sich die Truppen der PCB und der KMT rekrutieren), die an der thailändischen Grenze angesiedelt ist und von Aye Shaw Swe angeführt wird, gelang es ihnen, einen Gesandten der KMT, Lee Ting Khaw, in das Hauptquartier der PCB in Panghsang an der sino-birmanischen Grenze einzuführen. Dadurch konnten sie die Opiumtransporte in die Raffinerien der KMT an der thailändischen Grenze organisieren. Die Brüder Wei Shao verkauften dann das dort hergestellte Heroin an die Triaden von Hongkong.

Anfang 1989 stellten die thailändischen Behörden die Truppen der KMT endgültig unter ihre Kontrolle, was den Major Tama und seine 200 Wa-Soldaten, die auf Rechnung der KMT operierten, dazu veranlaßte, sich Aye Shaw Swe anzuschließen, der Khun Sa offen bekämpfte. Bei dem Konflikt handelt es sich um die Kontrolle eines Grenzabschnittes zwischen Birma und Thailand, der ganz entscheidend für den Absatz von Opium und seiner Derivate ist. Nach Auflösung der PCB im März 1989 schloß sich Aye Shaw Swe der neuen Organisation der Wa (UWSP) an, die von Kyawk Ni Lai, einem Wa aus dem Norden, und Pao Yo Chang, einem Wa aus dem Süden, kommandiert wird. Bei erbitterten Kämpfen zwischen den Wa und Truppen des Khun Sa um die Kontrolle des Gebirgsmassivs von Doï Larng mußte dieser in drei Jahren 500 Tote und 900 Verwundete verkraften und erlitt zwei- bis dreimal höhere Verluste als die UWSP.

Die Brüder Wei Shao finanzieren direkt die »Brigade 525«, eine Einheit von 1200 Männern, die sich aus den restlichen Streitkräften des Aye Shaw Swe, des Major Tama und Truppenverstärkungen aus der früheren Hauptstadt der PCB, Panghsang, zusammensetzt. Sie wird von Tin Kwang Ming kommandiert und zum Schutz der Drogenkarawanen und Heroinraffinerien eingesetzt.

Gegenwärtig bemühen sich die Brüder Wei Shao, jede Absprache zwischen Wa und Khun Sa zu unterlaufen, indem sie ihnen den Zugang nach Thailand und damit zum Drogenmarkt versperren.

Die Vorzeigestadt des Khun Sa

Das Jahr 1992 hatte für Khun Sa, den bekanntesten »Opiumkönig« des Goldenen Dreiecks, gut begonnen. Der Chef der Mong Tai Army (MTA) begann, um den Shan State Restauration Council (SSRC), dessen Vorsitz im Zentralrat er einnimmt, die Bevölkerungsmehrheit dieses im Nordosten Birmas gelegenen Shan-Staates zu sammeln, der sich aus ethnischen Minderheiten wie den Shan, Pao, Palaung und auch den Wa zusammensetzt. Khun Sa ist zum einzig möglichen Gegner des birmanischen Militärregimes in dieser Region geworden: Den Norden kontrolliert die Kachin Independence Organisation (KIO), und im Süden bekämpft die Armee erfolgreich den Aufstand der Karen.

Die MTA und die birmanische Armee standen sich im Februar und März 1992 im Dreieck Lashio – Tang Yang – Mong Yai in heftigen Kämpfen gegenüber, die eine massenhafte Flucht der Bevölkerung auslösten; mehrere hundert Shan-Flüchtlinge erreichten nach einem Marsch von über 30 Tagen die thailändische Grenze im Bereich von Mae Hong Son und Fang.

Einem dortigen OGD-Korrespondenten zufolge gelingt es Khun Sa mit Geschick, seine Verwicklung in den Heroinhandel in Vergessenheit geraten zu lassen und sich das Image eines wahren politischen Führers zu geben. Im Tal des Ho-Mong ist aus zwei kleinen Strohhüttendörfern eine Stadt mit 5000 Einwohnern entstanden, in der es Schulen, ein Krankenhaus und Entbindungsheime gibt. Um den zentralen Markt gruppieren sich Dutzende Boutiquen und drei Restaurants; täglich wird zwischen 18 und 22 Uhr Strom geliefert, fließendes Wasser gibt es im gesamten Tal. Ein Fuhrpark von 60 Wagen hält die Verbindung zwischen Ho-Mong und Thailand über drei befahrbare Pisten aufrecht, die Khun Sa durch die Wälder hat schlagen lassen und für deren Instandhaltung er ebenso sorgt. Außerdem gibt es militärische Ausbildungslager für jährlich 2000 Rekruten, Garnisionsbaracken, einen Vergnügungspark mit einer VIP-Residenz, ein Gästehaus und sogar ein Rehabilitationszentrum für Süchtige. Der öffentlich zur Schau gestellte Wohlstand der MTA stammt nicht ausschließlich aus Drogen, da die thailändischen Forstgesellschaften eine Abgabe von 100 Dollar pro Tonne Teakholz leisten; die Saison 1992 dürfte dem Shan-Staat 50000 Tonnen eingebracht haben. Und allein die von den Truppen des Khun Sa erhobenen Zölle auf alle Waren, die ihr Kontrollgebiet passieren, betragen mehrere Millionen Dollar. Die Möglichkeit birmanischer Luftbombardierungen scheint den Generalstab der MTA, der auf seine Luftabwehrraketen setzt, nicht sonderlich zu beunruhigen. Nach Mitteilungen eines Beraters von Khun Sa hindert ihn ein Stückpreis von 20000 Dollar nicht daran, Sam-7-Raketen zu kaufen, die offensichtlich bei den »Vettern« in Laos und Kambodscha beschafft werden können.

Bei einer solchen Ausstattung ist es nicht erstaunlich, daß Khun Sa von Gruppen unterstützt wird, die einst kommunistisch waren und gegen ihn kämpften, wie die von Tha Kalay dirigierte SSNLO, die von Swe Aye geführte KNLP und die von Sya Lenk und seiner 200 Partisanen, die die Auflösung der nationalistischen Shan-Bewegung (SSA/SSPP) überlebt haben. Diese drei Führer sitzen nunmehr im Zentralrat des SSRC unter Vorsitz von Khun Sa.

Die neuen zivilen Kader der MTA, die sowohl aus der Region Kengtung im Osten als auch aus Mong Hsu im Nordwesten oder Taungyi im Süden stammen, bezeugen die Vorherrschaft Khun Sas im gesamten Shan-Staat. Im Laufe des Jahres 1992 lehnte sich Tha Kalay, der kommunistische Führer der SSNLO (Shan State National Liberation Organization), gegen die Vorherrschaft im Süden des Shan-Staates auf; Tha Kalay hatte sich Ende 1991 Khun Sa angeschlossen, sich aber im März 1992 wieder losgelöst.

Die Verbindung zu Khun Sa ging zurück auf den Generalsekretär der SSNLO, Soe Aung Lwin, der von seinen Ämtern innerhalb des von Khun Sa geleiteten politischen Organs (SSRC) zurücktreten mußte. Urheber dieses Konflikts zwischen Khun Sa und der SSNLO ist Tet Ne Htoon, Vizepräsident der SSNLO und unerbittlicher marxistischer Ideologe; er warf der MTA von Khun Sa vor, die Kontrolle über die zivilen, militärischen und finanziellen Angelegenheiten (zum Beispiel die Besteuerung des Drogenschmuggels) zum Nachteil seiner Verbündeten zu monopolisieren. Die 80 Rekruten der SSNLO im Ausbildungslager in Ho-Mong, dem Hauptquartier Khun Sas, sind wieder in ihrer Herkunftsregion im Einsatz; zur gleichen Zeit forderte Tet Ne Htoon Khun Sa auf, keine Truppen mehr in den Süden des Shan-Staates zu entsenden. Die Leitung der SSNLO wirft ihm seinen sichtbaren Mangel an Kampfbereitschaft gegen den SLORC vor und bekräftigt ihren Verdacht, daß Khun Sa letztendlich versuchen würde, den status quo mit Rangun aufrechtzuerhalten.

Der Test von Kokang

Nach drei vergleichsweise ruhigen Jahren begannen Ende 1992 zwei lokale Clans, die Yang und Pheung (Kriegerkasten und Opiumschmuggler aus Yunnan im Distrikt Kokang) im Nordosten des

Shan-Staates, sich heftig zu bekämpfen. Dabei ging es um die Kontrolle eines Gebietes im Goldenen Dreieck mit dem intensivsten Mohnanbau. Der Konflikt drohte sich auszuweiten und die Strategie des SLORC zu gefährden. Bis 1989 hatte die Kommunistische Partei Birmas (PCB) diese Region militärisch unter Kontrolle. Die Meuterei ihrer Truppen zwang die Parteiführer, nach China zu flüchten. Die Rebellen, die nahezu die gesamten kommunistischen Streitkräfte vertraten, handelten anschließend einen Waffenstillstand mit dem SLORC aus. Gegen die Zusage, sich nicht an dem Aufstand der ethnischen Minderheiten zu beteiligen, hatte ihnen die Regierung ihre Waffen gelassen und stillschweigend die Erlaubnis gegeben, sich dem Drogenhandel zuzuwenden.

Nach Berichten eines OGD-Korrespondenten ging der Konflikt weit über einen lokalen Streit zweier Gruppen von Drogenhändlern hinaus. Er könnte das Regime veranlassen, den größten Teil seiner militärischen Kräfte, die die ethnischen Minderheiten bekriegen, in fast allen Teilen der Grenzregionen einzusetzen. Dies ist nicht der erste Konflikt dieser Art in der Region Kokang, in der Clans eine bedeutende gesellschaftliche Rolle spielen. Die Yang stellen die Herrscher, die Pheung die Krieger, die Lo die Kaufleute und andere Clans die Bauern. Als das Regime (SLORC), vertreten durch den Chef der Geheimdienste, Khin Nyunt, sein informelles Bündnis mit den Kämpfern der früheren PCB in Kokang abschloß, begünstigte es den Clan der Pheung zum Schaden der Yang, von denen es befürchtete, daß sie sich weigerten, die Autorität der Zentralmacht zu akzeptieren. Die Unfähigkeit des SLORC, die Institutionen und lokalen Machthierarchien zu durchschauen, könnte seinen gesamten Friedensplan gefährden. Der wichtigste Teil der Armee der früheren PCB, immerhin 80 Prozent ihrer 10000 bis 15000 gut bewaffneten Soldaten, hat mitgeteilt, daß der Kampf gegen den SLORC wieder aufgenommen würde, wenn auch die anderen Truppen der früheren PCB bereit wären mitzumachen.

Der von den beiden Brüdern Pheung Kya-shin und Pheung Kya-fu geführte Clan der Pheung produziert selbst etliche Tonnen Heroin pro Jahr, die nach China und Indien gebracht werden; ihr wichtigstes Labor befindet sich im Dorf Si-Aw in Kokang. Der von Yang Mu An und Yang Mu Leng dirigierte Clan der Yang erzeugt ebenfalls einige Tonnen Heroin, die vor allem für China bestimmt sind. Ende Februar 1993 endete der Krieg in Kokang mit der Niederlage der Pheung.

China

Die Widersprüche der chinesischen Drogenpolitik haben sich 1992 zugespitzt: Wie verträgt sich die vielgestaltige und ungebrochene Unterstützung der birmanischen Narko-Diktatur mit Chinas Proklamation der Bekämpfung des Heroinschmuggels auf eigenem Territorium? Außerdem können die offiziellen Behauptungen, wonach lediglich ausländische Schmuggler China als Transitland »beanspruchen«, immer weniger aufrechterhalten werden.

Transit, Produktion und Weißwäscherei

Ein großer Teil des auf birmanischer Seite des Goldenen Dreiecks hergestellten Heroins wird in der Tat nach China exportiert. Die Folge ist ein immenser Anstieg der Zahl chinesischer Abhängiger, die Ausbreitung der Immunschwäche Aids und die wachsende Beteiligung von Staatsbürgern der Volksrepublik China am internationalen Drogenschmuggel. Von 1989 bis 1991 stiegen die Verhaftungen aufgrund von Rauschgiftschmuggel von 563 auf 8395 Fälle. Die am meisten betroffenen Regionen sind Yunnan und Guangxi, aber auch Sichuan, Ganzhou, Guangdong, Xinjiang und die Innere Mongolei. Die Transitstrecken für Heroin aus Birma führen vor allem durch Yunnan, Guangxi und Guangdong, aber auch durch andere Provinzen wie Fujian und selbst durch Peking. Die Stadt Chengdu, eine Durchgangsstation zwischen Yunnan und dem übrigen China, ist zu einem florierenden Drogenumschlagplatz geworden: Dutzende von Schmugglerringen sind hier aufgeflogen. Als bei einem Großeinsatz 22 Schmuggler in Xian verhaftet wurden, kam es auch zur Sicherstellung von Falschgeld – ein Vorfall, der die zunehmende Verflechtung von Kriminalität bestätigt. Im Juni 1992 wurde in Kanton nach dreijährigen Ermittlungen ein Netzwerk von Drogenhändlern aufgedeckt, dem über hundert Kader aus Partei, Armee, Polizei und Verwaltung angehörten. Die Behörden gaben die Zerstörung von drei Millionen Mohnpflanzen bekannt, was offzielle Behauptungen widerlegt, wonach China ausschließlich ein Transitland sei.

Diesem chinesischen Credo widerspricht außerdem, daß das Land auf dem besten Wege ist, sich zum größten Hersteller von ICE (D-Methamphetaminhydrochlorid) für den gesamten südostasiatischen Raum zu entwickeln. ICE ist ein psychotroper Stoff, der in den siebziger Jahren in Südkorea und Japan entwickelt wurde. Die zu seiner Herstellung notwendigen chemischen Stoffe sind roter Phosphor, Methanol und Ephedrin, eine aus der Ephedra vulgaris (Meerträubchen – eine in diesen Regionen reichlich vorkommende und in der traditionellen Medizin häufig verwendete Pflanze) gewonnene Substanz. Bis zum gegenwärtigen Zeitpunkt beherrschen die japanische Mafia (yakuza) zusammen mit den koreanischen Triaden diesen Markt. Der wichtigste Schmuggel geht von Korea aus und versorgt zu mindestens 70 Prozent den japanischen und darüber hinaus den sehr bedeutenden philippinischen Markt. Die Hauptschmuggelroute verbindet die Geheimlabors von Pusan – zweitgrößte Stadt Koreas mit bedeutendem Seehafen und Hochburg der Drogenschmuggler – mit der japanischen Hafenstadt Shimonoseki auf der anderen Seite der Koreastraße. Die taiwanesischen Triaden produzieren ICE seit 1975 selbst und verfügen über eigene Schmuggelringe. Was die Triaden Hongkongs betrifft, so sichern sie die Belieferung Japans mit verschiedenen Arten von Methamphetaminen; die japanische Mafia besorgt diese synthetische Droge aus Deutschland. Aber der Preisverfall sowie die wachsenden Herstellungskapazitäten für Methamphetamine in Südostasien drohen kurzfristig die Fließrichtung dieser Drogen umzukehren. Schon gegenwärtig versuchen die Triaden aus Taiwan und Hongkong, sich an der chinesischen Küste, besonders in Kanton und Shanghai, festzusetzen, wobei sie die Rückgabe Hongkongs an China 1997, die ihnen logistische Erleichterung bringen würde, nicht abwarten, sondern sich frühzeitig auf die neue Situation einstellen. Sie sind es wahrscheinlich, die die Produktion von ICE auf dem Gebiet der Volksrepublik angekurbelt haben, wo die Ephedra in weiten Gebieten gedeiht (wie in dem früheren sowjetischen Zentralasien) und Ephedrin frei erhältlich ist, obwohl China die Wiener UN-Konvention von 1988 unterzeichnet hat, die den Verkauf dieses chemischen Vorläuferstoffes verbietet (sieben Kilogramm Ephedrin werden zur Herstellung eines Kilogramms ICE benötigt). Nach Auskunft der Drogenbehörde Hongkongs auf Fragen des Korrespondenten der französischen Zeitung ›Libération‹ wurden im Juni 1992 von der chinesischen Polizei zwischen Kanton und der Grenze zu Hongkong, einem Durchgangsort für Drogen (eine andere Route für ICE führt von den Küsten Fujians über das Meer nach Taiwan), vier ICE-Labors aufgedeckt. Der florierende Markt für psychotrope Stoffe (Extasy, MDEA, LSD) in Hongkong könnte von taiwanesischen Drogenhändlern angepeilt werden. Anfang des Jahres 1992 wurde ein weiteres leistungsfähiges Labor in der Provinz Guangdong entdeckt. China, das offiziell dementiert, mehr als ein bloßes Drogentransitland zu sein, hat dieser Produktion, die (mindestens) Hunderte von Kilogramm beträgt, keine Bedeutung beigemessen.

Säuberungen

Im August 1992 ist zum ersten Mal eine größere Aktion gegen die »Opiumbarone« durchgeführt worden, die seit Jahren im Süden von Yunnan einen »Staat im Staat« führten. Im Rahmen einer von höchsten Sicherheitsstellen in Peking ins Leben gerufenen Anti-Drogenschmuggel-Operation wurden bei Pingyuan in der Nähe der vietnamesischen Grenze über drei Monate lang Tausende von Soldaten und Polizisten, unterstützt von Panzerwagen und Artillerie, mobilisiert. Amerikanische Aufklärungssatelliten entdeckten am 31. August die der Operation vorausgegangenen Truppenbewegungen. Die Stärke der eingesetzten Kräfte war die bedeutendste seit dem chinesisch-vietnamesischen Krieg von 1979. Die chinesische Wochenzeitung ›Southern Weekend‹ berichtete, daß von den 60000 Einwohnern der Region Pingyuan mindestens 14000 in den Handel mit Waffen und Drogen verwickelt waren. Eines der Ziele der Operation scheint die »Säuberung« der Region gewesen zu sein, die im Zuge des Heroinschmuggels aus Birma ein Freihafen für aus ganz China kommende gesetzlose Banden geworden war. Anfang Oktober hatte eine andere Zeitung des kommunistischen China, die ›Health News‹ gemeldet, daß »kürzlich« 24 Chinesen des Rauschgiftschmuggels beschuldigt und vor 10000 Zuschauern in Guangxi hingerichtet wurden; die Zeitung ergänzte, daß dort seit Anfang des Jahres im Rahmen der Antidrogenbekämpfung 3688 Personen festgenommen wurden. Die Provinz Guangxi bildet zusammen mit Yunnan eine der Hauptregionen des Opium- und Heroinschmuggels.

Diese Situation ist um so besorgniserregender, als China nach den Opiumkriegen des 19. Jahrhunderts (durch die England den freien Zugang zu Opium erzwang, das in Indien produziert und von britischen Finanzgruppen unterstützt vertrieben wurde) das von dieser Geißel am stärksten betroffene Land war. 1949, zur Zeit des Sieges der Kommunisten, zählte das Land über 20 Millionen Opiumsüchtige. Die Ausrottung dieser Massensucht war eines der obersten Ziele des neuen Regimes. Seine Anstrengungen, die größtenteils erfolgreich waren, scheinen nun ein halbes Jahrhundert später in gewisser Hinsicht wieder in Frage gestellt. Diese früheren Maßnahmen erklären auch die zahlreichen politischen Verlautbarungen über eine strikte Unterdrückung der Sucht und des Drogenhandels, die China unter dem Motto »Volkskrieg gegen Drogen« praktiziert. Diese Politik betrifft besonders die Grenzregionen, hat aber gleichzeitig zum Ziel, die Kontrolle über diejenigen Gebiete wiederzuerlangen, die nach Ansicht Pekings zu starke Autonomiebestrebungen, vor allem in wirtschaftlichen Belangen, zeigen.

Widersprüchliche Politik

Die Antidrogenpolitik Chinas stellt sich jedoch als inkonsequent und brüchig heraus, wie der 1991 zwischen Peking und der an der Macht befindlichen Narko-Diktatur in Rangun (SLORC) geschlossene Vertrag über die Lieferung von Waffen im Wert von mehr als einer Milliarde Dollar bewies. Die Gelder für diesen in bar gezahlten Waffenerwerb Birmas stammten, wie besonders die ›Far Eastern Economic Review‹ nachgewiesen hat, aus dem Heroinhandel. Auffallend dabei die Paradoxie der chinesischen Position: Wie kann dieses Land ernsthaft behaupten, eine wirksame Politik gegen Sucht und Drogenschmuggel zu betreiben, wenn es dankbar die Drogendollars eines angrenzenden Landes (Birma) akzeptiert, das unter der Fuchtel des SLORC zum weltweit größten Exporteur von Heroin geworden ist, wovon ein beträchtlicher Teil obendrein durch chinesisches Territorium exportiert wird...?

Zur selben Zeit wurden wie in Guangxi und Kanton kollektive Hinrichtungen von Drogenschmugglern inszeniert, um der Sucht und dem Schwarzmarkt Einhalt zu gebieten. Die ebenso spektakuläre Verbrennung von Drogen erinnert an das Vorgehen des jungen Beamten Lin Zexu, der im Juni 1839 versucht hatte, die massiven Opiumimporte zu vereiteln, indem er die von den britischen Schiffen transportierten Kisten verbrennen ließ; die Schmuggelboote (storage boats) der Briten kreuzten ständig auf dem chinesischen Meer, um die laufende Versorgung des Reichs der Mitte mit indischem Opium zu sichern. Ähnlich versucht die heutige kommunistische Regierung, den rapiden Anstieg der Gefahr durch eine eindrucksvolle Repression zu bremsen. Einerseits muß sie alle Versuche von Opium- und Heroinerzeugung auf eigenem Staatsgebiet entlang der birmanischen und vietnamesischen Grenze eindämmen. Der Nordosten Birmas hat sich infolge des wirtschaftlichen Ruins des Landes de facto in eine »Yuan-Zone«* verwandelt. Beauftragte der chinesischen Antidrogenbehörde versuchen dort, den Bauern ihre Opiumernte abzukau-

---

* Yuan = chinesische Währungseinheit.

fen. Die Ergebnisse sind mager, da sie ihnen lediglich eine Summe von 800 Yuan je Kilogramm anbieten, während die »richtigen« Drogenhändler 1000 Yuan je Kilogramm zahlen. Andrerseits will die Volksrepublik angesichts der bevorstehenden Rückgabe Hongkongs an China die Begierden der kriminellen Organisationen dieses Territoriums und Taiwans »abkühlen«. Denn diese werden versuchen, in die verwundbarsten Sektoren einzudringen und von der wirtschaftlichen Öffnung Chinas zu profitieren.

Gegenüber dem Heroinschmuggel ist die chinesische Drogenpolitik weitaus wirksamer. Dies zeigt sich an einer deutlichen Veränderung der Exportnetzwerke für das Pulver aus Birma, die sich jetzt stärker nach Indien, Bangladesh und Kambodscha orientieren.

Hongkong

Die Beschlagnahmung von 380 Kilogramm Heroin aus Thailand am 23. Juni 1992 bestätigt, daß Hongkong nach wie vor eine wichtige Durchgangsstation für Heroin aus dem Goldenen Dreieck ist. In der Regel verladen thailändische Fischerboote ihre Ware in chinesische Dschunken, die in der Umgebung der Paracel-Inseln kaum auffallen. Marihuana kommt ebenfalls übers Meer aus Thailand, Vietnam und von den Philippinen.

Unsicherheit gegenüber der Zukunft wie auch die beträchtlichen Drogenmengen auf Hongkongs Territorium erklären den steigenden Heroinverbrauch besonders unter jüngeren Konsumenten (unter 21 Jahren), deren Zahl 1991 um 53 Prozent zunahm und wahrscheinlich weiter steigen wird. 40000 Heroinabhängige und 400000 Konsumenten verbotener Substanzen leben im Gebiet Hongkongs. Nach Statistiken des Gesundheitsamtes, die Ende Dezember 1992 veröffentlicht wurden, schwankt die geschätzte Zahl der HIV-Infizierten zwischen 3000 und 5000 Personen. Einige Fachleute vermuten, daß die tatsächliche Zahl zwischen 7000 und 10000 Personen liegt. Durch ein intensives Programm von Spritzenaustausch und Methadonvergabe konnte die Ausbreitung der Immunschwäche Aids unter den Süchtigen jedoch praktisch verhindert werden. Zahlreiche Süchtige greifen ebenfalls auf kodeinhaltigen Hustensirup zurück, weshalb die Regierung hohe Geldstrafen für den Verkauf dieser Arznei ohne Rezept beschloß.

Seit 1989 ein Gesetz den Einzug von Drogengeldern ermöglicht, wurden 137 Millionen Hongkong-Dollar beschlagnahmt, und in laufenden Verfahren geht es um weitere 177 Millionen. Beobachter beurteilen diese Summen als winzig im Vergleich zu den riesigen Geldmengen, die an einem der bedeutendsten Finanzplätze der Welt gewaschen werden. Seit August 1992 melden die Banken die verdächtigen Transaktionen nicht mehr, da ein Urteil des Berufungsgerichts entschieden hatte, daß die Bestimmungen gegen Geldwäsche die Zivilrechte beeinträchtigen könnten. Bis zu diesem Zeitpunkt meldeten die Banken monatlich durchschnittlich 30 verdächtige Transaktionen. Der Vertreter der 163 Mitglieder starken Vereinigung Hongkonger Banken, Anthony Nicolle, hat erklärt, daß diese Angelegenheit »das Problem der Regierung und nicht das der Banken sei« und daß sich, wenn sie die strittigen Fälle weiter meldeten, »dies nachteilig auf den Ablauf ihrer Geschäfte« auswirke.

Thailand

Obwohl Thailand praktisch kein Opium mehr erzeugt, bleibt es dennoch eines der wichtigsten Transitländer für Heroin aus dem Goldenen Dreieck. Es sind Geschäftsleute thailändischer Staatsangehörigkeit, aber meistens chinesischer Herkunft, die Heroinimporte aus Birma finanzieren und den Export in die Verbraucherländer übernehmen. Kürzlich haben sie ihr Betätigungsfeld auf Kambodscha ausgedehnt. Kenner der thailändischen Wirtschaft schätzen, daß das seit fünf Jahren anhaltende Wachstum von zehn Prozent teilweise der massiven Einschleusung von »Drogen-Baht«* in die legalen Wirtschaftskreisläufe, besonders in den Tourismussektor, zu verdanken ist.

Königreich des Schmuggels und der Geldwäsche

Wenn diese Gelder in den Schmuggelregionen investiert werden, dann zur Unterstützung des illegalen Drogenhandels wie auch der Geldwäsche. Mae Hong Son beispielsweise, die Hauptstadt des Nordosten Thailands – der an den Shan-Staat, eine der Hauptproduktionsregionen für Heroin, angrenzt – war Mitte der achtziger

---

* Baht = thailändische Währungseinheit.

Jahre ein kleiner Marktflecken mit nur einem bescheidenen Hotel, der mit dem übrigen Land durch eine kaum befahrbare Piste verbunden war. 1992 ist die Stadt mit einem Hotelpark ausgestattet, der es mit denjenigen der Badeorte im Süden des Landes aufnehmen kann. Und Chiang Mai, die Hauptstadt Nordthailands, kann während des gesamten Jahres über zwei asphaltierte Straßen in vier Stunden Fahrtzeit von Bangkok erreicht werden, und ein halbes Dutzend Maschinen, von denen einige direkt nach Bangkok fliegen, landen täglich auf ihrem Flughafen. Trotz der zunehmenden Zahl von Kleinbussen, die in der näheren Umgebung der birmanischen Grenze Streife fahren, erweisen sich die Sicherstellungen von Drogen als zufällig, um so mehr, als die Polizisten oft von den Schmugglern bestochen werden. Eine genaue Einschätzung des tatsächlichen Gewichts der Drogengelder in den Tourismusregionen wie im gesamten Wirtschaftsleben des Landes ist jedoch aufgrund der thailändischen Gesetzgebung unmöglich, die es nicht vorsieht, die Herkunft der von einem thailändischen Staatsangehörigen im Land investierten Gelder zu überprüfen. Sie gestattet Anklage wegen Rauschgifthandels einzig in Bezug auf physischen Drogenbesitz.

Da Thailand in der gesamten Zeit des Kalten Krieges die Rolle eines antikommunistischen Sperriegels einnahm, haben sich die USA daran gewöhnt, die Augen vor dem Drogenschmuggel zu verschließen, in den oft die höchsten Persönlichkeiten des Landes verwickelt sind. Ein Ex-Agent der US-Drogenbekämpfungsbehörde DEA enthüllte 1992 auf einer von OGD veranstalteten Konferenz in Paris*, daß ihm zur Zeit des Vietnamkrieges von der Botschaft seines Landes aus Gründen der Staatsraison untersagt wurde, ein bedeutendes Netzwerk für Drogenschmuggel aufzudecken und dessen Mitglieder zu verhaften. Als der Sprecher der DEA 1991 den Vertreter von OGD empfing, sagte er gleich zu Beginn, daß er auf keine Frage zur Verwicklung von Polizisten oder thailändischen Regierungsvertretern in Drogengeschäfte antworten werde. Die USA haben in der Region mit Khun Sa, dem birmanischen »Opiumkönig«, einen bequemen Sündenbock gefunden; es ist bezeichnend, daß der größte von der DEA 1992 erzielte Erfolg die Verhaftung von Lin Chien Pang in Indonesien war, der als Khun Sas »Statthalter der Macht« in Bangkok betrachtet wird und dessen Auslieferung sie beantragt hat.

Unterdessen müssen sich die Drogendiktatur in Birma und die Drogengeschäftsleute in Thailand keinerlei Sorgen machen.

---

* Die Konferenz fand unter dem Titel »Illegale Drogen und globale Geopolitik« im Dezember 1992 statt (Anm. d. Übers.).

Seit Mitte der achtziger Jahre ist Thailand kein bedeutender Heroinlieferant mehr. Die europäischen Länder haben sich kaum von der Thailand-Politik der USA abgegrenzt. Die Errichtung eines Auswertungszentrums für Bilder des Satelliten Spot, das 1992 von der französischen Ministerin Georgina Dufoix* eingeweiht wurde, veranlaßte beispielsweise Frankreich nicht, die Politik Thailands grundsätzlich in Frage zu stellen. So sind schon außergewöhnliche Umstände notwendig, damit sich der Schleier ein wenig hebt.

Thailand mußte 1991 beispielsweise die diplomatische Immunität eines Vertreters seiner Londoner Botschaft aufheben, der beim Heroinschmuggel nach England erwischt wurde. 1992 wurde die Verwicklung hoher Politiker in das Drogengeschäft offenkundig, als Narong Wongwans Nominierung für das Amt des Premierministers bevorstand, dessen Partei die meisten Parlamentssitze bei den Wahlen vom 22. März 1992 erreichte. Ein amerikanischer Sprecher bestätigte gegenüber einem Journalisten, daß dem vorgeschlagenen Premierminister im Juli 1991 das Einreisevisa in die USA verweigert wurde, da man ihn verdächtigte, in illegalen Drogenhandel verwickelt zu sein. Diese Enthüllung zwang nun den General Krapayoon Suchinda, selbst Premierminister zu werden, denn Narong Wongwan konnte das Amt nicht länger beanspruchen und mußte sich mit den Aufgaben eines Vizeministers begnügen. Niemand hatte etwas dagegen einzuwenden; er verlor sein Amt dann doch, weil die Regierung Suchinda am 23. Mai 1992 beim König ihren Rücktritt einreichen mußte, nachdem sie mehrere Tage lang in den Straßen Bangkoks Streitkräfte auf Demonstranten schießen ließ, die forderten, daß der Premierminister gemäß den Regeln der thailändischen Verfassung gewählt werden soll.

Mitarbeiter europäischer Drogenpolizeien haben gegenüber OGD bestätigt, daß es sich bei dem Ex-Landwirtschaftsminister und sehr vermögenden Geschäftsmann Narong Wongwan um einen der größten Heroinbarone Thailands handelt. Einer seiner Geschäftsteilhaber ist in Australien zu einer lebenslänglichen Haftstrafe wegen Drogenhandels verurteilt worden. Aus gleichem Anlaß verbüßt der Bruder seines Sekretärs dieselbe Strafe in Thailand. Narong Wongwan hat zahlreiche Anteile im Holz- und Tabakhandel im Norden des Landes an der Grenze zu Birma. Ebenso ist er einer der Wegbereiter

---

* Georgina Dufoix wurde von der sozialistischen Regierung als Ministerin für Drogen- und Suchtbekämpfung beauftragt, nachdem sie wegen der Affäre um Aids-verseuchtes Blut, das die Pariser Gesundheitsbehörde trotz vorliegender Kenntnisse nicht aus dem Handel zog, als Gesundheitsministerin zurücktreten mußte (Anm. d. Übers.).

eines Großprojekts, das symbolisch im Herz des Goldenen Dreiecks, am Ufer des Mekong auf birmanischem Territorium gegenüber Laos und Thailand, angesiedelt ist. An diesem mythischen Ort, der für dreißig Jahre gepachtet worden ist und somit keinerlei Gesetzgebung untersteht, wird eine riesige Tourismusanlage errichtet, die die Rolle Macaos übernehmen soll. Macao, die kleine portugiesische Enklave, die wegen ihrer Spielkasinos und ihres Schmuggels berühmt ist, muß im Anschluß an Hongkong vor Ende des Jahrhunderts wieder an China zurückgegeben werden.

Vernichtung der Mohnfelder, Ökologie und Drogensucht

Obwohl Thailand kaum noch Mohn anbaut, hat es nicht wenige ernste ökologische Probleme, die damit zusammenhängen, daß an unüberlegt ausgewählten Orten bestimmte Ersatzkulturen angelegt worden sind. So ist das thailändisch-norwegische Kooperationsprojekt zur Entwicklung der Gebirgsregionen (Thaï Norwegian Highland Development Project) für schwere Umweltschäden verantwortlich. Als die Mohnfelder in der Region Pa Kluay vernichtet waren, ist der Anbau von Kohlpflanzen eingeführt worden. Um ein gleichwertiges Einkommen zu erzielen, mußte der Bergstamm der Hmong (auch Meo genannt) die bestellten Flächen seit 1984 durch Rodung und Abfackelung um das Zwölffache vergrößern. Die Bewässerung dieser Kulturen hat die Nebenarme des Flusses ausgetrocknet, der das Tal von Mae Sai, in dem 11 000 Menschen leben, mit Wasser versorgt. Die Entwaldung verursacht ebenfalls eine spürbare Verringerung des Regenaufkommens in der Region.

Als die unzufriedenen Bewohner dieses Gebiets daraufhin die Kulturen der Hmong mit Drahtverhau umzingelten, um ihre Ausweitung zu verhindern, kam es zu Auseinandersetzungen. Die Projektbetreiber nahmen schlicht an, daß die thailändischen Bauern die Hmong um ihre Ergebnisse beneiden würden; andererseits erklärte ein buddhistischer Mönch gegenüber einem OGD-Korrespondenten, daß eine friedliche Lösung des Problems vom Hauptberater des Projekts, dem Pfarrer Richard Mann, vereitelt worden sei. Dieser hatte 1987 mit Zustimmung der Talbevölkerung beschlossen, daß die Hmong Felder bestellten, die ihnen die Talbewohner von Pa Kluay überließen. Richard Mann hatte die Hmong in den Höhenlagen zurückgehalten, indem er ihnen versprach, ihr Gebiet in ein »Paradies« zu verwandeln. Zwanzig Jahre lang ist dieser amerikanische Missionar zusammen mit USAID und der CIA an einem umfassenden Unterstützungsprogramm für die Hmong in Laos, aus denen die »Sondertruppen« rekrutiert wurden, die das kommunistische Pathet Lao bekämpften, beteiligt gewesen. Nach dem Sieg der Kommunisten 1975 sind zahlreiche Hmong nach Thailand geflohen, und einige von ihnen leben bis heute in der Region von Pa Kluay*. Diese Region des Goldenen Dreiecks, die an Birma und Laos angrenzt, spielt für die USA immer noch eine bedeutende geostrategische Rolle in Südostasien.

Aber dieses Projekt hatte noch weitaus schlimmere und von allen Beteiligten zugegebene Folgen: Es trug dazu bei, Drogensucht und Heroinschmuggel in den von ethnischen Minderheiten bewohnten Gebieten zu verschärfen. Auf dieses Problem machte Doktor Kittipong, der für die Behandlung der Süchtigen in der Region verantwortlich ist, in einer Studie aufmerksam. Auch in einem Bericht der UNDCP von 1990 wird es analysiert. Dort heißt es: »Die in einem Bereich angewandten Mittel können also ein anderes Problem anderswo verursachen oder verschlimmern. Gewiß haben 1985 die klarsichtigsten Planer nicht vorhergesehen, daß der Erfolg der Vernichtungsmaßnahmen [der Mohnfelder] zu einer spektakulären Erhöhung des Heroinkonsums in bestimmten Gebieten führen würde.«

Wie ist es zu dieser paradoxen Situation gekommen? 1983 konsumierten 6,8 Prozent der 400 000 Angehörigen der Bergstämme dieser Region 32 Tonnen Opium in sozial kontrollierten Formen. Von 1985 bis 1988 betrug die jährliche Produktion nur 25 Tonnen, um danach wieder leicht anzusteigen. Konsumenten in den von der Vernichtung der Mohnkulturen betroffenen Gebieten, die nicht mehr die Möglichkeit hatten, Opium zu rauchen, wurde Heroin angeboten. Die Schmuggelstrecken dieser Droge aus dem Shan-Staat in Birma führen nämlich durch diese Region, in der sich zudem Heroinlabors befinden. Alles geschieht in Komplizenschaft mit den Polizei- und Militärbehörden der Region. Die älteren Leute rauchen nun Heroin statt Opium, aber die Jugendlichen der Stammesgebiete, die öfter die Stadt Chiang Mai besuchen, fangen an Heroin zu spritzen, was die Verbreitung von Aids begünstigt. Schon die Rückkehr von Frauen, die in Chiang Mai oder Bangkok als Prostituierte gearbeitet haben, sorgte in den Dörfern für eine Verbreitung des Virus. Ein neuer

---

* Für den geheimen Krieg, den die USA von 1961 bis 1973 in Laos führten, rekrutierten sie eine Armee von 40 000 Hmong aus Birma, die praktisch als Söldner im Norden von Laos gegen die Kommunisten kämpften. Die Hmong wurden von AIR-America, einer CIA-Fluglinie, versorgt. Auf dem Rückflug wurde Opium aus den Dörfern der Hmong nach Vientiane, Laos und Südvietnam gebracht (Anm. d. Übers.).

Bericht, der OGD vorliegt, zeigt, daß sich die Situation Ende 1992 weiter verschlimmert hat.

Laos

Die Schätzungen zur illegalen Opiumproduktion in Laos durch die US-Botschaft in Vientiane und die zuständige UN-Behörde (UNDCP) weichen beträchtlich voneinander ab. Abgesehen von Erklärungen technischer Art, die sich auf die angewandten Kriterien beziehen, haben diese Unterschiede grundlegende politische Gründe. Von den USA durchgeführte Satellitenaufnahmen weisen Ende 1991 30000 Hektar Anbauflächen nach, während nach Feldstudien des UNDCP Anfang 1992 der Umfang der Kulturen bei 15000 und 25000 Hektar liegt. Die Schwankungen hinsichtlich des jährlichen Opiumertrags je Hektar sind noch bedeutender. Auf Grundlage von in den Nachbarregionen Thailands gemachten Aufnahmen korrigierte die Drogenbehörde des US-Außenministeriums (Bureau of International Narcotic Matters, BINM) ihre Schätzung für die gesamte Region von jährlich 16 Kilogramm je Hektar runter auf 11,6 Kilogramm. Aber wahrscheinlich ist diese Zahl immer noch zu hoch: Eine Untersuchung von Fachleuten des UNDCP bei den Bauern nennt einen Durchschnitt von drei bis sechs Kilogramm je Hektar, selbst wenn in ungewöhnlich günstigen Regionen wie im Distrikt Nonghetmay unter optimalen klimatischen Bedingungen bis zu 40 Kilogramm Opium je Hektar geerntet werden können. Welche auch immer die angewandten Kriterien sein mögen, es besteht eine erhebliche Spanne zwischen den Schätzungen der Jahresproduktion durch das UNDCP (60 bis 140 Tonnen) und denen der USA (265 Tonnen), die erklärt werden muß.

Da die laotischen Behörden keine Informationen liefern, wird es verständlich, daß die beiden Versuche einer Schätzung schnell zu einer Art von Wahrsagerei gerieten. Der größte Teil der Gebiete im Norden des Landes, wo die Opiumerzeugung konzentriert ist, ist seit Ausrufung der demokratischen Volksrepublik Laos im Jahre 1975 eine terra incognita für ausländische Nachforschungen geworden. Außerdem wird ein hoher Anteil der Produktion vor Ort konsumiert. Die beinahe offizielle Toleranz gegenüber Opiumrauchern ist nach Ansicht der Behörden durch die Notwendigkeit gerechtfertigt, die durch den Vietnamkrieg hervorgerufene Tendenz zugunsten injizierten Heroins umzukehren. Da verläßliche Statistiken über die Erträge fehlen, ist auch unklar, wieviel Opium für den internationalen Markt bestimmt ist. Folglich sind die vorgebrachten Schätzungen vor allem politischer Natur und geben den Stand der Beziehungen zwischen Laos und der internationalen Gemeinschaft sowie seinen stillen Teilhabern wieder, die ungefähr drei Viertel des Staatshaushaltes finanzieren.

Insbesondere das US-Außenministerium bedient sich seit langer Zeit des Drogenthemas, um den Stand seiner diplomatischen Beziehungen zur Hauptstadt Vientiane zu signalisieren. In den letzten Jahren des Vietnamkrieges bewegten sich seine Schätzungen der Opiumerzeugung auf dem bescheidenen Niveau von fünf bis zehn Tonnen jährlich. In den achtziger Jahren stiegen sie sprunghaft an und waren von unaufhörlichen Korruptionsanklagen gegen die Militärregierung und die Führung der kommunistischen Partei begleitet. Dabei wurde die Strategie der Reagan-Administration angewandt, ihr unliebsame Regimes heftig zu attackieren. Und so wurde die Jahresproduktion von Opium in Laos 1989 auf 375 Tonnen geschätzt. Nachdem die laotische Regierung sich entschieden hatte, wieder mit der DEA und der USAID zusammenzuarbeiten, fielen die Schätzungen im folgenden Jahr drastisch auf 275 Tonnen (minus 25 Prozent).

Ein Projekt zur »Umstellung auf andere Kulturpflanzen« in Höhe von 8,7 Millionen Dollar ist in der Provinz Houanphan angesiedelt, die – Ironie der Geschichte – im Vietnamkrieg eine der Hochburgen des Pathet Lao gewesen war und auf deren Bevölkerung die Bombenteppiche der B-52-Bomber niedergingen. Beobachter weisen darauf hin, daß dieses Projekt, das 1995 abgeschlossen sein soll, zum Beispiel die Errichtung von Infrastrukturen wie Straßen und Staudämme vorsieht: eine Zielvorgabe, die kaum in Verbindung zum Drogenproblem steht.

Die beiden von der UN-Drogenbehörde (UNDCP) in Muong und Xien Khouang gestarteten Projekte zur »integrierten ländlichen Entwicklung« bieten Anlaß zu derselben Kritik. Sie sind wahrscheinlich zu dem Zeitpunkt gebilligt worden, als Laos sich 1989 der Zusammenarbeit mit den internationalen Anti-Drogenbehörden öffnete. Straßenbau und Infrastruktur verschlingen Mittel in Höhe von 18 Millionen Dollar. Unter dem Vorwand, den Wechsel vom Schlafmohn- zum Reisanbau zu betreiben, soll in diesen Projekten die Bevölkerung, die der Minderheit der Hmong angehört, vom Hochland in die zugänglichen Ebenen des Mekong umgesiedelt werden. Die Hmong haben ihren bewaffneten Widerstand gegen das kommunistische Regime von Vientiane nie aufgegeben, und die UN-Drogenbehörde wird verdächtigt, im Rahmen des Drogenkrieges die zu trauriger Berühmtheit gelangte Politik der »Wehrdörfer« aus dem Vietnamkrieg neu zu beleben. Die für die Durchführung der Projekte von USAID und der UNDCP verantwortlichen Fachleute sind äußerst ratlos, wenn Beobachter sie darauf aufmerksam machen, daß die Projektgebiete im Gegensatz zu denen im Norden des Landes kaum Opium erzeugen. Sie sind sich durchaus darüber im klaren, daß ihre Bemühungen vielleicht nur einen symbolischen Wert haben könnten und den Eindruck vermitteln sollen, Laos kooperiere mit der westlichen Welt bei deren Versuchen der Drogenbekämpfung.

Ersatz von Cannabis und Opium durch Heroin

Obwohl die vox populi in Vientiane bestätigt, daß die Fäden des Heroinexports von einem General und einem Wissenschaftler der Universität, der sich mit der Studie medizinischer Pflanzen befaßt, gezogen werden, haben die Behörden bisher keine Maßnahmen eingeleitet; lediglich eine Heroinfabrik ist seit den Abkommen von 1989 ausgehoben worden. Laut westlicher Quellen sorgt das von der Armee geleitete Entwicklungskorps der Gebirgsregion (MADC) für den Drogentransport im Landesinnern. Die ganze Wucht der Repression trifft dagegen die Bauern, die Marihuana anbauen, sowie die kleinen Zwischenhändler, die es nach Thailand exportieren. Obwohl Anbau und Gebrauch von Cannabis in Laos eigentlich nicht verboten sind und dieses vor allem für Suppen verwendete Kraut auf den Gemüsemärkten verkauft wird, bringt die Presse gelegentlich ausführliche Berichte über die Zerstörung von Pflanzungen. Es sieht so aus, als ob die laotischen Behörden über den Umweg der »Angebotsverknappung« für den internen Konsum versuchten, ihren guten Willen gegenüber UNDCP und USAID zu beweisen, die ihrerseits eine härtere Gesetzgebung vorantreiben, da sie direkt gegen die Korruption nichts ausrichten können.

Erhalten die Verbraucher zunächst kein Cannabis und später kein Opium mehr, hätte eine solche Strategie eine gegenteilige Wirkung: nämlich den traditionellen Konsumenten die Tür zum Heroin zu öffnen und sie somit der Gefahr einer Aids-Epidemie auszusetzen, wie dies auf der anderen Seite des Mekong in Thailand passiert ist. Selbst von Berichten der UNDCP-Teams vor Ort werden diese Sachverhalte zugegeben, die erstmals Anthropologen des Tribal Research Institute von Chiang Mai anprangerten. Die Programme zur Ausrottung der Mohnkulturen waren so wirksam, daß die Opiumproduktion seit 1989 nicht mehr ausreicht, die Nachfrage der traditionellen Raucher zu befriedigen. Da aber der Heroinschmuggel aus Birma von den lokalen Behörden gedeckt wird, ist nun diese Droge im Überfluß in der Region vorhanden. Die Bauern der Hmong und der Karen sind also dazu gebracht worden, ihren Opiumkonsum durch dieses neue Produkt zu ersetzen mit einer ähnlichen, aber viel stärkeren und gefährlicheren Wirkung, das die Älteren rauchen und die Jüngeren, die Kontakte zur Stadt haben, sich injizieren.

Kambodscha

Durch Kambodscha wird Heroin aus dem Goldenen Dreieck geschmuggelt und auf den Weltmarkt exportiert. Die klimatischen Bedingungen ermöglichen im Gegensatz zu den Gebirgsregionen von Laos und des Nordosten Birmas keinen Mohnanbau. Dafür hat Kambodscha sich 1992 im Gefolge der UN-Intervention und der Schwierigkeiten, den Plan zur Entwaffnung der Konfliktparteien umzusetzen, in ein Durchgangsland für Drogen verwandelt. Das Heroin wird von der Insel Koh Kong vor der Westküste Kambodschas nahe Thailand aus dem Land gebracht. Dieser Schmuggel wurde in Gang gesetzt durch das Zusammenspiel von Drogenhändlern und korrupten lokalen Beamten. Die Heroin- und Marihuanaladungen werden über mehrere Schmuggelrouten, vor allem den Mekong abwärts, durch Laos geschleust, wo UN-Streitkräfte (UNTAC) sie immer häufiger abfangen. Diese müssen sie jedoch mangels entsprechender Befugnisse wieder ihren Besitzern übergeben. Sogar eine Heroinfabrik ist im Mai 1992 in Koh Kong entdeckt worden. Der Vertreter einer westlichen Antidrogenbehörde erklärte gegenüber einem Korrespondenten der ›Far Eastern Review‹ (18. März 1992), daß Beamte und Militärs, die der Regierung in Phnom Penh angehören, die aus Birma und Laos eingeschmuggelte Droge bis zur Küste eskortierten.

Eine weitere Heroinraffinerie, die die kambodschanische Schmuggelkette versorgt, ist seit 1992 in der Nähe der Demarkationslinie Nummer 250 auf dem Territorium Birmas gegenüber dem Dorf Man Tsang (China) in Betrieb, das nicht weit von der Verbindungsstelle zur Grenze nach Laos, an der chinesisch-birmanischen Grenze, liegt. Aufgebaut haben sie zwei ehemalige Rotgardisten, Lin Ming Xian und Zhang Zhi Ming, die 1968 in die Kommunistische Partei Birmas

(PCB) eintraten. Seitdem sich die PCB 1989 aufgelöst hat, begnügten sie sich nicht länger damit, die Raffinierien des Opiumkönigs Khun Sa an der thailändisch-birmanischen Grenze mit Rohopium zu beliefern, sondern stiegen selbst in die Produktion ein. Das dafür benötigte Opium sammeln sie in ihrem Gebiet im Norden von Kengtung (Shan-Staat in Birma) und in der Provinz von Luang Namtha in Laos, am anderen Ufer des Mekong.

Lin Ming Xian verfügt über ein mächtiges Netz von Beziehungen in Laos aus den späten siebziger Jahren, als die rechtsgerichteten laotischen Guerillas und der Bergstamm der Hmong auf dem Weg zu den Trainingslagern in Yunnan (China) durch sein Gebiet zogen. Zu dieser Rückendeckung kommen Kontakte zu korrumpierten laotischen Beamten hinzu, die ihm offensichtlich ermöglichen, den Mekong in eine neue Heroinroute zu verwandeln.

Von den kambodschanischen Küsten aus organisieren Unternehmen aus Thailand, die außer mit Drogen auch mit Hölzern und Edelsteinen handeln, die letzte Phase des Heroinexports. Westliche Quellen vermuten, daß Kambodscha, wo etwa zwanzig Banken die im Rahmen des UNO-Friedensplans aufgewendeten 2,8 Milliarden Dollar sowie Hunderte Millionen Dollar an privatem Vermögen verwalten, ebenfalls ein wichtiges Zentrum für Geldwäsche geworden ist.

Vietnam

Obwohl der Mohnanbau in Vietnam seit 1986 vollkommen verboten ist, sind Reisenden 1992 Anpflanzungen entlang den Hauptverkehrsstraßen an der Grenze von Son zu Laos aufgefallen. Bei Luang Chau und Lao Cai sollen ebenfalls welche existieren. Von der Kommunistischen Partei (KP) sind vor kurzem Maßnahmen zugunsten der Marktwirtschaft eingeleitet worden, die sich vor allem auf die Landwirtschaft auswirken: Die Bauern pflanzen wieder Schlafmohn an. Nach Schätzungen des Polizeichefs des Bezirks Sapa in der Provinz Lao Cai, Hoang Ngoc Lam, der den Hmong angehört, die traditionell Mohnanbau betreiben, ernteten die Nordprovinzen Vietnams 1991 etwa 15 Tonnen Opium. Nur ein kleiner Teil diente dem lokalen Verbrauch, während der größte Teil heimlich nach China exportiert oder im Hafen von Haiphong verschifft wurde. Internationale Experten nehmen an, daß die Flughäfen von Hanoi und Ho Tschi Minh-Stadt ebenfalls benutzt worden sind. Kuriere, die die Droge per Flugzeug transportierten, wurden in Moskau verhaftet. Der Schmuggel soll vor allem von Ex-KGB-Agenten organisiert sein, die die Kontakte zu ihren vietnamesischen Kollegen bewahrt haben. Opium und Heroin aus Laos werden gleichermaßen auf der Transitstrecke durch Vietnam zur Verschiffung in Da Nang transportiert.

Vietnamesen, die süchtig sind, rauchen das Opium oder lassen es sich verflüssigt von Dealern injizieren. In diesem Fall verwenden die Dealer für alle Kunden dieselbe Spritze. Ein OGD-Korrespondent konnte diese Praxis in einem verlassenen Tempel in der Umgebung von Huë beobachten. Auf die gleiche Weise lassen sich auch Rikschafahrer in Ho Tschi Minh-Stadt die Droge auf dem Bürgersteig spritzen. Vor ungefähr drei Jahren ist auch der Heroinkonsum wieder gebräuchlich geworden, der seit Ende des Krieges unbekannt war. Diese Praktiken begünstigen die Ausbreitung des Aids-Virus, das vor einigen Jahren von Matrosen und Beschäftigten in der Tourismusbranche eingeschleppt wurde.

Die Führung der KP versammelte sich Mitte Januar 1993, um Maßnahmen zu erörtern, wie die das Land bedrohende Drogenepidemie wirksam bekämpft werden kann. Nach behördlichen Angaben leben in Vietnam 800 000 Süchtige und 600 000 Prostituierte. Die Vorkehrungen zielen gegen das organisierte Verbrechen, das sich im ganzen Land ausgebreitet hat, und die sich häufende Korruption, die insbesondere Polizei und Armee trifft. Zukünftig kann gegen Schmuggler und Drogenhändler die Todesstrafe verhängt werden.

Philippinen

Diese aufgrund ihrer geographischen Formation schon immer unkontrollierbare Inselgruppe spielt eine wachsende Rolle im internationalen Heroinhandel. Vor allem spanische Schmuggelringe haben sich hier etabliert, und es exisitieren weitverzweigte Netze für den Zugang zu Heroin aus dem Goldenen Dreieck. Der Chef der Antidrogenpolizei in Manila, General Mayo, teilt mit, daß die Kommunisten der Nationalen Befreiungsfront von Mindanao (MNLF) die Cannabiskulturen von 20 Prozent der anpflanzenden Bauern und Drogenhändler schützen. Derselben Quelle zufolge werden für den lokalen Verbrauch bestimmte Amphetamine (Shabu) in umfangreichen Mengen von den beiden Triaden »Bambou Uni« und »14 K« aus Hongkong und der Volksrepublik China importiert. Die Schließung der amerikanischen Stützpunkte von Subic Bay und Clark und der schnell erfolgte Abzug von Soldaten mit hoher Kaufkraft brachte einen Teil der Schattenwirtschaft in der Region Manila ins Wanken, was sich spürbar auf die Struktur der Drogennetze, die sich dem lokalen Markt zugewendet haben, sowie auf die Verknüpfungspunkte des internationalen Drogenhandels auswirkte. Ein philippinischer Senator beabsichtigt, einen Gesetzesvorschlag zur Geldwäsche einzubringen, denn die Gesetzgebung weist zahlreiche Lücken in diesem Bereich auf.

Die Opiumkriege

Im geographischen Großraum Südostasien haben seit Mitte des 19. Jahrhunderts bedeutende Umwälzungen stattgefunden, bei denen Drogen – in diesem Fall Opium – eine entscheidende Rolle gespielt haben.

Um Absatzmärkte für seine Opiumproduktion in Indien zu gewinnen, führte Großbritannien von 1840 bis 1842 Krieg gegen die geschwächten chinesischen Kaiser. Mit diesem später in die Geschichte als »erster Opiumkrieg« eingegangenen Unternehmen wurden die chinesischen Behörden gezwungen, auf ihrem Staatsgebiet soviel Opiumeinfuhren zu dulden, wie die britischen Produzenten und Exporteure dort für ihren Absatz für profitabel hielten, ohne die dadurch verursachte Suchtepidemie zu berücksichtigen; außerdem mußte China die Produktzölle herabsetzen. Dieser vom Vereinigten Königreich gewonnene Krieg hat zur massiven Ausbreitung des Opiumkonsums in ganz China geführt sowie zur Abtretung von Hongkong an die britische Krone. Dieser zur damaligen Zeit öde Ort, eine vorgelagerte Felswand, gestattete den Bau eines geschützten Hafens in tiefen Gewässern: ideal, um Waren, darunter Opium, für den Export auf den riesigen chinesischen Markt zu verschiffen oder sie von dort zu importieren.

Im 20. Jahrhundert wurde diese Region tiefgreifend durch den Eroberungskrieg Japans gegen China geprägt, der den Auftakt zum Zweiten Weltkrieg bildete und das südostasiatische Gefüge dauerhaft destabilisieren sollte. Die Niederlage Japans kündigte keineswegs eine Rückkehr zur Stabilität an. Anfänge des Kalten Krieges zeigten sich in den Kämpfen, die Indochina gegen die dortige französische Kolonialmacht führte, während in China das Regime des Marschalls Tschiang Kai-schek am Ende eines schweren Bürgerkriegs von den Kommunisten des Präsidenten Mao besiegt wurde. Die französische Niederlage in Dien Bien Phu 1954, gefolgt von der Teilung Vietnams und der Unabhängigkeit von Laos und Kambodscha, verschaffte dieser Region, die sich in einen Schauplatz der Blockkonfrontation wandelte, keine Atempause. Von Beginn der sechziger Jahre bis zur Evakuierung der Saigoner US-Botschaft 1975 war die amerikanische Militärpräsenz in Vietnam spürbar. Drogen, hauptsächlich Opium und seine injizierbaren oder rauchbaren Abkömmlinge wie Heroin, spielten im Rahmen dieser vielfachen Erschütterungen eine wichtige Rolle.

Bis 1954 förderte und schützte die französische Armee Anbau von Schlafmohn in bestimmten Gebirgszonen von Laos, in denen solche Minderheiten wie die Hmong (Meo) lebten, um ihre »Budgetsorgen« zu lindern und die Operationen der »Gegen-Guerilla« zu finanzieren. Flugzeuge und LKWs der französischen Armee transportierten das erzeugte Opium in die Militäranlagen der Region Saigon, wo es raffiniert und dann von Zivilisten, die oft Beziehungen zur korsischen Unterwelt hatten, auf den internationalen Märkten abgesetzt wurde.

Der »amerikanische« Krieg in Vietnam führte die französische Tradition in noch größerem Stil weiter: Seit der Machtübernahme durch die Kommunisten in China 1949 unterhielten die US-Geheimdienste mit Hilfe Taiwans eine regelrechte Geheimarmee im Norden Birmas. Diese Truppen, ein Überbleibsel der »nationalistischen« Armeen Südchinas, hatten sich mit Sack und Pack in den Shan-Staat (im Nordosten Birmas) geflüchtet, und die Regierung in Rangun verfügte über keine Mittel, sie zu entwaffnen (im Gegensatz zur Operation, die zur selben Zeit von der französischen Armee im Norden von Tonkin durchgeführt wurde).

Zu Beginn der fünfziger Jahre war offensichtlich, daß der anfängliche Plan des nach der kommunistischen Regierungsübernahme nach Taiwan geflüchteten Tschiang Kai-scheks, diese Geheimarmee bei der Zurückeroberung Chinas einzusetzen, undurchführbar war. Diese Truppen der nationalistischen Kuomintang (KMT) auf birmanischem Gebiet, die keine realistischen Ziele mehr hatten und deren Ressourcen (Gelder, Waffen, Munition und Lebensmittel, die ihnen die amerikanischen Sicherheitsdienste brachten) sich verringerten, sind dazu veranlaßt worden, sich Aktivitäten zuzuwenden, die zugleich lukrativ und ihrer geopolitischen Lage angepaßt waren.

Große Trainingslager und Quartiere für die Soldaten und ihre Familien wurden nicht weit von der thailändischen Grenze errichtet.

Diese Anlagen boten einen idealen logistischen Stützpunkt für die Kontrolle – also Schutz und Besteuerung – aller Handelsströme zwischen dem Shan-Staat im Nordosten Birmas einerseits und Thailand andererseits. Seit Ende der fünfziger bis in die sechziger Jahre unterhielt die geheime Armee der KMT Verbindung zu den USA und Taiwan und kontrollierte faktisch den nutzbaren Teil des Goldenen Dreiecks, das in dieser Zeit die weltweit größte Produktionsregion für Opium wurde.

Die Kuomintangkräfte verloren im Laufe von zwanzig Jahren allmählich ihre Vorherrschaft im Goldenen Dreieck. In dieser Zeit gab es zahlreiche und mitunter blutige Zusammenstöße, die schließlich dazu führten, daß die altgewordenen Kader der KMT neuen und jüngeren Akteuren Platz machen mußten, die sich den geopolitischen Realitäten der Zeit besser anzupassen wissen.

Ex-UdSSR

Die neuen Staaten des ehemaligen sowjetischen Zentralasiens nehmen auf der Weltrangliste für Produktion natürlicher Drogen einen auserlesenen Platz ein, knapp hinter ihren unmittelbaren Nachbarn des Goldenen Halbmonds (Afghanistan, Pakistan, Indien) und dem entfernteren Goldenen Dreieck (Birma, Thailand, Laos).

Sie haben große Chancen, sie eines Tages einzuholen. Klima, Höhenlage, aber auch uralte Traditionen der Opium- und Haschischerzeugung bieten günstige Voraussetzungen, so daß kein Grund besteht, die oben erwähnten Vorläufer und Konkurrenten zu beneiden. Zudem ist die konjunkturelle Lage äußerst günstig. Der Zusammenbruch der UdSSR, der Übergang zu neuen Formen wirtschaftlicher Beziehungen, der dramatisch gesunkene Lebensstandard der Bevölkerungsmehrheit sowie das Auftauchen neuer politisch-militärisch-krimineller Kräfte, die von dem Prozeß der Unabhängigkeit profitieren, sind weitere Elemente, die das aktuelle Ausmaß der Drogenproduktion und des Drogenhandels in Zentralasien und in der gesamten Ex-UdSSR erklären. Rußland mit seiner Hauptstadt Moskau ist Drehscheibe aller Schmuggelgeschäfte und zugleich Hauptzentrum des Konsums dieser Drogen.

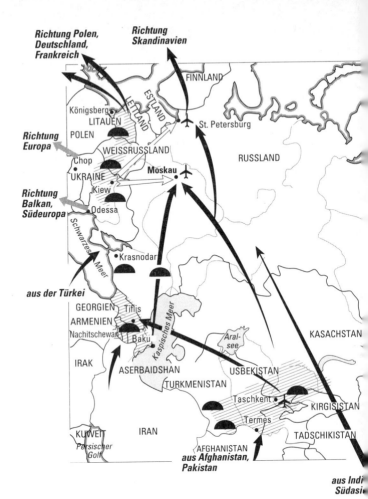

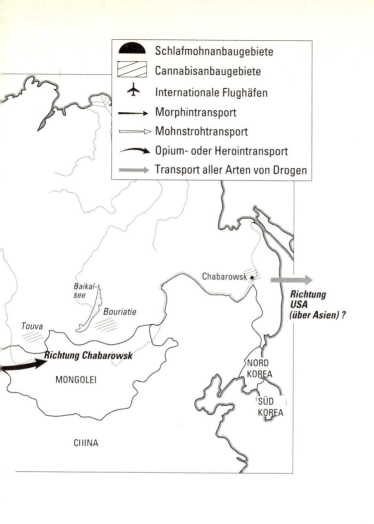

Rußland

Die russischen Antidrogenbehörden vergleichen die gegenwärtige Situation ihres Landes gerne mit derjenigen der USA vor 25 Jahren. Die vorgebrachten Ähnlichkeiten betreffen die schnelle Ausbreitung des Rauschmittelkonsums in der russischen Bevölkerung und die in beiden Fällen im Süden liegenden Stützpunkte der Produktion: Südamerika für die USA, Zentralasien für Rußland. Die dem Vergleich zugrunde liegende Begeisterung für das amerikanische »Modell« ist nur teilweise angebracht, denn die Besonderheiten der russischen Situation im Bereich der Drogen werden schlecht berücksichtigt: Einerseits ist Rußland selbst schon ein riesiger potentieller Stützpunkt der Produktion. Andererseits versteht sich dieses Land aufgrund der politisch-ökonomischen Umformungen, die die Verwaltung und Strafverfolgungsorgane neutralisiert und vollkommen aus der Bahn geworfen haben, inzwischen vorzüglich auf Geldwäsche. Das »schmutzige« Geld wird in Staatsvermögen investiert, das zur Zeit privatisiert wird, wobei eine fehlende Gesetzgebung sowie die zögerliche Haltung der internationalen Rechtshilfeorgane dieser Praxis Vorschub leisten.

Ein steiler Anstieg

Die ungeheure Ausbreitung von Drogen findet tatsächlich statt. Den sehr globalen Polizeistatistiken zufolge haben fast 14 Prozent der Bevölkerung der Ex-UdSSR in der einen oder anderen Weise mit Drogen zu tun. Dies reicht vom usbekischen Bauern über die Laborbeschäftigten, die Reagenzgläser für synthetische Drogen reinigen, bis zum Mafiapaten auf Bundesebene. Diese nur geschätzte Zahl, die aber der Chef der russischen Rauschgiftbehörde, General Alexander Sergejew zitiert, vermischt alle Arten von Drogen und unterscheidet kaum nach Regionen. Sie hat jedoch das Verdienst, die gefährlich optimistischen Statistiken deutlich zu entkräften, die das russische Gesundheitsministerium den Vereinten Nationen mitgeteilt hat, und nach denen die Zahl der Süchtigen abnimmt. Seit Januar 1992 der Oberste Verfassungsrat den persönlichen Drogengebrauch nicht mehr unter Strafe gestellt hat, ist es nicht mehr die Polizei, die die »neuen Süchtigen« zählt (durchschnittlich 70 Prozent wurden aufgegriffen). Nur noch die Krankenhäuser registrieren diejenigen Drogenverbraucher, die freiwillig ihre

Dienste beanspruchen: zwischen zehn und 30 Prozent der betroffenen Personen. Polizei und Gesundheitsbehörden stellen allerdings gemeinsam fest, daß die Gruppe der Rauschgiftabhängigen sich erheblich verjüngt hat. In Moskau liegt das Durchschnittsalter zwischen 18 und 23 Jahren, und der Anteil der betroffenen Frauen steigt rapide.

Zwar liefern Zentralasien und der Kaukasus, wo traditioneller Drogengebrauch üblich ist, die weitaus höchsten Zahlen, aber auch Rußland erlebt einen steilen Anstieg der in Drogenanbau und -produktion Tätigen sowie der Abhängigen. Nach Alexander Sergejew gab es Mitte 1992 ungefähr 1,5 Millionen Drogenkonsumenten in Rußland (fünf bis 7,5 Millionen in der gesamten Ex-UdSSR), und der mit Drogen erzielte Jahresumsatz – von Oktober 1991 bis Oktober 1992 – betrug etwa 50 Milliarden Rubel (umgerechnet zum damaligen Kurs fast 130 Millionen US-Dollar).

Die Anbauflächen für Schlafmohn und Cannabis haben sich seit Ende der achtziger Jahre auf dem gesamten russischen Territorium erheblich ausgedehnt: in den kalten nördlichen Regionen wie dem Ural, die ihre eigenen Schlafmohnsorten haben, in den südlichen Gebieten und denen, die sich entlang der Wolga ausdehnen. Die offiziellen Zahlen bleiben jedoch sehr niedrig und sind leider wenig zuverlässig. Die Operation »Schwarzmohn« führte nur zu begrenzten Entdeckungen. Solche Operationen – mit der Angabe des betreffenden Jahres – waren Klassiker der Drogenbekämpfung in der Ex-UdSSR. Sie liefen jährlich von Mai bis November, hauptsächlich in Kasachstan und Zentralasien, mit einem imposanten Kräfteaufgebot der Union, um illegale Felder zu vernichten und gegen Käufer und Zwischenhändler vorzugehen. 1992 organisierten die neuen unabhängigen Regierungen, ohne sich aufeinander abzustimmen und ohne eigentliche Mittel, die Operation »Schwarzmohn«, wie sie es gelernt hatten. Allein in Rußland wurden 68 000 Personen, darunter 52 000 Polizisten, eingesetzt. 13 500 Fälle von Rechtsübertretung flogen auf (4500 mehr als 1991). Die Fläche der entdeckten und vernichteten Mohnfelder betrug 22 Hektar, eine winzige Zahl bezogen auf die Gesamtanbaufläche Rußlands. Von den nach Angaben des Innenministeriums (MVD) auf etwa einer Million Hektar wachsenden wilden Cannabispflanzen konnte die Operation »Schwarzmohn 92« nur 10 000 Hektar, ungefähr ein Prozent der geschätzten Gesamtfläche, vernichten.

Insgesamt sind anläßlich dieser Operation 7348 Personen strafrechtlich verfolgt worden. 14 Tonnen verschiedener Narkotika wurden beschlagnahmt (eine statistische Aufschlüsselung unterblieb), davon lediglich knapp über eine Tonne aus dem Ausland. 2654 Personen sind wegen Drogentransport angeklagt. Immer häufiger schließen sich die Transporteure zu bewaffneten Gruppen von acht bis zehn Personen zusammen.

Am Ende dieser jährlichen Kampagne stellten die Polizisten auch ein neues Merkmal des Narkotikastroms durch Rußland fest: Sie beobachteten, daß die Drogen regelmäßig aus Rußland und Zentralasien an die Pazifikküste des Fernen Ostens (Region um Chabarowsk) befördert werden. Da bekannt ist, daß es in dieser Region selbst wilde Cannabispflanzen gibt, ist klar, daß dieser Strom nicht die lokalen, übrigens sehr beschränkten, Marktbedürfnisse befriedigen soll. Handelt es sich, wie vermutet wird, um eine neue Schmuggelroute in die USA und nach Australien oder sogar nach Japan und Südostasien? In diesem Fall beginnen die Produzenten der GUS offensichtlich, ernstzunehmende Marktanteile zu erobern; vor allem, wenn man auch berücksichtigt, was bereits über die Mohn- und Haschischexporte der Marke »Ex-UdSSR« nach West- und Nordeuropa bekannt ist. Bald könnten sie mit ihren Produktions- und Interventionsmöglichkeiten die weltweite Drogensituation entscheidend beeinflussen. Nach Informationen der russischen Polizei planen die Netzwerke der organisierten Kriminalität (die russischen Mafias), sich kurz- oder mittelfristig den europäischen und sogar den Weltmarkt – falls sich das Schmuggelunternehmen an den Pazifik bestätigt – für Marihuana und Haschisch zu erschließen. Die gegenwärtig unbedeutenden Selbstkosten und die daraus resultierenden »Dumpingpreise« sind ihre Trümpfe.

»Moskau unter Drogen«

Die russische Hauptstadt ist der Entwicklung des übrigen Landes immer voraus gewesen. So sind die hier beobachtbaren Trends ein nützlicher Wegweiser. Das BBN in Moskau (Büro zur Bekämpfung des Drogenhandels), eine Abteilung der Kriminalpolizei (Mour), erklärte sich gegenüber OGD bereit, seine Jahresbilanz 1992 zu zeigen: 1618 Strafermittlungsverfahren in Sachen Drogen sind gegenüber lediglich 790 im Vorjahr eingeleitet worden. Wenn 1991 die gesamten Beschlagnahmungen aller Arten von Drogen innerhalb der Stadtgrenzen Moskaus ungefähr eine Tonne betrugen, sind die Zahlen für 1992 genauer: Die Polizei stellt einen starken Anstieg der harten Drogen, vor allem der synthetischen, fest (170 Kilogramm beschlagnahmt gegenüber 18 Kilogramm 1991). Ebenfalls haben die

Sicherstellungen von Opium zugenommen: zwölfmal mehr als 1991; es kam je zur Hälfte aus Afghanistan und Zentralasien. Die Bilanz gibt allein vier Tonnen Naturdrogen (Mohn- oder Cannabisderivate) an, also viermal so viel wie alle im Jahr zuvor beschlagnahmten Drogen jeglicher Art. In einem geheimgehaltenen und sehr gut getarnten Depot irgendwo im Nordwesten Moskaus, wo ein bedeutender Teil der konfiszierten Drogen aufbewahrt wird, mußten 1992 zum ersten Mal mehrstöckige Regale verwendet werden, um sie zu stapeln, während bis dahin ein bescheidener Safe genügte. Wie die von OGD-Korrespondenten vor Ort eingeholten Informationen zeigen, hat sich überdies die Größenordnung der einzelnen Beschlagnahmungen grundlegend verändert: Die einfachen Umschläge sind seit zwei Jahren großen Sporttaschen voll zerkleinertem Mohnstroh oder koknar (ein aus Mohnstroh gewonnenes Präparat) gewichen.

Die Drogensituation in der Hauptstadt entwickelt sich also rapide und dürfte nach Ansicht des stellvertretenden Chefs der Moskauer Kriminalpolizei, Valentin Rochtchin, in zwei oder drei Jahren den Höhepunkt erreicht haben. Durch den mittlerweile massiven Konsum von Marihuana und Haschisch ist zwar eine erste Etappe bereits erreicht, aber die Stadt entdeckt härtere Drogen. So ist Heroin auf dem Moskauer Markt aufgetaucht. Nach Berichten, die auf Aussagen von Drogenkonsumenten in Moskau beruhen, sind die gebräuchlichsten Drogen außer Marihuana aufgekochtes Mohnstroh als Infusion (»Mohnstrohsuppe«) für die ältere Generation und Ephedron (im lokalen Jargon als »Propeller« bezeichnet – ein von Ephedrin abstammendes Amphetamin) für die Jüngeren. Kokain wird in den Aufsteigermilieus Moskaus und vor allem Sankt-Petersburgs konsumiert.

Synthetische Drogen werden in der Mehrzahl noch immer in die Hauptstadt importiert. Das erste heimliche Labor, das Pervitin (ein Methamphetamin) herstellte, ist 1972 in Moskau aufgeflogen. Seit dieser Zeit wurde alle fünf oder sieben Jahre eine neue Droge entdeckt. Dieser Rhythmus hat sich völlig verändert: Allein in den ersten neun Monaten 1992 sind fünf neue Produkte ausfindig gemacht worden, darunter lokal erzeugtes LSD – eine »große« Premiere in Rußland und der GUS. Dieser rapide Anstieg geht größtenteils auf die Privatisierung der pharmazeutischen und chemischen Staatsunternehmen zurück – ein riesiges Potential in einem Land, in dem Chruschtschow, Lenin parodierend, einst erklärte: »Kommunismus ist die Macht der Sowjets plus die Chemisierung der Wirtschaft.« Ergebnis ist eine umweltverschmutzende Mega-Industrie und eine Fülle oft ausgezeichneter Fachleute, die, bis dato in garantierten

Arbeitsverhältnissen, urplötzlich und brutal abserviert werden. In diesen Zeiten der mageren Gehälter und galoppierenden Inflation sind sie daher versucht, ihre Kenntnisse in den heimlichen Labors zu Geld zu machen oder sogar in den legalen Labors Drogen herzustellen, die für den Schwarzmarkt bestimmt sind. Allgemein gesehen, wird der Anteil synthetischer Drogen im Zuge der ungeheuren Ausbreitung des Konsums immer größer, was ganz Rußland, aber in erster Linie die Region Groß-Moskau erlebt. Was die Preise der Drogen betrifft – eines der wenigen Bereiche, wo das Angebot die Nachfrage eingeholt hat –, so steigen sie spürbar weniger als die außer Kontrolle geratenen Preise anderer Produkte.

Das im Frühjahr 1992 auf dem Markt der Hauptstadt aufgetauchte Trimethylfentanyl (oder 3-Methylfentanyl) war Ende des Jahres das meistverteilte synthetische Opiat, das durch die Handelsnetze des Schwarzmarktes in der GUS vertrieben wird; nach Angaben der Polizei stammt es aus Fabriken in Aserbaidschan, die sich in der Chemieindustriezone um Baku befinden. (Das (+)-cis Isomer des 3-Methylfentanyl ist ungefähr 7000 mal stärker als Morphin. Der Leiter des Labors der US-Drogenbehörde DEA, Robert Sager, hat geschätzt, daß ein Chemiker in vier Tagen bei einer Investition von 150 Dollar 500 Gramm des Produktes herstellen kann, was 50 Millionen dosierten Einheiten Morphin entspricht. Wenn es in den Straßen zum Heroinpreis verkauft wird, wäre der Gewinn theoretisch 500 Millionen Dollar.)

Das Phencyclidin (PCP, »Engelstaub«) und das Ephedron, weitere synthetische Drogen, sind ebenfalls im Kommen. Die Zahl der 1992 von der Polizei aufgedeckten Labors mag hoch erscheinen: 180 Produktionslabors gegenüber 70 im Jahr zuvor; sie umfaßt anscheinend auch eine bestimmte Zahl von Stätten, wo die Umwandlung des Mohnstrohs mit Hilfe von Lösungsmitteln auf Acetonbasis erfolgt. Die so gewonnene Substanz wird häufig mit Hilfe von Kathedern ohne jegliche hygienische Vorsorgemaßnahmen injiziert.

Tschetschenen und Aserbeidshaner

Heroin und Geldwäsche, der Schmuggel von Hochtechnologie-Waffen und Gefechtsausrüstungen, die vor allem der Schutzgelderpressung und vermutlich auch dem Eintreiben von Geldern für den Krieg gegen Armenien dienten, standen im Mittelpunkt der Aktivitäten eines Händlerringes von Aserbaidshanern (Aseris) in Moskau, der Mitte November 1992 von der Polizei aufgedeckt wurde. Bei dieser

Operation, die gerade anlief, als die OGD-Korrespondenten davon erfuhren, konnten erstmalig einige Gramm sehr reinen Heroins sichergestellt werden, das aus dem Gebiet der Ex-UdSSR selbst stammte und nicht wie bisher immer aus Importlieferungen. Der Moskauer Polizei zufolge könnte die entdeckte Droge aus einem Labor in Aserbaidshan kommen. Die Verhaftung zweier Tschetschenen, die 18 Millionen Rubel in einer großen Tasche transportierten, führte die Polizei dann schnell auf die richtige Spur. Die Drogenbekämpfungsbehörde (BBN) stellte 500000 Dollar – eine riesige Summe in der GUS –, 66000 Mark und über 47 Millionen Rubel sicher. Eine Kette sogenannter »kommerzieller« (privater) Läden diente der Gruppe zur Geldwäsche. Obwohl der Bande mindestens 26 Großhändler in Moskau angehörten, die auf synthetische Opiate – Trimethylfentanyl und Methadon – spezialisiert waren, stammte das Geld nicht nur von Drogen. Dank einer »Kampftruppe«, die sich hauptsächlich aus Tschetschenen zusammensetzte und in veritablen privaten Kasernen stationiert war, sicherte sich der Ring eine mehr oder weniger gebilligte Eintreibung einer »Kriegssteuer« von wöchentlich 3000 Rubel, unter anderem bei den aserbaidshanischen Gemüse-, Obst- und Blumenhändlern. Die Moskauer Polizei fand mehrere Dokumente und gefälschte Rechnungen, die beweisen, daß das Geld über Handels- und Bankbeziehungen gewaschen wurde, und entdeckte auch Waffenlager. Die sehr hohen Barsummen haben natürlich die offiziellen Statistiken über die Einkommen des »Drogenbusiness« in Moskau weit nach oben gejagt: 1992 war der Wert aller Konfiszierungen in der Hauptstadt 54mal höher als 1991.

In Moskau sind die Drogenmärkte bereits erobert; einige der verantwortlichen Polizisten schätzen, daß ein Bandenkrieg kurz bevor steht. In der Rangliste der Dealer führen stets Aserbaidshaner (82 Prozent der Verhaftungen 1992), gefolgt von Ukrainern und Russen. Diese Zahlen müssen jedoch unter dem Aspekt gelesen werden, daß die Polizei bei Razzien gegenwärtig dazu neigt, mitunter ausschließlich Verdächtige aufzugreifen, die aus dem Kaukasus oder den zentralasiatischen Republiken stammen.

Drogenumschlagplätze befinden sich immer häufiger in den neuen Läden, den privaten Kiosken und den Restaurants. Geschäftsleute mit einer oft zweifelhaften Vergangenheit sind in den Drogenhandel verwickelt; vor allem über ihre Leibgarden, die unverzichtbar sind, um sich gegen Schutzgelderpressung und Kriminalität zu verteidigen, die ebenfalls am Explodieren ist. Die Organisationsstruktur der »Mafias« ist die klassische Pyramide, mit drei Stufen auf einer ethnischen Basis. Ihre Führungsspitze befindet sich häufig außerhalb Rußlands. Auf städtischem Gebiet herrscht eine deutliche Trennung der Einflußsphären und Aufgaben: Import, Verteilung, Sicherheit.

Die neue Goldgrube der Mafias

Nach Ansicht krimineller Organisationen ist Drogenhandel, den sie in Moskau bereits kontrollieren, im Jahr 1992 lukrativer geworden als Schutzgelderpressung oder Börsenspekulation und dunkle Bankgeschäfte, auf die in den letzten Jahren eine bestimmte Kategorie ehemaliger sowjetischer Geschäftsleute erpicht war. Dem früheren Chef des russischen Innenministeriums, Komissarov, zufolge haben Geschäftemacher, auch in geradezu mafiosen Zusammenschlüssen, in jüngster Zeit fast 100 Milliarden Rubel mit großangelegten Finanzoperationen gewonnen; es ist ihnen nach Angaben des Akademiemitglieds Bronstein gelungen, für drei Milliarden Dollar Nicht-Eisenmetalle über Estland zu verkaufen und ungefähr 238000 Tonnen dieser Metalle über Litauen. Da aber die Türen zu diesen Geschäftsmöglichkeiten zuschnappen, wenden sich die Mafias dem Rauschgifthandel zu: Was sind schon einige Tonnen Drogen für Organisationen, die imstande sind, Hunderttausende Tonnen von Metallen vom Ural durch ganz Rußland zu transportieren? Alle Voraussetzungen für Drogenschmuggel sind gegeben. Und die Verwicklung der politischen Organe der neuen Staaten in die Schwarzmarktgeschäfte, besonders in den Tauschhandel Waffen gegen Narkotika, dient nicht gerade zur Stabilisierung der Ordnung. Die verschiedenen Formen der Kriminalität sind bereits untereinander verknüpft, und oft kommt die Antidrogenpolizei großen Geschäften auf die Spur, wenn sie in ihren eigenen Reihen einen glücklichen Fang landet.

Der Schulterschluß der russischen Mafias mit den internationalen Kartellen macht gleichfalls große Fortschritte. Dabei spielen vor allem die immensen Bestände Rußlands an weichen Drogen eine Rolle; außerdem lassen sich aus dem kriminellen Milieu Rußlands billige und skrupellose Arbeitskräfte für den weltweiten Verbrechensmarkt rekrutieren: Der Polizei zufolge handelt es sich um Kuriere, Schläger oder bezahlte Killer, die immer stärker eingesetzt werden.

Schließlich – und dies ist der wesentliche Grund – bietet Rußland heute ungeahnte Möglichkeiten für Geldwäsche. Ein ehemaliger Staatsanwalt der UdSSR und jetziger Leiter der Rechtsabteilung einer Moskauer Bank, Vladimir Kalinitschenko, enthüllt im Detail einige dieser Operationen, die für sich schon ein ganzes Kapitel in diesem Buch füllen würden. Ein kleines, aber bezeichnendes Detail: Moskau hat mit 31 Kasinos mehr »Spielhöllen« als Las Vegas, dort gibt es 25. Für ein Land, das internationale Hilfe benötigt, ist dies eine gefährlich widersinnige Situation. Gerade die fehlende oder nur zögerliche ausländische finanzielle Unterstützung – aber auch die Wahrscheinlichkeit, daß diese Geldspritzen auf Schweizer Konten umgeleitet werden – erklärt die Reibungslosigkeit, mit der schmutziges Geld gewaschen werden kann. Ermöglicht es die gegenwärtige Lage denn Rußland wirklich, darüber hinwegsehen zu können? Der Ex-Staatsanwalt Kalinitschenko stellt sich diese Frage auch. Es existiert keine Gesetzgebung gegen Geldwäsche. Damit riskiert man die Demokratisierungsversuche und die Errichtung eines Rechtsstaates, den Rußland noch nie gekannt hat.

Ukraine und Weißrußland

Wird die Ukraine, wenn es nicht schon so weit ist, mit den heimlichen Mohnstrohimporten aus Litauen konkurrieren? Werden die polnischen Süchtigen von »kompot«, das aus Mohnstroh unter Zusatz einfacher chemischer Substanzen [auf Acetonbasis] hergestellt wird, nach der Einführung von »przemko«, einer neuen, nur 0,006 Prozent morphinhaltigen Sorte, umsteigen auf radioaktiv belastetes Mohnstroh aus der Ukraine oder aus dem weißrussischen Distrikt von Gomel, der mitten in der kontaminierten Zone liegt? Es gibt für diese Befürchtungen einige Anhaltspunkte. Einer der OGD-Korrespondenten in der GUS, der im März 1992 eine Untersuchung der Mohnkulturen in der radioaktiv verseuchten Zone von Tschernobyl durchführte, ist Anfang Sommer nach der Mohnblüte dorthin zurückgekehrt. Seine Reportage vom ersten Aufenthalt in der verseuchten Zone, die von der internationalen Vereinigung zur Bekämpfung des Rauschgifthandels – einer unabhängigen Organisation, die eng mit den russischen Behörden zusammenarbeitet – bekräftigt wurde, stützte sich vor allem auf Aussagen von Polizisten aus der Stadt Kursk. Diese hatten im Dezember 1991 Verdächtige festgenommen, die zugaben, Mohn mit ungewöhnlich großen Kapseln aus der Region Gomel mitgebracht zu haben [in der Stadt Gomel gibt es eine gefestigte Mafiaorganisation]. Die Kursker Polizei teilte auf Anfrage von OGD mit, daß sie die Radioaktivität dieses Mohns gemessen hätte, ohne jedoch die genaue Höhe der Belastung bestimmen zu können; außerdem behauptete sie, die betroffenen Kapseln vernichtet zu haben. Die internationale Presse – besonders ›Herald Tribune‹, ›Le Figaro‹ und ›Al Hayat‹ – hatte damals die Daten dieser Untersuchung aufgenommen und ihr ein großes Echo verschafft. Zwei Monate später, vom 2. April bis 2. Mai 1992, betrieb eine Mission der UN-Drogenbehörde (UNDCP) eine Gegenuntersuchung und erklärte gegenüber der Presse, daß sie nichts Anormales am Schlafmohn in der kontaminierten Zone feststellen konnte. Der OGD-Korrespondent konnte jedoch bei seinem zweiten Besuch am Rand der Sicherheitszone Mohn fotografieren, dessen Stengel zwischen 1,50 m und 1,70 m maßen. Die Kapseln hatten einen Durchmesser von 6 cm und eine Höhe von 7 cm, was einem zwei- bis dreifachen Umfang der Mohnkapseln in Zentralasien entspricht. Überdies versicherten ihm die bäuerlichen Besitzer der Felder, daß der Mohn bis zur Ernte, die wie jedes Jahr am 14. August beginnen sollte, noch weiter wachsen würde. Er hat mehrere Pflanzen abgeschnitten und sie zusammen mit seinen Fotos an das Innenministerium der Ukraine übersandt, damit eine Untersuchung durchgeführt wird. Ende Februar 1993 hat er immer noch keine Ergebnisse erhalten.

Lettland

Lettland ist mit Litauen das einzige Land von 13 ehemaligen Sowjetrepubliken, das nicht das Kiewer Kooperationsabkommen zur Drogenbekämpfung vom 21. Oktober 1992 unterzeichnet hat. Unterstützt von der Slowakei erwies Lettland sich 1992 als wichtiges Produktions- und Exportland für Amphetamine. Am 9. Dezember beschlagnahmte die deutsche Kriminalpolizei auf dem Frankfurter Flughafen 3060 Kilogramm eines Methylen-Dioxyd-Amphetamins (MDA), das der Designer-Droge »Extasy« (MDMA) ähnelt. 63 Kisten mit elf Millionen Tabletten kamen zwischen dem 25. November und 5. Dezember im Frankfurter Luftfrachtzentrum an. Der geschätzte Wert dieser Rekordsicherstellung betrug 170 Millionen Dollar. Das Produkt kam mit dem Flugzeug aus Riga und war für Belgien und die Niederlande bestimmt. Nach Informationen, die OGD von der Polizei in Bratislava (Slowakei) erhielt, wurden Produktion, Verteilung und Transport der Droge von einer slowakischen Firma, der Weinwurm AG, geleitet, die im Juli 1990 gegründet worden war, um »die Anlagen zur Kontrolle der Umweltverschmutzung, der Lebensmittel und der Landwirtschaft zu vervollständigen«. Im Januar 1991 erteilte das tschechoslowakische Ministerium für Außenhandel der Gesellschaft eine Exporterlaubnis. Die Weinwurm AG lieferte die Rohstoffe und die Halbfertigfabrikate an das staatliche lettische Chemiewerk Latbiofarm, das in Olaïna, 40 Kilometer entfernt von der Hauptstadt Riga, seinen Sitz hat. Eine ganze Abteilung der Fabrik arbeitete an der Herstellung von MDA, und die lettische Polizei entdeckte Lagerbestände im Wert von 10 Millionen Mark. Vor dieser Rekordsicherstellung sind beträchtliche Mengen von Amphetaminen über Deutschland und die Tschechoslowakei in westliche Länder, insbesondere in die Niederlande und nach Belgien, exportiert worden. Um die Zollbehörden zu täuschen, trugen die Schachteln mit MDA die Aufschrift Remantadin, was ein in Rußland gebräuchliches Anti-Grippemittel ist.

Litauen

In Litauen wie in fast allen ehemaligen kommunistischen Ländern wurden Drogenprobleme vor dem Machtwechsel nicht öffentlich zugegeben. Die neuen litauischen Behörden schätzen, daß es 1992 in der Hauptstadt Wilna an die Tausend Süchtige gibt, ein Anteil von 0,15 Prozent bei 600000 Einwohnern. Im gesamten Land könnten es 2000 bis 3000 Süchtige sein. Die populärste Droge ist ein auf der Basis von Opium handwerklich hergestelltes Heroin, das injiziert wird. Diese Praxis kommt zweifellos aus Polen. Im Sommer stehlen die Süchtigen den Milchsaft der Kapseln in den Schlafmohnfeldern, deren Anbau genehmigt ist. Im Herbst gewinnen sie die Droge aus den getrockneten Stengeln und Kapseln. Im Winter und Frühling müssen sie einen relativ hohen Preis zahlen, um dieses »Stroh« kaufen zu können. Das führt zu einer saisonalen Abhängigkeit, die von schweren Mangelerscheinungen begleitet wird. Eine andere, sehr verbreitete Droge ist Ephedron, das aus Medikamenten gewonnen und gleichfalls injiziert wird. Die Gesundheitsbehörden befürchten, daß sich durch diese Methode die Aids-Epidemie ausbreitet.

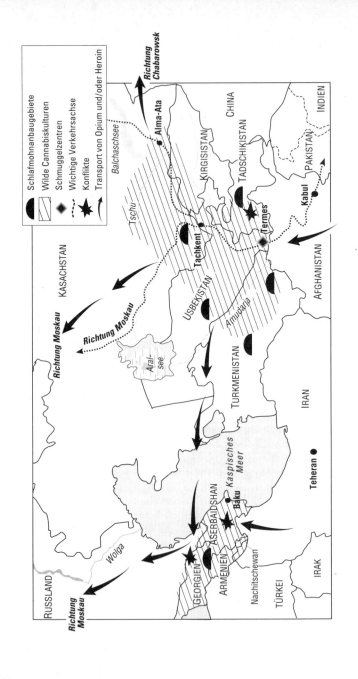

Usbekistan

Die neue Unabhängigkeit der ehemals sowjetischen Staaten, der Aufbau von Flugverbindungen und die Errichtung internationaler Flughäfen haben die Wege vervielfacht, auf denen Drogen hereinströmen können. Wegen seiner gemeinsamen Grenze mit Afghanistan im Süden und einer bedeutenden, im Norden dieses Landes lebenden Minderheit ist Usbekistan besonders drogenanfällig, was durch den Opiumschmuggel bestätigt wird, der die anderen Regionen der Ex-UdSSR und in erster Linie Moskau überschwemmt. Ebenso gedeiht der Heroinhandel, und es wird schließlich ein Leichtes sein, dazu überzugehen, diese Droge vor Ort herzustellen.

Produktionsaufschwung und Mittelknappheit

Nach Schätzungen, die Anfang Mai 1992 dem beauftragten OGD-Korrespondenten von den zuständigen Abteilungen des Innenministeriums dieser zentralasiatischen Republik vorgelegt wurden, haben sich in Usbekistan die mit Schlafmohn bepflanzten Flächen 1992 verzehnfacht. Dagegen sind die Mittel zur Bekämpfung wegen der neuen wirtschaftlichen Situation im Land dramatisch eingeschränkt worden. Diese Kürzung wird noch verstärkt durch den fehlenden Willen, die Droge wirklich zu bekämpfen. Der seit zwei Jahren ausgemachte Trend zur Flächenvergrößerung hat sich beschleunigt. 1989 entdeckte die Polizei 18 Hektar mit Drogenpflanzen (davon 98 Prozent Schlafmohn), 80 Hektar 1990 und 154 Hektar im darauffolgenden Jahr. Für das Jahr 1992 rechnete sie mit über 1000 Hektar und gab zu, daß dies nur den sichtbaren Teil des »Eisberges« ausmache. Ein Hektar Schlafmohn ergibt 20 Kilogramm Opium und eine Tonne Mohnstroh.

In der Antidrogenbehörde einer Republik von immerhin 21 Millionen Einwohnern mit einer Fläche von 450 000 Quadratkilometern sind lediglich hundert Angestellte beschäftigt. Die am meisten betroffene Region Surkhandaria, die im Süden an Tadschikistan und Afghanistan grenzt, zählt nur drei mit der Rauschgiftbekämpfung beauftragte Polizeibeamte für ein Gebiet von 21 000 Quadratkilometern mit 1,2 Millionen Einwohnern. Bis jetzt wurde dieser Personalbestand beträchtlich durch Angehörige anderer Behörden und »ehrenamtliche« Sowchose- und Kolchosearbeiter verstärkt, die obendrein ihre Lastwagen (1991 waren es etwa hundert) zur Verfügung stellen mußten, um die jährlich unter dem Namen »Schwarzmohn« ablaufenden Großoperationen durchzuführen. Heute räumen die Verantwortlichen ein, daß es nicht mehr möglich sei, solch großangelegte Operationen ins Auge zu fassen, da nunmehr Arbeitsplätze und Ausrüstung finanziert werden müßten und das Ministerium nicht über die entsprechenden Mittel verfüge.

Die Operation »Schwarzmohn 92« sollte am 1. Mai in Usbekistan beginnen, aber an diesem Tag vertraute der Chef der Drogenbekämpfungsabteilung der Republik, Alicher Jouraievitch Jouraev, OGD an, daß die fehlende Hilfe seitens der Bundesorgane der GUS es wahrscheinlich verbietet, zumindest mit Hubschraubern zu rechnen, von denen zwei im vorherigen Jahr eingesetzt wurden. So ist eine wirksame Intervention unmöglich, denn die meisten bedeutenden Anpflanzungen liegen in Gebirgsgegenden, die nicht an das Straßennetz angeschlossen sind. Der Polizei blieb nichts anderes übrig, als den auf einzelnen Parzellen kultivierten Mohn zu vernichten, deren größte, die man 1991 entdeckte, nicht über eine Fläche von sechs Hektar hinausging. Ihre Vernichtung geht in die weiter oben erwähnten Statistiken ein.

Außerdem entdeckte die Polizei 1991 durch Zufall zwölf kleine Plantagen, die in der Wüste angelegt waren: Die Drogenhändler gruben Bewässerungstunnel, die direkt von den durch die Wüste führenden Kanälen – Überbleibsel der Großprojekte zur Zeit Stalins und Chruschtschows – abzweigen, installierten Pumpen, besorgten sich Dünger und schützten die Anbaugebiete gegen Schildkröten und andere Tiere.

Die unbedeutende Zahl der als kontrolliert deklarierten großen Anbauzonen und die gemeldeten Zwischenfälle mit ihren Bewachern lassen vermuten, daß die Großproduzenten größtenteils von der Polizei protegiert werden. In einem Land, wo überall Kriegswaffen zu bekommen sind, sind diese Wächter der Mohnfelder mit Jagdgewehren ausgestattet. Bei zwei Vorfällen 1992 zielten sie auf Polizisten, die es nicht gerade eilig hatten, die Waffen zu konfiszieren. Dies erklärt auch, warum trotz der Vergrößerung der Anbauflächen die Sicherstellungen von Drogen erstaunlich mager ausfielen (892 Kilogramm 1990 und 746 Kilogramm ein Jahr später). Und die Zahl der verhängten Haftstrafen wegen Drogenhandels sind von 38 Prozent der gesamten Verurteilungen 1986 auf lediglich 27,3 Prozent 1990 gesunken. Dieser Trend nach unten hält seither an. Im übrigen zählen die aufgeflogenen Banden nie mehr als zwei oder drei Mitglieder. Die Zahl der registrierten Gesetzesübertretungen in Verbindung mit

Drogen steigt dagegen an: 4610 im Jahr 1991 gegenüber 3790 Fällen 1990.

Errichtung von Schmuggelringen

Seit der Unabhängigkeit (31. 8. 1991) hat sich die Zahl der internationalen Flüge, die die usbekische Hauptstadt Taschkent mit der Außenwelt verbinden, verdreifacht. Man kann heute von einem regelrechten Luftkanal für Drogenschmuggel sprechen; dies gilt besonders für die Linie Delhi-Taschkent, auf der Normorphin, ein synthetisches Opiat, in Ampullen nach Usbekistan transportiert wird. Nach Angaben der Polizei handelt es sich um ältere Frauen oder (oft georgische) Mütter von Großfamilien, die am häufigsten als Kurierinnen in dieser Schmuggelkette dienen. Relativ unbemerkt passieren sie die Kontrollen. Sie erhalten doppelbödige Koffer mit Drogen in speziellen Hotels in Delhi. Seit Juli 1991 wurden 20839 Ampullen vom Zoll in Taschkent beschlagnahmt. Auch die Verbindung zu Pakistan erwies sich schnell als fruchtbar: Bei seinem vierten Flug nach Taschkent Mitte April 1992 verhaftete man schließlich einen Passagier in Besitz von 852 Gramm reinem Heroin. Beim Export von Haschisch wurden Wolgadeutsche, die, einst von Stalin nach Usbekistan deportiert, nun zurück in ihr Herkunftsland emigrieren, von den Zollbehörden verhaftet. Zollbeamte befürchten, daß diese mit beiden Ländern gut vertrauten Emigranten unter sich eine Schmuggelkette aufbauen könnten. Eine Frachtkontrolle kann praktisch nicht durchgeführt werden, da jegliche dazu notwendige Ausstattung, selbst einfache Ausladeeinrichtungen, fehlen. Der Leiter der Zollabteilung, die gegen Schmuggel vorgeht, Igor Semenovitch Chybanov, vertrat gegenüber OGD die Überzeugung, daß die Schwierigkeiten, die er antreffe, künstlich geschaffen worden seien, da »sehr einflußreiche« Kräfte kein Interesse an einer wirklichen Kontrolle der Fracht hätten.

In Termes herrscht eine vergleichbare Situation. Es gibt einen intensiven Schmuggel für alle möglichen Waren aus dem Mittleren Osten, Japan, Europa und der GUS, aber Kontrollen sind beinahe unmöglich, denn die Behörde für Schmuggelbekämpfung, die überhaupt nicht entsprechend ausgerüstet ist, hat nur sieben Angestellte, die sich um alles kümmern müssen. Ein weiteres Handikap stellen die Lücken in den neuen Zollbestimmungen innerhalb der GUS dar und die Unmöglichkeit, zusätzliche Informationen über die Empfänger der Fracht zu erfragen. Folglich sind die Beschlagnahmungen von Drogen in Termes unbedeutend. Man kann beobachten, daß ausländische Schiffe die Inseln des Grenzflusses Amudarja anlaufen, wo die Schiffahrt den internationalen Bestimmungen unterliegt. Wie auch immer, die 150 Kilometer lange Grenze zu Afghanistan ist heute alles andere als undurchlässig. Die befragten Grenzposten erinnern sich nicht daran, daß sie einen einzigen Drogenschmuggler festgenommen hätten, aber sie bestätigen ohne weiteres, daß sie in den letzten Monaten zwanzig Versuche von Afghanen, Dünger von den unbewachten Landwirtschaftsfahrzeugen zu stehlen, vereitelten; diese hatten zuvor ruhig die Grenze überschritten.

Tadschikistan

Der in dieser Republik herrschende Bürgerkrieg und die Nähe zu Afghanistan lassen eine Verschlimmerung der Lage befürchten: 1991 hatte die Polizei 511 Mohnpflanzungen entdeckt gegenüber 253 im Jahr zuvor. Als er den OGD-Korrespondenten in seinem Büro, das wegen der Kämpfe in der Stadt in einen Schlafraum umgewandelt war, in Duschanbe empfing, wies der Leiter der Antidrogenbehörde des tadschikischen Innenministeriums, Narmat Parmonov, daraufhin, daß die Polizei von Pendjikent, einer im Westen der Republik gelegenen Stadt, in den letzten Jahren 20 Mohnpflanzungen auf 30 Hektar Fläche aufspürte. Er war sich nicht einmal sicher, ob diese auch vernichtet wurden, und deutete an, daß dies zudem nicht leicht sei, wenn gleichzeitig im benachbarten Usbekistan die Kulturen gedeihen. Außerdem konnte seine Dienststelle 1992 nur einen Tag lang über einen Hubschrauber verfügen. Als er mit seinen Männern in der Region Pendjikent auftauchte, drohten die mit Stöcken, Heugabeln und Steinen bewaffneten Bewohner, sie zu töten und den Hubschrauber zu zerstören, und verlangten: »Zahlt uns zuerst die sieben Monate Lohn, die man uns schuldet, danach könnt ihr eure Gesetze aufstellen!« Die Polizisten hatten mehr Glück: Sie erhielten erst seit drei Monaten keinen Lohn.

Afghanisches Opium, das als lokales Tauschgeld im Handel mit der tadschikischen Region des Hohen Badachschan dient, gehört anscheinend noch nicht zu den von den Mafias kontrollierten Produkten. Dies wird deutlich an dem amateurhaften Auftreten der aus dieser Region kommenden Schmuggler, die in Moskau verhaftet wurden, als sie versuchten, Opium zu Geld zu machen. In Duschanbe, wo ein Gramm Opium 4 Dollar und eine mit Haschisch gefüllte

Streichholzschachtel ungefähr 1 Dollar kostet, neigen die Polizeibeamten eher dazu, über die Wohltaten von »koknar« und Cannabis zu sprechen, als die illegalen Kulturen auszurotten. Im Dezember 1992 freute sich ein in Tadschikistan arbeitender französischer Archäologe, als er sah, daß dank der allgemeinen Ausweitung der Mohnpflanzungen in der Region die seit Jahrzehnten verwahrlosten Maultierpfade endlich wieder in einen guten Zustand gebracht wurden und so einen Zugang zu vollkommen vergessenen Plätzen ermöglichten.

Ende des Jahres 1992 hat sich die Lage in der Region beträchtlich verschlechtert. Die Grenzen zu Afghanistan existieren praktisch nicht mehr: Etwa 60 000 Menschen flüchteten vor den Kämpfen im Dezember nach Afghanistan. Schon vorher gab es einen lebhaften Schmuggel, besonders mit Usbekistan am Übergangspunkt Termes, wo die historische Straße von Salang mündete, der während des ganzen Afghanistankrieges eine strategische Rolle zukam. Um die Grenze durchlässiger zu machen, wurden übereifrige Zollbeamte im Lauf des Jahres entlassen oder versetzt; ihre Zugehörigkeit zu einer slawischen Nationalität der Ex-UdSSR diente oft als Vorwand. Desertionen, Mißstände bei den Lohnzahlungen und die Weigerung, Militärdienst zu leisten, bewirkten, daß sich die Grenzwächtertruppe vollends zerstreute. Diese Situation trug übrigens zur Entsendung des ersten Truppenkontingents zur Aufrechterhaltung des Friedens innerhalb der GUS (unter russischer Vorherrschaft) Anfang 1993 bei.

Kasachstan

Unter den zentralasiatischen Republiken ist Kasachstan bei weitem der größte Cannabiserzeuger. Wilder Cannabis, der auch in Kirgisien wächst, bedeckt weite Gebiete entlang des Flusses Amur, der die Grenze zu China bildet, an der Pazifikküste in Buriatien sowie in der Region Tuva; in der gesamten Ex-UdSSR betragen diese Flächen ungefähr drei Millionen Hektar. Im Tal des Tschu, das in der Region Dshambul an der kirgisischen Grenze liegt, wächst wilder Cannabis von ausgezeichneter Qualität auf 138 000 Hektar. Dort, wo sich die vergangenen Jahre lediglich ein paar Touristen und Studenten ihren Jahresvorrat besorgten, trifft man jetzt keine Erntearbeiter mehr, die nicht mit einem Sturmgewehr oder Raketenwerfern bewaffnet wären. Sie patrouillieren in Gruppen mit meist gestohlenen Kleinwagen und immer häufiger auch mit Lastwagen. Die Zahl der Verhaftungen im Jahr 1992 und der bei Schutzgeldeintreibung und sonstigen Geldgeschäften Getöteten beweist ganz klar, daß sich die Situation grundlegend gewandelt hat. Jedoch müssen die vor Ort verfügbaren Statistiken mit Vorsicht gehandhabt werden: In Kasachstan geben die offiziellen Schätzungen für 1991 eine Verdopplung der mit Schlafmohn kultivierten Felder auf 22 (!) Hektar an. Für ein Land von drei Millionen Quadratkilometern erscheinen diese Zahlen allerdings sehr niedrig, zumal die Region Taschkent optimale Bedingungen für Mohnanbau bietet. Dort befindet sich auch die Musterfabrik Dzerjinski – der einzige Betrieb innerhalb der Ex-UdSSR, der Medikamente auf der Grundlage von Opium herstellt. Die noch bescheidenen Mohnkulturen werden dort wahrscheinlich weiträumig expandieren. Außerdem wird die Stadt Taschkent von zwei lokalen Mafias kontrolliert, und in ganz Kasachstan sind 10670 Personen wegen Drogendelikten inhaftiert.

Zentral- und Westeuropa

Im Gegensatz zu den europäischen Mittelmeerstaaten (mit Ausnahme Italiens), in denen keine Veränderungen im illegalen Drogenverkehr aus den Herkunfsgebieten Lateinamerikas, Nordafrikas, der Türkei oder des Libanon zu spüren waren, wirkten sich 1992 auf die westeuropäischen Staaten die Umwälzungen in Zentraleuropa aus. Der Abbau staatlicher Strukturen, der gewaltsame Übergang zur Marktwirtschaft und die ethnischen Konflikte haben dort die enorme Ausweitung der Produktion und des Handels mit Drogen für die zahlungskräftigen Märkte des Westens begünstigt. Die wiedererlangte Freizügigkeit zwischen den ehemaligen kommunistischen Staaten und die Ankunft von Touristen oder Flüchtlingen auf dem Gebiet der Europäischen Gemeinschaft sind gleichermaßen von kriminellen Organisationen ausgenutzt worden, die seit kurzem in großem Stil ungarische, rumänische, jugoslawische und andere Staatsangehörige einsetzen, um Drogen in den Westen einzuführen. Auch die lateinamerikanischen Kokainkartelle haben neue Schmuggelrouten eingerichtet, die insbesondere durch Rumänien, Polen und die baltischen Staaten führen. Mit der Öffnung der Grenzen im Innern der Europäischen Gemeinschaft wird sich diese Situation 1993 voraussichtlich verschärfen.

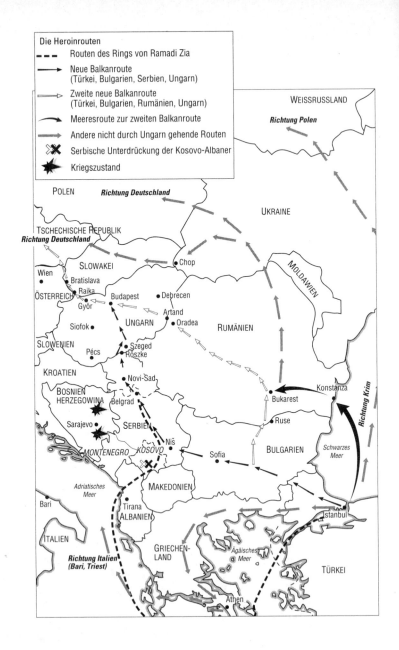

Ex-Jugoslawien

Das Kosovo-Netz

Der schweizerische Justizminister hat am 9. Oktober 1991 bekannt gegeben, daß ein umfangreiches Netz aus Mitgliedern der albanischen Minderheit des Kosovo in Bern und Basel halbautomatische Waffen mit den Gewinnen des in der Schweiz abgesetzten Heroins gekauft hat. Mitglieder dieser albanischen Mafia konnten im selben Monat im Rahmen der Operation »Benjamin« festgenommen werden, deren Schauplatz ebenfalls Deutschland, Österreich, Frankreich, Italien, die Tschechoslowakei und Ungarn waren. Schon 1990 legte die Festnahme von 120 jugoslawischen Staatsangehörigen in verschiedenen europäischen Staaten wegen Drogenhandels die Vermutung nahe, daß die Kriegsparteien wahrscheinlich auf Drogengelder zurückgegriffen haben, um sich auf den Bürgerkrieg vorzubereiten. Das jugoslawische Territorium besitzt tatsächlich eine priviligierte Position auf der Balkanroute, einer veritablen Heroinpipeline, die sich gegenwärtig über Westeuropa ergießt.

Bis zu Beginn des Bürgerkriegs 1991 verliefen drei Hauptschmuggelrouten des Balkans auch durch Ex-Jugoslawien:
1. Istanbul/Edirne (Türkei) → Kapitan Andreevo/Sofia (Bulgarien) → Gradina/Belgrad (Serbien) → Spielfeld (Österreich) → Bad Reichenhall (Deutschland);
2. Istanbul/Ipasala (Türkei) → Kipi (Griechenland) → Bogorodica/Zagreb (Kroatien) → Triest/Mailand (Italien);
3. Istanbul (Türkei) → Sofia (Bulgarien) → Belgrad (Serbien) → Budapest (Ungarn) → Prag (Tschechoslowakei) → Fürth (Deutschland).

Der Schlag gegen die albanische Mafia des Kosovo, der der Schweizer Polizei dann im Oktober 1991 gelang, zeigte, daß sich deren Schmuggelringe aus einer Vielzahl von Kurieren zusammensetzen, die mit ein bis fünf Kilo Drogen pro Reise die Märkte der Schweiz, der Niederlande, Deutschlands, Österreichs, Italiens und Frankreichs mit Heroin überschwemmt haben. Durch dasselbe Netz konnten automatische Waffen (Kalaschnikow und Uzi) der albanischen Unabhängikeitsbewegung zugeführt werden. Die Schmuggler werden nicht selten von ihren Chefs gezwungen, sich »im Namen der gerechten Sache« nach Westen aufzumachen. »Das sind Leute, die keine Wahl und nichts zu verlieren haben«, erklärt eine deutsche Polizeiquelle. In Düsseldorf wurde eine der zehn bedeutendsten

Banden ausgehoben, die angeklagt ist, in drei Jahren fast eine Tonne Heroin geschmuggelt zu haben.

Die mafiose Organisation im Süden Ex-Jugoslawiens hat sich mit Kroaten verbündet, die zu diesem Zeitpunkt in Bezug auf Waffen den Serben krass unterlegen waren. Die Übereinkunft fand nach Modalitäten statt, die ein ehemaliger jugoslawischer General, Martin Spegelj, der zur kroatischen Seite übergelaufen ist, nichtsahnend verraten hat. Vom Geheimdienst des Bundesstaates heimlich gefilmt, erklärte der Überläufer: »Wir [die Kroaten] haben geheime Absprachen mit den Leuten vom Kosovo. Sie liefern uns, was wir wollen.«

Gegen Ende 1992 wurde die Operation »Benjamin« fortgesetzt, und mehr als 1000 Kosovo-Albaner sind in Westeuropa wegen Heroineinfuhr verhaftet worden. Die meisten von ihnen befinden sich in Schweizer Haftanstalten, in denen sie sich verhalten wie auf erobertem Territorium. Mitte Dezember hat der Polizeikommandant des Kantons Vaud die Gerichtspräsidenten, die Untersuchungsrichter, den Staatsanwalt und seine Stellvertreter sowie das Gefängnispersonal davon unterrichtet, daß die Drogendealer aus dem Kosovo sie mit dem Tode bedrohen: Listen mit Autokennzeichen und Adressen von Richtern, die in Verstecken von Verdächtigen gefunden wurden, führten dazu, daß man diese Drohungen ernst nahm.

Der Handel mit Drogen aus Südamerika in den Häfen Kroatiens ist ebenfalls bedeutend, wie eine Beschlagnahmung durch übereifrige Zöllner im August 1991 gezeigt hat. An dieser Stelle sei daran erinnert, daß zahlreiche kroatische Familien Verwandte haben, die nach Argentinien, Brasilien und in andere Länder Südamerikas ausgewandert sind. Nach einer maßgeblichen Polizeiquelle sind »kürzlich mehrere Container mit Heroin geliefert worden. Es kann sich dabei nur um die Anstrengungen der kroatischen Diaspora in Südamerika handeln, ihren Eltern im Krieg zu helfen«.

Die neuen Balkanrouten

Seit Anfang 1992 ist nun Ungarn ein Umschlagplatz für diese Schmuggelringe geworden. Am 14. Dezember 1991 wurde Ramadi Zia, Chef einer wichtigen mafiosen kosovo-albanischen Familie, zusammen mit mehreren seiner Männer in Ungarn festgenommen. Diese Festnahme geschah im Rahmen der Operation »Bakony«, der lokalen Verlängerung der Operation »Benjamin«. Die ungarische Polizei hatte das Netz von Kosovo bereits vorher angegriffen, aber diesmal handelte es sich um den größten Fang. Ramadi Zia, der seit November 1991 mit einer Ungarin verheiratet ist und die Sprache seiner Frau spricht, war gerade dabei, sich um die ungarische Staatsangehörigkeit zu bemühen. Der Handel lief immer so, das Heroin über Ungarn nach Westen, hauptsächlich in die Schweiz, zu befördern, um anschließend auf demselben Weg halbautomatische und automatische Waffen, vornehmlich aus der Schweiz und der Tschechoslowakei, nach dem Kosovo zu schicken. Die ungarische Polizei hat 1992 einen Lastwagen beschlagnahmt, der von Österreich kam und Maschinenpistolen und US-amerikanische Gewehre geladen hatte. Während des Sommers 1992 nahm sie praktisch fast täglich Waffenhändler in der Region von Pécs fest, einer Stadt in der Nähe der serbischen Grenze. Die ungarischen Polizisten konnten nicht feststellen, ob das Netz von Ramadi Zia direkt für Unabhängigkeitstruppen arbeitet. Die Angeklagten haben schlicht erklärt, daß die Waffen für ihre persönliche Sicherheit, die ihrer Familie und ihrer Gemeinschaft bestimmt seien, die ständig von den serbischen Behörden bedroht würden.

Die ungarische Polizei konnte den Weg zurückverfolgen, den das von dem Ring gehandelte Heroin nimmt. Es kommt auf türkischen Schiffen in den Häfen Albaniens an und wird von dort über das Kosovo nach Belgrad weitertransportiert, wo es auf die neuen Balkanrouten stößt (siehe Karte). Der Ring stützte sich zwar auch auf Staatsangehörige der Transitländer, insbesondere Ungarn, Tschechen, Deutsche; die Polizei war jedoch überrascht, als sie feststellte, daß Serben diesem Ring angehören. Die serbische Regierung übt eine erbarmungslose Repression gegen die albanische Bevölkerung des Kosovo aus, die 80 Prozent der Einwohner dieser »autonomen« Provinz bilden, die 1990 Serbien angegliedert wurde. Die ungarische Polizei erklärte gegenüber dem OGD-Vertreter, daß der jugoslawische Staat entlang der Grenze zwischen Kosovo und Serbien eine serbische Bevölkerung in »albanischen« Dörfern angesiedelt hat, um die albanische Minderheit zu kontrollieren. Zwischen den beiden Gemeinschaften sind familiäre Verbindungen geknüpft worden, die die Solidarität und Komplizenschaft im Innern des Heroin- und Waffennetzes erklären.

Innerhalb von zwei, drei Jahren haben die albanischen Netze das Quasi-Monopol des Heroinverkaufs auf dem Schweizer Markt erlangt. Die Preise sind von 200 Schweizer Franken je Gramm 1990 auf durchschnittlich 50 Franken 1992 gefallen. Die Dealer beginnen, in Frankreich einzusickern, vor allem in der Nähe der schweizerischen und deutschen Grenze, ebenso auch in andere europäische

Staaten. Aber aufgrund der Strukturen der kriminellen Organisationen, die im Kosovo und Albanien identisch sind, ist es sehr schwierig, in diese Netze einzudringen und die Chefs zu verhaften. Die Mafia ist auf der Grundlage von Familienclans organisiert, von denen es mehr als 400 gibt. Das Fehlen hierarchischer Strukturen bringt es mit sich, daß die Aufdeckung einer dieser Organisationen die anderen intakt läßt. Andererseits gibt es dem serbischen Journalisten Dejan Lucic zufolge enge Verbindungen zwischen diesen Mafias und den islamischen Bewegungen wie Rabita, die von Deutschland aus Einflußnetze in Europa organisieren.

Wenn sich der Konflikt in Ex-Jugoslawien auf das Kosovo ausdehnt, wissen die Albaner, daß sie sich trotz der mit Drogengeld erworbenen Waffen nicht gegen die serbische Armee wehren können. Ebenso sind sie sich bewußt, daß Albanien genausowenig in der Lage wäre, ihnen eine effektive Hilfe zukommen zu lassen. Trotzdem verbergen sie gegenüber ihren Gesprächspartnern nicht die Hoffnung, daß Albanien ein Sprungbrett für die islamischen Staaten und Organisationen werden könnte, die nur darauf warten, Serbien in den Rücken zu fallen.

Ungarn

Die Drogensituation 1992 in Ungarn wird wie in den anderen Ländern des ehemaligen kommunistischen Blocks weitgehend bestimmt von den politischen, ökonomischen und sozialen Veränderungen, die sich seit der Jahreswende 1989/90 ergeben haben. Da sich in Ungarn wichtige Straßen Zentraleuropas kreuzen, wirkte sich die Öffnung der Grenzen besonders deutlich aus: Im Süden grenzen Rumänien, Serbien und Kroatien an, der Norden ist über die Slowakei zu erreichen, die West-Ost-Passage führt von der österreichischen zur ukrainischen Grenze. Diese geographische Lage, zu der die unzureichende Ausstattung und Erfahrung der Polizeikräfte hinzukommt, haben aus Ungarn einen Anziehungspunkt für kriminelle Organisationen auf der Suche nach dem Zugang zu den westlichen Märkten gemacht. Es kann also nicht überraschend, daß zum Beispiel durch den jugoslawischen Konflikt ein Teil der Heroinstraßen nach Ungarn verlagert wurden. Innerhalb des Landes haben die unerhörten Folgen der Privatisierungen und die dringende Nachfrage nach Devisen ein günstiges Umfeld für die Produktion synthetischer Drogen und Geldwäsche geschaffen. Schließlich hat das Auftreten von Geschäftemachern sowie die Verarmung und Desillusionierung weiter Bevölkerungskreise zur Kriminalitätsentwicklung beigetragen.

Ein Transitland

Zeichnete sich Drogenabhängigkeit in Ungarn bisher vor allem durch die gleichzeitige Einnahme von Medikamenten und Alkohol und den Gebrauch von Klebstoffen und Mohntee aus, wird nun zunehmend auf klassische Drogen zurückgegriffen. Cannabis wird auf kleinen Feldern in Ungarn selbst angebaut, aber auch als Harz über Kleinhandel aus den Niederlanden und Österreich importiert. Aus diesen beiden Ländern stammen übrigens auch die mit LSD imprägnierten Briefmarken. Was Kokain und Heroin angeht, ist Ungarn vor allem ein Transitland.

Seit Anfang 1992 gibt es für die »neuen Balkanrouten« zwei Hauptvarianten:
1. Die Droge aus dem Herkunftsland Türkei durchquert Bulgarien, dann Ex-Jugoslawien (Niš, Belgrad, Novi-Sad). Sie passiert die ungarische Grenze bei Röszke, erreicht Szeged und trifft dort auf die Bundesstraße Nummer 2.
2. Das Heroin kommt, ebenfalls via Türkei und Bulgarien, über die Grenze an der Brücke von Ruse nach Rumänien, und von dort quer durch das Land bei Artand nach Ungarn. Bei Raika verläßt sie ungarischen Boden Richtung Slowakei und gelangt von dort in die ehemalige DDR. Dieser zweite Weg kennt eine Variante per Schiff. Das Heroin wird von Istanbul per Schiff in den rumänischen Hafen Konstanza gebracht. Es wird dann im Innern von Containern versteckt auf TIR-Lastwagen geladen und überquert wie in dem vorherigen Schema die rumänisch-ungarische Grenze bei Artand.

Um diese neuen Wege zu kontrollieren, hat die ungarische Drogenpolizei (Hauptabteilung zum Kampf gegen die organisierte internationale Kriminalität und Drogen) Spezialeinheiten von sechs bis acht Polizeibeamten in fünf »sensiblen« Provinzstädten eingesetzt: Pécs und Szeged (Grenze zu Serbien und Kroatien); Debrecen (Grenze zur Ukraine und Rumänien); Györ (Grenze zu Österreich und der Slowakei); Siofok (ein gut besuchtes Seebad am Ufer des Plattensees). Der Polizei zufolge hat diese Aktion die Etablierung neuer Routen provoziert, die um Ungarn herumführen sollen:

1. Die erste geht von Rumänien über die Ukraine und durchquert die Regionen der Waldkarparten in Richtung Slowakei oder Polen und von dort nach Westdeutschland.
2. Auf einer alternativen Route verläßt die Droge Istanbul per Schiff in Richtung Sewastopol oder einen anderen Hafen der Krimhalbinsel. Von dort kommt sie weiter auf dem Landweg über Weißrußland und Polen.

Polizeibeamte der GUS haben ihren ungarischen Kollegen die Existenz dieser neuen Wege bestätigt, die dann auch für Drogen benutzt werden könnten, die auf dem Gebiet der ehemaligen UdSSR produziert werden.

Der Transit des Heroins, das aus der Region des Goldenen Halbmonds stammt, wirkt sich auf den lokalen Opiumkonsum kaum aus, der nämlich von der Unterschlagung der Mohnnebenprodukte lebt, die für die pharmazeutische Industrie und die Konditoreien bestimmt sind. Das gleiche gilt für das Heroin, das aus Südostasien stammt (Hongkong und Bangkok) und den Flughafen von Budapest passiert. Sechs Kilogramm dieser Droge, die via Moskau und Budapest nach Deutschland gelangen sollten, sind im September 1992 beschlagnahmt worden. Und da es eine gut strukturierte Kolonie von 3000 Chinesen gibt, fürchtet die Drogenpolizei, daß bald die chinesischen kriminellen Geheimgesellschaften – die Triaden – auftauchen könnten.

Auch für Kokain wird Ungarn als Transitland genutzt. Die bedeutendsten Beschlagnahmungen wurden Ende 1992 ebenfalls auf dem Budapester Flughafen durchgeführt: ungefähr sieben Kilo in Pulverform aus Brasilien und Venezuela bei kolumbianischen, schweizerischen und ungarischen Staatsangehörigen. Es gibt jedoch auch einen lokalen Markt, der über Österreich und Rumänien versorgt wird und sich langsam im Milieu von Nachtbars und Prostitution entwickelt. Er ist in der Hand der russischen Mafias, die sich weitgehend aus ehemaligen Milizen der Besatzungsmacht zusammensetzen. Die Polizei befürchtet, daß sie bald den Platz der Ungarn im lokalen Handel einnehmen und Heroin verkaufen werden, dessen Fabrikation in der GUS gerade begonnen hat.

Synthetische Drogen

Die Privatisierungen, die einhergehen mit Unternehmensbeteiligungen oder Neugründungen durch ausländische Investoren, wirken sich in einem Maße auf die Fabrikation synthetischer Drogen aus, daß

Ungarn nach Polen und Lettland ein bedeutender Exporteur werden könnte. Die chemische und pharmazeutische Produktion bildete unbestreitbar einen der großen Industriezweige des alten Systems.

Zur Abtretung der Zuständigkeit des Staates bei den Privatisierungen kommt erschwerend hinzu, daß Ausländer, die ihr Kapital investieren, keinerlei Kontrolle unterliegen. Einem Verantwortlichen der ungarischen Polizei zufolge haben mehrere Personen mit einem vollen Strafregister in ihren Heimatländern jüngst Unternehmen in Ungarn gegründet.

Die Affäre um Produktion und Ausfuhr von Hunderten von Kilogramm Amphetamin Ende 1992 war ein Alarmsignal. Eine von zwei Ungarn und zwei Niederländern geführte Investmentgesellschaft, die BBDH, hatte an die kürzlich privatisierte ungarische Chemiefabrik Borsodchen ein Produkt mit dem Namen MDEA HCL Fantasia in Auftrag gegeben, das sie als »Tierarznei« ausgaben und das in die Niederlande exportiert werden sollte. Die polizeilichen Ermittlungen ergaben, daß es sich um ein dem MDA analoges Produkt handelte, das den Drogenabhängigen unter dem Namen »Eve« bekannt ist. Dieses Medikament findet sich auf der Liste verbotener psychotroper Stoffe der Unterzeichnerstaaten der UN-Konvention von 1971. Die Niederlande gehören mit Belgien und der Schweiz zu den drei europäischen Staaten, die diese Konvention nicht unterschrieben haben. Das inkriminierte Produkt ist dort dennoch seit März 1991 verboten. Das Verbot wurde zwar im ungarischen Amtsblatt veröffentlicht, jedoch verbunden mit einem Druckfehler auf dem Formular. Die BBDH und die Borsodchen-Fabrik haben die Produktionsgenehmigung von einer Stelle im Sozialministerium erhalten, die von Hunderten von Anfragen dieser Art pro Monat überschwemmt wird (gegenüber zwei oder drei Anfragen vor 1991 und ohne Personalaufstockung, um sie zu bearbeiten); danach haben sie die Ausfuhrgenehmigung vom Ministerium für internationale Handelsbeziehungen erhalten. Als die Polizei dann Ende 1992 zugriff, waren bereits 388,2 Kilogramm Amphetamine exportiert. Die 54 beschlagnahmten Kilogramm waren ein europäischer Rekord, der allerdings wenig später in Deutschland durch eine Beschlagnahmung von mehr als drei Tonnen aus Lettland gebrochen wurde.

Eine Oase für Geldwäscher

Es ist jedoch der Bereich der Geldwäsche, in dem Ungarn in den nächsten Jahren eine Schlüsselrolle in der Region zukommen wird. Obwohl es bis jetzt erst eine Affäre gab, die von den ungarischen Behörden widersprüchlich interpretiert wurde, eröffnet das Banksystem dieses Landes in seiner gegenwärtigen Struktur unvergleichliche Möglichkeiten zur Geldwäsche. Um die Devisenflucht vor allem nach Österreich, das in dieser Hinsicht besonders lax ist, zu vermeiden, kann jeder ungarische Bürger in den Banken Devisen in beliebiger Höhe und ohne Angabe der Herkunft deponieren. Der Direktor einer bedeutenden Finanzinstitution hat gegenüber einem OGD-Vertreter erklärt, daß nach seiner Schätzung von den zwei Milliarden Dollar, auf die sich die ungarischen Privatguthaben belaufen, 500 Millionen aus »zweifelhaften Quellen« stammen. Was Ausländer betrifft, so brauchen sie die Herkunft von Geldern, die sie in Unternehmen investieren, nicht nachzuweisen. Und die Privatisierung von 27000 Unternehmen steht noch aus.

Zur Undurchsichtigkeit des Banksystems trägt bei, daß Verrechnungsschecks nicht existieren und zahlreiche Transaktionen zwischen Privatpersonen mit Bargeld, in Landeswährung oder Devisen, vorgenommen werden. Schließlich hatte die frühere Regierung eine offizielle Offshore-Bank* gegründet, um seine Politik der Öffnung hin zu einem internationalen Markt zu erleichtern. Diese »Zentraleuropäische Internationale Bank«, deren Aktionäre große ausländische Banken sind, kann unbeschränkt Devisenoperationen mit dem Ausland vornehmen. Beobachter befürchten, daß dies den bisher festgestellten zweifelhaften Praktiken weiteren Aufschwung geben könnte.

Eine Verordnung, die seit dem 1. Januar 1992 in Kraft ist, legt fest, daß der staatliche Anteil an Banken bis 1997 auf maximal 25 Prozent reduziert sein muß. An die großen internationalen Banken wurde ein Aufruf gerichtet – unter anderem an Barclays, de Zoete Weed, Crédit commercial de France, Crédit suisse, Merill Lynch, Morgan Stanley, Salomon Brothers –, in die Privatisierung der vier größten ungarischen Banken zu investieren. Das könnte denjenigen unter ihnen, die bereits in das Geldwäschegeschäft involviert sind, ermöglichen, über Zweigniederlassungen in Ungarn die Kontrollen im eigenen Land zu umgehen.

---

* Offshore-Banken sind Bestandteil des unregulierten Geldweltmarktes. Für sie gilt beispielsweise nicht die Mindestreservenpflicht; Nummernkonten und Bankgeheimnis garantieren die Anonymität der Anleger (Anm. d. Übers.).

Rumänien

Unter Ceaucescu war das Drogenthema tabu. Dennoch wurden im Umkreis von Nicu, dem Sohn des Diktators, Drogen konsumiert. Eine Abteilung der Securitate hat den Handel kontrolliert. Dies war ein Mittel unter anderen, um überzogene Konten bei ausländischen Banken auszugleichen. Der ehemalige rumänische Spion Ion Pacepa bestätigt in seinem ›Bericht eines kommunistischen Spionagechefs‹, daß Ceaucescus Rumänien von Ausfuhr und Verkauf von Kokain profitiert hat. Es wurde mit Hilfe der bulgarischen und französischen Geheimdienste bei Drogenschmugglern beschlagnahmt, um damit ausländische Schulden zurückzuzahlen, die eine regelrechte Obsession für das Regime darstellen.

Rumänien hatte schon immer einen strategischen Platz auf der Balkanroute, der es erlaubte, von der Türkei und Bulgarien nach Ungarn und in die Tschechoslowakei zu gelangen. Nachdem wegen des Krieges die Grenze zu Ex-Jugoslawien geschlossen wurde, ist Rumänien zu einer wahren Drehscheibe geworden. Afghanisches Heroin kommt aus Armenien, der Ukraine und der Republik Moldawien, wie die Beschlagnahmungen der moldawischen Polizei an der Grenze zeigen. Von dort stammen auch die Waffen und Uniformen, die russische Soldaten bei ihrem Abzug verkauft haben. Die mächtigsten Mafias werden von Türken angeführt, die seit 1990 zahlreiche Reisebüros eröffnet haben, die es ihnen erlauben, den Transit durch Rumänien ab der bulgarischen Grenze zu kontrollieren. Ihre Netze können sich auch auf die türkische Minderheit in Rumänien selbst stützen, die enge Bindungen zu Istanbul unterhält und sich im Hafen von Konstanza am Schwarzen Meer konzentriert: ein regelrechter Umschlagplatz für Drogen, die auf dem Seeweg aus der Türkei, dem Nahen Osten und Südamerika kommen. Im übrigen haben sich kürzlich 30 000 Chinesen in Bukarest niedergelassen, aus denen sich die am meisten geschätzten und bestbezahlten Leibwachen bilden. Ihnen werden fünf Morde zur Last gelegt. Der mit der Untersuchung beauftragte Staatsanwalt teilte OGD seine Überzeugung mit, daß die chinesischen Triaden in Rumänien Fuß gefaßt hätten.

Der Übergang zur Marktwirtschaft hat zu einer Auflösung von sozialen Strukturen geführt, wovon das organisierte Verbrechen profitiert. Seit 1990 sind gewaltige Vermögen aufgetaucht, die oft im Besitz ehemaliger Amtsinhaber der kommunistischen Partei sind, wie zum Beispiel des pensionierten Generals Stanculescu, der in London eine Bank besitzt. Und Adrian Severin, ein ehemals hoher

Beamter unter Ceaucescu, hat ein bedeutendes Importunternehmen für Elektronik aufgebaut, seitdem er ein Amt unter der neuen Regierung bekleidet. Die Korruption breitet sich auf allen Ebenen aus. Ein rumänischer Journalist, der einem Schmuggelring auf der Spur war, der die neue Nomenklatura der Wirtschaft mit Drogen versorgt, hat sich für zusätzliche Informationen an die Drogenpolizei gewandt. Man hat ihm nicht nur nichts mitteilen wollen, er ist zudem eines Abends auf dem Weg nach Hause von vier »Unbekannten« zusammengeschlagen worden, weil er sich zu neugierig gezeigt hatte.

Polen

Polen ist das zentraleuropäische Land mit den meisten Drogenabhängigen, zugleich einer der größten Produzenten von synthetischen Drogen sowie eine neue Drehscheibe des Kokainhandels. Man schätzt die Drogenabhängigen in Polen 1992 auf etwa 100000. Der Verbrauch hat sich seit Anfang der achtziger Jahre abseits der internationalen Kreise um das in Polen hergestellte Produkt Kompot (›Mohnstrohsuppe‹) entwickelt. Dieses Kompot wird von den Drogenabhängigen selbst auf der Basis von Mohnstroh und einfacher chemischer Mittel produziert. Verkauft wird der Kompot-Überschuß, der den Einkauf der Inhaltsstoffe erlaubt, in Zentilitern, die mit Hilfe von Spritzen dosiert werden; das führt zu einem zusätzlichen Risiko der Ansteckung mit Aids, weshalb auch 50 Prozent der Drogenabhängigen HIV-positiv sind. Sobald die Krankheit ausgebrochen ist, haben viele nicht mehr den Willen, Kompot selbst herzustellen, sondern prostituieren sich, um den Kauf der Droge zu finanzieren, was wiederum zu zusätzlichen Risiken der Ausbreitung des Aids-Virus führt.

Wie eine von der französischen Zeitschrift ›Le Généraliste‹ durchgeführte Untersuchung zeigte, wiegt die Lage der HIV-infizierten Drogenabhängigen um so schlimmer, da Aids von den meisten Polen als eine von Gott gesandte Plage und die davon Betroffenen als Pestkranke angesehen werden. Der polnische Kardinal Glemp hat diese Vorurteile selbst genährt, als er am 15. August 1992 in Tschenstochau erklärte, daß Aids »eine Krankheit ist, die ihren Ursprung in der Vernachlässigung moralischer Prinzipien, in sexueller Ausschweifung und in der Droge hat«. Anschließend verurteilte er jene, die »mit Gewalt Zentren für Aids-Kranke in Wohngebieten errichten wollen«. In Lasky, einer Vorstadt von Warschau, haben Einwohner ein Gebäude niedergebrannt, das dazu bestimmt war, neugeborene aidsinfizierte Kinder aufzunehmen.

Nach den Verfügungen, die die polnische Regierung 1990 getroffen hat, sind allein diejenigen Mohnkulturen zulässig, die Gegenstand eines Vertrags mit einer sachverwaltenden Dienststelle sind. Auf Druck der Bauern, die geltend machen, daß Mohnanbau der rentabelste sei, sind die entsprechend genutzten Flächen seit dem 27. November 1991 von 4200 auf 7450 Hektar angestiegen. Man hat jedoch eine Schlafmohnvariante, das Przemko, eingeführt, die nicht mehr als 0,006 Prozent Morphin enthält. Sollte seine Kultivierung sich ausbreiten, wären die Kompot-Verbraucher gezwungen, auf Mohnstroh zurückzugreifen, das heimlich aus der Ukraine importiert wird. Wie ein OGD-Korrespondent in einer Untersuchung vor Ort feststellen konnte, könnte ein Teil dieser Importe aus der radioaktiv verseuchten Region um Tschernobyl stammen (vgl. das Kapitel Rußland, Ukraine und Weißrußland).

Seit kurzem spritzen sich die polnischen Drogenabhängigen zudem Amphetamine: Polen hat sich auf den Handel mit billigen Amphetaminen gestürzt. Deutsche Firmen liefern das wichtigste chemische Ausgangsprodukt, das Benzylmethylketon (BMK), an etwa zweihundert geheime Laboratorien, die ihre Erzeugnisse nach Deutschland und in die skandinavischen Länder, hauptsächlich nach Schweden, exportieren. Während 1991 einige davon ausgehoben wurden, konnte 1992 kein einziges entdeckt werden. Dieses Ergebnis führen westliche Polizeikreise auf die Laxheit der polnischen Behörden zurück. Die Drogenhändler können nun etwas verwirklichen, was selbst im legalen Rahmen einer liberalen Ökonomie nicht möglich war: sich im Osten Devisen zu verschaffen und im Westen zehnmal billigere Produkte zu konsumieren. Der Journalistin und Spezialistin für die sizilianische Mafia, Claire Sterling, werden gute Kontakte zur DEA und CIA nachgesagt. In einer 1992 erschienenen Publikation bekräftigt sie, daß es in Polen zwar keine kriminellen Organisationen gäbe, die sich auf den Handel mit Narkotika spezialisiert hätten. Andererseits aber fänden regelmäßige Treffen zwischen Vertretern des Cali-Kartells und denen der Cosa Nostra in Warschau statt. Ein polnischer Polizeibeamter, der Interpol angehört, erklärte am 4. August 1992, daß die Händler des Cali-Kartells in Polen in die Produktion chemischer Grundstoffe investieren, die zur Fertigung von Kokain notwendig sind. Denn seit die US-Regierung den Export dieser Produkte in Kolumbien kontrolliert, weichen die Händler auf außer-kolumbianische Lieferanten aus. Die Rolle Polens als Drehscheibe des Kokainhandels bestätigte sich am 20. November 1992 in Hamburg, als die Rekordmenge von 350 Kilogramm Kokain an Bord eines russischen Frachtschiffes beschlagnahmt wurde, das aus Panama kam. Die Droge war in einer Fracht gefälschter Reebok-Schuhe und Jeans verborgen und sollte nach Polen transportiert werden, um anschließend wieder nach Westeuropa exportiert zu werden. Drei Polen, die gerade die Lieferung übernommen hatten, wurden festgenommen. Hauptorganisator des Schmuggels war nach Angaben der Polizei ein 31jähriger Nigerianer, der am Frankfurter Flughafen festgenommen werden konnte. Das gleiche Schauspiel ereignete sich am 28. Januar 1993, wobei es sich diesmal um 6,5 Tonnen Marihuana handelte, die in einer Fracht aus Lagos beschlagnahmt wurden. Deren Empfänger waren wiederum zwei polnische Begleiter, die ebenfalls verhaftet worden sind.

Schweiz

In den letzten Jahren ist die Rolle der Schweiz in der weltweiten Drogenproblematik schlaglichtartig erhellt worden: einmal durch die offenen Drogenszenen in Zürich und Bern, dann durch die Stapel von Drogendollars, die sich in Schweizer Banken angehäuft haben. Seit 1992 gehört ersteres endgültig der Vergangenheit an, während die Bedeutung der Banken im Drogendollargeschäft ungebrochen ist.

Vom Ghetto zur Entkriminalisierung

Anfang des Jahres 1992 wurde zunächst der Platzspitz in Zürich, dann der Kocherpark in Bern geschlossen. Die Behörden hielten die Versuche einer begrenzten Liberalisierung für endgültig gescheitert. Im Gegensatz zu den Erwartungen haben sie weder zu einer besseren gesundheitlichen Versorgung der Drogenabhängigen geführt, noch das Niveau der Gewalt im Kleinhandel mit Rauschgiften gesenkt.

Stattdessen haben die Bundesbehörden entschieden, den Kantonen freizustellen, die beschränkten Versuche der Verteilung von Heroin an Drogenabhängige unter ärzlicher Kontrolle fortzusetzen. Diese Versuche betreffen jedoch nicht mehr als einige Hundert von den 25 000 Süchtigen in der Schweiz (bei sechs Millionen Einwohnern). Die Meinung der Schweizer Bevölkerung hinsichtlich dieser neuartigen Experimente bleibt äußerst gespalten. Die sozialistische Partei, eine der vier Regierungsparteien, votiert ebenso wie die Stadtverwaltung von Zürich, dem größten Ballungsgebiet des Landes, für eine weitreichende Verteilung des Heroins unter ärztlicher Kontrolle. Die französischsprachigen Kantone hingegen lehnen mit Ausnahme Fribourgs diese Liberalität eher ab.

Nachgiebigkeit der Strafverfolger

Im Kampf gegen das Waschen schmutziger Gelder aus dem Drogenhandel zeichnete sich das Jahr 1992 durch neue Entwicklungen im Bereich von Gesetzgebung und Justiz aus. Diese Verbesserungen reichten jedoch nicht aus, um die alten klaffenden Lücken im Apparat zum Kampf gegen die große Kriminalität schließen zu können. Die Schweizer Regierung hat nach einer langen Beratung interessierter Kreise erklärt, daß sie neue Maßnahmen ausarbeiten werde, um die gesetzlichen Möglichkeiten gegenüber dem organisierten Verbrechen und der Geldwäsche zu vervollständigen. So soll der Strafbestand der Zugehörigkeit zu einer kriminellen Vereinigung, ein grundlegendes Werkzeug im Kampf gegen die organisierte Kriminalität, endlich auch ins Schweizer Strafgesetzbuch aufgenommen werden, wie es schon seit langem in den meisten europäischen Ländern der Fall ist. Ebenso werden neue Maßnahmen für die Konfiszierung von Vermögen kriminellen Ursprungs vorgeschlagen.

Die Schweiz will jedoch nicht so weit gehen wie die Europäische Gemeinschaft, die ihre Banken seit dem 1. Januar 1993 dazu verpflichtet hat, jede verdächtige Transaktion anzuzeigen. Die Schweizer Regierung ist der Ansicht, daß dies nach Gutdünken der Banken selbst geschehen sollte. Überdies würde diese neue Verordnung zum Beispiel nicht automatisch auch für Geldwechselstuben gelten, obwohl sich in letzter Zeit gezeigt hat, daß sie ein bevorzugter Kanal für Geldwäsche sind. Und schließlich gibt es keine Garantie, daß diese Vorschläge im Parlament auch tatsächlich verabschiedet werden, wo es eine mächtige Banklobby gibt. Der Schweizer Anwaltsverein hat ebenso wie die Genfer Vereinigung der Rechtsanwälte bereits ihren Widerstand gegen den Gesetzesvorschlag zum Begriff der kriminellen Vereinigung angekündigt.

Die Hauptschwierigkeit im Kampf gegen das Waschen von Drogengeldern war und ist jedoch, mehr noch als die Lücken im Bereich der Gesetzgebung, die Nachgiebigkeit der Strafverfolgungsbehörden. In dieser Hinsicht bleibt die Bilanz auch drei Jahre nach dem Schock der Affäre Kopp-Magharian im Jahr 1989 finster. [Die ehemalige Justizministerin Elisabeth Kopp mußte zurücktreten, da sie ihren Ehemann Hans Kopp, Vizepräsident der Shakarchi Trading Gesellschaft, die in Drogenhandel und Geldwäsche verwickelt war, über ein laufendes Ermittlungsverfahren unterrichtete. Inhaber dieser Gesellschaft waren die libanesischen Brüder Jean und Barkev Magharian. Als mit dieser Drogengeldaffäre auch die illegale Beschnüffelung von 900 000 Eidgenossen aufflog, traten der Bundesgeneralanwalt sowie die Chefs der politischen Polizei, des Nachrichtendienstes und der Bundespolizei zurück. (Anm. d. Ü.)] Ende desselben Jahres wurden in einem parlamentarischen Bericht fünf schweizerische Gesellschaften beschuldigt, Geldwäsche mit vollem Wissen um den Ursprung des Geldes zu unternehmen. Bis heute ist keine dieser Gesellschaften in irgendeiner Weise verurteilt worden. Eine einzige wurde angeklagt, um schließlich freigesprochen zu werden. Gleichermaßen ist keines der großen Finanzinstitute, von denen in der Schweiz bekannt ist, daß sie zur Geldwäsche benutzt werden, jemals zur Rechenschaft gebeten worden.»Die Geldwäscher haben gewonnen«, erklärte einer der höchsten schweizerischen Verantwortlichen in der Bekämpfung der Geldwäsche. Und im Dezember 1992 bemerkte ein Schweizer Beobachter auf einem internationalen Kolloquium von OGD: »Die Affäre Kopp-Magharian hat wahrscheinlich, statt die skrupellosen Finanziers von den schweizerischen Bankplätzen fernzuhalten, sie vielmehr in ihrem Gefühl bestärkt, straflos zu bleiben.« Das Gesetz gegen Geldwäsche, das im Sommer 1990 in Kraft getreten ist, wurde bis heute vor allem gegen »kleine Fische« angewandt. In diesem Land, in dem im Laufe der Jahre Gelder aus dem Drogenhandel gewaschen wurden, die sich schätzungsweise auf Milliarden Schweizer Franken belaufen, war der erste aufgrund des neuen Gesetzes Verurteilte ein Drogenabhängiger, bei dem man 5000 Schweizer Franken gefunden hatte. Und die Schweizer Banken können weiterhin von den größten Drogenhändlern genutzt werden. Diese Geldwäscher stehen, wie die Operation »Green Ice« gezeigt hat, die spektakulärste Aktion 1992 gegen Drogen und Geldwäsche, in Verbindung zu den südamerikanischen Kartellen.

Unzureichende juristische Zusammenarbeit

Trotz neuer Anstrengungen bleibt die juristische Zusammenarbeit zwischen der Schweiz und ihren ausländischen Partnern unzureichend. Seit der Affäre Kopp-Magharian hat sie sich zwischen Bern und Washington sogar noch gelockert. In Hinblick auf die Vielzahl der unverhohlenen Verstöße der Banken gegen das Ersuchen, im Rahmen einer ausländischen Strafverfolgung Konten offenzulegen, stellt die tessinische Staatsanwältin Carla del Ponte fest: »Obwohl die entsprechenden Gesetze klar strukturiert sind, funktioniert die Rechtshilfe in der Praxis nicht, weil sie langsam und kompliziert ist.«

Weil die Justizverwaltung im wesentlichen Angelegenheit der 26 kantonalen Gerichtsbezirke ist, herrscht in der Schweiz ein System, das auf der Rechtshilfe zwischen den Kantonen beruht. Jeder klagt darüber, aber Reformen lassen noch immer auf sich warten. Wie ein schweizerischer Teilnehmer auf dem Kolloquium des OGD im Dezember 1992 darstellte, müßte erst einmal eine Bundespolizei (nach dem Beispiel des US-amerikanischen FBI) und eine Körperschaft von Bundesrichtern (ebenfalls nach dem Beispiel der USA) geschaffen werden, damit effektiv gegen die organisierte Kriminalität und die Geldwäsche vorgegangen werden kann. Die Aufgabe dieser Bundesrichter, die Sitz in allen Kantonen hätten, wäre vor allem der Kampf gegen die organisierte Kriminalität, den Drogen- und Waffenhandel sowie die Finanz- und Wirtschaftskriminalität. Mangels einer solchen Bundespolizei und einer Bundesrichterschaft bleibt der Kampf gegen die Geldwäsche in der Schweiz weitgehend abhängig von Untersuchungen, die von ausländischen Staaten initiiert werden. Dies um so mehr, als die Einschleusung von Polizisten, wenn sie nicht von Gesetzes wegen verboten ist, bei Richtern und in der Öffentlichkeit kaum akzeptiert ist. Der kolumbianische Drogenhändler Severino Escobar, der Verbindungen zum Kartell von Medellín hat, wurde 1991 nur zu einer leichten Strafe verurteilt, obwohl er angeklagt war, 12 Tonnen Kokain nach Europa gebracht zu haben. Der tessinische Gerichtshof sah es als mildernden Umstand an, daß er in Folge einer polizeilichen Infiltration festgenommen wurde. Ebenso wie die Anwendung des Strafgesetzbuches den Kantonen unterliegt, so sind auch die Bemühungen zur Strafverfolgung, vor allem im Kampf gegen die Geldwäsche, in den drei hauptsächlich betroffenen Kantonen, dem Tessin, Zürich und Genf, unterschiedlich.

Gegen Journalisten statt Bankiers

Durch das Beispiel ihrer italienischen Kollegen inspiriert, zeigen sich einige Tessiner Richter weiterhin als überaus schlagkräftig. Die Tessiner Staatsanwältin Carla Del Ponte, die mit der Sperrung der Bankkonten beauftragt war, die von den Angeklagten der italienischen Bestechungsgeldaffäre genutzt worden sind, hat nicht gezögert, darüber hinaus ein Verfahren gegen Unbekannt zu eröffnen, das auf eventuelle Verbindungen dieser Angeklagten zum Bankpersonal abzielte. Diese Entscheidung trug ihr energischen Widerspruch aus Bankkreisen ein.

Der Kanton Zürich hat eigens eine Organisation für den Kampf gegen die Finanzkriminalität eingerichtet, und es gab eine breite Debatte in der Öffentlichkeit über das Problem des schmutzigen Geldes. Einer der Verantwortlichen der Stadtverwaltung von Zürich stellte unumwunden fest, daß »zu befürchten ist, daß einige Bereiche der Stadt vom Drogengeld verschmutzt worden sind, das zum Beispiel in den Immobilienbereich eingesickert ist«. Solche Worte kann man sich in Genf kaum vorstellen, wo bereits in den fünfziger Jahren die Nutzung der Bankhäuser durch internationale Kriminelle begonnen hat. Auch in Genf gibt es Versuche, die Vorkehrungen gegen Geldwäsche zu verstärken, aber die Debatte über das schmutzige Geld bleibt bestimmt von Tabus und Maulkörben.

Bezeichnend für dieses Klima sind die ersten Verurteilungen im Zusammenhang mit Geldwäsche, die nicht Vertreter des Bankgewerbes, sondern Journalisten betroffen haben. Im Dezember 1991 wurden zwei Journalisten der Wochenzeitung ›Hebdo‹ wegen Verleumdung zu zehn Tagen Gefängnis mit Bewährung verurteilt, nachdem sie die Aktivitäten eines in Genf ansässigen Bankiers untersucht hatten. Nicht nur sind Gefängnisstrafen in Presseangelegenheiten äußerst selten in westlichen Demokratien, die Verurteilungen wurden darüberhinaus von dem Gericht mit der Verpflichtung verbunden, den Urteilsspruch in so vielen Zeitungen zu veröffentlichen, daß die Kosten hierfür auf etwa eine Million Schweizer Franken geschätzt wurden (der Kläger hat schließlich auf diese Forderung verzichtet). Die offen bekannte Absicht der Genfer Justiz war es, der Presse zu verbieten, sich Recherchen zu widmen, die anderswo seit langem üblich sind.

Diese beispiellose Verurteilung war Gegenstand einer heftigen Erklärung des scheidenden Präsidenten der Bundesvereinigung der Banken, Herman Bodenmann, einer hochangesehenen Persönlichkeit. Indem er die Kompetenz des Genfer Gerichts in Zweifel zog, das die beiden Journalisten verurteilt hatte, betonte Herman Bodenmann die Bedeutung der Pressearbeit in Sachen Finanzkriminalität.

Diese Stellungnahme hat die Genfer Justiz nicht vor einem Rückfall Ende des Jahres 1992 bewahrt. Diesmal hatte sie schlicht und einfach die Ausstrahlung einer Fersehsendung verboten, ohne sich auch nur die Mühe zu machen, sie vorher anzuschauen. In dieser Sendung ging es um einen wegen Betrugs angeklagten Notar, der der Genfer Vertrauensmann von Abbas Gokal war, des pakistanische Reeders, der in den Finanzskandal der BCCI verwickelt ist. Solange unabhängige Untersuchungen zum Thema »schmutziges« Geld auf derartige Verbote stoßen, wird der Kampf gegen die Geldwäsche in Genf die größte Skepsis hervorrufen.

Niederlande

Die Niederlande sind, zusammen mit Spanien, eine der Hauptumschlagplätze für Drogen in Europa. Irritation herrscht angesichts der liberalen Praktiken dieses Landes in Sachen Drogenabhängigkeit einerseits und seiner geographischen Lage sowie seiner Bindungen mit den Niederländischen Antillen und Surinam andererseits, die aus den Niederlanden eines der Einfallstore für Drogen in die Europäische Gemeinschaft machen. Im Gegensatz zu dem in der öffentlichen Meinung anderer Länder weit verbreiteten Glauben, ist der Besitz einer Droge zum persönlichen Gebrauch in den Niederlanden gesetzlich verboten. Dabei kommt jedoch die Unterscheidung in harte und weiche Drogen einer Legalisierung des Cannabis auf der Ebene des Verbrauchs und des Kleinverkaufs gleich, der sich speziell in den 250 Coffee-Shops von Amsterdam und im westlichen Teil des Landes abspielt. Diese Maßnahme muß allerdings im Kontext einer Politik gesehen werden, die mit Blick auf den Konsumenten auf eine soziale Integration des Drogenphänomens und der Nutzer zielt. Das zweite Kriterium, nach dem die niederländische Drogenpolitik ausgerichtet ist, ist das der sogenannten »Schadensbegrenzung« (harm reduction). Eine der Praktiken, die sich hieraus ergibt, ist die Verteilung von Methadon an Drogenabhängige. Methadon ist ein opiathaltiges Ersatzprodukt, das nicht wie Heroin Schäden anrichtet, aber die Drogensüchtigen in einer Abhängigkeitslage beläßt. Ebenfalls allgemein üblich ist der Spritzenaustausch. Obwohl die Resultate des »niederländischen Modells« zu widersprüchlichen Interpretationen

Anlaß geben, kann man feststellen, daß sich 1992 die Zahl der Drogenabhängigen mit 15 000 bis 20 000 seit Anfang der achtziger Jahre nicht verändert hat. Die Verbreitung von Aids unter ihnen ist gering, weniger als zehn Prozent der Fälle stehen in Verbindung mit Drogen.

Der unerwünschte Effekt dieser Politik ist jedoch, daß sie die Drogenabhängigen der Nachbarländer anzieht, die sich in den Niederlanden versorgen. Seit einigen Jahren ist Amsterdam ein wahrer Supermarkt nicht nur für Cannabis, sondern für alle Drogen geworden. Das wiederum stachelt viele Niederländer an, den kleinen und mittleren Handel in ganz Europa in Schwung zu bringen. Dazu laufen im Hafen von Rotterdam enorme Mengen von Drogen ein, die in den Rest der Gemeinschaft geliefert werden. Von den spektakulärsten Geschäften im Jahre 1992 kann man anführen: die Beschlagnahmung von 175 Tonnen türkischen Heroins am 3. August, von einer Tonne Kokain am 4. November, von 30 Tonnen Haschisch aus dem Goldenen Halbmond am 13. Dezember; und am 29. Dezember entdeckte die Polizei Cannabis, das auf einer Fläche von 2000 Quadratmetern in Gewächshäusern kultiviert worden ist.

Die Verträge von Maastricht und die Öffnung der Grenzen innerhalb der Europäischen Gemeinschaft haben den Druck anderer Staaten auf die Niederlande erhöht, ihre Politik an die europäische Drogenbekämpfung anzupassen. Als Folge davon verhärtet sich der Gegensatz zwischen den Anhängern einer liberalen Politik – die Sozialdemokraten, das Kulturministerium, das Gesundheitsministerium, die Städte Amsterdam und Rotterdam – und jenen, die eine Ausrichtung der Politik an der Mehrheit der europäischen Länder fordert: eine Mehrheit der Christdemokraten, die Außen- und Justizministerien und die Kleinstädte in den ländlichen Gebieten. Der Leiter der Abteilung Tabak, Alkohol und Drogen im Gesundheitsministerium und hauptsächlicher Architekt des liberalen Ansatzes in Bezug auf die Probleme der Drogenabhängigkeit, Engelsman, hat sein Amt Ende des Sommers 1992 niedergelegt und protestierte damit gegen die »Amerikanisierung« der Politik seines Landes in diesem Bereich. Er bezog sich auf den Autoritätsverlust des Gesundheitsministeriums als Folge einer vollständigen Dezentralisierung der ambulanten Fürsorge der Drogenabhängigen, die von einem christdemokratischen Minister unter der vorangegangenen Regierung beschlossen worden war. Die Fürsorge hängt nun von den Kommunen ab, die meistens zu Lösungen der öffentlichen Ordnung neigen. Ein anderer Grund für dieses Zerwürfnis war, daß der Justizminister, der für die Zusammenarbeit mit den Niederländischen Antillen und der Insel Aruba zuständig ist, das Einverständnis des Parlaments erhalten hat für die Teilnahme der niederländischen Polizei und Armee am Anti-Drogenkrieg in der Karibik auf seiten der USA.

Auf der anderen Seite wird die Übereinkunft der Regierung zur Schaffung einer europäischen Beobachtungsstelle für Drogen und Suchtkrankheit von den Anhängern der Entkriminalisierung als Indiz für eine Machtverlagerung in der Drogenpolitik von Den Haag zur Kommission in Brüssel aufgefaßt. Die jüngste Quelle des Streits ist der Hanfanbau, der in einer Größenordnung legal ist, die nicht dazu taugt, den Marihuanamarkt zu versorgen, der eine Million Verbraucher in diesem Land zählt. Die einen verlangen eine strikte Reglementierung dieser Produktion, um Abzweigungen zu verhindern; die anderen wünschen schlicht eine Legalisierung des Marihuanas.

Großbritannien

Die Situation in Großbritannien Anfang 1993 ist äußerst widersprüchlich. Einerseits ist der Anteil der aidsinfizierten Drogenabhängigen, der auf vier Prozent geschätzt wird, einer der niedrigsten in der industrialisierten Welt und die Heroinvergabe fest in der Tradition verankert. Seit das Aids-Thema im Zentrum der Probleme der öffentlichen Gesundheit steht, verfolgt die britische Regierung eine Politik der »Schadensbegrenzung« (harm reduction), die vielerorts zu einer allgemeinen Verteilung von Methadon führte und Anreize zum Spritzentausch wie auch eine große Verschreibungsfreiheit seitens der Ärzte mit sich brachte. Andererseits ist die Lehrerschaft beunruhigt über die Erklärung, daß es bei den Ausgaben für die Prävention im schulischen Bereich zu empfindlichen Kürzungen kommen soll: So werden für 50 Prozent der Einrichtungen alle Programme in diesem Bereich gestrichen, und das, wo doch kürzlich zahlreiche Jugendliche wegen Besitzes »psychedelischer« Substanzen (hauptsächlich Extasy und MDA) in Yorkshire festgenommen wurden, und es in Moss, einem Vorort von Manchester und Zentrum des Drogenhandels in England, zu einer Serie von Morden kam.

Beobachter weisen darauf hin, daß sich im Gegensatz zum Rest der Europäischen Gemeinschaft ein Großteil der Zollvorkehrungen nicht verändern wird. Der Pressedienst des Zolls hat, zweifellos um den status quo zu bewahren, das Gespenst einer Invasion von großen Mengen Kokain, Heroin und Amphetamin in das Vereinigte Königreich beschworen, deren Einfuhr die Drogenhändler bereits vorbereiteten. Zu diesem Pessimismus scheint die Bilanz für 1992 beizutragen: Nach dem Jahresbericht des Zolls hat sich der Wert der beschlagnahmten Drogen von 1991 auf 1992 verdoppelt (auf umgerechnet 1,4 Milliarden Mark), ebenso wie die Menge des beschlagnahmten Kokains (2 Tonnen) – dies allerdings dank eines Rekordfanges von 1,1 Tonnen. Und auch die Heroinmenge sowie der Grad seiner Reinheit ist weiter angestiegen: 1992 wurden 440 Kilogramm beschlagnahmt gegenüber 409 Kilogramm im Jahre 1991.

Deutschland

Deutschland ist ein wichtiger Drogenmarkt, ein bedeutender Hersteller chemischer Grundstoffe zur illegalen Drogenproduktion und zugleich ein Transitland. Darüber hinaus wickeln hier kriminelle Organisationen, speziell aus Italien, beachtliche Geldwäscheoperationen ab. Das schwache Glied in der Strafverfolgung ist die ehemalige DDR. Die Krise, die durch die Veränderungen nach dem Fall der Mauer ausgelöst wurde, schuf hier ein fruchtbares Terrain für den Handel mit Narkotika. Schließlich nimmt das Thema »Krieg gegen die Drogen« in den politischen Reden der Konservativen und extremen Rechten mehr und mehr Raum ein, und dementsprechend wird auch das Thema Innere Sicherheit diverse Wahlkämpfe, insbesondere der CDU, im Jahr 1994 bestimmen.

Drogenbekämpfungsorgane

An der Drogenbekämpfung sind neben Polizei und Zoll auf Bundes- und Länderebene auch zunehmend Geheimdienste beteiligt. So erstellt der Bundesnachrichtendienst (BND) bereits »Lagebilder zur organisierten Rauschgiftkriminalität«, gibt Einschätzungen zu neuen Schmuggelrouten und zur Geldwäsche. Auch die Mitwirkung des Bundesamtes für Verfassungsschutz (BfV) wird erwogen. Diese Dienste, deren Mitarbeiter gegenüber Polizeibehörden den sogenannten Quellenschutz genießen, setzen von jeher auf geheimdienstliche Mittel in ihrer Arbeit. Hauptaufgabe der Polizei ist speziell die Abwehr des grenzüberschreitenden Drogenschmuggels.

Drogenschmuggel

Das Heroin kommt in versiegelten TIR-Lastwagen über die Balkanroute nach Deutschland. Der Krieg in Ex-Jugoslawien zwang zu einer Änderung der Schmuggelrouten, die jetzt nördlicher verlaufen: Die Droge wird – via Türkei, Rumänien, Slowakei und Ungarn – statt über die österreichische nun über die tschechische Grenze nach Deutschland eingeführt, und die Polizei schätzt, daß monatlich 200 Kilo Heroin diese Grenze passieren. Türkische Paten, die sich auf ihre Landsleute in Deutschland stützen können, sind die hauptsächlichen Organisatoren dieses Handels, was sich im August 1992 durch die Festnahme von 27 Personen, die eine Art familiales Netzwerk bildeten, bestätigte; sie schmuggelten die Droge mit Teppichlieferungen. Am 6. Januar 1993 sind unabhängig voneinander einmal 100 Kilo und einmal 72 Kilo bei türkischen Händlern beschlagnahmt worden. Und ein afrikanischer »Ameisenhandel« führt über die großen Flughäfen ebenfalls Heroin ein, in jeweils kleinen Mengen, die die Kuriere in Präservative abgefüllt schlucken oder in Koffern verstecken. Durch die Verschärfung der Kontrollen wichen die Schmuggler 1992 jedoch mehr und mehr auf Flughäfen in Osteuropa aus, von wo aus sie ihre Reise mit dem Auto fortsetzen. Der Preissturz des Heroin zeigt, daß es im Überfluß angeboten wird und ein lebhafter Wettbewerb zwischen den verschiedenen Händlerringen herrscht.

Dieser wird künftig noch durch den Einstieg von Russen- und anderen GUS-Gangs aus der Ukraine und dem Kaukasus verstärkt, die weitreichende Kontakte in die Gemeinschaft Unabhängiger Staaten, aber auch in die noch in Ostdeutschland stationierte Westgruppe der Truppen haben. Nach Angaben des Leiters der Deutschland-Dependance des Ministeriums für Sicherheit der Russischen Föderation in Berlin-Karlshorst, Anatolij Oleijnikow, operieren in Deutschland, vornehmlich noch im Osten, über 300 russische Banden in allen möglichen kriminellen Bereichen, eben auch Drogen und Geldwäsche (›Spiegel‹-Interview, Nr. 25/93).

Der Heroinmarkt in Deutschland ist immer noch im Wachsen: Geschätzt werden 100 000 bis 120 000 Verbraucher, darunter rund 15 000 mit dem Aids-Erreger Infizierte. Bis 1992 zählte die Polizei jährlich mehr Drogentote (zuletzt waren es 2099) und mehr Heroin-Erstkonsumenten (Anstieg von 9371 im Jahr 1991 auf 10 452 im Jahr 1992). Alle Konsumenten zusammen brauchen jährlich zehn bis weit über 15 Tonnen Heroin. Einige Schätzungen gehen gar auf 30 Tonnen; sichergestellt hingegen wurden 1992 nur 1,4 Tonnen. Eine Heroinszene in den östlichen Bundesländern gibt es, von kleinsten

Gruppen abgesehen, noch nicht. 1992 wurden hier insgesamt drei Drogentote gezählt.

Kokain, das per Schiff aus Panama und Kolumbien geliefert wird, kommt hauptsächlich in den Häfen Bremen und Hamburg, zunehmend auch Rostock, an. Es wird von dort auf dem Landweg weiter zu den lokalen Märkten befördert, beispielsweise nach München, wo sich eine Kundschaft aus der Mittelklasse eindeckt. Anfang 1992 wurde eine Lieferung von 53 Kilo Kokain in Bremen beschlagnahmt, die für den Berliner Markt bestimmt war, den zu diesem Zeitpunkt Kurt Kuchenbecher organisierte – ein Deutscher peruanischer Abstammung, der von den Medien als »der deutsche Vertreter des Cali-Kartells« präsentiert wurde. Er konnte am 9. Dezember 1992 mittels einer präparierten Mülltonne aus der Untersuchungshaft flüchten, stellte sich allerdings im Januar 1993 den Strafverfolgungsbehörden.

Seit 1992 kommt Kokain auch über polnische Häfen und von dort über die tschechische Republik nach Deutschland. Zudem benutzen zahlreiche Kuriere den Luftweg: Im August 1992 sind etwa 30 Schmuggler, die insgesamt 20 Kilo Kokain bei sich hatten, am Frankfurter Flughafen festgenommen worden, und der Kokainschmuggel aus Caracas mit der brasilianischen Fluglinie Varig nimmt zu. Schließlich wurde im April 1992 das erste Labor zur Umwandlung von Kokainbase in der Nähe von Frankfurt am Main entdeckt. Und der deutsche Kokainmarkt wächst weiter: Geschätzt werden an die 40 000 Kokser, andere Schätzungen liegen wesentlich höher. Wie bei Heroin zählt die Polizei auch bei Kokain jährlich mehr Erstkonsumenten, 1991 waren es 2467, 1992 schon 2600. Ebenso liegt der Jahresbedarf im Tonnenbereich, und sichergestellt wurden 1992 über 1,3 Tonnen.

Die mit Abstand größte Gruppe ist die der Cannabisverbraucher. Ihre Anzahl wird auf vier bis sieben Millionen in ganz Deutschland geschätzt, zehn Prozent davon sind regelmäßige Verbraucher. Der tatsächliche Jahresbedarf liegt bei mindestens 400 Tonnen, sichergestellt wurden 1992 3,8 Tonnen Haschisch und 8,3 Tonnen Marihuana. Amphetamin und andere synthetische Drogen werden zum Teil in Deutschland selbst illegal hergestellt. 1992 hob die Polizei 20 Labore aus, darunter 15 Amphetamin-Labore, und beschlagnahmte weit über zwei Zentner dieser synthetischen Droge.

Staatliche Drogenpolitik

Das Primat der Repression in der Drogenbekämpfung ist im Nationalen Rauschgiftbekämpfungsplan vom 13. Juni 1990 festgeschrieben. Vorgesehen waren und sind unter anderem die Änderung des Betäubungsmittelgesetzes (BtMG), die Verbesserung der Ermittlungsinstrumente der Strafverfolger, die Erweiterung der Haftgründe, der Zeugenschutz und die Schaffung wirksamer Rechtsvorschriften zum Entzug finanzieller Ressourcen. Die Umsetzung dieses Planes schlug sich drei Jahre später in einem »Gesetz zur Bekämpfung des illegalen Rauschgifthandels und anderer Erscheinungsformen der Organisierten Kriminalität« (OrgKG) nieder, das am 22. September 1992, fachlich und politisch umstritten, in Kraft trat. Zu den Streitpunkten, die quer durch alle Parteien, Polizeien und Staatsanwaltschaften diskutiert werden, gehören die sogenannten milieubedingten Straftaten von Verdeckten Ermittlern und, als technisches Ermittlungsinstrument, der »große Lauschangriff«, der weit über die geregelte Telefonüberwachung hinausgeht.

Nach Angaben der deutschen Polizei hatte die sizilianische Mafia 1991 allein in Deutschland 27 Milliarden Mark in das Baugewerbe, in Hotels und Restaurants investiert. Dabei bieten speziell Pizzerien den doppelten Vorteil, schmutziges Geld wieder flüssig zu machen und der Kriminalität als Hauptquartier zu dienen. Durch die Abhöraktion eines solchen Lokales in Köln konnte die Polizei die Mörder des Richters Livatino festnehmen, der 1991 auf Sizilien getötet wurde. Sie kamen aus dem Clan Cuntrera-Caruana, einer der mächtigsten der Mafia, der in Köln eines seiner Hauptquartiere hat.

Nachdem viele Jahre über die Abschöpfung illegaler Vermögenswerte theoretisiert wurde, ist praktisch erst 1992 das »Waschen« von Gewinnen aus illegalen Drogengeschäften nach § 261 StGB unter Strafe gestellt worden. Das war längst überfällig: gilt Deutschland doch schon seit Jahren als lukrativer Standort internationaler Geldwäscher! Doch diesem Geldwäscheverbot Leben einzuhauchen, damit tat sich die Regierung bisher schwer. Erst im Sommer 1993, am 2. Juli, wurde das sogenannte Gewinnaufspürungsgesetz (GewAufspG) im Deutschen Bundestag verabschiedet – gegen die Stimmen der SPD, die dieses Gesetz als unzureichend ablehnen. Auch hier zieht sich, analog zum OrgKG, der fachlich-politische Streit durch: Es geht um die Höhe des zu meldenden Einzahlungsbetrages. Die SPD votierte für die Schwelle von 15 000 Mark, die Regierungsparteien neigten mehr zur 25 000-Mark-Grenze, die nun im obigen Gesetz (GewAufspG) so auch festgeschrieben ist. Ein weiterer

Streitpunkt betrifft die Ausnahmen von dieser Melderegelung, zum Beispiel Anwälte und Notare. Erschwert wird die Situation durch Banken und andere Finanzinstitutionen, die jede Zusammenarbeit, die mehr als symbolisch wäre, mit den Behörden auf diesem Gebiet verweigern. »Legale Schlupflöcher« können darüber hinaus auch Makler, Juweliere, Anwälte und Beraterbüros sein; also Berufsstände, deren Aktivitäten die Regierungskoalition aus den Kontrollmechanismen am liebsten ausklammern möchte.

1992 beschloß die Bundesregierung weitere Maßnahmen. Es wurde die Institution eines eigenen Drogenbeauftragten geschaffen. Dieser Beauftragte der Regierung ist der Staatssekretär im Bundesinnenministerium Lintner (CSU). Seine Funktion macht deutlich, daß der Schwerpunkt der Drogenbekämpfung kriminalistisch ist (vgl. ›Frankfurter Rundschau‹, 16. 12. 1992). Im Januar 1993 wurde im Bundesgesundheitsministerium von Minister Seehofer (CSU) ein Nationaler Drogenbeirat eingerichtet, dessen Zustandekommen und Zusammensetzung vom Direktor der Deutschen Hauptstelle gegen die Suchtgefahren (DHS), Hüllinghorst, kritisiert wurde: »Ein großer Teil der bislang berufenen Mitglieder kommt aus CSU-Kreisen in Bayern.«

Zu den Umsetzungen internationaler Maßnahmen gehörte die Verabschiedung der UN-Konvention (1988) durch den Bundestag im Mai 1993: Seit der Änderung des Übereinkommens der Vereinten Nationen gegen den unerlaubten Verkehr mit Suchtstoffen und psychotropen Stoffen vom 20. Dezember 1988 ist die deutsche Industrie gehalten, freiwillig ihre Ausfuhren in Länder einzuschränken, die Hauptdrogenproduzenten sind, da die »Abzweigungen« kaum zu kontrollieren sind. Es ist zum Beispiel bekannt, daß Ecuador, das selbst kaum Drogen umwandelt, große Mengen hierfür geeigneter Chemikalien an Kolumbien weiterverkauft. Chemische Produkte, die zur Herstellung von Amphetaminen bestimmt sind, exportiert die deutsche Industrie sowohl nach West- wie nach Osteuropa.

Am 1. September 1992 nahm der Arbeitsstab Europol unter der Leitung des BKA-Beamten Storbeck seine Arbeit auf. Anfang 1993 fing man zunächst mit der Verwirklichung einer Europäischen Rauschgiftzentrale an, der Europol Drug Unit (EDU), über die später eine effiziente europäische Fahndungspolizei mit eigenen Kompetenzen (Planziel) entstehen soll.

Oppositionelle Drogenpolitik

Gegen diese staatliche, im Nationalen Rauschgiftbekämpfungsplan beschriebene Drogenpolitik steuert seit dem Jahreswechsel 1989/90 eine oppositionelle, eine antiprohibitive Drogenpolitik. Sie plädiert für ein Abrücken von der vom Strafrecht bestimmten Drogenpolitik und sieht die Alternativen in einer pragmatisch und pluralistisch orientierten Drogenarbeit, die in einer schadensbegrenzenden (harm reduction) Drogenpolitik eingebettet ist. Dazu gehören unter anderem sogenannte niederschwellige Hilfen wie Kontaktcafés, Notschlafstellen, Spritzenentsorgung und »Druckräume«, Substitutionsprogramme mit Methadon und Codein, kontrollierte Heroinabgabe, Entkriminalisierung der Süchtigen, Freigabe »weicher Drogen«, Überführung der Kriminalpolitik in Gesundheitspolitik – eben eine »Normalisierung der Drogenpolitik«. An diesen Diskussionen beteiligen sich bundesweit Politiker, Polizisten und Juristen, Wirtschafts- und Sozialwissenschaftler, Drogenfachleute und Medien. Um dieser neuen Richtung eine Basis zu geben, wurden allein 1990 der Bundesverband für akzeptierende Drogenarbeit »akzept« gegründet, das bundesweite Selbsthilfenetzwerk JES (Junkies-Ex-User-Substituierte) und das Europäische Städtenetzwerk (Frankfurter Resolution vom November 1990) mit seinem Koordinierungsbüro European Cities on Drug Policy (ECDP) in Frankfurt am Main.

Drogenpolitik ist im föderativ strukturierten Deutschland Ländersache. Der Drogenbeauftragte der Bundesregierung hat keine Weisungsbefugnis. Deutlicher denn je differiert die Drogenpolitik in CDU- und SPD-geführten Bundesländern. In der SPD hat sich in den letzten vier Jahren, getragen vom Parteivorstand, den Landesverbänden, den Jusos, den Arbeitsgemeinschaften sozialdemokratischer Juristen und den Sozialdemokraten im Gesundheitswesen (ASG) verschiedener Bundesländer, eine erkennbar oppositionelle Drogenpolitik entwickelt. Werkstattgespräche, Tagungen, Seminare und Expertenanhörungen kreisten um die Abkehr von der repressiven Drogenpolitik, die Entkriminalisierung von Drogenabhängigen, die Differenzierung der Drogenmärkte und um Fragen des Umgangs mit Cannabisprodukten. So beschloß im Juni 1993 der Bundesrat mit SPD-Mehrheit, auf Antrag des Landes Hamburg einen Gesetzentwurf im Bundestag einzubringen »zur befristeten Erprobung begrenzter und streng kontrollierter Freigabe von Betäubungsmitteln – insbesondere Heroin – an langjährige Drogenabhängige und Schmerzpatienten in Städten mit mehr als 500 000 Einwohnern«. Und die von Herta Däubler-Gmelin geleitete Arbeitsgruppe des SPD-Parteivorstandes, die ein Konzept zur Inneren Sicherheit für den nächsten ordentlichen Parteitag im November 1993 erarbeitet, schlug vor, den Genuß und illegalen Handel mit sogenannten weichen Drogen wie Cannabis nicht mehr strafrechtlich zu verfolgen, sondern nur als Ordnungswidrigkeit zu betrachten.

Entschiedener Gegner dieser Liberalisierungspolitik ist insbesondere die CDU/CSU. So qualifizierte der Parlamentarische Geschäftsführer der Unionsfraktion im Bundestag, Rüttgers, den Vorschlag des Bundesrates als »kollektiven Wahnsinn« ab. Dennoch steht in Deutschland wie in kaum einem anderen Land Europas die vom Staat über zwei Jahrzehnte praktizierte repressive Drogenpolitik zur Disposition.

Trends

Die Drogennachfrage in den alten Bundesländern ist ungebrochen. In den neuen Bundesländern entsteht in den Ballungszentren der Großstädte nach und nach ein über Cannabis hinausgehender Drogenmarkt. Neue Anbieter, beispielsweise aus Polen, bringen billige Produkte wie Amphetamin und die sogenannte »Polnische Suppe« (Mohnstrohaufkochung als Heroinersatz) auf den deutschen Markt, vorwiegend in den Raum Baden-Württemberg. Alte Drogenanbieter wie die kolumbianischen Kokainhändler nutzen die in Osteuropa neu entstandenen Einschmuggelregionen, zum Beispiel die Ostseeküste von St. Petersburg über polnische Seehäfen bis Rostock. Deutschland wird zunehmend Transitland im Drogenhandel von Ost nach West. Speziell in Ostdeutschland nutzt die organisierte Rauschgiftkriminalität die Schwachstellen der Strafverfolgung, die sich durch den immer noch andauernden Aufbauprozeß von Polizei- und Justizbehörden zwangsläufig ergeben.

Die bereits laufende Debatte über das »organisierte Verbrechen« wird von den konservativen Parteien genährt, indem sie Drogenhandel und Geldwäsche als Bedrohung für den Rechtsstaat und die Gesellschaft darstellen. Es ist auffällig, daß die Medien dieses Thema in den letzten Jahren verstärkt aufgreifen und an diffuse Unsicherheitsgefühle in der Bevölkerung appellieren, die aufgrund der wachsenden sozialen Spannungen seit der Wiedervereinigung so noch verstärkt werden. Die extreme Rechte instrumentalisiert dieses Thema gleichfalls, um ihre Aggressionen gegen eingewanderte Bevölkerungsgruppen zu rechtfertigen.

Auch das Thema Korruption im öffentlichen Dienst und in der

Kommunalpolitik bekommt zunehmende Bedeutung. So hat der Chef des Bundeskriminalamts (BKA), Hans Zachert, am 20. November 1992 vor der Antimafia-Kommission in Rom nicht gezögert festzustellen, daß es den »Verdacht einer Verwicklung [bundesdeutscher] Institutionen in den Drogenhandel« gibt. In einem Zeitungsinterview ein knappes halbes Jahr später (›FAZ‹, 18. April 1993) kann Zachert diesen Verdacht präzisieren: »Wir haben im vergangenen Jahr eine Analyse von 450 Großverfahren (in Sachen Organisierte Kriminalität) durchgeführt und haben festgestellt, daß in jedem sechsten Fall der öffentliche Dienst involviert war und in jedem zwanzigsten Fall die Justiz und in einem gewissen Rahmen auch bereits Medien.« Korruption, von organisierten Verbrechern zunehmend instrumentalisiert, wie auch die Politisierung der organisierten Kriminalität werden Themen für das ganze Deutschland werden.

Luxemburg

Das Jahr 1992 in Luxemburg war durch den Prozeß gegen drei Kolumbianer geprägt, die angeklagt waren, Agenten des Cali-Kartells zu sein. Edgar Garcia Mantillo und Franklin Jurado sind am 2. April 1992 von der Strafkammer in Luxemburg für schuldig befunden worden, 36 Millionen Narkodollars in einem Dutzend west- und osteuropäischer Staaten zugunsten des Kartells gewaschen zu haben. Mantillo wurde zu fünf Jahren Gefängnis und einer Geldstrafe von 1,7 Millionen Dollar verurteilt, Jurada zu 54 Monaten Gefängnis und 850000 Dollar Geldstrafe. Ein dritter Angeklagter, Ricardo Mahecha, wurde aus Mangel an Beweisen freigesprochen. Nach dem Urteilsspruch in diesem ersten europäischen Prozeß in Sachen Geldwäsche erklärte der Ministerpräsident, daß das verkündete Urteil »dem Erhalt des Ansehens des Großherzogtums als Finanzplatz diene«.

Beobachter konnten sich eines Gefühls von Unwohlsein nicht erwehren angesichts dieses vier Monate währenden Schauspiels, in dem das Gericht von den Anwälten offensichtlich mit Arbeit überhäuft wurde, da sie die Tätigkeit der Ermittler als von der allgegenwärtigen US-Drogenbehörde (DEA) ferngesteuert in Zweifel zogen. Rückgriffe auf anonyme Informanten, zögernde und umkippende Zeugen, übereilte Interpretationen und gewagte Schlüsse häuften sich. Im Gegenzug sagte der politische und rechtliche Berater der DEA, Cleman, zugunsten von Franklin Jurado aus. Jurado ist Harvard-Absolvent, ehemaliger informeller Mitarbeiter der DEA und zugleich ein enger Freund von Luis Carlos Galán, einem Kämpfer für die Menschenrechte. Durch Zufall kam ans Licht, daß einige Zeugen der DEA an der Operation Offsides beteiligt waren, eine der größten und teuersten Aktionen, die jemals von den US-amerikanischen Antidrogeneinheiten durchgeführt wurden. Sie fand zur selben Zeit und am selben Ort der Fußballweltmeisterschaft im Juni 1990 in Italien statt. Dutzende von Agenten der DEA, die von Hunderten von italienischen Polizeibeamten unterstützt wurden, haben die Fußballstadien von Bologna, Mailand und Rom überwacht, weil sie glaubten, daß die Chefs des Cali-Kartells (die Brüder Rodriguez Orejuela und José Santa Cruz Londoño) der Versuchung nicht widerstehen könnten, den Spielen der kolumbianischen Mannschaft von der Tribüne aus zu folgen. Diese Operation war ein völliger Fehlschlag. Die Agenten der DEA haben jedoch ausgerechnet in Italien die Spur der drei Kolumbianer aufgenommen, die dann in Luxemburg vor Gericht standen. Der Verdacht drängt sich auf, daß diese Angeklagten für die fehlgeschlagene Operation herhalten mußten. Hinzu kommt, daß sie die Konten von Heriberto Castro Meza verwalteten, einem Schwager von José Santa Cruz Londoño. Was dem Prozeß folgte, hat auf die Widersprüche noch eins draufgesetzt, in die die luxemburgischen Behörden bereits verstrickt waren. Einige Stunden nach der Freilassung von Ricardo Mahecha »erinnerten« sie sich, daß seit dem 8. März 1991 ein Auslieferungsbegehren der USA für seine Person vorliegt, mit der Anklage, Kokain auf Rechnung des Chefs des Cali-Kartells, Londoño, verkauft zu haben. Eine solche Angelegenheit wird üblicherweise zwischen den Justizministern der beteiligten Staaten geregelt. Im vorliegenden Fall ließ die amerikanische Botschaft in Luxemburg lediglich dem Untersuchungsrichter ein Fax zukommen, der sich seinerseits an die Staatsanwaltschaft wendete. Das Justizministerium hielt es für notwendig, diese Auslieferung durch eine Presseerklärung zu rechtfertigen: eine außergewöhnliche Praxis.

Der OGD-Vertreter in Luxemburg hat herausgefunden, daß Mahecha, kurz nachdem er in New York gelandet war, ein Flugzeug nach Kolumbien nahm, wo seine Familie eine Messe lesen ließ, um dem ›Herrn‹ für diese unerwartete Befreiung zu danken. Und am 26. Juni 1992, wenige Tage vor seiner Auslieferung, bekam Mahecha Besuch von einem DEA-Mitarbeiter, der ihm einen Tauschhandel vorgeschlagen haben dürfte: Schwamm über seine eigenen Aktivitäten gegen geeignete Aussagen, die seine beiden verurteilten Gefährten belasten würden, deren Auslieferung die USA ebenfalls gefordert hatten.

Anfang des Jahres 1993 erlebte die Angelegenheit eine Neuauflage. Dem Prozeß lag das Gesetz vom 7. Juli 1989 zugrunde, das die Aufhebung des Bankgeheimnisses erlaubt und die Geldwäsche untersagt. Am 22. Januar 1993 entschied nun der Oberste Gerichtshof Luxemburgs, den Franklin Jurado und Edgar Garcia Mantillo angerufen hatten, ihnen die 36 Millionen Dollar zurückzuerstatten, die laut Urteilsspruch aus dem Drogenhandel stammten. Denn das Gericht stellte fest, daß das Gesetz von 1989 nur dann die Beschlagnahmung von Narkodollars gestattet, wenn diese den Verurteilten selbst gehören. Und angeklagt waren weder der Inhaber der von der Justiz eingefrorenen Konten, Heriberto Castro Meza, noch der wirkliche Empfänger José Santa Cruz Londoño, einer der Chefs des Cali-Kartells. Das luxemburgische Parlament hat diesen Irrtum bald begriffen und am 17. März 1992 einen Gesetzestext verabschiedet, der auch die Beschlagnahmung von Kapital zweifelhaften Ursprungs erlaubt. Aber selbstverständlich hat dieses Gesetz keine rückwirkenden Folgen. Einige Tage nach diesem unerwarteten, aber vollkommen logischen Urteil der Rückerstattung der 36 Millionen Dollar, hat der Generalstaatsanwalt eine Nichtigkeitsklage gestellt, um »dem Gerichtshof zu ermöglichen, die Übereinstimmung dieser Entscheidung mit dem Gesetz zu überprüfen.« Als Reaktion auf diese Affäre hat Luxemburg sich entschlossen, entsprechend der Wiener Konvention von 1988 einen Fond zur Bekämpfung von Drogenhandel, Drogenabhängigkeit und Geldwäsche einzurichten, der mit den im Rahmen von Drogengeschäften konfiszierten Summen finanziert wird. Ein erstes Projekt zielt auf die Zusammenarbeit mit den indianischen Cocaproduzenten Kolumbiens.

Frankreich

Wollten sich die französischen Zöllner noch ein Ehrenabzeichen verdienen, bevor sie sich von den Grenzen des Großen Europäischen Marktes zurückziehen? Immerhin haben die Beamten des Finanzministeriums nach der 1991 erfolgten klaren Absage an die außergesetzlichen Infiltrationstechniken (undercover) ihre Aktivitäten von neuem aufgenommen. [Die Einschaltung der Zollbehörden in den Drogenschmuggel sorgte in Frankreich für eine Reihe von Skandalen. Dabei fädeln verdeckt arbeitenden Ermittler Drogengeschäfte ein, um dann zu einem günstigen Zeitpunkt große Mengen an Drogen beschlagnahmen zu können. Diese übrigens auch von den deutschen Behörden angewandte Praxis der kontrollierten Lieferung (controlled delivery) hat überaus widersprüchliche rechtliche Folgen (Anm. d. Übers.)] Aus diesen Gründen war 1992 für die Zollbehörde, der seit zehn Jahren durchschnittlich 85 Prozent der abgefangenen Drogenmenge in Frankreich zugeschrieben wird, das absolute Rekordjahr.

Die insgesamt beschlagnahmte Menge erreichte mit über 32 Tonnen Drogen eine Rekordhöhe und schlug damit das bisherige Rekordjahr 1984 um drei Tonnen. Und es gibt jetzt schon »historische« Rekorde: Im September 1992 wurde in Saint-Estève bei Perpignan die mit 613 Kilogramm bisher größte Menge Kokain sichergestellt, zu denen 825 Kilogramm Cannabisharz hinzukamen, die während derselben Aktion entdeckt wurden. Sie richtete sich gegen einen italienischen Schmuggelring, der Verbindungen zum Cali-Kartell hat und von Brüssel aus operiert; dazu kommen noch 100 000 Einheiten LSD, die aus den Niederlanden stammen und für den britischen Markt bestimmt waren und im Mai 1992 in einem Zug an der belgischen Grenze beschlagnahmt wurden; schließlich gibt es mit 29 Tonnen einen Mengenrekord an beschlagnahmtem Cannabisharz.

Mehr Sicherstellungen und höherer Drogenkonsum

Die folgenden Zahlen erlauben für jedes einzelne Produkt eine relativ getreue Analyse der Drogensituation in Frankreich: Mit 155 Kilogramm ist die beschlagnahmte Heroinmenge 1992 um 61 Prozent rückläufig im Vergleich zu 1991. Dabei ist jedoch zu berücksichtigen, daß die Zahl der Sicherstellungen um elf Prozent gestiegen ist. Im Vergleich dazu die vorläufige Bilanz des Innenministeriums, die Ende Dezember 1992 für die ersten zehn Monate erstellt wurde: Danach ging die Heroinmenge um 40 Prozent zurück, die Festnahmen wegen Drogenhandels nahmen jedoch um elf Prozent und die wegen Konsums um 39 Prozent zu. Daß der Drogenkonsum deutlich zugenommen hat, wird auch durch den Anstieg der Todesfälle durch Überdosis bestätigt: 417 im Jahr 1992 gegenüber 355 des Vorjahres, was einem Anstieg von 17,5 Prozent entspricht.

Im Jahresbericht der Zollbehörde wird im übrigen darauf hingewiesen, daß sich schon im zweiten Jahr in Folge der Transport über die Straße gegenüber dem Luftweg durchsetzte. Schlußfolgerung: »Der Nahe Osten gewinnt zunehmend Terrain im Schmuggel.«

Wird Europa nun das bevorzugte Ziel der kolumbianischen Kartelle, die hier die relative Stagnation des Kokainmarktes in den USA kompensieren wollen? Die Beschlagnahmungen von insgesamt 1278 Kilogramm deuten darauf hin, wobei sich die abgefangenen Mengen gegenüber 1991 verdoppelt haben.

Man muß jedoch im Auge behalten, daß diese Intensivierung des Handels nicht notwendigerweise eine Entwicklung des lokalen Verbrauchs wiedergibt. Nach Angaben des Zolls waren nur etwa zehn Prozent der beschlagnahmten Mengen für den französischen Markt bestimmt. Frankreich sei vor allem ein Transitland, besonders in Richtung Italien und Libanon. Man stellt jedoch mit Unbehagen die Zunahme eines »Ameisenhandels« an den Grenzen innerhalb der Europäischen Gemeinschaft fest, der »oft mit dem Heroinschmuggel einhergeht«.

Schließlich hatte Crack, ein seit Jahren von den französischen Spezialabteilungen beschworenes Schreckgespenst, seinen großen Auftritt in den Statistiken: Bis Ende Oktober 1992 wurden 119 Konsumenten und Dealer verhaftet, was einem Zuwachs von 138 Prozent gegenüber dem gleichen Zeitraum 1991 entspricht. Diese Zahl sagt mehr aus als der Anstieg des beschlagnahmten Crack um 1063 Prozent (1,8 Kilogramm 1992 gegenüber 155 Gramm im Jahr davor). Ende Dezember 1992 ist zudem die Aufdeckung eines Schmuggelringes auf den Antillen zwischen Saint Martin und Guadeloupe bekannt gegeben worden. Auf den französisch-niederländischen Inseln wurde Kokain, das in Mengen von 250 Gramm in Kernseife versteckt war, zunächst in Lamentin, später in Pointe-à-Pitre zu Crack umgewandelt und in den armen Stadtteilen weiterverkauft.

Cannabis sprengt alle Rekorde. Allein der Zoll beschlagnahmte knapp 30 Tonnen Cannabisharz (29 433 Kilogramm, plus 35 Prozent); berücksichtigt man alle Beschlagnahmungen, sind es fast vierzig Tonnen. Die Maßnahmen richten sich vor allem gegen Marokko – die an der spanischen Grenze abgefangenen Mengen sind um mehr als 140 Prozent angestiegen. 1992 registrierte der französische Zoll erstmalig Pakistan als Lieferstaat: 10,4 Tonnen des Cannabisharzes wurden an Bord eines Schiffes in französischen Hoheitsgewässern sichergestellt. Marihuana, das ab Mitte der achtziger Jahre verstärkt aus dem Markt gedrängt wurde, ist seit 1989 wieder auf dem Vormarsch. Die Zollbeamten beschlagnahmten 1323 Kilogramm (plus 73 Prozent), wovon 80 Prozent für den nationalen Verbrauch bestimmt waren. Der Hauptteil kommt aus Afrika (Ghana, Zaire, Kongo), entweder mit Direktflügen oder über andere europäische Länder, vor allem Belgien. Der antillische Markt erlebt einen wahren Boom (plus 369 Prozent) und wird vor allem über die Inseln Saint Vincent, Saint Dominique und über Surinam beliefert.

Auch die synthetischen Drogen machen von sich reden. Die bereits erwähnte Rekordsicherstellung von 100 000 Einheiten LSD im Mai 1992 verfälscht allerdings die Statistiken für dieses Produkt. Die Zollbehörden haben dennoch eine starke Zunahme der Beschlagnahmungen auf dem Postweg festgestellt, sowohl was die Anzahl (22 gegenüber 5 im Jahre 1991) als auch was die Menge (5749 Einheiten gegenüber 290 im Jahre 1991) betrifft.

Extasy (MDMA) bleibt in Mode. Wie bei LSD scheint der Verbrauch sogar zuzunehmen. 75 Prozent der vom Zoll durchgeführten Sicherstellungen und 17 Prozent der betroffenen Mengen waren für den lokalen Markt bestimmt, wobei die Droge in der Regel aus den Niederlanden kam. Dazu erhöhte sich die Zahl der Verhaftungen von Konsumenten während der ersten zehn Monate des Jahres 1992 um 300 Prozent. Eine ähnliche Tendenz zeigt sich für den Medikamentenmißbrauch.

Magere Ergebnisse

Die Bilanz ist dürftig: Zweifellos sind »Erfolge« im Kampf gegen den Drogenhandel zu registrieren, aber eine durchschlagende Wirkung bleibt aus. Dies wird durch die Befürchtung von Experten angesichts der Öffnung der EG-Binnengrenzen für den Warenverkehr seit dem 1. Januar 1993 bestätigt. Der Senator Gérard Larcher stellte in seinem Bericht über den Drogenhandel in den Unterzeichnerstaaten des Schengener Abkommens, den er seinen Amtskollegen am 1. Dezember 1992 vorstellte, fest, daß »trotz der umfangreichen Mittel, die in die Bekämpfung investiert wurden, der illegale Drogenhandel zunimmt«. Tatsächlich haben die Behörden 1992 in erster Linie ihre Ohnmacht gegenüber der Kriminalität gezeigt. Dazu zwei Beispiele:

Erstens fehlen überzeugende Ergebnisse der Aktion zur Bekämpfung der Geldwäsche, die 1989 nach dem G7-Treffen in Paris mit großem Pomp in der Grande-Arche de La Défense ins Leben gerufen wurde. Die in diesem Rahmen entstandenen Behörden – die Zentralstelle zur Verfolgung der Großfinanzkriminalität (OCRGDF), die dem Innenministerium untersteht, und die Gruppe zur Aufbereitung von Information und Einleitung von Maßnahmen gegen die geheimen Finanzkreise des Finanzministeriums (TRACFIN) – haben beim letzten Expertentreffen der Arbeitsgruppe »Maßnahmen der Finanz gegen die Geldwäsche« (GAFI) Ende 1992 nur magere Ergebnisse präsentieren können: 17 Ermittlungsverfahren wurden 1992 gegen Geldwäsche eröffnet; 1991 waren es 13 Verfahren. Wie Senator Larcher in seinem Bericht mit Bitterkeit feststellt, müssen die etwa 100 Millionen Francs, von denen man weiß, daß sie unrechtmäßig erworbenes Vermögen sind, in Beziehung gesetzt werden zu den 14 Milliarden Francs, die durch Drogenhandel in Frankreich jährlich umgesetzt werden. »Das kommt einem Effektivitätsgrad von einem Prozent gleich.« Im Herbst 1992 mußten die Polizeibeamten der OCRGDF mitansehen, daß, quasi als Belohnung, ihr Personalstand von 14 auf zwölf Beamte verringert wurde. Eine seltsame Art, das nationale Strafverfolgungspotential zu verstärken, während gleichzeitig die Alarmglocken läuten.

Im Bericht des Untersuchungsausschusses der Nationalversammlung über die Maßnahmen, das Eindringen der Mafia nach Frankreich zu verhindern, der am 27. Januar 1993 vorlag, heißt es: »Selbst wenn die Zahl der aufgedeckten Geschäfte, die direkt oder indirekt mit der italienischen Mafia zu tun haben, gering ist, so ist Frankreich zweifellos in den Kreislauf der Geldwäsche einbezogen.« Die Abgeordneten haben gleichfalls die Rolle der Finanzparadiese Saint Martin, Andorra und Monaco herausgestellt, die der Einflußsphäre französischer Behörden unterstehen. Der Larcher-Bericht vom Dezember 1992 betont, daß das Waschen von Einnahmen aus dem Drogengeschäft »in sehr direkter Weise für den Sturz der Immobilienpreise für Büroräume verantwortlich sein könnte (...), wobei die Banken am Pariser Finanzmarkt um 500 Milliarden Francs ›geleimt‹ worden sind (...). Die Höhe der fraglichen Summen (könnte) zum Zusammenbruch des Marktes (geführt haben), so wie dies zweifellos die japanischen mafiosen Organisationen auf dem Kunstmarkt bewerkstelligt haben«.

Mafiaabkömmlinge

Zweiter Fehlschlag der Behörden gegenüber der organisierten Kriminalität: die Welle von Verbrechen auf Korsika mit 367 Attentaten, über 300 bewaffneten Raubüberfällen und vor allem 40 Morden. Wenn auch die Mehrzahl dieser Toten durch klassische Interessenkonflikte zu erklären ist, so gehen nach gut informierten korsischen Quellen mindestens ein Dutzend auf das Konto nationalistischer Kräfte, die versuchen, diejenigen unter sich auszuschalten, die Verbindungen zum Drogenhandel haben. Diese »Todesschwadrone« buhlen um die Sympathie der öffentlichen Meinung, indem sie von jetzt an das organisierte Verbrechen bekämpfen – wie die Bewegung Resistenza, die die Verantwortung für einen Anschlag mit Plastiksprengstoff am 26. Juli 1992 auf eine Luxusresidenz auf der Insel Cavallo übernahm, die vermutlich von der Mafia finanziert wurde. Der Staatsanwalt von Bastia hat dazu lediglich festgestellt, daß »auf Korsika nicht der Rechtsstaat das Sagen hat«.

Greift man diese Worte auf, könnte man sich fragen, ob denn der Rechtstaat noch in bestimmten heruntergekommenen Teilen der Pariser Vororte herrscht; vor allem dort, wo der Drogenhandel heute eine äußerst florierende Schattenwirtschaft dominiert. In offiziellen Dokumenten wie dem Larcher-Bericht, dem Bericht der Untersuchungskommission der Nationalversammlung und schließlich dem Bericht über die Pariser Vorstädte (Banlieuescopies), der dem Staatssekretär der Stadt übergeben wurde, wird mit Nachdruck darauf hingewiesen, daß ein Seitenzweig der Mafia »eine bestimmte Anzahl von Stadtvierteln zu infizieren droht«.

Große Gesetzesmanöver

Unter solchen Umständen ist der Kampf gegen die organisierte Kriminalität logischerweise Gegenstand intensiver gesetzlicher Beratungen, allerdings ohne herausragende Ergebnisse. Erst einmal hat das Parlament ein neues Strafgesetz diskutiert und verabschiedet, das am 1. September 1993 inkrafttreten soll. Frankreich verfuhr schon vorher im Vergleich zu den anderen westlichen Ländern mit am repressivsten in der Gesetzgebung für Betäubungsmittel. Dies jetzt um so mehr, als einem speziell dafür vorgesehenen Schwurgericht mit Berufsrichtern (nach dem Vorbild von bereits eingerichteten Verfahren gegen Terrorismus) aufgetragen wurde, über drei Arten von »Angriffen gegen die Person« zu befinden, die nicht länger als Vergehen, sondern als Verbrechen eingestuft werden:
1. Der Tatbestand, »eine Gruppe zu führen oder zu organisieren, die den Handel mit Betäubungsmitteln zum Ziel hat« (lebenslängliche Haft, 50 Millionen Francs Geldstrafe);
2. die »unrechtmäßige Produktion und Herstellung von Betäubungsmitteln in einer organisierten Bande« (20 Jahre Haft);
3. die »unrechtmäßige Aus- und Einfuhr von Betäubungsmitteln in einer organisierten Bande« (30 Jahre Haft, 50 Millionen Francs Geldstrafe).

Obwohl diese neuen Vorkehrungen spektakulär erscheinen mögen, bedeuten sie in der Praxis wenig zusätzliche Risiken für Drogenhändler. Die Strafgerichte haben bereits vorher äußerst hohe Strafen gegen sie verhängt. Dagegen erwarteten die mit der Bekämpfung der Geldwäsche beauftragten Behörden dringend auf bessere Handhabe. Aber der Gesetzgeber legte hier eine im Vergleich zu den Betäubungsmitteln ungewöhnliche Milde an den Tag und wollte sich nicht weiter in dieser Richtung engagieren.

Im neuen Strafgesetz bleibt die Geldwäsche ein Vergehen, das von einem Strafgericht mit einer Höchststrafe von zehn Jahren, verbunden mit einer Geldstrafe von einer Million Francs, geahndet wird. Zwar drohen auch Gesellschaften, die sich an der Geldwäsche von Einnahmen aus dem Drogengeschäft beteiligen, Sanktionen, die von einer Geldstrafe von fünf Millionen Francs bis zur völligen Auflösung der betreffenden Unternehmen reichen. Um diese Maßnahmen jedoch einsetzen zu können, muß dem verdächtigten Unternehmen oder Angestellten nachgewiesen werden, daß sie die Herkunft der gewaschenen Gelder kannten.

Dieses Bedingung jeder Strafverfolgung wegen Geldwäsche, nämlich wissentlich gehandelt zu haben, bietet zugleich die Garantie der Straflosigkeit. Der Bericht des Instituts zur Untersuchung der inneren Sicherheit (IHESI), das dem Innenministerium untersteht, bemerkt im November 1992, daß die französische Gesetzgebung die Geldwäsche weiterhin »in Form von Zaubersprüchen und rein symbolisch« zu verfolgen suche und die Gesetzestexte keine »wirkliche Bestrafung« erlaubten, »obwohl die Mehrzahl der französischen Banken im Ausland bereits für das Waschen von Geldern aus dem Handel mit Betäubungsmitteln bestraft worden ist«.

Keine einheitliche Politik

Eine letzte bemerkenswerte Tatsache: Ende Dezember 1992 lieferten die französischen Behörden in der Drogenpolitik einen weiteren Beweis »armseliger Reflexion und dürftigen politischen Handelns«, wie es der Soziologe Alain Ehrenberg ausdrückte. Der damalige Innenminister Paul Quilès und der seinem Namen alle Ehre machende Präfekt Broussard (deutsch: »Buschmann«), die mit der Ausarbeitung einer Strategie im Kampf gegen den Drogenhandel beauftragt worden sind, schlugen einen Plan vor, der die Hauptanstrengungen gegen Kleindealer und Abhängige richtete. Der Senator Larcher, der der republikanischen Sammlungsbewegung (RPR) angehört – einer Partei, der kaum Laxheit in Polizeiangelegenheiten vorgeworfen werden kann – mußte dennoch Anfang 1993 in seinem Bericht zugeben, daß »die großen Organisationen keine Angst vor den Operationen zur Zerstörung des Kleinhandels haben. Diese Maßnahmen sanieren eher den Markt und schützen ihre Macht«.

Darüber hinaus hat der Kampfplan des Innenministeriums implizit alle politischen Anstrengungen zur Prävention der Drogenabhängigkeit zurückgestellt. Dies führte zu heftigem Protest vor allem des damaligen Gesundheitsministers Bernard Kouchner, der einen Monat zuvor die Ausweitung des Angebots von Methadon für Heroinabhängige verkündet hatte, um die Ausbreitung von Aids bekämpfen zu können. Derselbe Minister sah sich Anfang 1993 gezwungen, immer wieder auf die entsprechenden Methadon-Erfahrungen in Großbritannien zu pochen, was zu weiteren Mißklängen führte.

Diese Politik der Rückzieher verspricht keine Verbesserungen für die Zukunft, besonders im Hinblick auf die europäische Einigung. Die Bedenken angesichts der Grenzöffnungen innerhalb der Gemeinschaft wurden bereits erwähnt. Senator Larcher schreibt dazu in seinem Bericht: »Es ist zu befürchten, daß die illegale Einwanderung und der Schwarzhandel, darunter der Drogenhandel, von den Folgen des 1. Januars 1993 nur profitieren werden.« Dieses um so mehr, als »keine der ausgleichenden Maßnahmen [bei der Verwirklichung eines großen Marktes] zu greifen scheinen, ob es sich nun um die Kontrolle von Bürgern aus Nicht-EG-Staaten an den inneren Grenzen handelt, um die Ausstattung der Flughäfen oder die Schaffung einer europäischen Polizei [Europol]«.

Mittelmeerländer

Die jüngste Entwicklung des Drogenhandels im Mittelmeerraum hat die alten Tauschbeziehungen dieser Region wieder aufleben lassen. In vier Staaten des Nahen Ostens und Nordafrikas – der Türkei, Syrien, Libanon und Marokko – werden Rohstoffe für Drogen angebaut, findet eine Weiterverarbeitung statt oder befinden sich Hauptschmuggelrouten. Italien nimmt wegen seiner kriminellen Organisationen die Rolle des Verteilungs- und Erschließungspols für das gesamte Europa ein. Frankreich ist zugleich ein Land des Konsums, ein Transit- und ein Zufluchtsraum: Die Paten der italienischen Cosa Nostra und der Camorra haben sich an der Côte d'Azur niedergelassen und investieren dort. In Spanien treffen alle kriminellen Organisationen des Mittelmeerraumes aufeinander – marokkanische, türkische, libanesische, italienische, korsische und lateinamerikanische Netzwerke –, und Spanien ist zugleich ein bedeutender Transit- und Konsumplatz für Drogen aller Art.

Türkei

Nach den Antidrogen-Behörden des Landes war die Türkei 1992 lediglich eine Brücke, über die die Händler die Droge, vor allem Heroin, nach Europa schaffen. Wie ihre westlichen Kollegen sind sie der Ansicht, daß die Türkei Opfer ihrer Scharnierfunktion zwischen Europa, Asien und dem Nahen Osten ist. Jedoch wurde 1992 bestätigt, daß die Türkei nach wie vor ein Knotenpunkt des internationalen Drogenhandels ist. Wenn jährlich 300 000 TIR-Lastwagen durch das Land fahren – über 16 Stunden sind notwendig, um einen dieser Lastwagen gründlich zu durchsuchen – so läßt sich seine Rolle im Drogenkreislauf nicht auf den Transit von Narkotika beschränken. Die Türkei behält ihre bedeutende Rolle in der Umwandlung von Opium in Heroin; außerdem entwickelt sich hier eine bis dahin ungekannte Drogensucht. Die Verschärfung der Kämpfe zwischen Regierungstruppen und der unabhängigen Guerilla der Partiva Karkaren Kurdistan (PKK, die marxistisch-leninistische kurdische Arbeiterpartei) im Südosten des Landes könnte zusätzlich zur Entwicklung des Drogenhandels beitragen. Eine Annahme, die modifiziert werden müßte, wenn die Führung der PKK, worauf bestimmte Anzeichen Anfang 1993 hindeuten könnten, den offenen Dialog mit den türkischen Behörden sucht, um den Konflikt zu beenden.

Neue Heroinwege

Ende 1991 verlief die Hauptschmuggelroute zum Balkan durch die Türkei von Ost nach West. Iraner und Kurden transportierten die Droge von Mai bis Oktober über die drei Höhenpässe Gürbulak, Kapiköy und Esendere über die iranische Grenze, von wo aus sie dann in die osttürkischen Städte Van, Diyarbakir, Erzurum und in den Süden nach Gaziantep weiter befördert wurde.

1992, nach dem Zusammenbruch der UdSSR und der ihn begleitenden Anarchie, kamen die mit Heroin oder Morphin aus dem Goldenen Halbmond beladenen Händler nicht nur über den Iran in die Türkei, sondern auch über die Republik Georgien. Am 31. Dezember 1992 wurden 1387 Kilogramm Morphinbase am türkisch-georgischen Grenzposten Sarp beschlagnahmt. Die Morphinbase war in zwei TIR-Lastwagen versteckt. Die türkischen Fahrzeuge wurden schon seit Monaten überwacht und gehörten Huseyin Yildirim, der

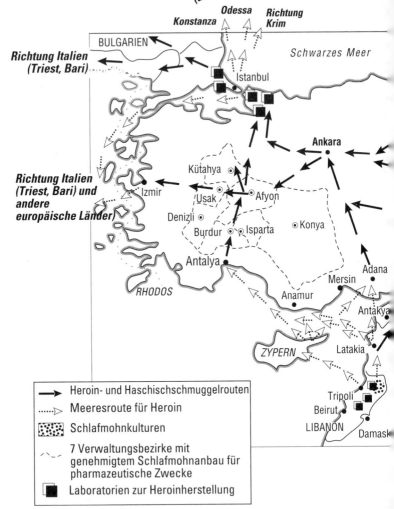

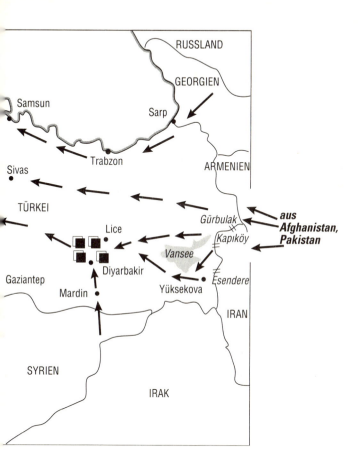

bereits mehrmals in Drogenhandelsgeschäfte verwickelt war. Sie verließen Gaziantep im Süden der Türkei mit dem Bestimmungsziel Alma Ata, der Hauptstadt Kasachstans. Von dort aus hatten die Fahrer zu dem als Drogenhändler bekannten Haci Mehmet Isa in Afghanistan Kontakt aufgenommen. Diese Affäre verdeutlicht die Bedeutung der Türkei als Umwandlungsplatz von Morphinbase in Heroin.

1991 wurden in den ersten sechs Monaten drei Labors zerstört, 126 Kilogramm Morphinbase und nicht weniger als 20 000 Liter Essigsäureanhydrid, ein notwendiger chemischer Grundstoff zur Heroinherstellung, sichergestellt. Auch wenn den türkischen Behörden zufolge 1992 kein Labor entdeckt werden konnte, zeigt allein die überaus große Beschlagnahmung in Sarp die Fähigkeit der Drogenhändler, das Morphin auf türkischem Boden umzuwandeln. Die Labors, die immer mehr »fliegenden Küchen« (kleinen ambulanten Labors) ähneln, befinden sich im Südosten des Landes, vor allem in Richtung Diyarbakir, Van und Lice sowie um Istanbul herum.

Anfangs leitete der Konflikt in Ex-Jugoslawien die Balkanroute, die eine echte »Narko-Pipeline« für Europa ist, nach Norden hin um. 1992 wurde die Konfliktzone auch im Süden umfahren. Die TIR-Lastwagen nahmen bis Istanbul den gleichen Weg wie in der Vergangenheit. Nach der Überquerung des Bosporus fuhren sie jedoch in Richtung Westen nach Griechenland bis zu den Häfen von Piräus oder Patras. Dort schifften sie sich auf Fähren ein und gingen schließlich an der italienischen Adriaküste von Bord. 1992 wurden in den ersten neun Monaten 600 Kilogramm Heroin mit Ziel Europa in Istanbul beschlagnahmt; davon sollten 320 Kilogramm die südliche Meeresroute und 280 Kilogramm die Nordroute nehmen. Beschlagnahmungen am anderen Ende der Reise bestätigen diese Tendenz. Im März 1992 wurden im Abstand von 14 Tagen jeweils 71 Kilogramm und 62 Kilogramm Heroin bei zwei Aktionen im Hafen von Bari, im Süden Italiens, in zwei Lastwagen auf griechischen Fähren sichergestellt. Anfang Juli 1992 konfiszierte die italienische Polizei in Triest, im Norden Italiens, 48 Kilogramm reines Heroin, das in Izmir wiederum in TIR-Lastwagen eingeschifft wurde, ohne überhaupt Istanbul zu passieren. Es kam über das Meer aus Syrien und vom südtürkischen Hafen Mersin aus weiter auf dem Landweg. 1991 gelang es bei acht Sicherstellungen in Triest, 400 Kilogramm Heroin aus dem Verkehr zu ziehen. Unter anderem landete ein mit Äpfeln und 138 Kilogramm Heroin beladener Lastwagen, der per Schiff aus dem griechischen Hafen Patras kam, in Bari. Die Vorliebe der Drogenhändler für den Seeweg erklärt sich außer mit dem Krieg in Jugoslawien mit den wenigen Kontrollen, die sie so in Kauf nehmen müssen, im Vergleich zur Landroute durch Zentraleuropa.

Weiter nördlich eröffnet die Auflösung des sowjetischen Blocks den Drogenhändlern neue Wege zum Balkan und auch Wege, ihn zu umgehen. Von Istanbul aus führt ein neuer Seeweg zum rumänischen Hafen Konstanza am Schwarzen Meer, und ein anderer meidet den Balkan und führt nach Odessa oder bis zur Krimhalbinsel und dann weiter über Weißrußland nach Polen.

Kokainkonsum

Die Türkei – an erster Stelle Istanbul – ist heute ernsthaft von der Drogenabhängigkeit betroffen, die in der Vergangenheit noch keine Rolle spielte. Nach verschiedenen Erhebungen vor Ort im Oktober 1992 zählt die wirtschaftliche Hauptstadt des Landes mehr als 100 000 Drogenabhängige, wovon etwa die Hälfte Heroinabhängige sind. Die anderen nehmen Kokain oder inhalieren Lösungsmittel. Um diesem Problem zu begegnen, das die Antidrogenbehörden des Landes nicht zur Kenntnis nehmen wollen, herrscht völliger Mangel an sozialen und medizinischen Maßnahmen. Das Krankenhaus von Bakirköy in Istanbul mit seinen 35 Betten für Heroinabhängige ist die einzige Pflegeeinrichtung für Drogenabhängige in der ganzen Türkei.

Kokain, dessen unerschwinglicher Preis zu sinken beginnt, wird in einer orientalischen Pfeife geraucht, nachdem es erhitzt und mit Ammoniak vermischt worden ist. Außerdem inhalieren immer mehr Jugendliche zwischen zwölf und 16 Jahren Lösungsmittel. Diese Drogenabhängigen gehen auf das starke wirtschaftliche Wachstum sowie auf den durch die Landflucht verursachten demographischen Boom zurück. Die althergebrachten sozialen Strukturen der Stadt, in der heute über zehn Millionen Einwohner leben, sind diesem Prozeß nicht gewachsen. Istanbul, eine Transitstadt, ist zu einem teilweise offenen Drogenmarkt geworden. Türken, Kurden und iranische Flüchtlinge, die den Markt beherrschten, sehen sich nun im Wettbewerb mit Gambiern, Ghanesen, Tansaniern oder Nigerianern. Es sind meist junge Leute, denen die ökonomische Situation in ihren Herkunftsländern keine Perspektive bietet und die von den Gewinnspannen auf dem neuen türkischen Heroinmarkt angezogen werden. 1991 sind ein Tansanier und ein Nigerianer an einer Überdosis gestorben, weil sich in ihren Mägen mit Heroin gefüllte Plastikkügelchen öffneten. Im April 1992 ermöglichte eine großangelegte Polizeiaktion die Festnahme von 450 Afrikanern. Alle mußten jedoch wieder freigelassen werden, da man bei ihnen keine Drogen finden konnte. Ein Antidrogenpolizist aus Istanbul hat gegenüber OGD die Machtlosigkeit der Spezialeinheiten gegenüber diesen neuen Dealern bekannt. Sie benutzen ihre Mägen nicht nur, um das Heroin einzuführen, sondern auch während des Weiterverkaufs: Im Falle einer Festnahme verschlucken sie die Kügelchen auf der Stelle.

Die PKK und die Droge

Die marxistisch-leninistische kurdische Arbeiterpartei PKK führt seit 1984 einen bewaffneten Unabhängigkeitskrieg im Südosten des Landes. Diese Organisation ist bekannt durch die vielen blutigen terroristischen Aktionen gegen die Ordnungskräfte und die Zivilbevölkerung. Die neue politische Führung, die aus den vorgezogenen Parlamentswahlen vom 20. Oktober 1991 hervorgegangen ist, hat sich mit Süleyman Demirel an ihrer Spitze zum ersten Mal offen gegenüber der PKK gezeigt und eine »kurdische Wirklichkeit« anerkannt. Die Staatsorgane sind ihr jedoch nicht gefolgt und haben sich für die Unterdrückung entschieden, wobei ihre Methoden denen der PKK ähneln.

Es scheint, daß sich die PKK in dieser Spirale von Gewalt und Nachfrage nach Waffen und Ausrüstung, die mit ihr einhergeht, immer stärker am Drogengeschäft beteiligt. Mehrere Anzeichen sprechen dafür: Bis Mai 1992 besaß die PKK ein Ausbildungslager in der libanesischen Bekaa-Ebene, dem Hauptzentrum für Produktion und Umwandlung von Drogen im »Land der Zedern«, und führt ihren Unabhängigkeitskrieg inmitten der Zone für die Umwandlung der Morphinbase in der Türkei; sie kontrolliert ebenfalls teilweise die Grenzregionen zum Iran, Irak und zu Syrien, durch die das Heroin oder die Morphinbase aus dem Goldenen Halbmond oder dem Libanon eingeführt wird; schließlich gibt es die Festnahmen von Mitgliedern der Organisation, die in den Drogenvertrieb in Europa verwickelt waren (unter anderem in Spanien, Frankreich, Deutschland und den Niederlanden). Nach dem letzten »vertraulichen« Bericht der Geheimdienste des Innenministeriums und der türkischen Antidrogenkräfte an den Premierminister, der sich ebensosehr auf Informationen aus türkischen wie aus europäischen Kreisen stützt, sind mehr als 50 Mitglieder der PKK in der Türkei und Europa wegen Drogenhandels verhaftet worden. Der Bericht gibt ausführlich die Aussagen von mehreren Mitgliedern der PKK wieder und beschreibt ihre Methoden, die verwickelten Personen und die für den Drogenhandel benutzten Wege.

Selbst wenn die Unabhängigkeitsorganisation daran beteiligt ist, kann jedoch nicht behauptet werden, wie dies der fragliche Bericht tut, daß seit November 1992 der Drogenhandel im Süden der Türkei von der PKK gesteuert wird. Da die PKK nur einen begrenzten Teil kontrolliert, verfügt sie auf keinen Fall über die Mittel, sich das Monopol zu sichern. Bisher unbewiesen ist die noch weitergehende Annahme, daß die PKK Abkommen mit örtlichen oder nationalen Paten getroffen hat, um sich seinen Teil am Drogengeschäft zu sichern. Letztendlich geschieht die Denunziation mit System, es gibt dafür kaum Beweise. Noch schlimmer wiegt, daß einige türkische Zeitungen keine Bedenken haben, den Erfüllungsgehilfen der türkischen Militärpropaganda gegenüber der PKK – die heute selbst durch ihre Methoden diskreditiert ist – zu spielen, indem sie Angaben ohne jeden Beweis übernehmen oder Informationen manipulieren. Im September 1992 veröffentlichte die französische Zeitschrift ›L'Express‹ eine Untersuchung über die Balkanschmuggelroute unter dem Titel ›Das Heroin kam aus dem Balkan‹ und betonte die Bedeutung dieser Strecke für Europa. Auch wenn Namen von PKK-Kämpfern erwähnt wurden, die in Europa wegen Drogenhandels festgenommen wurden, so war doch keine Rede von einer Verwicklung der Gruppe selbst in Produktion und Drogenhandel. Der Artikel erwähnte im wesentlichen die türkischen und kurdischen Mafias. Am 23. September 1992 druckte die türkische Zeitschrift ›Tempo‹ den Text aus ›L'Express‹ ohne Quellenangabe noch einmal ab. Diesmal tauchten die kurdischen und türkischen Mafias nicht mehr auf; sie wurden im ganzen Artikel systematisch durch die PKK ersetzt, die zugleich für 80 Prozent des in Europa konsumierten Heroins verantwortlich gemacht wurde. Die Verantwortlichen in der türkischen Antidrogenhierarchie haben bei der Lektüre des Textes angesichts dieser »Montage« keineswegs gestutzt, sondern haben die Schlußfolgerungen allen Ernstes für richtig erklärt. Obwohl die PKK zweifellos eine Rolle in Drogengeschäften spielt, bleibt unklar, wie und in welchem Maße sie darin verwickelt ist. Und dienen die Einkünfte aus dem Drogenhandel zum Waffenkauf? Türkische Forscher, die annehmen, daß die PKK in Drogengeschäfte verwickelt ist, sind vielmehr der Auffassung, daß die daraus erwirtschafteten Profite nicht ausreichen, um die Bewaffnung zu finanzieren, sondern höchstens, um den Alltagsbedarf der Organisation zu decken.

Die Türkei klagt Irak und Syrien an

Die Türkei, die von den großen westlichen Mächten unterstützt wird, rühmt sich schon seit einiger Zeit ihrer Erfolge im Kampf gegen die Drogen. So konnten türkische Behörden Anfang 1993 mit Hilfe der US-Amerikaner die bislang weltweit größte Menge Heroin aus dem Verkehr ziehen, als nördlich des Suez-Kanals 14 Tonnen an Bord des Frachters ›Lucky Star‹ sichergestellt wurden. Gleichzeitig hütete sich die Türkei, ihre Nachbarländer namentlich wegen ihrer Verwicklung in Drogengeschäfte anzuklagen. Der oben zitierte Bericht der Zeitschrift ›L'Express‹ scheint einen Wandel anzudeuten, weil er deutlich den syrischen Geheimdienst (EL Moukhabarat) als Lieferanten von Heroin nennt, das im Bekaa-Tal umgewandelt wird und dessen Transport dann von der PKK-Guerilla übernommen wird. Weiter nennt der Bericht auch den Iran, wo die PKK bei Urmia, 50 Kilometer vor der türkischen Grenze, Heroinlabors unterhalten soll. Die PKK profitiere dabei ihrerseits von verschiedenen Mitteln, die von der »iranischen Nationalgarde« (Pasdaran) zur Verfügung gestellt würden. Ein hoher Verantwortlicher der türkischen Drogenpolizei hatte bereits anonym gegenüber ODG erklärt, daß der US-amerikanische Druck auf die Syrer der Grund für das plötzliche Anwachsen der Haschischbeschlagnahmungen (etwa 15 Tonnen 1992 gegenüber 3,5 Tonnen 1991) sei. Die Syrer sind nämlich verpflichtet worden, ihre Schützlinge im Bekaa-Tal zu zwingen, die Vorräte aufzulösen. Dadurch haben sich sowohl der Haschischfluß durch die Türkei wie die beschlagnahmten Mengen erhöht. Der Vertreter der türkischen Antidrogenbehörde spielte mit Zahlen, ohne die Verwicklung des Nachbarlands in den Drogenhandel direkt zu erwähnen: »Letztes Jahr [1992] haben wir eine Tonne Heroin beschlagnahmt und die Syrer ein Kilogramm.«

Die türkische Polizei hat 1992 ihre Anstrengungen in der Drogenbekämpfung verstärkt. Zu diesem Zweck erwarb die Regierung auch Aufklärungsflugzeuge, die ursprünglich dazu bestimmt waren, jegliche terroristische Infiltration zu verhindern. Aber nach Meinung türkischer Experten können diese Flugzeuge auch im Kampf gegen Drogen nützlich sein, so wie sie bereits die US-Drogenbehörde DEA an der Südgrenze der USA einsetzt. Paradoxerweise könnten die vermehrten Beschlagnahmungen und eingesetzten Mittel vergeblich sein. Die parallel zum Antidrogenkampf betriebene militärische Bekämpfung der Unabhängigkeitsbestrebungen und des Terrorismus der PKK muß von der Regierung irgendwie finanziert werden. Der Drogenhandel trägt bereits seinen Teil dazu bei, und es ist sehr wahrscheinlich, daß dies noch zunehmen wird. Zumindest dann, wenn der Aufruf zu einem Waffenstillstand, der im März 1993 aus dem libanesischen Bekaa-Tal von Abdullah Oçalan alias »Apo«, dem Gründer und Chef der PKK, erfolgte, nicht zu einer wirklichen Feuereinstellung führt. Ein solches Ereignis würde zwar die Zunahme des Drogenhandels nicht stoppen, aber seine Rahmenbedingungen wesentlich verändern.

Libanon und Syrien

Obwohl Drogenproduktion und Drogenhandel unentwirrbar mit dem Krieg verbunden gewesen sind und während des sechzehn Jahre dauernden Libanonkonfliktes immer mehr zugenommen haben, bedeutet das Ende der Kampfhandlungen für sie nicht auch das Aus. Die Karten wurden jedoch neu verteilt. Ausnahmslos alle Kriegsparteien beteiligten sich über fünfzehn Jahre lang am Drogenhandel, um ihre Ausrüstung zu finanzieren, was zur Ausbreitung der Drogensucht im Libanon führte. Nach dem Abkommen von Taëf im Oktober 1989 am Ende des Krieges, das die Niederlage des Generals Aoun und die Entwaffnung der Milizen besiegelte, haben die syrischen Militärs ihre Vormachtstellung auf libanesischem Territorium ausgenutzt, um insbesondere ihre Kontrolle über Drogenproduktion und Drogenhandel zu verstärken, vor allem in der Bekaa-Ebene und im Osten des Landes. Zudem hat ihnen der Zugriff auf einige libanesische Mittelmeerhäfen den Seeweg zu den europäischen Märkten noch weiter geöffnet.

Aber das gegen Ende der achtziger Jahre vorherrschende Chaos macht allmählich einer schwierigen Restauration der libanesischen Staatsmacht unter syrischer Vormundschaft Platz, was es der internationalen Gemeinschaft erleichtert, die Schuldigen, darunter die syrischen Militärs, auszumachen. Diese müssen ihren guten Willen im Kampf gegen den Drogenhandel demonstrieren, um den – sicherlich zaghaften – Anschuldigungen der westlichen Drogenkonsumländer, allen voran der USA, etwas entgegensetzen zu können.

Echte und falsche Antidrogenkampagnen

Ende des Jahres 1991 lassen sich sowohl Beschlagnahmungsaktionen sowie medienwirksame Kampagnen der Vernichtung von Schlafmohn- und Cannabisfeldern verzeichnen. Als der syrische Geheimdienst, der von der libanesischen Gendarmerie unterstützt wird, im September 1991 bekanntgab, an einem Tag 400 von 2000 Hektar erntereifen Cannabis in einer Region vernichtet zu haben, in der auf insgesamt 12 000 Hektar Cannabis wächst, stellte ein OGD-Korrespondent vor Ort fest, daß höchstens fünf Hektar wirklich in Rauch aufgegangen sind. Wenn die Bauern auch von den nicht ernsthaft durchgeführten Zerstörungen profitieren, so müssen sie andererseits eine Steuer für die »Nichtzerstörung des Anbaus« entrichten, die zu dem »Zehnten« hinzukommt, den sie üblicherweise an syrische Beamte zahlen. Im Dezember 1991 verbrannten 18 Kilogramm Heroin, 40 Kilogramm Kokain und mehrere Tonnen Haschisch im Scheinwerferlicht. Dies geschah aufgrund eines Berichtes der US-Drogenbehörde DEA, den diese der syrischen Regierung im Herbst überreichte und der für die Militärs und den Geheimdienst des Generals Assad überaus kompromittierend war. Im Januar 1992 listete ein anderer US-amerikanischer Bericht im einzelnen 30 Heroinlabors, ihren genauen Standort, die Namen der Verantwortlichen und die Transithäfen auf. Darin waren zahlreiche Beweise und Namen enthalten, die die sehr weitreichende Verwicklung hoher syrischer Militärs in den Drogenhandel im besetzten Libanon nachweisen konnten. Dieser Bericht erwähnt den General Ghazi Kanaan, gefolgt von sechzehn Namen von Drogenhändlern, die unter seinem Schutz stehen. Dazu zählt der Bürgermeister eines Bezirks von Baalbek. Der Chef der politischen Sicherheitsdienste der syrischen Armee in Jdaïde, Mohamad Khayr Malli, deckt mindestens drei aufgeführte Libanesen. Drei weitere Drogenhändler werden nach Angaben der DEA vom Chef der syrischen Militäroperationen in Reyak, Samir Kanaan, kontrolliert und protegiert. Schließlich soll der Oberst Mohamad Chaar, ein im Nordosten des Landes stationierter syrischer Offizier, fünf in dem Bericht erwähnte Drogenhändler unter seinen Einfluß gebracht haben.

Da die traditionellen Schmuggelrouten, die über die libanesischen Häfen führten, vielfachen Angriffen ausgesetzt sind und damit zu gefährlich geworden sind, kam es zur Konkurrenz mit dem Transport über die Landwege. Nach Erkenntnissen der libanesischen Kriminalpolizei hat der Wiederaufbau der staatlichen Autorität direkten Einfluß auf die Wahl der Drogenrouten. Um ihre These zu belegen, breitet sie Zahlenmaterial aus. So sollen bis vor kurzem noch 75 Prozent des Drogenhandels über die Häfen abgewickelt worden sein im Vergleich zu 20 Prozent auf dem Landweg und fünf Prozent auf dem Luftweg. Dagegen haben 1991 rund zwei Drittel der Drogen den Libanon auf dem Landweg verlassen, nur ein Drittel über den Seeweg und fünf Prozent auf dem Luftweg. Unter den Landrouten erwähnen die US-Amerikaner eine, die zum Flughafen von Damaskus führt... Diese neue Schmuggelroute könnte auf den Rückzug der Syrer von bestimmten Aktivitäten hinweisen, die mit Drogenhandel zusammenhängen. Ein DEA-Bericht, der die Existenz eines Drogenlabors in Aleppo im Norden Syriens anführt, hat diese Hypothese teilweise untermauert.

Jedoch änderte Syrien zwischenzeitlich die Strategie und schob den wenig schmeichelhaften Titel eines terroristischen Staates beiseite. Im Zuge des Golfkrieges ist dieses Land zu einem nicht unerheblichen Trumpf im Mittleren Osten bei der Neuverteilung der Karten nach dem Kalten Krieg geworden. Damaskus, immer ein »brüderlicher Feind« des Baath-Regimes im Irak, war ein Hauptbestandteil der Friedensverhandlungen, die im Oktober 1991 in Madrid begonnen haben.

Drogen im Tausch gegen Frieden

Im Frühling 1992 wurde die allzu offensichtliche Verwicklung des neuen Washingtoner Verbündeten Syrien in die Drogenproduktion immer untragbarer, vor allem für das NATO-Mitgliedsland Türkei, das eine Drehscheibe auf der Balkanroute ist. Ende Februar 1992 erklärte der damalige US-Präsident George Bush in einem Memorandum an den Staatssekretär, es sei »im nationalen Interesse der USA sicherzugehen«, daß der Libanon als Drogenproduzent und Transitland an der Drogenbekämpfung teilnimmt. Er betonte aber, daß Syrien wie Afghanistan, Birma oder der Iran noch immer nicht die notwendigen Maßnahmen gegen den Drogenhandel ergriffen hätten.

Den Syrern blieb nichts anderes übrig, als zu handeln. Im Mai 1992 bot sich die Gelegenheit zu der ersten wirklichen Zerstörungskampagne in der Bekaa-Ebene. Eine im August im Bekaa-Tal durchgeführte Untersuchung von OGD konnte die tatsächliche Zerstörung der Anbauflächen feststellen, die in der Vergangenheit die Ebene bis zu den Zufahrten zu den großen Landstraßen bedeckten. Die libanesische Kriminalpolizei bestätigte, daß 70 Prozent der illegalen Anbauflächen zerstört sei, und fügte hinzu, daß sich die meisten der verschonten Kulturen im Norden des Bekaa-Tals befinden. Es ist nicht bekannt, ob in diesen 70 Prozent auch jene Kulturen enthalten sind, die durch die heftigen Schneefälle im Winter 1991 schwer geschädigt wurden. Eine Delegation der UN-Drogenbehörde (UNDCP) unternahm in Begleitung von in Syrien stationierten DEA-Beamten und syrischen Geheimdienstkräften eine Rundreise durch das gesamte Bekaa-Tal, wonach sie versicherten, »keine einzige Pflanze« entdeckt zu haben. Auch die Einwohner von Baalbek bestätigen die Zerstörungsaktion, sind aber mit Blick auf die zukünftige Entwicklung überaus skeptisch: Sie sind der Meinung, daß unter den gegebenen ökonomischen Verhältnissen der Schlafmohn im Sommer 1993 schöner denn je blühen wird, falls der US-amerikanische Druck nachlassen sollte.

Da die libanesischen Bauern die ersten Opfer der Zerstörung der Schlafmohnfelder sind, werden sie den Mohnbauern des Goldenen Halbmonds, die schon seit langem die libanesischen Drogenhändler mit Morphinbase beliefern, ermöglichen, ihre Produktion auszuweiten oder zumindest ihre Lagerbestände abzusetzen. Tatsächlich importiert der Libanon wegen der relativ bescheidenen örtlichen Opiumproduktion den Rohstoff aus Südostasien. Die Zerstörung der Felder tangiert in keiner Weise weder die Labors zur Umwandlung des Rohstoffes noch die Lagerstätten. Im Gegenteil, die Vernichtung von Kulturen kann dazu führen, daß nicht wenige in die Rohstoffumwandlung investieren und damit die bereits zahlreichen Labors im Libanon vermehren. Die Umwandlung des Rohproduktes ist nicht nur lukrativer als der Anbau, sie bietet den Syrern darüberhinaus einen weiteren Vorteil: Sie kann ganz im Unterschied zum Anbau im Verborgenen geschehen. Mit anderen Worten – die Syrer konzentrieren sich auf den nicht sichtbaren, jedoch rentableren Teil der Produktion von Opiumderivaten und nehmen somit als neuer Verbündeter »Rücksicht« auf die Sorge der US-Regierung.

Die USA lassen sich nicht so leicht täuschen, verweisen aber auf ihren Erfolg, daß Syrer und Israelis zusammen am Verhandlungstisch sitzen. Es fragt sich, ob es wirklich ein durchschlagender Erfolg war, wenn man sich die Entwicklung des Friedensprozesses vor Augen führt. Die Syrer traten als Vertreter der arabischen Seite im Oktober 1991 in Madrid unnachgiebig auf. Im Frühling 1992 weigerte sich die syrische Regierung sogar, an der Fortsetzung der multilateralen Verhandlungen in Moskau teilzunehmen. Im Sommer 1992 kam es jedoch zu einem überraschenden Einlenken, wobei die Regierungsübernahme durch die Arbeiterpartei in Jerusalem sicherlich eine

Rolle spielte. Aber angesichts der schweren Auseinandersetzungen zwischen Syrien und dem hebräischen Staat ist es vorstellbar, daß der US-amerikanische Druck Damaskus zum Verhandeln bewegte – unter anderem durch die Vorlage eines sehr kompromittierenden Berichts oder einfach durch den Hinweis darauf, daß ein solcher existiert: über Drogenschmuggel zum Beispiel.

Nachdem der Drogenhandel zunächst vom Krieg profitierte und sich in dieser Region entfalten konnte, so nutzte ihm 1992 dann der Frieden. Im September 1992 übte der israelische Geheimdienst Mossad auf die US-Regierung Druck aus, den Bericht der Kerry-Kommission des Senats über die Verwicklungen des syrischen Geheimdienstes zurückzuhalten, um jegliche Irritation im zerbrechlichen Friedensprozeß zu vermeiden. Der israelische Geheimdienst besitzt seinerseits Informationen über die Anbaugebiete, die Laborstandorte, und die Beteiligung der Syrer am Drogengeschäft. Von der Veröffentlichung dieser ebenso präzisen wie kompromittierenden Informationen wurde zu Beginn des Jahres 1993 abgesehen. Noch kurz zuvor bezeichnete Israel den syrischen Präsidenten Hafez El-Assad als »blutigeren Diktator als Saddam Hussein«, Syrien als »schlimmsten Feind des Staates Israel« und die syrischen Offiziere als »Hauptdrogenhändler im Libanon«.

Die Bilanz des Jahres 1992: 3,4 Tonnen Drogen gegenüber 2,3 Tonnen im Jahr zuvor sind beschlagnahmt worden. Anfang Januar 1993 stellte die Gendarmerie (FSI) acht Tonnen Haschisch – eine Rekordmenge im Libanon – im Hafengebiet von Beirut sicher. Die Lastkraftwagen, die die Droge transportierten, kamen aus dem Bekaa-Tal. Zu diesem Vorfall kommen Berichte sowohl von Bauern aus der Region wie von Sicherheitskräften hinzu, nach denen mehr oder weniger geheime Depots mit der Ernte vergangener Jahre existieren, und zwar in dem Gebiet, das von den Syrern seit 1976 am stärksten kontrolliert wird.

Kokainlabors

Die aus der Andenregion Lateinamerikas kommende Kokainbase wird nach wie vor in Dutzenden von Labors im Chouf-Gebirge und in der Bekaa-Ebene verarbeitet. Am 26. September 1991 beschlagnahmten syrische Soldaten 550 Kilogramm der Kokainbase in der Nähe von Zahlé. Acht Tage zuvor hatten Hunderte von schiitischen Dorfbewohnern aus Chmestar mit Kalaschnikows und Raketenwerfern gegen die Anklage des Generals Mehdi Hajj Hassan, Sicherheitschef des Beiruter Flughafens, protestiert. Ein Passagier aus São Paulo, der versucht hatte, 12 Kilogramm Kokain in das Land einzuführen, belastete Hassan. Der Drusenchef und Staatsminister Walid Joumblatt kam ihm am 16. September zu Hilfe, als er erklärte, daß »drei Viertel der Führungsschicht und der Regierung in den Drogenhandel verwickelt sind und man nun den General Hajj Hassan zum Sündenbock abstempeln möchte.« Am 9. Januar 1992 beschlagnahmte der französische Zoll 150 Kilogramm Kokainbase aus Kolumbien, die für den Libanon bestimmt waren, vor der Küste von Le Havre. Die Base war in der Ummantelung von Geldschränken verborgen. Ein Verantwortlicher der französischen Zollbehörden erklärte anonym gegenüber OGD, daß die französische Küstenwache Schlafmohnsaatgut sicherstellte, das für Kolumbien bestimmt war. Hierbei handelte es sich um ein neues Geschäft zwischen kolumbianischen und libanesischen Drogenhändlern: Kokainbase gegen Schlafmohnsamen. Dieses von den Kolumbianern sehr begehrte Saatgut wird in großem Stil für die Opiumproduktion genutzt, insbesondere in den Regionen der Südanden, wo die Schlafmohnkulturen über das Versuchsstadium hinaus sind und nun tausende Hektar bedecken.

Die Drogenbekämpfung im Libanon ist – wie anderswo auch – von momentanen ökonomischen, politischen und geostrategischen Interessen bestimmt. USA hätte Syrien wegen seiner Schlüsselrolle im Drogenhandel nicht angeklagt, wenn dieses Land nicht eine überragende Bedeutung in der Geopolitik des Mittleren Ostens haben würde. In einer Zeit der Friedensgespräche, fehlender regionaler Führungsmacht und angesichts eines von Saddam Hussein geführten Iraks ist der neue Verbündete zweifellos einige Kompromisse wert.

Bleibt die Frage, ob unter syrischer Vormundschaft die libanesische Entschlossenheit im Kampf gegen die Drogen größer sein wird als in der Vergangenheit. Abgesehen von Korruption und Verwicklung hoher Politiker in das Drogengeschäft, die jeden ernstgemeinten Versuch eines Antidrogenplans belasten, muß man mögliche wirtschaftliche Konsequenzen der Regierungsübernahme von Rafic Hariri im Oktober 1992 abwarten. Vier Monate nach seinem Amtsantritt hat der saudiarabisch-libanesische Milliardär einige politische Wegmarken gesetzt. Zunächst weigerte er sich, die 415 von Israel im Dezember 1992 ausgewiesenen Palästinenser aufzunehmen. Dann startete er die Operation »Faustschlag«, die am 27. Dezember gemeinsam von der libanesischen Gendarmerie und Armee, »unterstützt von syrischen Kräften«, in sieben Ortschaften im Nordlibanon, im Bekaa-Tal und im Chouf-Gebirge durchgeführt wurde. Dabei konnten 100 Personen festgenommen sowie Drogen, Waffen und falsche Dollarnoten sichergestellt werden. Die mit seiner Amtseinsetzung verbundene Euphorie ist jedoch am Schwinden, da der wirtschaftliche Aufschwung auf sich warten läßt. Und die ökonomische Lage der Bauern der Bekaa-Ebene wird wohl kaum eine der Hauptsorgen des neuen Regierungschefs sein, dem es vor allem um den Wiederaufbau Beiruts und um Investitionen im Immobiliensektor geht. Schließlich fand bereits im Oktober 1992 ein französisch-libanesisches Treffen, gefolgt von einem Kongreß der UN-Drogenbehörde (UNDCP) zur Drogensituation im Libanon, statt. Trotz dieser Veranstaltungen mit den überschwenglichen Erklärungen der Machthaber zum Drogenproblem fragt man sich zu Recht, ob die Drogenbekämpfung überhaupt Chancen hat, ein vorrangiges Regierungsziel zu bleiben.

Marokko

Marokko ist 1992 mit einer geschätzten Jahresproduktion von über 150 Tonnen Haschisch (Cannabisharz) das weltweit viertgrößte Ausfuhrland dieser Droge und dabei der wichtigste Zulieferer für den französischen und spanischen Markt. Der Schmuggel geht über drei Verbindungsrouten: Die erste verläuft von den großen marokkanischen Städten zu den kleinen Buchten und Schlupfhäfen der Mittelmeerküste oder durch die spanischen Enklaven Ceuta und Melilla; die zweite Route führt über Algerien und Tunesien und die dritte durch Schwarzafrika. Neu ist, daß seit einigen Jahren Heroin und Kokain auch über einige traditionelle Haschischrouten nach Europa geschmuggelt werden.

Die marokkanischen Händler spielen seit Ende der achtziger Jahre in Afrika eine große Rolle im Kokainschmuggel. Die südamerikanischen Kartelle beliefern einen marokkanischen Schmuggelring, der sehr aktiv ist und unabhängig von den ghanesischen und nigerianischen Drogenringen arbeitet. Dieses Phänomen spiegelt sich in den Statistiken über die weltweiten Beschlagnahmungen, die die aktivsten nationalen Gruppen aufführen. Wurden 1989 bei 23 Marokkanern 56,4 Kilogramm Kokain sichergestellt, waren es 1991 bei 36 marokkanischen Schmugglern schon 169,6 Kilogramm. Zum Vergleich: 1991 wurden bei 147 Nigerianern weltweit 89,1 Kilogramm Kokain beschlagnahmt. Die Fluggesellschaft Royal Air Maroc stellte 1992 ihren wöchentlichen Verbindungsflug zwischen Rio de Janeiro

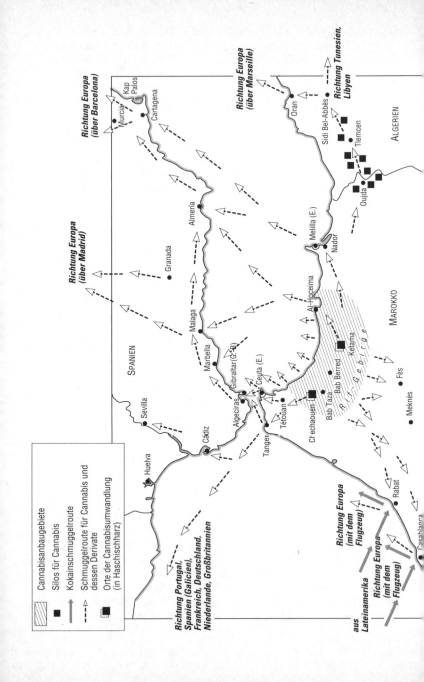

und Casablanca ein, wahrscheinlich als Versuch, diesen Drogenschmuggel zu beschränken. Marokkanische Einwanderer in den Niederlanden sind vor allem in der Verteilung von Heroin aus Südostasien aktiv, was sich ebenfalls in den Statistiken über die weltweiten Beschlagnahmungen niederschlägt: 1989 wurden 103,464 Kilogramm Heroin bei 51 marokkanischen Staatsbürgern beschlagnahmt; 1991 waren es 211,759 Kilogramm bei 83 Marokkanern.

Die Cannabisrouten

Die Cannabisanbaugebiete befinden sich traditionell in dem von Armut geprägten Rif-Gebirge. 1926 legalisierte die französische Kolonialmacht den Cannabisanbau im Norden Marokkos, um die jüngst unterworfenen Berberstämme des Rif zufriedenzustellen, und überließ die Produktion der Kontrolle der marokkanischen Verwaltungsstelle für Kif und Tabak. Die Steuereinnahmen aus dem Kif (eine Mischung aus Tabak und Haschisch, wobei das Wort »Kif« auch für reines Haschisch benutzt wird) wanderten in die französischen Staatskassen. Erst 1954, am Vorabend der Unabhängigkeit Marokkos, verbot Frankreich das Cannabis wieder. Am 19. Januar 1979 wurde laut Verordnung Nummer 1–69–246 Marokko das Recht zugesprochen, das Monopol der oben erwähnten Verwaltungsstelle wahrzunehmen – eine Berechtigung, die für die gegenwärtige Verwirrung über legale und illegale Kulturen im Rif-Gebirge sorgt.

Seit einigen Jahren expandieren die Anbauflächen ungebremst. 1986 waren es 25000 Hektar, 1992 schon mindestens 30000 Hektar, auf denen ungefähr 15000 Tonnen Cannabis für die Haschischproduktion wachsen. Ende 1992 sprachen die marokkanischen Behörden sogar von 50000 Hektar. Der Ertrag dieser Anbauflächen bringt den Händlern erhebliche Profite ein. Ein Kilogramm Cannabis wird zwischen 800 und 1200 Dirham (umgerechnet 150 DM bis 230 DM) gehandelt. Die Produktion wird vor allem in die kleinen Fabriken nach Chechaouen und Ketama gebracht und gelangt dann über die Städte Tétouan, Tanger, Oujda an der algerischen Grenze zu den spanischen Enklaven Ceuta und Melilla, nach Fès im Landesinnern und Casablanca. Von diesen Verbindungsstädten wird die Droge in Form von Haschisch hauptsächlich nach Europa (Italien, Spanien, Frankreich, Niederlande, Belgien) weiterbefördert. Vor allem Lastkraftwagen mit Versteckmöglichkeiten oder Privatautos, die über Spanien fahren, sichern den Transport, der mitunter auch über den Luftweg abgewickelt wird. Ein Teil der Drogen wird direkt in die Häfen oder kleinen Buchten an der Mittelmeerküste des Rif gebracht. Von dort wird er in flachen Motor- oder Segelbooten, die mit Radar nicht aufgespürt werden können, aufs hohe Meer gebracht und auf größere Schiffe umgeladen. Die marokkanische Behörde gegen Drogenschmuggel und Betäubungsmittelmißbrauch stellte 1992 mehr als 47 Tonnen Cannabisharz sicher und nahm 10833 Drogenhändler fest, unter denen sich zahlreiche ausländische Staatsangehörige befanden.

Schon vor Öffnung der algerischen Grenze gab es einen bedeutenden Schmuggel zwischen Marokko, Algerien, Tunesien und Libyen. Das Cannabis wird auf beiden Seiten der marokkanisch-algerischen Grenze gelagert. Zwischen Oujda, Tlemcen, Sidi Bel-Abbès soll es etwa 150 Silos geben. Auf zahlreichen Wegen wird die Ware auf dem Rücken von Maultieren und Pferden über die Grenze hin und her gebracht und gelangt von dort in die übrigen Maghrebstaaten. Der größte Teil geht jedoch auf Großschiffen von den Häfen in Algier, Oran und Annaba aus nach Europa (Marseille, Sète, Le Havre, La Spezia, Rotterdam, Bremen), Nordamerika (Boston, Montreal) und Japan (Osaka).

Dieser Schmuggel hat ökonomische, soziale und politische Folgen für die Rif-Region, aber auch für den marokkanischen Staat, seine Randgebiete und die Nachbarländer. Im marokkanischen Rif herrscht eine schwierige soziale und politische Situation. Die Region wird von Berberstämmen bewohnt, die, obwohl sie sich auf staatlicher Seite am Unabhängigkeitskampf ihres Landes gegen die spanische und französische Kolonisation in der ersten Hälfte des 20. Jahrhunderts beteiligten, gegenüber der Zentralgewalt (maghzen) ihren Unabhängigkeitswillen demonstrieren. Die Beamten des Königreichs sind nicht in der Lage, diese Volksgruppen zu kontrollieren. Zudem leben sie in einer armen und abgeschiedenen Gebirgsregion, in der über 87 Prozent der Beschäftigten in der Landwirtschaft arbeiten. Obwohl die Bauern ihre Lebensbedingungen durch den Cannabisanbau verbessern konnten, werden sie jedoch kaum reich, da die größten Gewinne die Drogenhändler machen. Die Bauern des Rif sind überdies vollkommen von diesen Händlern abhängig, die ihnen ihre Ernte abkaufen und Kredite bewilligen, wenn sie verschuldet sind. Wenn sich die traditionelle Machtelite nicht ihrerseits am Drogengeschäft beteiligt, wird sie ihre Autorität gänzlich an diese Neureichen verlieren, die dieses Gebiet mehr und mehr unter Kontrolle haben.

Europäischer Druck

Das Königshaus wußte stets bestens über die Situation im Rif Bescheid, und Gerüchte in der Bevölkerung bestätigten, daß es daraus seine Vorteile zog. Mitte 1991 wurde jedoch die interministerielle Kommission zur Drogenbekämpfung, die bis dahin dem Gesundheitsministerium unterstand, dem Innenministerium zugeordnet. Seit Herbst 1992 scheint die Regierung Marokkos ihre Haltung in der Drogenbekämpfung deutlich zu ändern, wie zahlreiche Versammlungen und Erklärungen zeigen. Am 7. Oktober 1992, kurz vor den Kommunalwahlen am 16. Oktober, leitete König Hassan II. eine außerordentliche Regierungssitzung, an der die wichtigsten Minister und zahlreiche andere Verantwortliche teilnahmen. Themen dieses Gipfeltreffens waren die Drogenbekämpfung und die Auswanderung. Ein Bericht des Innenministers Driss Basri trug zur Entscheidung der Regierung vom 9. Oktober 1992 bei, nach langem Zögern die Konvention der Vereinten Nationen von 1988 zur Drogenbekämpfung zu ratifizieren und eine nationale Drogenbehörde einzurichten. Im selben Monat wurde eine 3000 Mann starke Abteilung, die sich aus Gendarmerie, Hilfstruppen und Zollbeamten zusammensetzte, ins Rif geschickt.

Warum handelte die cherifische Macht* genau zu diesem Zeitpunkt? Bis dahin hielten sich Frankreich und Spanien hinsichtlich der passiven Haltung der marokkanischen Behörden in Drogenfragen sehr zurück, weil sie ausgezeichnete Beziehungen zu einem Regime unterhielten, das sie als Gleichgewichtsfaktor in der Region ansahen. Im Januar 1993 erklärte ein auf Drogenbekämpfung spezialisierter Unteroffizier der französischen Gendarmerie während einer Schulung, an der ein OGD-Mitglied teilnahm, daß »der französischen Polizei praktisch untersagt wird, Spuren in Marokko selbst zu verfolgen«. Mehrere seiner Kollegen, die sich darüber hinwegsetzten, mußten vor den Toren einer Kaserne haltmachen, deren Kommandant verdächtigt wurde, Anführer eines Schmuggelringes zu sein. Seit nun 1993 das Schengener Abkommen in Kraft getreten ist, müssen die Verbündeten Marokkos die Rolle von Vermittlern der europäischen Partnerstaaten übernehmen. Insbesondere die Briten drängten schließlich auf Maßnahmen zur Begrenzung des Drogen-

---

* König Hassan II. gehört zur mächtigen Dynastie der Alaouiten, die sich als direkte Nachkommen des Propheten Mohammed begreift und den Ehrentitel »Cherif« tragen darf. Mehrere hundert Familien schmücken sich damit im heutigen Marokko. Vgl. Werner Herzog: Der Maghreb. Marokko, Algerien, Tunesien. München 1990, S. 112ff. (Anm. d. Übers.).

schmuggels und Zerstörung der Kulturen in den Anbaugebieten Marokkos, beunruhigt wegen des Drogentransits über Gibraltar in der Nähe von Rabat. Die öffentliche Meinung in Spanien, die durch eine beispiellose Medienkampagne zum Drogengeschäft auf der iberischen Halbinsel alarmiert war, übte in dieser Richtung ebenfalls Druck aus. Das Problem erschien um so dringlicher, da die Drogenhändler allem Anschein nach in die zunehmende Einschleusung illegaler Einwanderer von der afrikanischen Küste nach Spanien verwickelt sind. Auf einem französisch-spanischen Seminar am 28. und 29. September 1992 in Salamanca wurde über Mittel diskutiert, diesen zweifachen Zustrom aus Marokko einzudämmen. Am 4. Dezember trafen sich in London die Mitglieder der Trevi-Gruppe, der auch Marokko angehört. Rabat und Madrid vereinbarten, Verbindungsoffiziere in beiden Hauptstädten einzusetzen, um eine Zusammenarbeit in Gang zu bringen.

Ende Dezember 1992 richtete die marokkanische Regierung die Bitte an die Kommission der Europäischen Gemeinschaft, das für die Ortschaften in der Gemeinde Issaguen in der Nähe von Ketama und Chechaouen bereits ablaufende Entwicklungsprogramm auf das gesamte Rif auszudehnen. Dieses Projekt stützt sich insbesondere auf die Ersetzung der Cannabiskulturen durch legale Landwirtschaft wie Obstbaumplantagen und Viehzucht sowie auf die Errichtung von Gesundheitszentren und die Sicherung der Wasserversorgung. Marokko schätzt die Kosten der notwendigen Hilfe auf 1 Milliarde ECU (ca. 2 Milliarden Mark), wobei die EG für die Finanzierung bürgen müßte. Wenn auch einige Beobachter meinen, daß diese Maßnahmen nur dazu dienen, den Amerikanern und Europäern »Sand in die Augen zu streuen« und sie abzulenken, könnte aber auch die neue innenpolitische Lage die marokkanische Regierung zum Handeln bewegt haben.

Die Kif-Abgeordneten

Bei den letzten Kommunalwahlen in Marokko im Oktober 1992 kandidierten zahlreiche Drogenhändler. Ihr Ziel war nicht, sich mit der Leitung der Gemeindeangelegenheiten zu befassen, sondern einen legalen Schutzmantel zu haben, um ihre illegalen Geschäftsinteressen ungestörter verfolgen zu können. Die Wählerbefragung im Rif spielte sich in einer gänzlich von den Drogenhändlern korrumpierten Umgebung ab. Um sich wählen zu lassen, war den örtlichen Drogenbaronen jedes Mittel recht. Sie drohten den wahlberechtigten Kleinbauern, ihre Ernte nicht mehr zu kaufen, und konkurrierenden Kandidaten, sie physisch zu beseitigen. Sie machten auch keinen Hehl daraus, daß sie sich die Beihilfe der Exekutive und Legislative in den Gemeinden und der Provinz gekauft haben. Schließlich gelang es mehreren dieser neugewählten Drogenhändler ins Parlament einzuziehen, wo ein Drittel der Abgeordneten durch Wahlgremien gewählt wird, denen auch die Kommunalparlamentarier (neben Arbeitnehmer- und Arbeitgebervertretern) angehören. Somit wird die ökonomische Macht der Drogenbarone durch einen wachsenden politischen Einfluß gestärkt.

Diese neue Situation könnte königliche Macht in Zukunft gefährden, da sie eine politisch und sozial instabile Region betrifft, in der die Ungleichheiten zwischen Kleinbauern und Drogenhändlern zunehmen. Mit wem würde sich die Bevölkerung verbünden, wenn im Rif neue Konflikte ausbrechen? Die Handelsschicht in Fès und Casablanca ist beunruhigt über den Machtzuwachs einer neuen sozialen Schicht der Kleinhändler und Grundbesitzer, die durch Cannabisanbau reich geworden ist und ihr zunehmend Konkurrenz macht. Anders als die Groß- und Zwischenhändler im Drogengeschäft, die ihre Profite bevorzugt im Ausland anlegen, investieren diese durch Kif reichgewordenen neuen Unternehmer ihr Vermögen in mehreren Regionen Marokkos in produktive Bereiche (Fischfang und Landwirtschaft). Grund genug für die traditionellen Kaufleute, vor allem in der Abgeordnetenkammer die Karte der aktiven Drogenbekämpfung auszuspielen. Es gibt Informationen, nach denen dieser Druck den marokkanischen König veranlaßte, einige der Mehrheit nahestehende Parteienvertreter, die wegen Drogenhandels angeklagt sind – über 400 Kandidaten waren im Gespräch – vor dem Oktobertermin aus den Wahlverzeichnissen zu streichen. Mehrere Persönlichkeiten aus dem Norden Marokkos sollen sogar verhaftet worden sein, darunter der Herausgeber einer Zeitung, ein Abgeordneter und mehrere Unternehmer. Sie sollen der Nationalen Versammlung der Unabhängigen (RNI) und der Demokratischen Volksbewegung (MPD) angehören, die zusammen mit der Verfassungsunion die Regierungskoalition bilden. Einige Beobachter, vor allem Oppositionsvertreter, nehmen an, daß sich der König durch diesen »Rausschmiß« allzu lästiger Persönlichkeiten entledigt und damit gleichzeitig die Kritik der internationalen Gemeinschaft beschwichtigt hat. Allerdings gelang es ihm mit dieser Aktion nicht, die Situation im Rif zu bereinigen. Zahlreiche Drogenhändler wurden nicht von den Wahllisten gestrichen und sind heute Mitglieder in Gemeinderäten von Städten wie Tanger, Tétouan, Chechaouen und Al-Hoceima. Am 15. Januar

1993 wurde ein Stadtrat von Beni-Bounsar in der Provinz Tétouan wegen Besitzes von 168 Kilogramm Cannabisharz festgenommen. Dieser »Neugewählte« war Chef einer Bande, die Haschisch vom Rif über die spanische Enklave Ceuta nach Europa transportierte.

Mafiose Verbindungen

Die Schmuggelnetze sind immer besser strukturiert. So werden die für Transport, Lagerung und Verkauf zuständigen »Zwischenhändler« von »professionellen« Drogenhändlern kontrolliert, die zweifellos eine richtige lokale kriminelle Organisation aufgebaut haben, die imstande wäre, sich zu bewaffnen. Sie unterhält Beziehungen zu einer Mafia, die sie schützt und deren Aktionsradius weit über die Region hinausreicht. Einige Fachleute, vor allem von Interpol, weisen auf ein stilles Abkommen mit der italienischen Mafia und mit niederländischen, spanischen und südamerikanischen kriminellen Netzwerken hin. Verschiedene Ereignisse könnten diese Annahme bestätigen. So deckte am 7. Juni 1992 die italienische Polizei einen Drogenschmuggelring aus Kolumbien und Marokko auf und verhaftete acht Personen. Unter ihnen befand sich der 36 Jahre alte Mario Savio, der mutmaßliche Chef eines Clans der Camorra, der neapolitanischen Mafia. Die Organisation ließ sich Haschisch und Kokain aus Marokko liefern und beförderte die Ware nach Mailand, von wo aus sie dann nach Süditalien und in andere europäische Länder geschickt wurde. Die Polizeibeamten stellten eine Maschinenpistole, Munition, Faustfeuerwaffen und eine hohe Geldsumme sicher.

Das Drogengeld wird zum Teil nach Europa gebracht. Die großen Drogenhändler geben sich nicht mit Investitionen vor Ort ab, sondern bevorzugen für ihre Gelder andere Kanäle, in denen es gewaschen wird, um es anschließend gewinnbringend anzulegen: entweder mit Hilfe marokkanischer Emigranten, die von dem Recht Gebrauch machen, Geld in ihr Aufenthaltsland in Europa einzuführen; oder über Großhändler, die eine staatliche Genehmigung für Import- und Exportgeschäfte besitzen und Konten in Luxemburg und der Schweiz eröffnen oder die Gelder im Ausland investieren. Jedoch findet auch das Immobiliengeschäft in Marokko Anhänger: Sie investieren bevorzugt in den Städten am Rand des Rif wie Tétouan und Tanger, aber auch in Fès, in Hotels (eines der prunkvollsten Luxushotels in Agadir gehört einem Drogenhändler), in Cafés und Restaurants und spekulieren mit Grundstücken an den Stadträndern. Ein Teil des Geldes dient dazu, sich die Gunst der Staatsangestellten auf allen Ebenen zu sichern. Hingegen waschen die nationalen Drogenhändler ihr Geld scheinbar nur ungern direkt in marokkanischen Banken, da das Gesetz zur Bekämpfung des Kifhandels und der Geldwäsche heutzutage die Kontrolle der Bankkonten ermöglicht. Dennoch ist die vergleichsweise kleine Stadt Nador in der Nähe der spanischen Enklave Melilla ein lebhafter Finanzplatz, wo ein Teil des Drogengeldes in Schmuggelware reinvestiert wird. Das Gesetzesvorhaben, das auf die Einrichtung »freier Bankzonen« in Marokko zielt, betrifft besonders die Stadt Tanger, die ein alter Umschlagplatz für Schmuggelgeschäfte aller Art in der Meerenge von Gibraltar ist und künftig auch zu einem wichtigen Ort für Geldwäsche werden könnte.

Algerien und Tunesien

Durch Algerien und Tunesien werden marokkanisches Haschisch und seit kurzem auch harte Drogen geschmuggelt. Im April 1992 verurteilte das Strafgericht von Annaba im äußersten Osten Algeriens zwei algerische Cannabishändler zu Strafen von 35 und 30 Jahren Gefängnis. Im Oktober 1992 deckte die Kriminalpolizei in Versailles (DRPJ) einen Ring von Haschischhändlern auf; unter ihnen ein Marokkaner und ein Algerier, die der mutmaßliche Kopf der Organisation waren. Laut Polizeibericht importierte dieser Ring aus Marokko über Algerien und Spanien mehrere hundert Kilogramm Cannabisharz in doppelbödigen TIR-Lastwagen. In einem anderen Fall, bei dem es um einen großangelegten Handel mit gestohlenen Autos zwischen Österreich und dem Maghreb über den Hafen von Marseille ging, stellte sich heraus, daß die Lieferanten auf dem Rückweg aus Marokko und Algerien Haschisch mit dem Zug bis nach Wien brachten.

Während des Jahres 1992 haben regierungsnahe algerische Presseorgane unaufhörlich, aber bis heute ohne jeden Beweis, Angehörige der Islamischen Heilsfront (FIS) – unter ihnen die »Afghanen« (algerische Veteranen des Afghanistankrieges) – beschuldigt, sich teilweise aus Einkünften aus dem Drogenhandel zu finanzieren.

1992 wurde Habib Ben Ali, der Bruder des tunesischen Präsidenten, vor einem französischen Gericht angeklagt, Einkünfte des Schmuggelrings der Roma-Brüder, die Heroinhandel zwischen den Niederlanden und Frankreich betreiben, in Tunesien reinvestiert zu haben. Am 30. November verurteilte ihn das Pariser Strafgericht in

Abwesenheit zu zehn Jahren Haft. Die drei Hauptkomplizen Habib Ben Alis, die Brüder Roma, wurden in seiner Begleitung am Flughafen in Paris festgenommen und zu zwölf Jahren Haft verurteilt. Er selbst konnte in sein Land zurückkehren, wobei nicht einmal seine Koffer durchsucht wurden. Sein Anwalt sprach von einer »offensichtlichen Manipulation von Islamisten und Gegnern des [tunesischen] Regimes, die in Paris leben«. Die tunesische Presse empörte sich darüber, daß das Gericht sich in diesem Fall nicht für unzuständig erklärte, denn die Verurteilung tunesischer Staatsbürger in Frankreich bedeute »nicht nur einen Angriff auf deren Rechte«, sondern auch die Verletzung eines internationalen Übereinkommens.

Die Drogenschmuggelrouten durch Nordafrika in Richtung Libyen, Ägypten, Tschad und Sudan profitieren von zahlreichen Übergangsstellen, insbesondere in den Wüstenzonen, wo es keine Kontrollen gibt. Ägypten mit dem Suezkanal als Verbindung zwischen Mittelmeer, Rotem Meer und Indischem Ozean kommt eine Scharnierfunktion zu und ist vor allem für die nigerianischen Lieferanten eine wichtige Brücke für den Herointransit. Schlafmohnfelder, die sich vor allem im Sinai befinden, und Cannabiskulturen sind angelegt worden. Vor kurzem verschärfte Ägypten die Strafen gegen Kleindealer: So wurde im Januar 1992 Farouk Yasim zum Tode durch Erhängen verurteilt. Das Kairoer Schwurgericht ging sogar soweit, eine öffentliche Exekution an demselben Ort zu empfehlen, wo das Verbrechen verübt wurde, was es seit 1904 in diesem Land nicht mehr gegeben hatte. Diese Härte gegenüber Kleindealern steht in auffälligem Gegensatz zu der Milde, die die ägyptische Justiz in der Affäre der »Narko-Abgeordneten« bewies, in der es um die Verwicklung in Drogengeschäfte von über zwanzig Parlamentariern der Nationaldemokratischen Partei ging, deren Präsident Staatschef Hosni Moubarak ist. Diese Rechtsbrecher großen Stils wurden vor das »Ethiktribunal« gestellt, das außer für Beschlagnahmungen und Zwangsverwaltungen keine weitere Strafkompetenz hat, weshalb es der Klage nicht stattgab und die spätere Freilassung der Abgeordneten aus Mangel an Beweisen verfügte.

Spanien

Die Olympischen Sommerspiele in Barcelona und die Weltausstellung in Sevilla 1992 bedeuteten ein prachtvolles Jahr für Spanien. Andererseits entwickelte sich in der spanischen Gesellschaft, mit Blick auf ihr Image, ein deutliches Problembewußtsein für die Rolle ihres Landes im Drogenschmuggel und Drogenkonsum der Iberischen Halbinsel. Bereits Ende 1991 wies der vorläufige Bericht des Verteidigungsrats, dessen Präsident König Juan Carlos ist, nachdrücklich auf die Risiken hin, die Drogen für das Land mit sich bringen; er hielt zivile wie militärische Behörden an, diese Risiken in ihre Strategien einzubeziehen. Dank einer Reihe von Fahndungserfolgen gegen Drogenschmuggler wurden die Richter des Obersten Gerichtshofes, Baltasar Garzón und Carlos Bueren, und die Untersuchungsbeamten der Antidrogeneinheit »Fiscalia especial« mit einem Mal zu neuen Volkshelden auserkoren. Große Polizeioperationen und Beschlagnahmungen von Drogen schmückten die Titelseiten von Wochenmagazinen und kamen in den Nachrichtensendungen im Fernsehen wie im Radio an prominenter Stelle. Trotz dieses ausgeprägten Medieninteresses blieben die richterlichen und strafrechtlichen Mittel in der spanischen Drogenbekämpfung angesichts der Herausforderung des Drogenhandels im Hintertreffen. Denn den Drogenmafias ist es gelungen, aus diesem Land einen echten Stützpunkt in Europa für Drogentransit und Geldwäsche zu machen.

Der »Flugzeugträger für Drogen«

Die Lage Spaniens im Mittelmeerraum als Brücke zwischen Afrika und Europa sowie seine Verbindungen zu Lateinamerika haben aus diesem Land einen der bevorzugten Plätze für die Drogeneinfuhr auf den Alten Kontinent gemacht – ein veritabler »Flugzeugträger« in den Augen der verschiedensten kriminellen Organisationen. Der Umfang der »Rekordsicherstellungen« zeigt, daß es sich vor allem um einen Großmarkt handelt und die Mehrzahl der Drogen für andere europäische Länder bestimmt sind.

Der wirtschaftliche Aufschwung in den sechziger Jahren, dann die Millionen von Touristen, die 1992 von den Olympischen Sommerspielen und der Weltausstellung angezogen wurden, haben dennoch dafür gesorgt, daß auch in Spanien ein Kleinhandel für Drogen entstand, in dem jüngst auch asiatische Gruppen mitmischen. Im März

1992 konnte die Polizei in Barcelona fast vier Kilogramm sehr reines Heroin sicherstellen. Die drei Kuriere gehörten einer Triade aus Hongkong an, die die Droge über Amsterdam und Frankfurt schmuggelten. Den chinesischen Mafias dient Südeuropa sowohl als Absatzmarkt wie als Sprungbrett in Richtung USA. Heroin verbleibt zumeist in Spanien selbst und versorgt schätzungsweise zwischen 80 000 und 120 000 Abhängige. Trotzdem zeigt die im Februar 1993 in Malaga durchgeführte Beschlagnahmung von 128 Kilogramm Heroin aus der Türkei, die in einer Villa gelagert waren, daß das Land auch als Depot genutzt wird.

Die Bedeutung, die der Kokaintransit für Spanien hat, könnte damit zusammenhängen, daß Spanien das einzige Land Europas ist, in dem sich der »Freizeitgebrauch« dieser Droge durchsetzen konnte. Wie in der ersten Hälfte der achtziger Jahre in den USA schnupft man in bestimmten mondänen Abendgesellschaften unverhohlen Kokain. Extasy machte 1992 einmal von sich reden, als in Barcelona 8200 Tabletten aus Amsterdam beschlagnahmt wurden.

Die galicischen Clans

Auch autochthone Gruppen kontrollieren große Teile des Marktes. Die galicischen Clans im Nord-Osten der Iberischen Halbinsel, speziell die der Region Rias Bajas in der Provinz Pontevedra, zählen zu den mächtigsten spanischen Mafias. Nachdem sie ihre Laufbahn mit Zigarettenschmuggel begannen, haben diese Clans Verbindungen zu den kolumbianischen Kokain- und marokkanischen Haschischkartellen geknüpft. Sie profitieren von einer sehr schwer zugänglichen und mit Riffen übersäten Küste und benutzen Schnellboote mit über 1000 PS, um die Drogenlieferung von Schiffen zu übernehmen, die auf hoher See ankern. Der Überwachung durch die Küstenwache entgehen sie noch auf andere Weise, indem sie zwischen Ebbe und Flut wasserdichte Säcke mit den Drogen an Ballasttauen befestigen und sie zu gegebener Zeit wieder einsammeln. Diese Aktivitäten sorgten für einen außergewöhnlichen Finanzboom in der Region, der die Gründung von Scheinfirmen für Geldwäsche nach sich zog, und zwar bis nach Belgien und Panama. Der Polizei ist es dennoch gelungen, einen Teil dieser Clans auffliegen zu lassen. Die übrigen haben ihre Ausladeaktivitäten in andere Regionen der iberischen Küste verlagert: an die portugiesische Küste, in den Süden Andalusiens (Malaga, Almería und Gibraltar) und in den Norden nach Asturien und in das Baskenland. Kokain und Haschisch werden von der Küste in plombierten TIR-Lastwagen in das übrige Spanien und alle anderen europäischen Staaten, vorzugsweise in die Niederlande, transportiert. In einem Dreieck, das von der Costa del Sol und Südandalusien, wo die Polizei Dutzende Personen festgenommen und große Mengen Heroin sichergestellt hat, bis nach Madrid und Barcelona reicht, wo mehrere Paten (»babas«) verhaftet wurden, hat sich die türkische Mafia (»maffya«) eingenistet. In Murcia südlich von Valencia an der Mittelmeerküste, genauer in Manga del Mar Menor, befand sich das frühere Hauptquartier des großen türkischen Drogenhändlers Yasir Avni Musullula, der immer noch auf freiem Fuß ist. An der Costa del Sol hat man auch libanesische Gruppen entdeckt, denen die Verhaftung von Hassan Mohamed Solh Ende 1991 nicht geschadet hat; sie dürften nun mit türkischen Organisationen zusammenarbeiten.

Wichtige Mitglieder der italienischen Cosa Nostra und Camorra haben ebenfalls einen Wohnsitz in Spanien, insbesondere die Ehrenmänner der Cosa Nostra-Familien, die den Krieg innerhalb der Mafia, der von dem Corleone-Clan des Toto Riina durchgeführt wurde, überlebt haben. Einige von ihnen wurden zwar verhaftet, aber der Camorra-Angehörige »Tonino« Bardellino konnte aus seinem Madrider Gefängnis durch die Komplizenschaft zweier Richter entkommen. In Murcia fanden Treffen zwischen türkischen und italienischen Mafias statt, bei denen es um Heroinlieferungen ging. Korsische Gruppen und Banden aus Lyon haben die Costa Brava nahe der französischen Grenze gewählt. Gefaßt wurde der Korse Jacques-Antoine Cannavagio, der in der Ortschaft Escala lebte. Er wurde verdächtigt, am Handel mit sieben Tonnen Haschisch beteiligt gewesen zu sein, die in einem Depot in der Nähe von Lloret del Mar versteckt waren. Ebenfalls in Escala wohnte auch ein Pate aus Lyon, Nick Caclamanos, genannt »der Grieche«, der kurz nach Cannavagios Verhaftung ermordet wurde.

Die Kanarischen Inseln sind auch vom Drogenschmuggel betroffen, wie die Ergebnisse der häufigen Zollüberprüfung von Booten zeigt, die von marokkanischen Clans mit Haschisch beladen worden sind. Diese Clans haben Beziehungen zum Medellín-Kartell und den galicischen Clans. Im Februar 1991 wurden zwei Tonnen Kokain aus Venezuela beschlagnahmt, und Anfang 1993 nahm die Polizei auf den Kanarischen Inseln ein mutmaßliches Mitglied des »Bogotà-Kartells« fest. Der Mann hatte einen venezolanischen Paß und gehörte zur Mannschaft der ›Kastor‹, einer Jacht, auf der im Freizeithafen von Radazul auf Teneriffa 250 Kilogramm Kokain sichergestellt wurden.

Wenn sich in den beiden vorangegangenen Jahren die jährlichen

Kokainbeschlagnahmungen bei fünf bis sechs Tonnen bewegten, deuten die ersten Zahlen für 1992 auf weitaus höhere Mengen. So wurden im Februar 1992 an der galicischen Küste auf einen Schlag 1320 Kilogramm Kokain beschlagnahmt, die von Südamerika über verschiedene westafrikanische Häfen kamen. Im Juni wurde ein galizisches Fischerboot, das 1800 Kilogramm Kokain über den Atlantik brachte, in einer portugiesisch-spanischen Aktion im Südosten des Kaps São Vincente im äußersten Süden Portugals abgefangen. Mit seiner wenig überwachten 1200 Kilometer langen Küste ist Portugal bei den galicischen Clans sehr beliebt, um Drogen aller Art in Empfang zu nehmen. Seit einigen Jahren wird südamerikanisches Kokain und südostasiatisches Heroin auch über marokkanische Haschischschmuggelringe, die die Südküsten Portugals und Spaniens bestens kennen, transportiert; dabei ist Tanger in Marokko einer der bedeutendsten Umschlagplätze.

Marokkanisches Haschisch

Der größte Teil des in Marokko produzierten Haschischs wird über die Halbinsel transportiert. Die auf marokkanischer Seite liegenden spanischen Enklaven Ceuta und Melilla begünstigen den Schmuggel unter Komplizenschaft zahlreicher Polizisten, Militärs und Geschäftsleute, die sich in diesen Gebieten aufhalten. Die ausgezeichneten Beziehungen der spanischen Regierung zu König Hassan II. von Marokko und die eher nachsichtige Haltung Spaniens (und auch Frankreichs) gegenüber dem zunehmenden islamischen Fundamentalismus in Algerien erklären den schwachen Druck gegenüber Regierungen, die dem Drogenschmuggel entgegentreten sollten. Verschärfte spanische Zollkontrollen sowohl an der galicischen Riaküste wie bei Algeciras zwangen die Drogenhändler jedoch dazu, die Route über das britische Territorium Gibraltar zu wählen oder das Haschisch direkt in die Niederlande und nach Großbritannien zu befördern, ohne Spanien zu durchqueren. Die Briten, die Marokko gegenüber andere Interessen als die Spanier haben, warfen ihnen bereits mangelnde Entschlossenheit vor und verbündeten sich innerhalb der Europäischen Gemeinschaft vor allem mit den Niederlanden, damit die EG Druck auf das cherifische Königshaus ausübt, die Cannabisproduktion des Rif zu stoppen.

Allerdings stammt nicht das gesamte Haschisch, das durch Spanien geht, aus Marokko. Am 14. März 1992 entdeckte die Polizei in Barcelona acht Tonnen libanesischen Haschischs in 20 Containern an

Bord der unter griechischer Flagge fahrenden ›Paravolas II.‹. Nach Erkenntnissen der katalanischen Polizei sollte eine libanesische Miliz im Bekaa-Tal die Verkaufserlöse erhalten.

Die ›Guardia Civil‹ auf der Anklagebank

Die vermehrten Kontrollen zwingen die Drogenhändler immer mehr, Polizisten zu bestechen. So wurden fünf Angehörige der ›Guardia Civil‹ sowie zwei Polizisten Ende Oktober 1992 in Cádiz und Sevilla während der zweiten Phase der Operation »Piton« festgenommen, die sich gegen den Haschischhandel in dieser Region richtete. Einem Leutnant der ›Guardia Civil‹ wird vorgeworfen, acht Millionen Pesetas (125000 DM) erhalten zu haben, damit er einen Lastwagen mit Haschisch aus Marokko passieren läßt. Und der Richter Baltasar Garzón klagte im Februar 1993 14 Mitglieder aus der Zentraleinheit zur Drogenbekämpfung der ›Guardia Civil‹ (UCIFA) an, weil sie nach seinen Ermittlungen Kokain- und Heroinlieferungen aus Kolumbien ermöglicht und die Polizeispitzel mit Drogen bezahlt haben sollen, die diese wiederum auf dem spanischen Markt weiterverkauften. Unter ihnen befindet sich Maximo Blanco Lopez, ein Kommandant der ›Guardia Civil‹ und Chef der Kriminalpolizei in der baskischen Provinz Guipúzcoa. Die Tatsache, daß er ein Experte im Kampf gegen die baskische Untergrundorganisation ETA ist, könnte erklären, warum die Untersuchung in seinem Fall seit anderthalb Jahren blockiert wird, während sein Name schon in einem vertraulichen Bericht der Staatsanwaltschaft der betreffenden Provinz von 1988 auftaucht. José Ramon Pintado Martinez, ein anderer Kommandant der ›Guardia Civil‹, der von dem Richter Garzon in Vorbeugehaft genommen wurde, ist ebenfalls ein Spezialist in der Bekämpfung der ETA. Er mußte sich zwischen 1985 und 1988 sogar vor Gericht verantworten aufgrund von Vorwürfen, Mitglieder der baskischen Organisation foltern zu lassen. An dieser Stelle sei auch daran erinnert, daß der syrische Drogen- und Waffenhändler Monzer Al Kassar, der schließlich am 3. Juni 1992 in Madrid festgenommen und angeklagt wurde, bis zu diesem Zeitpunkt unbehelligt in seiner luxuriösen Residenz in Marbella lebte. Der spanische Geheimdienst schützte ihn sogar, weil er sie bei dem Kampf gegen die ETA unterstützte und bei dem Verkauf von Waffen aus Armeebeständen an Länder im Mittleren Osten. (Die ETA wiederum griff wiederholt auf den internationalen Schwarzmarkt für Waffen zurück, um ihre Kommandos auszurüsten.)

Geldwäsche und Strafgesetze

Die spanische Zentralbank erklärte im Juli 1992, daß ein in Cádiz operierender Ring mit dem Namen »Mufa« eine Summe von umgerechnet 240 Millionen Dollar in den Banken von Ceuta – die spanische Enklave in Marokko –, Barrameda und Chipiona gewaschen hat. Der Ring, dem vor allem Polizeibeamte, Bankdirektoren und Börsenmakler angehörten, hatte sich auf Haschischhandel und Zigarettenschmuggel spezialisiert. Die spanische Steuerbehörde und die amerikanische Bundespolizei FBI haben gleichzeitig eine Untersuchung gewisser Finanzinstitute eingeleitet, die Gelder der kubanisch-amerikanischen Mafia in den Städten Marbella und Granada waschen. Der Richter Baltasar Garzón ließ ein Konto des in den USA inhaftierten lateinamerikanischen Drogenhändlers Matta Ballestero sperren, nachdem eine mittellos wirkende kolumbianische Staatsangehörige versucht hatte, eine Million Dollar am Bankschalter abzuheben. Die Zollüberwachungsbehörde hat 66 Bankfilialen im Süden Spaniens durchsucht und kam zu dem Ergebnis, daß der marokkanische Drogenring, der in Cádiz und Sevilla im Oktober 1992 durch die Operation »Piton« aufflog, in weniger als einem Jahr acht Milliarden Pesetas (125 Millionen DM) gewaschen hat.

Die internationalen kriminellen Organisationen wählen dieses Land nicht nur als »europäisches Lasttier«, sondern auch wegen des relativ leichten Zugangs zu Banken, Wechselstuben und zum Immobiliensektor, da keine strikte Gesetzgebung in Sachen Bankenkontrolle und Güterkonfiszierung existiert. Spanien war das zwanzigste Land, das die Wiener UN-Konvention von 1988 ratifiziert hat und ermöglichte damit ihr Inkrafttreten (20 Unterzeichnerstaaten waren eine conditio sine qua non). Aber es lehnte am 1. Januar 1993 ab, die Bestimmungen der Konvention zur Geldwäsche und Überwachung der chemischen Grundstoffe zur Drogenherstellung in sein Strafgesetzbuch aufzunehmen. Am 24. Dezember 1992 erschien im Amtsblatt des spanischen Staates die Ausführungsbestimmung des am 12. November vom Kongreß verabschiedeten Gesetzes, das die Strafgesetzgebung hinsichtlich des Drogenhandels modifiziert. Darin wird zwar das Waschen von Gewinnen aus Drogengeschäften als Verbrechen angesehen, aber die Enteignung von Drogenhändlern ist beispielsweise nur dann möglich, wenn Beweise vorliegen, daß deren Eigentum aus illegalem Drogenhandel stammt. Hinzu kommt, daß diese Verordnung die von der internationalen Zahlungsbank in Genf etablierten Grundsätze gegen die Geldwäsche weder erwähnt noch die Finanzinstitute zwingt, sie einzuhalten. Dennoch begreifen Beobachter diese Reform als einen ersten Schritt, der das baldige Ende des »spanischen Geldwäscheparadieses« einleitet. Für die Drogenkonsumenten war das Gerichtsjahr vor allem durch die Debatte gekennzeichnet, die das Inkrafttreten des Corcuera-Gesetzes am 21. Februar 1992 ausgelöst hat. Einige Kommentatoren haben sogar von einer »Rückkehr zu den finstersten Stunden des franquistischen Alptraums« gesprochen. Dieses Gesetz, das den Namen seines Urhebers, des spanischen Innenministers trägt, leitet einen grundlegenden Wandel der gesetzlichen Möglichkeiten ein, da es den persönlichen Drogenkonsum hart bestraft und der Polizei ermöglicht, bei Privatpersonen Hausdurchsuchungen ohne richterliche Vollmacht durchzuführen.

Italien

1992 war ein Jahr voller Umwälzungen für die organisierte Kriminalität in Italien. Untersuchungsbeamte tun sich schwer, deren interne Entwicklung nachzuvollziehen. So glaubten sie noch, daß die Familien Palermos den größten Teil ihrer Mittel aus der Heroinproduktion bezogen, als die Großlabors schon nicht mehr auf Sizilien waren; die Paten hatten sich auf den Kokainvertrieb gestürzt. Sizilianische Strafverfolger erfuhren Monate zu spät von der Ankunft von 600 Kilogramm Kokain auf dem Frachter ›Big John‹, den das Medellín-Kartell und die Familie Madonia gechartert hatten. Erst im September 1992 konnte ein Erfolg verbucht werden, als Polizeibeamte aus fünf Staaten ein europäisches Drogenvertriebsnetz aufdeckten (Operation »Green Ice«), das sizilianische Familien und das Cali-Kartell kontrollierten. Dabei wurden 200 Personen verhaftet und 44 Millionen Dollar sowie eine halbe Tonne Kokain sichergestellt.

Die »Stidde«

Das unerwartete Auftauchen von Konkurrenten der Cosa Nostra auf Sizilien selbst bereitete den Untersuchungsbeamten erneutes Kopfzerbrechen. Die Polizei hatte sich gerade mit größter Mühe ein Bild des Aufbaus und der Entscheidungsabläufe innerhalb der Cosa Nostra gemacht, als ihr im September 1992 ein Mafia-Kronzeuge (»pentito«), Leonardo Messina, von Neuankömmlingen berichtete, die sich »Sterne« nennen (auf sizilianisch: stidde) und gegen die Cosa Nostra kämpfen. Der Kronzeuge erwähnte Hunderte von Gesetzlosen und zahlreiche ehemalige »Ehrenmänner«, die sich dem Monopol der Cosa Nostra widersetzen. Er sagte, daß die »Stidde« in der Region von Agrigento gegründet worden und über Sizilien hinaus aktiv seien. Wenn man Leonardo Messina Glauben schenkt, umfaßt diese Bewegung bereits etwa 20 Familien, von denen sich zwei im Ausland befinden: eine in Belgien, die von Salvatore Fregapane angeführt wird; die andere in Frankreich, die der Sizilianer Giacomo Pagano leitet, der aus Favara stammt. Einer der schillerndsten »Sterne« sei ein Diplomgeologe und ehemaliger Präsident einer sizilianischen Provinz, der auch Abgeordneter der Christdemokratischen Partei gewesen war und einer parlamentarischen Untersuchungskommission angehörte – über die organisierte Kriminalität.

Die italienische Polizei hat sich ebenfalls kaum um die Verbindungen der Cosa Nostra zu den geheimen Freimaurerlogen wie die P2 (»Propaganda 2«) gekümmert, die die italienischen Institutionen unterminieren. Was dann plötzlich in den Medien als Enthüllung erschien, war in Wirklichkeit keine: Untersuchungsrichter stießen in ihren Ermittlungen zur Wäsche von Drogengeldern wiederholt auf die Spur von Licio Gelli, des Großmeisters der P2. Andere Richter, darunter auch Giovanni Falcone, entdeckten Geheimlogen in Palermo und Trapani, in denen sich Politiker, Anwälte, hochgestellte Persönlichkeiten und Paten der Cosa Nostra versammelten. Schließlich eröffnete im November 1992 der Staatsanwalt von Palmi, Agostino Cordova, eine landesweite Untersuchung über 350 Logenbrüder, die Verbindungen zur Cosa Nostra haben sollen. In der Anklageschrift Cordovas geht es um Waffenhandel, Drogen, Korruption und Politiker, vor allem jedoch um das nebelhafte organisierte Verbrechen, das weit über Süditalien (Mezzogiorno) hinausreicht.

Mafia und Politik

Vor den Parlamentswahlen 1992 konzentrierte sich das Interesse auf die Beziehungen zwischen Politik und Mafia. Eine Untersuchung des Wirtschaftsmagazins ›Il Mondo‹ ergab, daß die organisierte Kriminalität die viertstärkste politische Partei ist. Im Süden Italiens kontrollieren die »Familien« mehr als eine Million Stimmen und beeinflussen annähernd sechs Millionen Wähler und Wählerinnen. Im Dezember 1992 erzählte wiederum der reuige Mafioso Messina vor der parlamentarischen Anti-Mafia-Kommission, wie die Cosa Nostra Politiker am Anfang ihrer Karriere anwirbt und dann ihre Namen der Kommission der »Familien« mitteilt: »In meinem Dorf verwaltete ich mindestens 500 Stimmen. Die Wahlurnen wurden von ›Ehrenmännern‹ kontrolliert, und es kam vor, daß bestimmte Wähler bis zu dreißig Mal wählten. Nach den Wahlen verteilte man die Stimmen unter sich. Wehe den Politikern, die ihre Versprechen nicht hielten! Einen habe ich mal geohrfeigt.« Die Mehrzahl der Politiker, die von Leonardo Messina kontrolliert wurden, bekräftigten in der Öffentlichkeit ihre Entschlossenheit, die organisierte Kriminalität zu bekämpfen. Das störte ihn nicht weiter: »Es genügt zu sehen, ob sie diese mit Worten oder mit Taten bekämpfen. In öffentlichen Versammlungen erklären sich alle gegen die Cosa Nostra, aber das hat keine Folgen für uns. Es ist eine Farce. Einmal habe ich einen Politiker bei mir zum Abendessen empfangen, der am nächsten Tag an einer Demonstration gegen die Cosa Nostra teilnahm.«

Die Verstrickungen gingen so weit, daß der italienische Innenminister gezwungen war, unzählige Gemeinderäte Süditaliens aufzulösen und sie direkt der Kontrolle des Staates zu unterstellen. Im Dezember 1992 zählte man etwa vierzig sizilianische Politiker, die in Affären um das organisierte Verbrechen verwickelt waren, meist ging es um Begünstigung oder Abzweigung von Subventionen. Die Mehrzahl war bereits verhaftet und verurteilt, und nur gegen eine verschwindend kleine Minderheit hielten die Ermittlungen an: eine bunt zusammengewürfelte Schar mit einem ehemaligen Minister, einem Senator, vier Parlamentsabgeordneten, einem Dutzend Abgeordneten der Regionalversammlung sowie Bürgermeistern und Gemeinderäten.

Ein Wendepunkt: Die Ermordung Salvo Limas

Als im März 1992 der Parteichef der sizilianischen Christdemokraten (DC) und Abgeordnete des Europäischen Parlaments, Salvo Lima, ermordet wurde, deutete dieses Ereignis einen grundlegenden Wandel der Beziehungen zwischen dem organisierten Verbrechen und der politischen Klasse, ja sogar einen historischen Wendepunkt an. Lima wurde verdächtigt, einer der Treibriemen zwischen Mafia und christdemokratischer Partei zu sein. Leonardo Messina zufolge war er »ein Verbindungsmann, um einen anderen politisch Verantwortlichen zu erreichen.... Lima hatte Kontakt zu den ›Ehrenmännern‹. Er machte einige Sachen direkt, aber bei schwierigen Fragen wandte er sich an gewisse Kreise [innerhalb der DC].... So garantierte er uns, daß das Kassationsgericht [das den Mammutprozeß gegen die Mafia von Palermo in den Jahren 1986 und 1987 verhandelte] zu unseren Gunsten entscheiden würde«. Salvo Lima machte übrigens aus seiner Beziehung zur Cosa Nostra keinen Hehl: Anfang der achtziger Jahre hat er ohne Umschweife einem OGD-Mitarbeiter (in Anwesenheit eines Zeugen) erklärt, wie er als politischer Kandidat mit Hilfe der Stimmen der Mafia gewählt wurde. Er war Bürgermeister von Palermo in der Zeit der Bauspekulation und Immobilienplünderung, dann Abgeordneter des Europäischen Parlaments und sein Name taucht 162 mal in den Berichten der ersten parlamentarischen Untersuchungskommission zum Phänomen der Mafia auf. Salvo Lima kontrollierte ein Wählerpotential von schätzungsweise 300 000 Stimmen und hievte seine Leute in fast alle Schlüsselpositionen in Sizilien. Er galt als unantastbar. Selbst der Richter Falcone konnte ihn trotz der Anklagen einiger »Reumütiger« (Giuseppe Pellegritti und Francisco Marino Mannoia) nicht festnehmen. Sein Geheimnis war, daß er sein politisches Schicksal mit dem noch Mächtigerer zu verbinden wußte – in diesem Fall mit dem ehemaligen Ministerpräsidenten Giulio Andreotti. Vierzig Jahre lang war Lima der Statthalter der christdemokratischen Macht auf Sizilien und hatte sehr enge Beziehungen zu Andreotti. Die Macht Limas beruhte vor allem darauf, daß alle Christdemokraten mit ihm zusammenarbeiteten, selbst wenn sie bestens darüber informiert waren, wer er war, und daß sie seine Hegemonie akzeptierten, die auf ein weites Netz von Freunden und Bekannten gegründet war.

Lima hatte auch seine Bedingungen für den angestrebten »Erneuerungspakt« durchgesetzt, der auf einem Kompromiß zwischen der DC und der ehemaligen Kommunistischen Partei Italiens (PCI) beruhte. Der sizilianische Regionalsekretär der PCI mußte in einem Artikel der kommunistischen Parteizeitung ›L'Unità‹ vom 17. Mai 1990 zugeben, daß der Zugang der PCI zum Bürgermeisteramt mit der Unterstützung der Christdemokraten im Provinzrat von Palermo erkauft wurde. Dessen Präsident Di Benedetto war ein Mann Limas, und der Vize-Präsident gehörte der PCI an. Seit den siebziger Jahren betrieb die Kommunistische Partei keine ernsthafte Opposition mehr, und ihre hauptsächlichen Gesprächspartner in ihrer Strategie des historischen Kompromisses* waren Andreotti und Lima. Das ist

---

* Der »historische Kompromiß« ging zurück auf die Strategie des damaligen Sekretärs des PCI, Enrico Berlinguer, der seit 1973 ein Regierungsbündnis zwischen linken und demokratischen Kräften zusammen mit den Christdemokraten gegen mögliche Versuche eines Staatsstreichs aufzubauen versuchte, nach enttäuschenden Erfahrungen diese Politik aber 1979 aufgab (Anm. d. Übers.).

der zweite Grund für die Macht Salvo Limas, dessen Gegner alles in allem ein spärlicher Rest waren.

Lima war solange unantastbar, bis die Cosa Nostra beschloß, ihn umzubringen, da er für sie kein Vertrauen mehr ausstrahlte. Sein teuflischer Ruf erklärt, warum ein Großteil der italienischen Politiker (unter ihnen zahlreiche Parteigenossen) bei seinem Begräbnis fehlte und den Anschuldigungen eines seiner erbittertsten Gegner, des ehemaligen christdemokratischen Bürgermeisters von Palermo, Leoluca Orlando, in den Zeitungen solch breiter Raum gewidmet war.

Umbrüche innerhalb der Cosa Nostra

Für den »Reumütigen« Leonardo Messina war die Ermordung Salvo Limas der Beweis für eine regelrechte innere Revolution, die die Cosa Nostra erschütterte. Lima war bei weitem nicht das einzige Opfer des Gleichgewichtsverlusts im Innern des organisierten Verbrechens. Einige Monate nach seiner Ermordung geriet Ignazio Salvo, ein weiterer Freund der ›Familien‹ und ehemaliger Steuereintreiber der Insel, seinerseits in einen Hinterhalt. »Die zwei sind tot, weil es keine Spuren, keine Erinnerung an die Vergangenheit geben darf«, erklärte Messina und fuhr fort: »Lima war der Gefangene eines Systems – der Cosa Nostra –, das sich zu verändern begann bis hin zu seinen Beziehungen zu den Politikern. Er konnte nichts mehr ausrichten, und die Cosa Nostra mußte zeigen, daß diejenigen zum Tode verurteilt sind, die die Übereinkünfte nicht respektieren.«

Nach den Aussagen Messinas versucht die Cosa Nostra also, sich in eine Art Geheimloge nach Vorbild der P2 umzuwandeln und ein neues Band zwischen dem organisierten Verbrechen und Politikern, Richtern und Industriellen zu flechten. Leonardo Messina spricht von einer neuen politischen Linie, einem »separatistischen Projekt«, das von den »Dons« der »Kuppel«, der Führung der Cosa Nostra, vorgegeben wird. »Bis jetzt haben die ›Ehrenmänner‹ den Staat kontrolliert, nun wollen sie selbst der Staat werden«, meint der reumütige Mafioso. Es geht nicht nur darum, Sizilien im rechtlichen Sinne vom übrigen Italien abzutrennen, sondern auch die anderen Gebiete der Cosa Nostra in Süditalien wie Kalabrien, Kampanien und Apulien. Die Cosa Nostra erlag bereits früher einmal der Versuchung des Separatismus. Am Ende des Zweiten Weltkrieges träumten einige Dons davon, die Insel vom Kontinent abzukoppeln, um daraus den 49. Bundesstaat der USA zu machen. Das Projekt war undurchführbar: Nachdem sie eine gespenstische Befreiungsarmee (EVIS) unterstützt hatte, brachte die Cosa Nostra deren Führer, den Banditen Salvatore Giuliano, um und besiegelte ein Bündnis mit bestimmten Politikern, die in Rom an der Macht waren.

Um ihr neues separatistisches Projekt zu verwirklichen, hat die Cosa Nostra italienische Politiker kontaktiert. Messina schweigt und versichert, seine Enthüllungen den Richtern und Staatsanwälten vorzubehalten. »Aber«, ergänzt er, »ich kenne ihre Namen. Um ihr separatistisches Projekt voranzubringen, hat die Cosa Nostra jemanden angesprochen, der in den letzten Jahren wichtige politische Erfolge erzielen konnte. Er hat abgelehnt, obwohl er wußte, wer ihm den Vorschlag gemacht hat. Andere stimmten dem Projekt zu.«

Die Ermordung Salvo Limas markierte den Beginn einer Reihe spektakulärer Attentate, die am 23. Mai 1992 mit der Ermordung des Richters Giovanni Falcone, seiner Frau und Angehörigen der Eskorte weiterging. Geht der Mord an Falcone auf Intrigen im römischen Palazzo zurück, wie der ehemalige Bürgermeister von Palermo, Leoluca Orlando, glaubt? Orlando klagt den Staat und eine kleine Randgruppe der Sozialistischen Partei (PSI) an, die Auftraggeber für die Eliminierung ihres eigenen Ziehkindes zu sein. Ist er eine Folge der Ermordung Salvo Limas, wie der Richter Paolo Borsellino meinte, der auf die Ermittlungen Falcones zu den Riesenaufträgen hinwies, die Lima als Statthalter der christdemokratischen Partei kontrollierte? Jedenfalls bedeutete der Mord eine neue Etappe in der Flucht nach vorn des von Toto Riina angeführten Mafiaclans Corleone, der den zunehmenden Protesten innerhalb der Cosa Nostra begegnen wollte und versuchte, mit einer politischen Klasse, die in der Krise steckte, aus einer Position der Stärke heraus zu verhandeln.

Der Gegenschlag des Staates

Am 19. Juli 1992 wurde auch Paolo Borsellino, der Nachfolger Giovanni Falcones, zusammen mit vier Polizisten seiner Eskorte ermordet. Als Claudio Martelli, der damalige sozialistische Justizminister, Borsellino für den Posten des Oberstaatsanwalts für Antimafiafragen vorschlug, blockierte der Oberste Richterrat (Consiglio Supremo della Magistratura) wie schon zuvor bei Falcone seine Kandidatur. Borsellino wurde ermordet, als seine Untersuchungen über die Verzweigungen der Cosa Nostra nach Deutschland liefen. Ein in Nordeuropa lebender kalabresischer Mafioso kündigte das Attentat am

14. Juli an. Obwohl die Information sofort nach Rom übermittelt wurde, erreichte sie Palermo erst rund zehn Tage nach dem Anschlag. Vier Tage vor seinem Tod hatte Borsellino seinerseits erfahren, daß in Palermo Sprengstoff angekommen war, der ihn töten sollte.

Angesichts dieser beispiellosen Attentate gegen Falcone und Borsellino improvisierte der italienische Staat einen militärischen Gegenschlag. Die überhastet verabschiedeten Spezialgesetze erinnern an jene der »bleiernen Jahre« des Terrorismus. Zugleich wurden die polizeilichen Strukturen für die Bekämpfung des organisierten Verbrechens völlig umgestaltet. Das Hochkommissariat gegen die Mafia, das eng mit dem Geheimdienst zusammenarbeitete, wurde aufgelöst und durch die neue Behörde DIA (Direzione Investigativa Antimafia) ersetzt, die die polizeilichen Antimafia-Aktivitäten koordiniert und enger mit dem übrigen Polizeiapparat und den Karabinieri (Sondereinheiten der Armee) zusammenarbeitet. Aber die wichtigste, wenn auch zweischneidige, Waffe im Kampf gegen die Mafia bleiben die »Reumütigen«, deren Zahl sich auf über 250 erhöht hat.

Der an der Seite von Giuseppe Ayala während des ersten Mammutprozesses von Palermo auftretende Staatsanwalt und Anklageführer Domenico Signorino, der bereits wiederholt Mafia-Kronzeugen herangezogen hatte, stützte sich größtenteils auf Zeugenaussagen der Ex-Mafiosi Tommaso Buscetta und Salvatore Contorno. Dies schützte ihn allerdings nicht vor Anschuldigungen eines dieser »Reumütigen«, dessen Opfer er im November 1992 wurde. Laut Gaspare Mutolo, ein großer Heroinhändler, bevor Toto Riina ihn zu seinem Chauffeur machte, war der Richter Signorino ein Mann der Mafiafamilien Palermos. Im Mittelpunkt der Anklagen Mutolos stand ein luxuriöses Appartment in der Via Mater Dolorosa in Palermo, das Signorino 1982 sehr billig und zu unglaublich günstigen Zahlungskonditionen gekauft hat, was nur durch die Intervention des örtlichen Dons Rosario Riccobono, genannt »der Terrorist«, möglich war. Diese Information habe Riccobono nicht geheim gehalten, erklärte Gaspare Mutolo im wesentlichen. Vielmehr habe dieser zahlreichen Personen mitgeteilt, daß Signorino »gezähmt« worden sei und er dieses »Geschenk« für sein Eingreifen im Rahmen einer Untersuchung über die Cosa Nostra-Familie von Villagrazia erhalten habe. Um seine Anklage zu untermauern, behauptete Mutolo, den Richter besucht zu haben, und beschrieb dessen Wohnung en detail. Seine von der Presse veröffentlichten Vorwürfe brachten Signorino ins Wanken, der sich am 3. Dezember 1992 mit einem Kopfschuß tötete. Kurze Zeit zuvor verübten zwei andere Sizilianer, ein Anwalt und ein Industrieller, Selbstmord, die ebenfalls von »Reumütigen« beschuldigt wurden, heimlich mit der Cosa Nostra zusammenzuarbeiten.

Aufgrund des Selbstmordes des Richters wurde die Untersuchung eingestellt, so daß man zweifellos nie wissen wird, ob und bis zu welchem Punkt Mutolo die Wahrheit sagte, oder ob er sich nur an jemandem rächen wollte, der ihn anklagte und verurteilen ließ.

Die Beschuldigung Bruno Contradas

Für einen weiteren Schock innerhalb der Institutionen, den die »Reumütigen« mit ihren Erklärungen jeweils auslösen, sorgte im Dezember 1992 die Beschuldigung Bruno Contradas, eines hohen Beamten des italienischen Geheimdienstes (SISDE), durch Tommaso Buscetta, Marino Mannoia, Gaspare Mutolo und Pino Marchese. Die beiden letztgenannten Ex-Mafiosi sind die ersten Kronzeugen der siegreichen Familien, die mit dem Corleone-Clan verbündet waren. Contrada war Leiter der mobilen Polizeitruppe in Palermo, Chef der Kriminalpolizei und Beamter im 1992 aufgelösten Hochkommissariat zur Bekämpfung der Mafia, bevor er hoher Kommissar des Geheimdienstes wurde.

Er gehört den »Cavalieri del Santo Sepulcro« an, ein para-religiöser Orden und regelrechtes Machtzentrum, wo sich die Elite Palermos trifft: Unternehmer, leitende Angestellte, Richter und ... Polizeibeamte. Der Chef des Ordens, Arturo Cassina, ist Unternehmer, über den seit fünfzig Jahren die lukrativsten Ausschreibungen der Stadt laufen und der als »eine der Machtsäulen der Mafia« in der sizilianischen Hauptstadt gilt. Contrada war betraut mit den Ermittlungen über die Ermordung des Provinzsekretärs der Christdemokraten Michele Reina (März 1979), des Chefs der mobilen Polizeitruppe Boris Giuliano, des Regionalpräsidenten Piersanti Mattarella (Januar 1980) und wenigstens zu Beginn mit dem Mord am Präfekten Dalla Chiesa (September 1982).

Seit längerer Zeit schon galt Contrada als »umstrittener« Beamter. So bemerkte bereits 1980 der damalige Polizeipräfekt der Provinz Palermo, Vicenzo Immordino, in einer Notiz, daß sich der Chef der mobilen Brigaden »hinsichtlich der großen und kleinen kriminellen Angelegenheiten zunehmend untätig verhalte«, und entzog ihm die Untersuchung über den Mafiaclan Spatola-Inzerillo. Contrada klagte daraufhin Immordino wegen Machtmißbrauch an; der Richter Giovanni Falcone sprach Immordino von diesem Vorwurf frei, da sein Mandant zurecht »befürchtete, daß die mafiosen Clans vorzeitig von den geplanten Polizeiaktionen erfahren könnten«, weshalb er Contrada nicht über die bevorstehenden Festnahmen der Mafiosi der Clans Spatola-Inzerillo informiert hatte. Es dauerte dann zwölf Jahre und bedurfte der Erklärungen der reuigen Mafiosi, bis Contrada angeklagt werden konnte.

Da die Mafia eine fast völlige Straflosigkeit genoß, waren ihre Führer jahrzehntelang auf der Flucht. Dies war aus zwei Gründen möglich: Zum einen schützte sie ihr Umkreis, zum anderen gab es Beamte und Angestellte in der Verwaltung, bei den Gerichten und der Polizei, die entweder Komplizen der Mafia waren oder aber sich ihr gegenüber passiv verhielten. Noch ist nicht geklärt, ob Contrada ein »schwarzes Schaf« ist. Die Frage stellt sich insbesondere für die italienischen Geheimdienste, die bei vielen Kriminalitätsfällen eine entscheidende Rolle spielten.

Trotz allem gab es gegen Ende 1992 Erfolge bei der Bekämpfung des organisierten Verbrechens, als zahlreiche Paten festgenommen wurden, von denen einige zur »Kuppel« gehören. Diese Aktionen wurden durch die Verhaftung von Toto Riina gekrönt, dem Boß des Corleone-Clans und mutmaßlichen Patron der obersten Instanz der Cosa Nostra. Aber die vielleicht entschiedenste Erneuerung kommt aus Norditalien mit der Operation »Mani Pulite« (»Saubere Hände«), die der Mailänder Staatsanwalt di Pietro leitet. Ausgehend von einer Untersuchung über Bestechungsgelder und Begünstigung greift der Staatsanwalt nun direkt politische Organisationen an, vor allem die Sozialistische Partei (PSI). Nach Festnahme zahlreicher hoher Amtsträger eröffnete Di Pietro schließlich ein Verfahren gegen Bettino Craxi, des ehemaligen sozialistischen Parteisekretärs und Ministerpräsidenten, der sein Amt mittlerweile aufgeben mußte. Dies war eine Vergeltungsaktion der Mailänder Richter, die seit Anfang der achtziger Jahre vergeblich versucht hatten, die Verbindungen Craxis zu den »Bossen« der kriminellen Gesellschaft in der Metropole des Nordens aufzudecken. Das Jahr 1992 endete also mit einer empfindlichen Schwächung der beiden Stützen der italienischen Politik der achtziger Jahre, Bettino Craxi und Giulio Andreotti. Beide Männer waren Regierungschefs und stehen unter Verdacht, heimlich mit der Mafia zusammengearbeitet zu haben. Dies bedeutet allerdings nicht, daß die italienische organisierte Kriminalität ihre politischen Stützen verloren hätte – aber sie wird sich wandeln.

Die Festnahme Toto Riinas

In Palermo begann das Jahr 1993 mit einem ganz besonderen Fang: Salvatore (»Toto«) Riina, mutmaßlicher Chef der Cosa Nostra, konnte verhaftet werden. Riina war seit 23 Jahren auf der Flucht, und mehrmals hieß es, er halte sich unweit von Palermo oder seinem Geburtsort Corleone auf, was sein eigener Anwalt einige Monate vor der Verhaftung bestätigte. Trotzdem wurde er erst nach der Serie von großen Verbrechen im Jahr 1992 gefaßt, und seine Verhaftung wurde als ein Sieg des Staates dargestellt, der sich letzlich zu einem ernsthaften Kampf gegen die Mafia entschlossen hat.

Karabinieri einer Sondereinheit ROS (Reparto Operativo Speciale) führten die Verhaftung durch, und es sieht nicht so aus, als hätte die neue Antimafiabehörde DIA eine besondere Rolle dabei gespielt. Angefangen bei den Karabinieri und dem damaligen christdemokratischen Innenminister Nicola Mancino stimmen im Gegenteil alle darin überein, daß einige »reumütige« Mafiosi eine wichtige Rolle bei der Verhaftung Riinas gespielt haben – insbesondere Pino Marchese, ein Verwandter des Cosa Nostra-Chefs. Der am 8. Januar 1993 im Piemont (Norditalien) verhaftete Baldassare Di Maggio, der erst seit kurzem als Kronzeuge mit der Justiz zusammenarbeitet, hatte den entscheidenden Tip gegeben. Er gehörte der Mafia aus San Giuseppe Jato an, die eng mit der von Riina verbunden ist, dessen ehemaliger Chauffeur er war. Er entschloß sich zu reden und das Versteck des obersten Bosses preiszugeben, weil er befürchtete, umgebracht zu werden.

Warum wurde Riina von seinen ehemaligen Getreuen aufgegeben und verraten? War seine Festnahme, die völlig unkompliziert ablief, vielleicht eine versteckte Übergabe? Warum hat sich der Staat erst zu diesem Zeitpunkt entschlossen zu handeln? War Riina wirklich der »capo dei capi«, der oberste Chef der berüchtigten Cosa Nostra? Bedeutet seine Festnahme etwa den Anfang vom Ende der Mafia?

Von den Massakern zur Vermittlung?

Einige Überlegungen könnten Fragen beantworten, die die Ereignisse des Jahres 1992 aufgeworfen haben: Die Mafia startete eine äußerst gewaltsame Offensive und ermordete zwei ihrer größten Freunde (den Europaabgeordneten Salvo Lima und den mafiosen Finanzier Ignazio Salvo) sowie zwei ihrer größten Feinde (die Richter Falcone und Borsellino). Diese Verbrechen bedeuten das Ende einer

Epoche und markieren einen wichtigen Einschnitt in einer sehr heiklen Phase der italienischen Politik.

So starteten die Mafiosi unter dem Kommando Riinas und des Corleone-Clans einen strategischen Frontalangriff, der wahrscheinlich mit anderen Personen und Machtzentren abgesprochen war. Die Attentate waren eine Vergeltungsmaßnahme für die im Mammutprozeß von 1986 und 1987 verhängten Urteile und ein Zeichen ihrer Entschlossenheit, die nationale Ordnung zu beeinflußen, die von einer tiefgreifenden institutionellen Krise beherrscht wird. Die Mafiosi wußten sehr wohl, daß mit dem Ende des Ost-West-Gegensatzes auch ihr historischer Platz in der Unterdrückung der Opposition beendet sein würde. Sie versuchten, ihren Ort innerhalb der neu entstehenden Ordnung zu bestimmen. Der Corleone-Clan setzte dabei auf die Strategie der Massaker, die sich in anderen Zusammenhängen als erfolgreich erwiesen hatte.

Diese Strategie nach außen wird von einer Straffung der internen Befehlsstruktur in Form einer brutalen Diktatur begleitet und ruft Bumerangeffekte hervor. Der italienische Staat mußte, obwohl er in einer tiefen Krise steckt, reagieren. Viele Mafiosi haben die Cosa Nostra verlassen und arbeiten entweder mit der Justiz zusammen oder gründen neue kriminelle Zusammenschlüsse wie die »Stidde«.

Die Festnahme (oder Auslieferung) von Toto Riina bedeutet allem Anschein nach die Niederlage der corleonesischen Strategie der Konfrontation und Diktatur. Die Mafia besteht nicht nur aus der Cosa Nostra, und die Cosa Nostra ist nicht nur Riina. Die Führung des Corleone-Clans erscheint Anfang 1993 als ein monarchistisches Regime in republikanischen Strukturen. Riina ist sicherlich nicht der »Boß der Bosse« im Weltmaßstab, wie einige »reumütige« Mafiosi versichern, denn ohne die Komplizenschaft von Politikern, Finanziers, Unternehmern und anderen wäre er der Kriminelle vom Lande geblieben – die anderen »Ehrenmänner« sollen die Corleoni »viddani« (Dörfler) nennen, um deren provinzielle Herkunft zu betonen.

Wird es nun innerhalb der Cosa Nostra einen Nachfolgekrieg geben, oder ist der Platz von Riina bereits besetzt? Anfang 1993 ließ sich darüber noch nichts sagen. Falls aber die corleonische Linie mattgesetzt wurde, wäre es denkbar, daß die Mafia ihre Strategie der Konfrontation zugunsten einer Politik der Vermittlung und des Zusammenlebens sowohl mit den staatlichen Institutionen als auch intern für die Zukunft aufgibt.

Chronologie

- 4. Januar 1992, Lametizia Terme: Ermordung des obersten Polizeipräfekten Salvatore Aversa und seiner Frau durch ein Kommando der neapolitanischen 'Ndranghetta.
- 30. Januar, Rom: Das Kassationsgericht bestätigt die Aufhebung der im Mammutprozeß von Palermo 1986/87 verhängten Strafen. (323 der Angeklagten wurden zu insgesamt 2655 Jahren Gefängnis und 19 Bosse zu lebenslanger Haft verurteilt.)
- 13. März, Mondello (Palermo): Ermordung des christdemokratischen Europaabgeordneten Salvo Lima.
- 4. April, Agrigento: Ermordung des Polizeikommandanten Giuliano Guazzelli
- 23. Mai, Palermo: Ermordung des Richters Giovanni Falcone, seiner Frau und drei Polizisten der Eskorte.
- 8. Juni, Rom: Antimafia-Verordnung (Ausweitung der polizeilichen Befugnisse, Status der Kronzeugen).
- 27. Juni, Palermo: Große Anti-Mafia-Demonstration
- 19. Juli, Palermo: Ermordung des Richters Borsellino und fünf Polizisten der Eskorte.
- 6. September: Festnahme von Giuseppe Madonia, Pate und Mitglied der »Kuppel«.
- 11. September, Neapel: Festnahme des Camorra-»Königs« und Milliardärs Carmine Alfieri.
- 12. September, Venezuela: Auslieferung der Brüder Cuntrera aus der Mafiafamilie Siculina, die Heroin und Kokain in großem Stil nach Italien importierten.
- 17. September, Palermo: Ermordung von Ignazio Salvo, des ehemaligen Schatzmeisters der Christdemokraten und Ex-Steuereintreiber auf Sizilien.
- 28. September: Operation »Green Ice« mit 200 Festnahmen.
- 30. Oktober: Nominierung von Bruno Siclari als Super-Staatsanwalt der Direzione Nazionale Antimafia (DNA).
- 16. November: Der Mafia-Kronzeuge Tommaso Buscetta kommt nach Italien, um vor der Anti-Mafia-Kommission auszusagen. Einige Tage später fliegt er in die USA zurück, weil er sein Leben in Gefahr sieht.
- 3. Dezember: Selbstmord des Staatsanwalts von Palermo, Domenico Signorino, der der Zusammenarbeit mit der Mafia beschuldigt wurde.
- 24. Dezember, Palermo: Festnahme des Verantwortlichen der Gegenspionage des italienischen Geheimdienstes (SISDE), Bruno

Contrada, dem vorgeworfen wird, einer mafiosen Vereinigung anzugehören.
15. Januar 1993, Palermo: Festnahme von Toto Riina, des mutmaßlichen Chefs der »Kuppel«.

Subsaharisches und südliches Afrika

In den vergangenen Jahren war Afrika eine traditionelle Transitregion besonders für Heroin aus Südwestasien und in geringerem Maße aus Südostasien, das für den europäischen und nordamerikanischen Markt bestimmt ist. 1992 nun hat sich Afrika gewandelt und nähert sich einem Drogenpol. Das Vordringen der Droge auf diesem von der Entwicklung im Stich gelassenen Kontinent hat viele Gesichter. Zunächst die Produktion: Illegale Kulturen bedecken immer größere Flächen in immer mehr Regionen. Dann der Bereich des illegalen Handels: Die »Kuriere« von gestern überlassen, wenn sie nicht schon verschwunden sind, ihr Terrain schrittweise organisierten Schmugglern, deren Deals nicht mehr in Gramm oder Pfund ablaufen, sondern in einer Größenordnung von zehn bis zu Hunderten Kilogramm. Diese jähe Veränderung beginnt Spuren in der Bevölkerung zu hinterlassen: Abhängigkeit und ihre verheerenden Folgen (Aids) betreffen tagtäglich immer mehr Afrikaner auf einem Kontinent, wo die medizinische Infrastruktur und die Vorbeugungskampagnen lokal beschränkt sind und lächerlich erscheinen angesichts bereits bestehender wie auch der künftigen Schäden. Diese Entwicklung hat jedoch auch ihre Nutznießer: die Drogenhändler mit Sicherheit, aber auch Kriege werden durch Drogen geschürt und durch Drogengelder finanziert. In den Ländern, die den Weg der Demokratisierung und des Mehrparteiensystems eingeschlagen haben, sind die Drogenprofite mangels anderer finanzieller Stützen eine nicht unwichtige Quelle für junge Parteien und bestimmte Presseorgane. Der afrikanischen Wirtschaft kommt der Geldsegen in noch größerem Maße zugute, seit alternative Investitionsquellen im Norden versiegt sind.

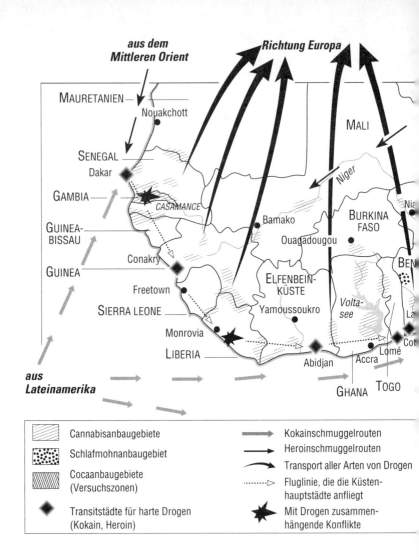

**aus dem
Mittleren Orient**

**aus dem
Mittleren Orient,
Pakistan,
Südostasien**

NIGER

TSCHAD

Tschad-
see

Kano

Ndjamena

SUDAN

NIGERIA

KAMERUN

ZENTRALAFRIKA

Douala

Yaoundé

Bangui

RIAL-
EA

Tomé

Libreville

Kongo

GABUN

KONGO

ZAIRE

Brazzaville

Kinshasa

Subsaharisches Afrika

Auf den Ruinen der Monokulturen für das Exportgeschäft und der Unterentwicklung setzen sich dauerhaft illegale Anpflanzungen fest. Vom Senegal bis Zaire wachsen nunmehr Cannabis- und Schlafmohnpflanzen und sogar der Cocastrauch, der versuchsweise in Kenia, in Kamerun und in Nigeria gepflanzt wurde. Cannabis wächst in zahlreichen Ländern und auf weitaus größeren Flächen, auf denen vorher andere Produkte angebaut wurden. Zum Beispiel in den reichen Landwirtschaftsgebieten Guineas wie Faranah, Kissidougou, Nzérékoré, wo Tee, Kaffee und zahlreiche Obstbaumsorten wuchsen. Aufgrund fehlender Absatzmärkte für diese Erzeugnisse breiten sich hier seit 1991 beschleunigt Cannabiskulturen aus – eine Entwicklung, die während der fünfundzwanzigjährigen Diktatur von Sékou Touré eingeleitet wurde. Ebenso betroffen sind das Gebiet von Niayes, der Osten von Louga, die Saloum-Inseln und Casamance im Senegal, die Waldregion von San Pedro an der Elfenbeinküste, die Steilufer in Gambia, die Umgebung des Weißen Volta in Ghana, und schließlich die Regionen des Nyungwe in Ruanda, des Berg Nimba und Fouta Djalon in Guinea und entlang des Rio Uoro M Bini in Äquatorialguinea. In vielen anderen Gebieten in Togo, Benin, Nigeria, Zaire, Kamerun und Liberia gibt es ebenfalls, vor neugierigen Blicken gut geschützt, Cannabisfelder. In Kamerun ist die Erzeugung indischen Hanfs, der lokal konsumiert wird, auf kleinen Flächen über das ganze Land verteilt. Wie die im Westen und Südwesten im Frühjahr 1992 entdeckten Anpflanzungen sind sie alle verborgen inmitten legaler Kulturen wie Maniok, Zuckerrohr und anderer Nutzpflanzen.

Auch Mohn scheint im subsaharischen Afrika eine nicht unwichtige Rolle zu spielen. Seit zwei Jahren gibt es in mehreren Ländern Schlafmohnfelder, deren Größe allerdings nicht mit denen vergleichbar ist, auf denen Cannabis wächst. Nach Kenia, von wo man bereits seit Jahren die Entwicklung von Kulturen auf den Hängen des Vulkans Kilimanjaro meldet, gibt es seit dem Sommer 1991 Schlafmohnfelder in der Region Kano im Nordosten Nigerias. Weiter im Süden experimentieren die nigerianischen Drogenhändler mit Mohnpflanzungen in 1700 Meter Höhe um den Berg Chebchi und haben von dort aus den Anbau auf die Region des Berges Managouba in Kamerun ausgedehnt. Auch in Benin, das westlich des Riesen Nigeria liegt und wirtschaftlich bis zu 70 Prozent von diesem Land abhängig ist, wachsen die ersten Mohnpflanzen: in der Umgebung der Stadt Djougou in der Provinz Atacora sowie in der Provinz Mono, die traditionell Baumwollanbau betreibt. Erscheint die Vorliebe der Drogenhändler für die westliche Grenze Benins zu Togo auf den ersten Blick paradox, so erklärt sie sich durch ihre begründete Furcht, die alles andere als wohlwollende Neugier der internationalen Behörden, in erster Linie von Interpol, anzustacheln, die im Osten bereits präsent sind: in einer Region unter nigerianischem Einfluß, die schon länger Schauplatz von Waffen-, Auto- und Drogenschmuggel ist.

Die Professionalisierung der Drogenhändler

Seit die illegalen Anpflanzungen den subsaharischen Kontinent überziehen, verändern sich die Schmuggelstrukturen. An die Stelle versprengter Kuriere, »Lasttiere« oder »Ameisen« genannt, die zur Zeit Afrikas als reines Transitland Drogen aus Asien oder Lateinamerika importierten, um sie dann nach Europa weiterzubefördern, treten im Zuge des Übergangs zu einer eigenen, lokalen Drogenproduktion neue und besser strukturierte Organisationen. Es handelt sich im Grunde um eine Professionalisierung des Schmuggels.

Der Herointransit ist für die gesamte Region die wichtigste illegale Geldquelle. Werden diese Gelder wieder investiert, regen sie die Produktion weiter an, und einfache Umschlagplätze verwandeln sich in Zonen der Weiterverarbeitung von Drogen und in Konsumplätze. In Conakry (Guinea) stehen heute einige Elendsviertel wie Boulibiné inmitten eines Schmuggels, der unter Komplizenschaft der Polizei abläuft. Nach Angaben des mit der Rauschgiftbekämpfung beauftragten Divisionskommissars Sène, der Anfang 1992 von OGD befragt wurde, gelangt der größte Teil der Drogen über die Häfen in Dakar, Abidjan, Accra, Lagos, Cotonou und Libreville in den Senegal: 35 Prozent mit Frachtschiffen und 45 Prozent mit Freizeitbooten. Die Kuriere, die auf europäischen Flughäfen sehr schnell verhaftet werden, befördern nur zehn Prozent dieser Mengen. »Im Senegal«, so Sène weiter, »konnten 1991 bei gezielten Operationen 70 Kilogramm Heroin und zwölf Kilogramm Kokain sichergestellt werden.« Die Drogen werden entlang der Küste von den Frachtschiffen auf Segelboote umgeladen oder sogar auf Kanus, wie sie die Kleinfischer benutzen. Kokain aus Brasilien und Kolumbien, das seit 1986/87 den Weg über Afrika nimmt, passiert ebenfalls die oben erwähnten Häfen von Dakar bis Libreville. Während 1990 500 Kilogramm Kokain auf den Kapverdischen Inseln und 66 Kilogramm auf dem übrigen Kontinent konfisziert wurden, waren es 1991 bereits mehr als das doppelte: 44 Pakete mit einem Inhalt von insgesamt 1320 Kilogramm, die mehrere afrikanische Häfen durchlaufen haben und aus Spanien von den Küsten Galiciens kamen. Der Flug der afrikanischen Gesellschaft »La Côtière«, der zweimal wöchentlich von Dakar nach Douala (Kamerun) geht und die wichtigsten am Atlantik gelegenen Hauptstädte Westafrikas verbindet, war im Herbst 1992 eine der am häufigsten benutzten Durchgangsrouten für Kokain und Heroin. Für die Drogenschmuggler war es ein leichtes, mit Hilfe genügender CFA-Francs (westafrikanische Währungsunion) Helfershelfer unter dem Reinigungspersonal der Flughäfen anzuwerben, wo die Maschinen sich zu einer Zwischenlandung aufhielten. Wenn diese Reinigungskräfte an Bord ihre Arbeit erledigten, während die Passagiere in der Kabine blieben, sammelten sie die Heroin- und Kokainpäckchen bei den Schmugglern ein. Die angeheuerten Komplizen ließen die Ware dann in Müllsäcken verschwinden. Und die Rauschgiftschmuggler brauchten beim nächsten Zwischenstop nur auszusteigen und über den Landweg zurückzukehren, um die Drogen wieder in Empfang zu nehmen. Ein von OGD befragter Kurier lobte dieses »postlagernde« System bei kurz aufeinanderfolgenden Zwischenlandungen als »praktisch und wenig riskant«. Er landete mit der Linie »La Côtière« in Cotonou, nachdem er sechs Kilogramm Heroin und 13 Kilogramm Kokain bei der Zwischenlandung in Lomé, das 140 Straßenkilometer und 15 Flugminuten von Cotonou entfernt liegt, losgeworden ist. Durch diesen Schmuggel alarmiert, stellen die lokalen Polizeibehörden der Drogenbekämpfung nicht nur Kokain oder Heroin sicher, sondern dabei auch Gold und Diamanten.

Eine weitere Schmuggelroute im subsaharischen Afrika ist die Küstenschiffahrt an der Atlantikküste. Eine riesige Zahl von Kanus belebt in regelmäßigen Abständen und insbesondere zum Zeitpunkt der Cannabisernte die Küste. Von Niomoune, Diogué und Karabane in Casamance (Senegal), von Abadar und Georgetown in Gambia, den Inseln Saloum und Kayar bis M'Bayakh im Senegal mischen sich die Narko-Kanus unter die kleinen Boote der nächtlichen Fischer. Dem Inspektor N'Diaga Seck zufolge, der sich auf Zollstatistiken stützt, ist diese Art von Schmuggel seit 1981 immer verbreiteter. In den letzten vier Jahren beschlagnahmte man sieben Tonnen an den Stränden Dakars, in den kleinen Buchten von Bernard, Hann und vor allem Fann-Hock im Meerbusen von Soumbedioune. Im November 1992 wurden 800 Kilogramm Cannabis, die unter Riesenbarschen an Bord zweier Kanus versteckt waren, konfisziert. Gelegentlich ermöglicht es zwar die Art und Weise, wie die Drogen versteckt werden, die Herkunft der Ladung zu bestimmen, aber die unüberschaubare Zahl der Fischerkanus, die zudem unmöglich zu identifizieren sind, sowie das Fehlen einer Meeresgrenze machen die Sicherstellungsoperationen sehr vom Zufall abhängig.

Der nigerianische Brückenkopf

Es sind vor allem historische Gründe, weshalb sich Nigeria als das am dichtbevölkertste Land des Kontinents im Zentrum des Drogenschmuggels befindet. Die Zugehörigkeit zum Commonwealth ermöglichte diesem Land, enge Handelsbeziehungen zum indischen Subkontinent, der Drogen erzeugt, und zur angelsächsischen Welt, die sie konsumiert, zu entwickeln. Der Erdölboom in den siebziger Jahren zog eine Vielzahl indo-pakistanischer Arbeiter an. Außerdem hat Nigeria, ebenso wie Ghana, die im neunzehnten Jahrhundert errichteten Opiumhandelsströme zwischen Asien und Großbritannien geerbt. Zwar ist die nigerianische Schmuggelkette bereits 1984 aufgefallen, aber erst in den Jahren 1987/88 blühte sie richtig auf und verlegte sich vom einfachen Cannabishandel auf das viel einträglichere Heroingeschäft.

Die Statistiken über die weltweiten Beschlagnahmungen von Heroin nigerianischer Dealer für 1992 könnten auf den ersten Bick zu der Interpretation verleiten, daß ihre Aktivitäten deutlich zurückgegangen sind: 1989 wurde 625 Kilogramm bei 549 Nigerianern sichergestellt, 1990 dann 812 Kilogramm bei 651 verhafteten Personen. Diesem Anstieg folgte ein Rückgang: 1991 wurden »nur« 265 Kilogramm und ein paar Gramm bei 225 Personen konfisziert. Auch die für die erste Jahreshälfte 1992 registrierten Zahlen bestätigen diesen statistischen Trend. Nach Angaben von Interpol handelt es sich dabei aber nicht um einen Rückgang des Schmuggels, sondern ganz im Gegenteil um eine Folge seiner Professionalisierung: Die beginnenden neunziger Jahre markieren den Übergang zum organisierten Drogenhandel, und die Zahlen belegen die allmähliche Abkehr von traditionellen Transportweisen, die die Polizei auf den Flughäfen in aller Welt inzwischen mühelos vereiteln kann: In der Regel treten Gruppen von fünfzehn Kurieren auf, mit der Droge ›in corpore‹. Die neuen Kuriere reisen dagegen allein oder zu zweit, um weniger aufzufallen und transportieren bei jedem Flug mehrere Kilogramm. Allerdings müssen die Schmuggler, auch die professionellen, in hohem Maße gegen die Luft- oder Seefracht konkurrieren, die die Afrikaner nunmehr als weiteres Mittel einzusetzen begonnen haben. Und noch eine andere Variante, die Droge zum Transport zu »verpacken«, besteht in der Verdünnung des Alkaloides in einer chemischen Lösung. Und schließlich konnten die amerikanischen Antidrogenbehörden 1992 den Versuch einer nigerianischen Gesellschaft vereiteln, als deren Sitz lediglich eine nicht näher bestimmte Adresse in Lagos angegeben war, große Mengen chemischer Grundstoffe zu kaufen, die für die Drogenherstellung notwendig sind. Das alles deutet darauf hin, daß Afrika das Stadium eines Transitkontinents offensichtlich überwunden hat. Ende 1992 und Anfang 1993 traten Nigerianer sogar als Auftraggeber eines großangelegten Kokainschmuggels auf, der über Polen lief.

Im Bereich Kokain nehmen die Nigerianer einen der oberen Ränge im illegalen Welthandel ein: 11,4 Kilogramm wurden 1989 bei 23 Nigerianern beschlagnahmt und zwei Jahre später schon etwa 90 Kilogramm bei 147 Personen. 1992 dann haben die nigerianischen Behörden allein für den Flughafen in Lagos gegenüber Interpol angegeben, eine halbe Tonne Kokain aus dem Verkehr gezogen zu haben, die hauptsächlich in nicht abgeholten Gepäckstücken versteckt war; in den Jahren zuvor wurden lediglich Dutzende Kilogramm aufgegriffen. Fachleuten halten die Zahlen für 1992 für zu niedrig und rechnen eigentlich mit über einer Tonne Kokain. Der Kokainhandel hat solche Ausmaße angenommen, daß die Behörden sich gezwungen sahen, die Flugverbindung zwischen Rio de Janeiro und Lagos, die die brasilianische Gesellschaft Varig aufrechterhielt, einzustellen. Jedoch hinderte diese Stillegung viele Nigerianer nicht, ihren Schmuggel nun über den nordamerikanischen Kontinent zu leiten. Unter Berufung auf Polizeiquellen enthüllte die kolumbianische Presse im August 1992, daß nigerianische Drogenhändler sogar kolumbianische Kuriere einsetzten, um Heroin in die Vereinigten Staaten zu bringen. In den USA soll nach Angaben der Sonderbehörden nigerianisches Heroin bereits einen Marktanteil von 25 Prozent, in der Region von Baltimore und Washington sogar bis zu 50 Prozent haben. Außerdem sind nach Interpol-Meldungen Nigerianer zunehmend in Mexiko und Kanada aktiv.

Drogenhandel und Korruption

Im Unterschied zu Heroin könnte der kontinuierliche Anstieg der Kokainsicherstellungen bedeuten, daß die Drogenhändler noch nicht dazu übergegangen sind, diese Droge in Afrika selbst zu erzeugen. Jedoch schätzen die amerikanischen Nachrichtendienste das Risiko als sehr groß ein, daß sich in bestimmten Regionen Nigerias, in denen die landwirtschaftlichen Bedingungen besonders günstig sind, die Produktion von Coca entwickelt. Zwar haben die Flughäfen ihre Kontrollmaßnahmen ständig verstärkt, und die Antidrogenpolizei ist heute in ihrer Bekämpfung des illegalen Handels viel besser ausgestattet, es gibt allerdings noch keine wirkliche staatliche Zusammenarbeit, die die Maßnahmen effizienter machen würde. Und mancher offizielle Schritt scheint eher kurios. So ließ am 1. Mai 1992 der Vizerektor der nigerianischen Universität Sokoto, Abubakar Gwandu, als Leiter einer Besuchsdelegation in Pakistan sein reges Interesse an pakistanischen Arbeitskräften deutlich werden. Darauf antwortete der zuständige pakistanische Minister mit dem Versprechen, die Arbeitsemigration nach Übersee zu fördern. Die internationalen Antidrogenbehörden sehen in diesen Erklärungen ein schlechtes Omen, da diese »Arbeiter« Gefahr laufen, für andersartige Beschäftigungen nützlich zu sein ...

Schwerwiegender noch als die mangelhafte internationale Kooperation erweist sich möglicherweise die Korruption. Der guineische Oberstleutnant David Eyama Angue Osa, Militärattaché in Nigeria, wurde im Oktober 1992 wegen Drogenhandels inhaftiert. Der Besuch von Teodoro Mbasongo, Sohn des Präsidenten Äquatorialguineas Nguema Mbasongo, ermöglichte die Freilassung des Militärberaters. Beobachter sind sich sicher, daß Mbasongo Junior von seinem Vater eigens beauftragt wurde, über die Freilassung zu verhandeln. David Eyama war festgenommen worden, als er zwei Pakete mit insgesamt 29,5 Kilogramm Kokain abholen wollte, die auf einem Varig-Flug aus Brasilien ankamen. Die nigerianische Antidrogenpolizei (National Drug Law Enforcement Agency – NDLEA) hat öffentlich bekanntgegeben, daß sie diese Freilassung mißbilligte, und gab zu verstehen, daß der Militärattaché für den Präsidenten Äquatorialguineas arbeitete. In der Elfenbeinküste wurde der Kommissar Emile Dongo, Direktor der Antidrogenpolizei, wegen anhaltender Korruptionsgerüchte über ihn selbst und seine Behörde entlassen und durch Godefry Adjoussou ersetzt.

In Cotonou, der Hauptstadt Benins, gibt es sowohl in dem Viertel Ahogbohoué als auch in der Umgebung des Marktes Dantokpa viele Stimmen, die zahlreiche Persönlichkeiten des ehemaligen Regimes – vor allem Militärs – beschuldigen, in den Kokainschmuggel verwickelt gewesen zu sein. Azan Hékho, Innenminister unter dem Expräsidenten Kérékou und ehemaliger hochrangiger Armeeoffizier, der wegen Menschenrechtsverletzungen, willkürlicher Verhaftungen, Machtmißbrauch und anderer Vergehen verurteilt wurde, wird im

Zusammenhang der Affären um Kokainschmuggel wiederholt genannt. Im übrigen wird öffentlich über die jungen, »zu schnell« zu Millionären gewordenen Geschäftsleute hergezogen, die man verdächtigt, unter der Herrschaft des abgesetzten Präsidenten mit Heroin und Kokain aus Lagos und Abidjan (Elfenbeinküste) gehandelt zu haben. Heute haben neue Regierungsvertreter die Taschen der Polizei- und Zollbeamten im Visier, um etwaige Gefälligkeiten zu verhindern. Unmittelbare Folge dieses ebenso energischen wie diensteifrigen Vorgehens: Anfang 1992 gab es die ersten größeren Sicherstellungen (über ein Kilogramm) von Heroin und besonders von Kokain. Im März wurden auf dem Flughafen von Cotonou fast 32,5 Kilogramm Kokain bei zwei Geschäftsreisenden von der Elfenbeinküste entdeckt. Diese ersten Erfolge reichen jedoch nicht aus, um die Ratlosigkeit einiger Beamter angesichts der riesigen Aufgabe zu zerstreuen: »Kokain kommt aus Abidjan und Heroin aus Lagos; wir können nicht einmal etwas über die durchgehenden Mengen aussagen, da wir kaum ausgerüstet sind und zu wenig Personal haben, um Kontrollen durchzuführen«, erklärt ein junger Inspektor, der auf dem Flughafen Illa Condji in Cotonou eingesetzt ist.

Erstes Opfer der Verbreitung der Drogen ist die Bevölkerung selbst. Bevor das subsaharische Afrika durch das Pulver in Mitleidenschaft gezogen wurde, gab es Barbiturate und psychotrope Stoffe. Die großen Pharmaunternehmen haben seit mehreren Jahren eine grenzenlose Phantasie gezeigt, um die Gesetzgebungen zu umgehen und den schwarzen Kontinent mit häufig im Norden als zu toxisch eingestuften Produkten zu überschwemmen. Das traditionelle Schema, nach dem die südlichen Länder die Industrieländer mit Drogen überhäufen, scheint ungeeigneter denn je, die tatsächliche Situation zu begreifen. Vielmehr verläuft hier die Richtung von Norden nach Süden, und diese Wege zu den afrikanischen Märkten, die »geradezu Messen für Medikamente« geworden sind und Sucht und Abhängigkeit fördern, werden noch kaum überwacht.

Es gibt heute mehr Abhängige dieser medizinischen Substanzen als von Heroin. Bereits 1989 wurde im Senegal ein »shooting house« aufgedeckt, das eine Ghanerin mit dem Namen Rebecca in Dakar organisierte. In Abidjan, der Hauptstadt der Elfenbeinküste, sind sowohl das schicke Stadtviertel Cocody wie auch die Elendsviertel Adjamé, Attecoube, Koumassi, Marcory und vor allem Treichville betroffen. In Treichville wird der Joint für 100 bis 200 CFA-Francs (60 Pfennig bis 1 Mark 20) angeboten; ein Amphetaminpräparat (»tupai«) kostet 300 CFA-Francs und die kleinste Dosis Kokain 5000 CFA-Francs. Gedealt wird überall – in dunklen Bars wie vor den Moscheen, wo sich die Bettler versammeln. Die Müllmänner beschweren sich über die vielen Spritzen, die sie tagtäglich in den Abfalleimern finden. Und die Vertreter der Gesundheitsbehörden fürchten sehr, daß der Heroinkonsum mittels Spritzen in der nahen Zukunft ein zusätzlicher Übertragungsweg für die Ausbreitung des Aids-Virus wird.

»Datura« befriedigt die Bedürfnisse einer noch immer großen Zahl von Menschen, die das Kokainpulver unter keinen Umständen bezahlen können. Wie viele andere afrikanische Pflanzen ist sie Teil jener Substanzen, die zu medizinischen, rituellen oder feierlichen Zwecken verwendet werden. Aber dank ihrer halluzinogenen Eigenschaften findet die Pflanze, die in Frankreich in Zigaretten für Asthmatiker enthalten ist, in einigen westafrikanischen Ländern über den rituellen Anlaß hinaus Verwendung. Im Senegal, in Gambia, in Guinea und in jüngster Zeit auch in Mali gab es die ersten Toten infolge einer Überdosis, die durch zu stark konzentrierte Abkochungen hervorgerufen wurden. »Datura« verwandelt sich heute umso leichter – besonders in den städtischen Gebieten – in die Droge der Armen, da sie in tropischen Gefilden beinahe überall, auch in den brachliegenden Flächen der Städte und den Ruinen der verlassenen Häuser, in wilder Form gedeiht.

Kriege und Drogen

Eine weitere Abhängigkeit, die das subsaharische Afrika berührt, tritt in Zusammenhang mit Kriegen auf. Wie bei vielen anderen Konflikten in der Welt sorgen Drogen hier ebenfalls für Gewinne, die direkt für den Kauf von Waffen verwendet werden. In Liberia forderten 1991 die von Charles Taylor angeführten Rebellen die regulären Streitkräfte des Präsidenten Samuel Doe heraus. Um seinen Kampf um die Macht zu finanzieren und Guinea zu bestrafen, weil es während des Bürgerkriegs in das Lager seines Feindes wechselte, besetzte Charles Taylor im Herbst 1991 in der Nähe der liberianischen Grenze das zu Guinea gehörende Gebiet des Berg Nimba, das wegen seiner bedeutenden Produktion von »lopito« (eine Cannabispflanze, aus der ein sehr THC-haltiges Öl gewonnen wird) bekannt ist. Zahlreiche unter der Zivilbevölkerung gesammelte Augenzeugenberichte ergaben übrigens, daß dieser Krieg unter Einfluß des »Cannabisrausches« ausgetragen wurde. Fast alle Rebellen konsumierten ständig »lopito«, was beispielsweise die Umstände erklären kann, unter denen Samuel Doe und seine Truppe umgebracht worden sind. Auf diese Weise fanden vielleicht auch die Praktiken eines rituellen Kannibalismus statt, die nicht nur gegen die Regierungssoldaten, sondern auch gegen die Zivilbevölkerung anderer Ethnien gerichtet waren.

Weiter im Norden in Basse Casamance, das seit April 1990 Schauplatz neuer separatistischer Auseinandersetzungen ist, finanzieren die Erlöse aus dem großangelegten Cannabisanbau zusammen mit anderen Mitteln den Erwerb von Waffen (Granaten und Kalaschnikows) der MFDC (Mouvement des forces démocratiques de Casamance). Diese separatistische Bewegung, die Angehörige der Diola, eines animistischen und christlichen Volks, vereinigt, führt mörderische Streifzüge nicht bloß im Buschwald, sondern bis ins Innere der regionalen Hauptstadt Ziguinchor durch. Diatta, ein Führer der Bewegung, den OGD im Frühjahr 1991 befragte, bestätigte, daß die mit der Unterdrückung der Guerilla beauftragten Militärs Separatisten in Ossouye gefoltert hatten, um die genauen Ortsangaben der geschützten Anpflanzungen sowie Informationen über die Verkaufsnetze der Droge zu erhalten, um sie zu ihrem Gewinn auszubeuten. Eine im März 1993 von OGD in Casamance durchgeführte Untersuchung ergab die Bestätigung, daß Cannabisgelder eine Finanzierungsquelle der Guerilla bildeten. Die Kulturen sind im Norden der Provinz um Kafoutine und auf den Karoni-Inseln verteilt. Zwei Journalisten von Ziguinchor zufolge unterstützen die reichgewordenen »Landwirte« finanziell die MFDC. Andere Berichte weisen auf die teils freiwilligen, teils erzwungenen Beiträge hin. Aber lokale Beobachter halten diese Summen für relativ niedrig. Überdies schließen die lokalen Behörden die Augen vor einem Handel, der Devisen einbringt, selbst wenn dieser nicht die fehlenden Mittel aus dem Tourismusgeschäft an der Küste in Casamance ersetzen kann, das seit den Überfällen der Guerilla in Ziguinchor stark zurückgegangen ist.

Auf der anderen Seite des Kontinents wendet sich das durch Kriege verwüstete Horn von Afrika dem Anbau von Khat zu. Es handelt sich um eine Pflanze, die wie ein natürliches Amphetamin wirkt. In Äthiopien kam es Ende 1991 und Anfang 1992 in der Provinz Harar im Südosten des Landes zu sporadischen Kämpfen zwischen der Befreiungsfront Oromo und der Revolutionären Demokratischen Front des Äthiopischen Volkes. Es ging dabei um die Kontrolle der aus dem Khat-Anbau resultierenden Profite. Khat ist das lukrativste Exportprodukt, obwohl es in der ganzen Region legal ist. Der Selbstkostenpreis eines 250 Gramm Bündels, das aus jungen Trieben und ihren Blättern besteht, beträgt umgerechnet nicht einmal 50 Pfennige. Es wird in Djibouti für neun bis elf Mark weiterverkauft. Weiter im Süden, in Somalia, konsumieren die seit der Anfang 1991 erfolgten Absetzung des Präsidenten Siyad Barre um die Kontrolle von Mogadischu kämpfenden zwei Kriegsparteien reichlich Khat.

Die Tagesration eines Kämpfers kostet ungefähr zehn Dollar. Khat wird aus Kenia importiert, wo es in der Umgebung der Stadt Meru wächst. Bis zu der aus humanitären Überlegungen heraus am 9. Dezember 1992 gestarteten Landung amerikanischer Militärkräfte versorgten täglich ein Dutzend Flugzeuge die somalische Hauptstadt mit Khat-Bündeln. Die Kriegsherren erhoben auf die Fracht eine Steuer, die die Waffen- und Munitionskäufe zu finanzieren half. Seit 1993 verhindern die amerikanischen AWACS-Maschinen, die den somalischen Luftraum mit Radar überwachen, die meisten der aus Nairobi kommenden Kleinflugzeuge daran, die tägliche Menge von zehn Tonnen Khat einzuführen, dessen Preis nun plötzlich in die Höhe gegangen ist. Kriegsherren wie Osman Atto, rechte Hand und wichtigster Geldgeber des Generals Hassan Farah Aidid, der einen Teil dieses sehr einträglichen Handels kontrollierte, der im Großhandel 100 Millionen Dollar einbrachte, sahen ihre Ressourcen schwinden. Im übrigen stellt in diesem moslemischen Land, in dem ein strenges Alkohol- und in bestimmtem Maße auch Tabakverbot herrscht, Khat das einzige Ablenkungsmittel dar. Daher trägt seine Knappheit dazu bei, die feindselige Haltung der Bevölkerung gegenüber dem Westen, der ihnen dieses Mittel entzieht, zu fördern.

Dieser von den Amerikanern unternommene »Khat-Krieg« entspricht einer Psychose, die mit einem Blick auf die durch Heroin im Indochinakrieg bedingte Sucht bereits die Gefahr einer durch Khat verursachten »Ansteckung« der nach Somalia entsandten US-Truppen ausmalt. Sicherlich werden seit einigen Jahren wachsende Mengen gefriergetrockneten Khats heimlich von somalischen, äthiopischen oder jemenitischen Staatsangehörigen in die USA gebracht, wo es in den Großstädten nicht nur von den Migranten, sondern auch von amerikanischen Bürgern konsumiert wird. Die Furcht, daß das Kontingent der »boys« bei ihrer Rückkehr in die USA eine Khat-Epidemie auslösen könnte, erweist sich als Phantasma, wenn man berücksichtigt, daß dieser Stoff in New York je Bündel 25 bis 30 Dollar teuer ist, bitter schmeckt, grünliche Flecken auf den Zähnen hinterläßt und eine Wirkung hat, die kaum über die eines starken Kaffees geht ...

Während einige die aus der Dritten Welt stammenden grünen Blätter »verteufeln«, erzeugen versteckte Labors große Mengen eines synthetischen Amphetamins, das gefährlichere Metcathinon, das die in Khat enthaltene aktive Substanz Cathinon reproduziert.

Demokratie und »gedopte« Ökonomie

Als Folge der Entwicklung von Produktion und Schmuggel im subsaharischen Afrika werden die immer bedeutenderen Profite nicht bloß in das Drogengeschäft, sondern auch wieder in zulässige und legale Unternehmen investiert. Die Gelder fließen zuallererst in den Prozeß der wirtschaftlichen und politischen Umgestaltung des Kontinents. Auf diese Weise sichern die Summen aus dem illegalen Drogenhandel den politischen Parteien in einer bestimmten Zahl afrikanischer Länder, in denen der Demokratisierungsprozeß läuft, die Möglichkeit, sich zu konsolidieren und zu funktionieren, da aufgrund der wirtschaftlichen Zerrüttung keine andere Finanzierung vorhanden ist. In Guinea zum Beispiel nutzen die neuen Organisationen alle sich ihnen bietenden Chancen: Schmuggel von Waffen, Edelsteinen, Cannabis und Amphetaminen. In dem »erneuerten« Benin haben die 23 Oppositionsparteien der Regierung Anfang 1992 klar zu verstehen gegeben, daß sie mangels Subventionen gezwungen seien, die fehlenden Ressourcen anderswo aufzutreiben... Diese Befürchtung bekräftigt ein verantwortlicher Politiker, der auf das Zusammenwirken der Entwicklung illegaler Produktionen mit der Demokratisierung hinweist.

Generell läßt sich für Afrika südlich der Sahara feststellen, daß die neuen politischen Organisationen – wenn sie in der Bevölkerung verankert sind – ihre Einkünfte aus den Landwirtschaftsregionen beziehen, deren legale Produktionen ihnen nicht ermöglichen, ihre Ausgaben zu decken. Nun wächst in diesen Regionen aber immer häufiger Cannabis, Schlafmohn und sogar Coca. Es wird nicht einfacher, dem Weg, der den legalen vom illegalen Anbau scheidet, zu folgen, denn dieser Zwang, Narkoprofite abzuschöpfen, verursacht ein beachtliches Problem. Soll man die Entwicklung der Drogenaktivitäten dulden und dabei unterstellen, daß sich das Mehrparteiensystem auf dem Kontinent festsetzt mit den damit verbundenen bekannten, auch antidemokratischen, Folgen? Oder soll man die Drogenproduktion und den illegalen Handel gnadenlos bekämpfen und dadurch den fragilen politischen und wirtschaftlichen Prozeß, in dem sich viele Länder befinden, bremsen? Dies scheint die einzige Alternative zu sein.

Eine sozio-ökonomische Entwicklung, die kurzfristig eine gesunde Basis des politischen Prozesses förderte, würde aus diesem Dilemma herausführen. Aber die Rahmenbedingungen eines solchen Prozesses werden in dieser Weltregion vom Internationalen Währungsfond (IWF) und der Weltbank durch eine als »strukturelle Anpassung«

bezeichnete Politik festgelegt und diktiert. Ihre Mittel sind bekannt: eine drastische Senkung der öffentlichen Ausgaben, deren erste Folge die Verringerung und in einigen Regionen sogar die Einstellung der Sozialleistungen (Gesundheit, Bildung und andere Bereiche) und den Abbau der schon ungenügenden öffentlichen Versorgungseinrichtungen bedeutet. Der wirtschaftliche Aufschwung soll durch den »unbedingten Export« (von Rohstoffen) verwirklicht und durch die Eingliederung in den Weltmarkt erreicht werden – dabei erreicht das jährliche Bruttosozialprodukt dieser Länder je Einwohner kaum 500 Dollar (in den westlichen Industriestaaten sind es über 15 000 Dollar!). Außerdem purzelt der Kurs der für den Export bestimmten Rohstoffe ständig nach unten.

Parallel dazu ermutigt der IWF die Privatisierung. In den überschuldeten Ländern, die praktisch nicht investieren können, bilden Drogengelder einen außergewöhnlichen Glücksfall. Eher als die Entwicklungshilfe könnten Narkogewinne die unentbehrliche finanzielle Ergänzung zu einem wirtschaftlichen und politischen Aufschwung darstellen, in den die Länder des Nordens nicht mehr investieren wollen. In den nächsten Jahren könnten afrikanische Länder vielleicht dem Beispiel anderer Länder wie Kolumbien und Bolivien folgen, in denen das ultraliberale Experiment ein starkes Wirtschaftswachstum ermöglichte, und dank der Drogenprofite neue Wege einschlagen, um die miserable Unterentwicklung hinter sich zu lassen.

Auf diese Weise könnte in einem Afrika, das den Drogen eine wichtige Rolle einräumt, eine neue Form von Entwicklung und Bewegung in die Unabhängigkeit entstehen: die »Entwicklung durch Drogen«.

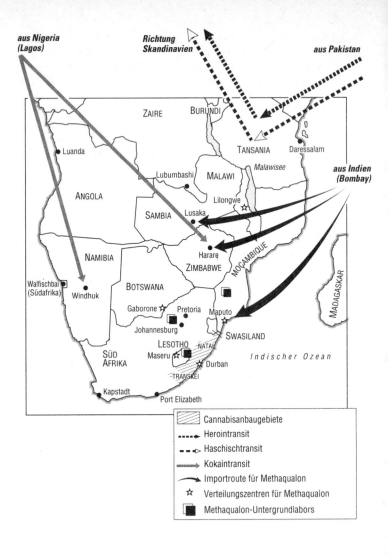

Südliches Afrika

»Die Republik Südafrika ist ein bevorzugtes Ziel für Drogenhändler geworden. Statistiken zeigen, daß sich die Abhängigkeit von Drogen schnell ausbreitet und zu einem vorrangigen sozialen Problem wird, das mit schweren Folgen für die Süchtigen und ihre Familien sowie für die Volkswirtschaft verbunden ist.« Mit diesen Worten faßte der Vertreter des South African Narcotics Bureau, Oberst Venter, bei einer internationalen Konferenz, die von der IKPO-Interpol am 9. Dezember 1992 in Neu-Delhi veranstaltet wurde, die Lage in seinem Land zusammen. Der Abschied von der Apartheid-Politik am 30. Juli 1991 und die fortschreitende Rückkehr des Regimes in Pretoria auf die internationale Bühne sorgen für eine Umwälzung der Geopolitik der Drogen im südlichen Afrika.

Die Ökonomie des Mandrax

Historisch betrachtet verbreitet sich der Gebrauch von Rauschgiften seit Beginn der achtziger Jahre hauptsächlich in Form eines synthetischen Produkts, Methaqualon, das besser unter dem Markennamen Mandrax bekannt ist. Es handelt sich um ein starkes Antidepressivum. Als die südafrikanische Regierung die verheerende Wirkung dieses Medikamentes feststellte, wenn es seiner therapeutischen Funktion beraubt und zusammen mit Alkohol als Anregungsmittel verwendet wird, beschloß sie 1980, daß dieses Mittel nicht mehr in den Handel gebracht werden durfte. Der Hauptproduzent Indien verbot seinerseits 1983 die Herstellung. Ergebnis dieser doppelten Prohibition: Innerhalb von zehn Jahren ist Südafrika der weltweit größte Verbraucher von Mandrax geworden. Während der ersten sechs Monate 1991 wurden 1,2 Millionen Einheiten im Land beschlagnahmt und über 200 in den Schmuggel verwickelte Personen verhaftet. Im selben Zeitraum 1992 stiegen die Statistiken auf 2,8 Millionen Einheiten und mehr als 1500 Festnahmen. Der illegale Handel mit Methaqualon, der von indischen Staatsbürgern oder Südafrikanern indischer Herkunft dominiert wird, hat das Ausmaß einer richtigen Industrie angenommen, die für einen jährlichen Umsatz von über einer Milliarde Mark sorgt.

Bis 1984 wurde der Markt von der indischen Pharmaindustrie versorgt. Die Schmuggler organisierten Einbrüche in die Lagerhallen der Fabriken oder, was am häufigsten vorkam, unterschlugen – manchmal sogar mit offizieller Mithilfe – das Produkt tonnenweise, indem sie gefälschte Importgenehmigungen auf den Namen von Scheinfirmen in verschiedenen afrikanischen Staaten ausstellten. Die Droge wurde daraufhin nach Südafrika weiterbefördert.

Seit dem Stop der legalen Produktion haben sich die Schmuggler neuen Versorgungsquellen wie der Schweiz oder der Ex-Tschechoslowakei zugewandt. Aber vor allem sind sowohl in Indien wie im südlichen Afrika heimliche Produktionsstätten entstanden, die erhebliche Investitionen erforderten. In einem offiziellen Interpol-Bericht heißt es, die indischen Dienste bestätigen, daß diese Schwarzmarktproduktion »sich in Indien zunehmend ausbreitet«, am häufigsten unter Antrieb durch Heroinhändler, die ihre Aktivitäten auf eine andere Branche ausweiten. Es muß betont werden, daß Methaqualon im Unterschied zu Kokain oder Heroin nicht in behelfsmäßigen Labors synthetisiert werden kann, da das umfassende Verfahren eine hochentwickelte technische Ausstattung sowie die Kenntnisse kompetenter Chemiker erfordert.

1987 konnte die südafrikanische Polizei die Stärke dieser Schmugglerorganisationen ermessen, als sie in der Region Johannesburg das größte Schwarzmarktlabor der Welt entdeckte. Seine Produktionskapazität schätzte man auf 20 Millionen Einheiten. Seitdem sind weitere Einrichtungen in Moçambique und Lesotho aufgeflogen, die zeigen, daß eine richtige Mandrax-Ökonomie im gesamten Subkontinent errichtet worden ist.

Drehscheibe Durban

Tatsächlich sind gegenwärtig fast alle Nachbarländer des südafrikanischen Riesen in unterschiedlichem Maße an seiner Versorgung mit Methaqualon beteiligt. Außer den bereits erwähnten Produktionsgebieten sind die meisten südafrikanischen Hauptstädte wichtige Transitzonen. Die Droge wird von Bombay aus mit regulären Flügen nach Lusaka in Sambia, Harare in Zimbabwe, Maputo in Moçambique und in geringerem Maße nach Nairobi in Kenia gebracht. Es sei darauf hingewiesen, daß der Transport der Droge bis zum gegenwärtigen Zeitpunkt hauptsächlich Kurieren anvertraut wurde, die sie in ihrem Gepäck versteckten. Aber die Behörden in Zimbabwe haben 1992 eine beunruhigende »Premiere« registriert, als sie über eine Tonne Mandrax in einem Frachtbehälter sicherstellten. Die indischen Behörden haben ihrerseits kürzlich bestätigt, »daß Versuche unternommen werden, beträchtliche Mengen an Methaqualon per Schiff in verschiedene afrikanische Länder zu liefern.«

Sobald das Mandrax auf den schwarzen Kontinent gelangt ist, wird es entweder über Inlandflüge oder über die Straße zu den Zentren der Weiterverteilung in Maseru (Lesotho), Lilongwe (Malawi) oder Gaborone (Botswana) transportiert. Und in Südafrika selbst übernimmt der Hafen in Durban, wo sich die größte asiatische Gemeinde des Landes angesiedelt hat, die Funktion einer Drehscheibe.

Die aus dem illegalen Handel stammenden Einkünfte spielen heute eine entscheidende Rolle in der regionalen Wirtschaft, selbst wenn es noch schwierig ist, genauere Daten anzugeben (Südafrika hat erst 1992 ein Gesetz gegen Geldwäsche verabschiedet); allerdings ist das »autonome« Homeland Bophuthatswana, der zweitgrößte Platinerzeuger der Welt und Ort zahlreicher Spielkasinos, seit längerem ein bedeutender Platz für Geldwäsche. In Sambia, dem weltweit zweitgrößten Kobalt- und fünftgrößten Kupferproduzenten, wird das schmutzige Geld beim Kauf von Metallen gewaschen. In Moçambique oder Botswana hat Methaqualon als Zahlungsmittel Eingang in die informelle Ökonomie gefunden. Es wird benutzt, um im Rahmen von Tauschgeschäften, die sich nunmehr auszuweiten beginnen, Konsumgüter zu erwerben: Beispielsweise tauscht man 30 Kilogramm Tabletten gegen ein Auto, das üblicherweise in Südafrika gestohlen worden ist.

Wie die Polizei in Pretoria bekräftigt, hat das Phänomen Mandrax im südlichen Afrika »praktisch unkontrollierbare« Ausmaße angenommen. Ursprünglich betraf der Mißbrauch von Methaqualon ausschließlich die weiße und wohlhabende Bevölkerungsschicht in den Städten. Nun hat sich diese Abhängigkeit auf die schwarze Bevölkerung ausgedehnt. Im schwarzen Soweto (South West Township) bei Johannesburg bestätigen Sozialarbeiter, daß die illegalen Alkoholverkäufer jetzt die Droge anbieten, die die Benutzer »Popomalala« oder »Ingidi« nennen. Junge Burschen werden von den Banden, die den Markt versorgen, eingesetzt, um Leute auszuplündern. Im Austausch erhalten sie Tabletten.

Polytoxikomanie und harte Drogen

Man stellt außerdem fest, daß der Mißbrauch von Methaqualon zu einer Abhängigkeit von verschiedenen Drogen (»Polytoxikomanie«) geführt hat, die besonders beunruhigend ist: Das Medikament wird zerdrückt und unter Marihuana oder Haschisch gemischt. (Die Provinzen Natal und vor allem Transkei erzeugen große Mengen Cannabis, das hauptsächlich von südafrikanischen Schmuggelringen nach Nordamerika und Großbritannien exportiert wird.) Anschließend wird die Mischung in einer Wasserpfeife geraucht. Diese Praxis ist derart populär geworden, daß man nicht selten Süchtige sehen kann, die genehmigte Medikamente immer dann zu benutzen versuchen, wenn sie kein Mandrax mehr haben, um diese Zubereitung zu mischen. Gleichfalls stellte man in jüngster Zeit den Tod von Süchtigen fest, die ein Gemisch von Heroin und Cannabis rauchen wollten.

Das südliche Afrika erlebt auf diese Weise eine Entwicklung, die mit der in Westafrika vergleichbar ist: An den Gebrauch von Medikamenten gewöhnt, wendet sich die Bevölkerung »härteren« Substanzen zu. Um diesen Trend zu beweisen, betrachte man nur die zunehmenden Heroinsicherstellungen in Südafrika: 13,9 Kilogramm 1990 und bereits 38 Kilogramm ein Jahr später!

Ein weiterer Anhaltspunkt für das Erscheinen harter Drogen in der Region bietet das Auftauchen tansanischer Netzwerke. Da sie durch den Methaqualonschmuggel gestärkt worden sind und über gute Verbindungen zum indischen Subkontinent verfügen, haben sie begonnen, pakistanisches Marihuana und Heroin in die skandinavischen Länder zu befördern. Es handelt sich um einen Schmuggelring, der von den nigerianischen Netzwerken vollkommen unabhängig ist.

Seit Ende 1992 erfahren diese Phänomene eine bemerkenswerte Beschleunigung. Die internationale Wiederanerkennung Pretorias, das im Gegenzug seine Rassenpolitik verändern mußte, hat dieses Land in ein wahres Eldorado für Drogenschmuggler verwandelt. Diese werden von einer stabilen und vor allem konvertierbaren Währung (Rand) angezogen, die durch eine gesunde Ökonomie gewährleistet wird. Sie treffen überdies auf einen Konsumentenmarkt, der – wie bereits geschildert – voll expandiert. Die Öffnung der Grenzen erleichtert ihnen nur ihre Aufgabe: Südafrika besitzt fünf Meerhäfen und drei internationale Flughäfen. Der Jan Smuts-Flughafen, der bedeutendste unter ihnen, verdoppelte zwischen Mitte 1991 und Ende 1992 fast sein Verkehrsaufkommen.

Die Ankunft des Kokains

In den letzten Jahren haben die südamerikanischen Kartelle sich die geostrategische Situation Südafrikas zunutze gemacht, um parallel zu den gut bekannten nigerianischen oder kapverdischen Schmuggelketten einen Transitschmuggel zu organisieren, der Kokain nach Europa bringen soll. Dabei vertreten sie peruanische Geschäftsleute, die in Südafrika arbeiten. Die chinesischen Triaden aus Hongkong und Taiwan, die von der neuen Gesetzgebung profitieren, die die Einwanderung begünstigt, sind seit 1987 am Kap aktiv und liefern sich eine blutige Konkurrenz um die Kontrolle des Schmuggels von Gold, Elfenbein und Rhinozeroshorn. Außerdem erpressen sie Schutzgelder von chinesischen Geschäftsleuten und organisieren illegales Glücksspiel. All dies läßt darauf schließen, daß die bedeutende Zunahme der Heroinimporte mit der Präsenz dieser Gruppen verknüpft ist. Andere Organisationen ahmen nunmehr diese Beispiele nach.

So haben interessierte Beobachter darauf hingewiesen, daß seit Ende 1992 regelmäßige Flugverbindungen zwischen der nigerianischen Hauptstadt Lagos und Harare (Zimbabwe) oder Windhuk (Namibia) eröffnet worden sind. Jedesmal konnten die Flughafenbehörden ihre ersten Kokainsicherstellungen durchführen, die insgesamt mehrere Kilogramm betrugen und somit weit über dem Bedarf eines möglicherweise existierenden lokalen Marktes lagen. Was Heroin betrifft, so scheint Harare von jetzt an einer der wichtigsten Transitplätze des Kontinents (nach Lagos und Nairobi) für nigerianische Kuriere zu sein.

Überdies fliegt eine wachsende Zahl nigerianischer Staatsangehöriger, die sich als Geschäftsmänner ausgeben, für einen Kurzaufenthalt nach Südafrika. Meistens befinden sie sich auf der Durchreise zu nahegelegenen Zielen wie Lesotho. Sie errichten ihre Stützpunkte in Luxushotels oder teuren Appartments in den Wohnquartieren von Johannesburg, die sie häufig sechs Monate im voraus mieten. Das südafrikanische Narcotics Bureau geht davon aus, daß sie in den Methaqualonschmuggel verwickelt sind und in geringerem Maße in den illegalen Kokainhandel. Obgleich er sich entwickelt, steckt der Kokainmarkt noch in den Anfängen.

Drogen und Demokratieprozeß

Schließlich bleibt noch ein letztes beunruhigendes Thema. Sind in Südafrika wie im übrigen Kontinent Drogengelder dazu bestimmt, eine entscheidende Rolle im ablaufenden Demokratisierungsprozeß einzunehmen? Wenn die Organisationen der Schwarzen und an erster Stelle der African National Congress (ANC) mit seinem Präsidenten Nelson Mandela, dem unbeugsamen Feind des Apartheidregimes, sich durch Drogenschmuggel finanzierten, hätte Pretoria garantiert die Öffentlichkeit darüber informiert, betonen Beobachter.

Dagegen enthüllte im November 1992, nach einem Jahr Ermittlungen, die Untersuchungskommission des Richters Robert Goldstone, die damit beauftragt war, die für die Tötungen in den »townships« Verantwortlichen herauszufinden, einen Plan der südafrikanischen Geheimdienste. Demnach war beabsichtigt, den bewaffneten Arm des ANC bloßzustellen, indem einige seiner Mitglieder mit »Prostituierten, Homosexuellen oder Drogenhändlern« in Verbindung gebracht werden sollten. Es handelt sich um eine klassische Praxis aus dem Arsenal dieser Dienste, auf die nicht nur die Südafrikaner zurückgreifen ...

Andere Organisationen scheinen jedoch weniger tugendhaft zu sein, wie die Verhaftung und Verurteilung des Vizepräsidenten des Panafrikanischen Kongresses (PAC), Ramudi Michael Maphai, im März 1992 zeigt. Der stellvertretende Führer der Bewegung von Dissidenten des ANC wurde dabei erwischt, als er eine Tonne Mandrax aus Indien nach Südafrika einzuführen versuchte. Wenn auch seine Partei sich sofort von dieser »isolierten Initiative« distanziert hat, konnte OGD in einer Untersuchung darlegen, daß zahlreiche Verantwortliche des PAC 1991 in Nigeria, Kenia, Tansania und Botswana verhaftet worden waren ...

Die Antidrogenpolitik der USA in Lateinamerika

Als im Dezember 1992 die Übergangsmannschaft des gewählten Präsidenten Bill Clinton zwei verdienstvolle Kritiker der Antidrogenpolitik der Bush-Administration – Peter Reuter von der Rand Corporation (eine private Forschungsorganisation) und Mark Kleiman von der Harvard-Universität – dazu bestimmte, einen Bericht über die Herausforderungen vorzubereiten, die die Drug Enforcement Administration (DEA) bewältigen soll, schien es, daß sie die von den Republikanern bestimmte Politik grundlegend verändern wollte. Statt einer Verhinderung des Drogenkonsums, Vorbeugungsmaßnahmen und einer öffentlichen Gesundheitspolitik innerhalb des Landes (die Nachfrageseite) hatten diese in ihrer Regierungszeit der Bekämpfung in den Produzentenländern und der Kontrolle der Bundesgrenzen (die Angebotsseite) den Vorrang gegeben.

»Keines dieser Programme [der Bush-Administration] scheint den Kokainstrom in die USA beeinträchtigt zu haben«, schrieb Peter Reuter im Mai 1992. Er stellte fest, daß in den Andenländern sowohl die Ausrottungsbemühungen als auch Versuche, Alternativen zu den Cocaanpflanzungen zu entwickeln, genauso gescheitert sind wie Maßnahmen zur Zerstörung der Drogenlabors. Die Sturheit, mit der diese Programme verfolgt wurden, führte er erstens auf die Schwierigkeiten des Präsidenten und des Kongresses zurück, auf zwei Jahrzehnte voller Rhetorik zu verzichten; zweitens auf den Reiz, den große außenpolitische Initiativen auf die Chefs der Exekutive ausüben, und drittens auf die trügerische Hoffnung, daß sich diese Programme endlich als erfolgreich erweisen würden, wenn man nur lange genug darauf besteht, sie anzuwenden.

Während seiner Wahlkampagne setzte Bill Clinton sich dafür ein, die im Juni 1992 vom Obersten Gerichtshof getroffene Entscheidung zu prüfen, die in Lateinamerika für einen Sturm der Entrüstung gesorgt hatte: Sie erlaubte den Bundesbehörden, ausländische Bürger, die unter Anklage nordamerikanischer Gerichte stehen, außerhalb der USA zu kidnappen. Die Stellungnahme des zukünftigen demokratischen Präsidenten geschah am Tag nach der unerwarteten Freilassung von Humberto Alavarez durch einen Bundesrichter. Der mexikanische Arzt, den man auf mexikanischem Staatsgebiet entführte, war schließlich für unschuldig erklärt worden, 1985 an der Folterung und Ermordung eines DEA-Agenten beteiligt gewesen zu sein.

Der gegenwärtig wieder in Frage gestellte »Drogenkrieg«, den Richard Nixon* erklärt hatte und den Präsident Ronald Reagan 1986 in eine »nationale [und internationale] Angelegenheit« verwandelte, wurde dann von George Bush mit der Andeninitiative (1989) weitergeführt. Sie militarisierte die Drogenbekämpfung, indem sie bolivianische, kolumbianische und peruanische Streitkräfte miteinbezog. Da das Pentagon seine Finanzmittel aufgrund des Endes des Ost-West-Konfliktes von spürbaren Kürzungen sowie vom wachsenden US-Haushaltsdefizit bedroht sah, fand das Verteidigungsministerium seinerseits im Kampf gegen die Drogen eine neue mögliche Front, obwohl es noch bis in die jüngste Zeit zögerte, sich in einem traditionell »polizeilichen« Bereich zu engagieren. So nahm es 1992 die Störung des Schiffsverkehrs im Panamakanal durch eine »narko-terroristische Macht« als eines von sieben möglichen äußeren »Konfliktszenarien« in sein Programm auf, das dazu dienen sollte, den Verteidigungshaushalt für die Jahre 1994 bis 1999 aufzustellen.

Eine kontinentale Zuspitzung

Bereits 1990 schuf General Maxwell Thurman, Befehlshaber des zu einem Waisenkind der mittelamerikanischen Konflikte gewordenen »Southern Command« (14 Militärstützpunkte in Panama), das Zentrum für Antidrogenoperationen und gab seinen Offizieren den Befehl, daraus »die Priorität Nummer Eins« zu machen. Nach einer Ermittlung der amerikanischen Zeitschrift ›Newsweek‹ führten im letzten Jahr 500 vom »Southern Command« beschäftigte Antidrogenspezialisten Ausbildungs- oder nachrichtendienstliche Missionen in lateinamerikanischen Ländern durch; kleine »taktische Analysegruppen« wurden in zehn mittel- und südamerikanischen Staaten gebildet, wo sie mit der CIA und der DEA zusammenarbeiteten.

Von einem auf die Andenregion konzentrierten Konflikt verwandelte sich der Krieg gegen den Drogenschmuggel infolge der Empfehlungen des »Southern Command« in eine auf die »Transitländer« ausgedehnte Offensive. Nachdem die Militärhilfe an die Andenländer (die sogenannte »erste Kategorie«) erhöht worden war, schloß die Bush-Administration in ihre Strategie die Streitkräfte von Natio-

---

* In einer Mitteilung an den Kongreß vom 17. Juni 1971 stellte Nixon Drogenmißbrauch als »einen nationalen Notstand, der Leib und Seele Amerikas heimsucht«, dar. Er bezeichnete Drogen als »öffentlichen Feind Nummer Eins« und forderte »eine totale Offensive« (Anm. d. Ü.).

nen der »zweiten Kategorie« (Venezuela, Brasilien, Paraguay, Argentinien, Uruguay, Chile und Ecuador) mit ein.

Das Pentagon erweiterte 1992 den »Krieg gegen die Drogen« auf die »dritte Kategorie«, das heißt auf Staaten Mittelamerikas und der Karibik. Im Mai und Juni 1992 koordinierte das »Southern Command« eine heimliche Antidrogenoperation (»Unterstützung der Souveränität«) zur Unterbindung des Drogenschmuggels in der Luft und auf See. Dabei wurden landgestützte Radarsysteme, elektronische Überwachungsflugzeuge des Typs AWACS, Jagdflugzeuge und Flugzeugträger der Marine sowie Maschinen der US-Air-Force eingesetzt. Das Pentagon verfügt nun in der Karibikzone über 18 landgestützte Radarstationen. Dies erklärt, weshalb die Schmuggler neue Routen in Mittelamerika erkunden. Das Netz muß noch mit den Radarstationen in Mexiko, Venezuela, Peru und den Cayman-Inseln verbunden werden.

Die verlorene Schlacht

Der Ermittlung von ›Newsweek‹ zufolge kostet der größtenteils heimlich geführte Krieg des Pentagons gegen den Drogenschmuggel jährlich eine Milliarde Dollar. Im September 1992 schätzte jedoch das General Accounting Office (US-Rechnungsamt), daß die in den beiden vorhergehenden Jahren für Überwachung und Aufspürung ausgegebenen zwei Milliarden Dollar »keine bedeutende Auswirkung« auf den Schmuggel gehabt hätten. Der Drogengipfel in San Antonio (Texas) vom Februar 1992 bot dem damaligen Präsidenten George Bush die Gelegenheit, eine siegreiche Bilanz der Andeninitiative zu ziehen. Tatsächlich hat das Treffen aber gezeigt, daß die lateinamerikanischen Partner zwar seinen Willen, den Drogenschmuggel zu bekämpfen, teilten, sie aber nicht mit den eingesetzten Methoden übereinstimmten. Trotz der Versicherungen des Präsidenten Bushs, daß »die Vereinigten Staaten sich verstärkt dem Problem der Nachfrage zuwenden«, wurde der Vorschlag zur Bildung einer regionalen und damit übernationalen Kampfeinheit vom lateinamerikanischen Block einstimmig zurückgewiesen.

Auch die internen Gegnerschaften verhärteten sich. Zogen die Reagan-und Bush-Administration während der achtziger Jahre Vorteile aus dem stabilen Konsens zwischen der republikanischen Exekutivmacht und der demokratischen Legislative, schwächte sich nun diese Stütze beider Parteien gegenüber der Bush-Regierung, als 1990 der Kongreß das Gesetz zur internationalen Rauschgiftkontrolle

(International Narcotics Control Act) verabschiedete: Die militärische Unterstützung sollte an die Achtung der Menschenrechte und an die wirksame Kontrolle der Streitkräfte durch die Zivilgewalten gebunden werden. Als sich die Kongreßabgeordneten außerdem mit der Neuorientierung sowie der Verringerung der Auslandshilfe, die aus denselben Gründen wie die Kürzung des Verteidigungshaushaltes erfolgte, auseinandersetzen mußten, begannen die Kongreßabgeordneten um so stärker an der Wirksamkeit einer Militarisierung der Drogenbekämpfung zu zweifeln, als das Angebot an Narkotika in den Straßen der nordamerikanischen Städte nicht abnahm.

Anfang 1992 stellte ein Bericht eines Unterausschusses der Abgeordnetenkammer fest, »daß 1984 das Cocablatt nur in Peru, Bolivien, Kolumbien und Ecuador angebaut wurde, während es nun in mehreren anderen Ländern kultiviert und in mindestens neun raffiniert, durch 25 geschmuggelt und in 18 lateinamerikanischen Nationen konsumiert wird. Diese Ausweitung des Drogenschmuggels ist durch die Regierung der Vereinigten Staaten und ihre Repressionspolitik bewirkt worden.«

Im Wahljahr 1992, in dem das Haushaltsdefizit und der Vorrang innenpolitischer Probleme die Kampagne beherrschten, mußte die Auslandshilfe für die Kongreßabgeordneten um so mehr ein unbeliebtes Thema sein. Die Finanzierung der Andeninitiative sollte den Haushaltskürzungen nicht entgehen. Und die Ereignisse in Peru im Zuge des vom Präsidenten Alberto Fujimori am 5. April selbst durchgeführten Staatsstreichs bestätigten dann die schlimmsten Befürchtungen des Kongresses über den mangelnden politischen Willen der Andenregierungen und über das Risiko, die Demokratie zu destabilisieren. Der peruanische Staatschef zog bereits die Wut des Kongresses auf sich, als er in San Antonio die US-Strategie öffentlich kritisierte. Nach dem Staatsstreich hatte Präsident Bush bis auf die humanitäre Unterstützung alle Hilfsleistungen abgesetzt und dann auch die Überwachungsflüge über Peru gestoppt, nachdem ein Jagdflugzeug dieses Landes auf ein C-130 Aufklärungsflugzeug gefeuert und ein Mannschaftsmitglied getötet hatte.

Zurückschraubung der Ziele

Die Regierung forderte jedoch den Kongreß auf, den »Drogenkrieg« trotz seiner Risiken und Ungewißheiten als »ein langfristiges Projekt« zu betrachten, das zwar bereits »einen wirklichen Fortschritt« erfahren habe, aber jetzt eine »starke Unterstützung« erfordere.

Während die Andeninitiative bis dahin das erklärte Ziel hatte, die Einfuhr von Kokain in die USA zu verringern, setzte nun der Unterstaatssekretär für lateinamerikanische Angelegenheiten, Bernard Aronson, die Bekämpfung »der am besten organisierten und finanzierten Bedrohung der Demokratie in Lateinamerika« an die Spitze der dringlichen Aufgaben.

Der Kongreß verweigerte und strich aufgrund eines am 4. Juni 1992 in Kraft getretenen Gesetzes zur Ausgabenminderung die ausländische Militärfinanzierung (FMF) für das Steuerjahr 1992 (September 91 bis September 92) für Peru und verringerte sie für Bolivien (von 40 Millionen Dollar auf 26 Millionen) und für Kolumbien (von 60 auf 49 Millionen). Indem die Abgeordnetenkammer feststellte, daß die Bush-Administration »eine deutliche Absicht, die militärische und polizeiliche Kapazität auf die entferntesten Gebiete« der Andenregion auszudehnen, zeigte, lehnte sie für das Steuerjahr 1993 ab, dem Fujimori-Regime die Militärgelder (FMF) zu genehmigen und verringerte die Unterstützung für Kolumbien und Bolivien.

Marihuana in den USA

Nach der neuesten Untersuchung haben 67,7 Millionen Amerikaner mindestens einmal in ihrem Leben und fast 20 Millionen im Laufe des letzten Jahres Marihuana geraucht. 5,3 Millionen konsumieren es wenigstens einmal wöchentlich und 3,1 Millionen täglich. Es gibt in diesem Land einen riesigen Markt, der zu ungefähr 50 Prozent von der heimischen Produktion versorgt wird. Laut eines im Juni 1992 veröffentlichten Berichtes des National Narcotics Intelligence Consumers Committee (NNICC), einer staatlichen Behörde, die sich mit dem amerikanischen Drogenmarkt und seinen Versorgungsquellen befaßt, lag die Marihuanaerzeugung in den USA zwischen 6000 und 7000 Tonnen. Damit nimmt dieses Land praktisch einen gleichrangigen Platz neben Mexiko ein, dem weltweit größten Produzenten, dessen Produktion 1992 mit 7000 Tonnen angegeben wurde. Aber die Daten für die USA betreffen lediglich die Produktion der kultivierten Flächen. Gleichfalls hat man 1991 118,5 Millionen sogenannter »wilder« Pflanzen vernichtet, deren Blätter gemischt mit denen der kultivierten Pflanzen geraucht werden können. Trotz der Bedeutung dieser Kulturen, die sich vor allem auf fünf Staaten – Kentucky, Oklahoma, Hawaii, Tennessee und Illinois – konzentrieren, tauchen die Vereinigten Staaten nicht in den Statistiken auf, die das US-Außenministerium (International Narcotics Strategy Report,

Executive Summary, März 1992) aufstellte. Sie finden sich auch nicht in der Rubrik »Übrige Welt« (»others«), die insgesamt nur 3500 Tonnen angibt. Dies wird damit gerechtfertigt, daß diese Produktion vollständig für den lokalen Verbrauch bestimmt sei.

Dennoch offenbart die Lektüre der jährlich veröffentlichten Statistiken die Verlegenheit der US-Administration. So springt die mexikanische Produktion von 4710 Tonnen 1988 (wobei die amerikanische zwischen 4350 und 4850 Tonnen geschätzt wurde) auf 42 283 Tonnen (5000 bis 6000 Tonnen für die USA). Eine Fußnote auf der Seite erklärt, »daß diese Steigerung das Ergebnis einer verbesserten Methode ist zur Schätzung und Berücksichtigung neuer Anbauflächen, die in den Jahren zuvor nicht entdeckt worden waren«. Es fällt auf, daß diese Entdeckungen von der Absicht geprägt waren, den USA den Rang des weltweit größten Erzeugers zu ersparen. Nach 1988 schraubte der ›International Narcotics Control Strategy Report‹ die Produktion wieder auf vernünftige Maße zurück: 19 715 Tonnen 1990, 7775 Tonnen 1991 und schätzungsweise 7000 Tonnen für 1992. Diese Verringerung wurde mit den »Anstrengungen der mexikanischen Polizei« oder »schlechten klimatischen Verhältnissen« gerechtfertigt. In Wirklichkeit ließen sich zahlreiche Kritiken vernehmen, die den Mangel an seriösen Statistiken über die Produktionsschätzungen in Mexiko beklagten. Aber schließlich ist der Fall doch eingetreten: Die USA sind wahrscheinlich 1992 zum größten Marihuanaerzeuger der Welt geworden. Zwei Dinge fallen an den zuletzt verfügbaren Statistiken von 1991 auf: Zunächst hat sich zwar die Größe der im Freien befindlichen Anbauflächen verringert, ihre Zahl aber erhöht; die Produzenten teilten die Risiken auf, indem sie abgelegenere Orte gesucht haben. Der Produktionsrekord wird von einem Naturpark in Kentucky, dem Daniel Boone National Forest gehalten. Weiterhin ist die Zahl der in den Treibhäusern zerstörten Pflanzenstöcke von 1,669 Millionen auf 2,848 Millionen gestiegen. Denn die Schmuggler benutzen immer ausgefeiltere Techniken wie Hydrokulturen, wodurch sie verblüffende Erträge erzielen. Man hat beobachten können, daß der Gehalt an Delta-9-THC, des aktiven Wirkstoffes, von durchschnittlich 8,43 Prozent 1986 auf 11,5 Prozent 1991 angestiegen ist.

Mittelamerika

Seit 1990 erlebten der Drogenschmuggel und das Waschen der Narkodollars einen nie zuvor gekannten Aufschwung in Mittelamerika. Durch die Entwicklung von Mohn- und Marihuanakulturen in Guatemala wurde die Region sogar Produzentin dieser natürlichen Drogen. Guatemala, Panama und Costa Rica sind die drei Hauptverbindungsglieder zwischen Kolumbien und den Vereinigten Staaten. Während Honduras und El Salvador bereits in den achtziger Jahren, als die Finanzierungsnetzwerke der Contras in Nicaragua und die des Rauschgiftschmuggels ineinandergriffen, Transitländer waren, führt seit Ende der sandinistischen Herrschaft eine neue Schmuggelroute durch Nicaragua.

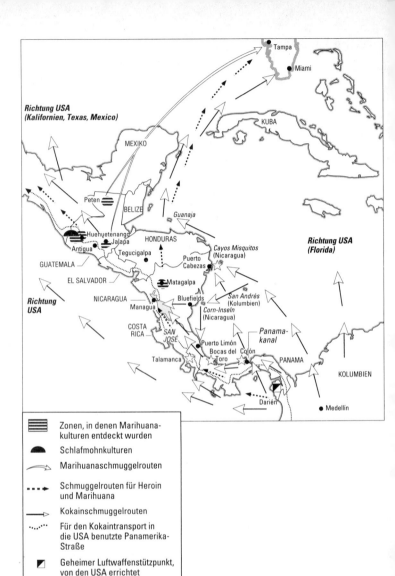

Guatemala

Ein offizieller nordamerikanischer Bericht ordnet Guatemala als eine der Drehscheiben des illegalen Drogengeschäfts ein, das »durch den Kokainschmuggel sowie den Anbau von Schlafmohn und Marihuana zu den zehn bedeutendsten Ländern der Welt gehört«. 1992 beschlagnahmte die Finanzpolizei Drogen im Wert von 300 Millionen Dollar – hauptsächlich von Kleinflugzeugen durchs Land transportiertes Kokain. 640 Landebahnen sind amtlich registriert, aber nach Angaben der DEA existieren 1600 heimliche Pisten. Monatlich seien 145 Flüge dazu bestimmt, die Droge in die Vereinigten Staaten transportieren.

Obwohl die Produktion von Mohn noch bescheiden ist, verzeichnete man einen Anstieg von 2,4 Tonnen 1987 auf 17,2 Tonnen 1991, woraus 1,7 Tonnen Heroin hergestellt werden können. Die Kulturen entwickeln sich unter der Kontrolle von Vertretern des Cali-Kartells und befinden sich hauptsächlich in den Verwaltungsbezirken San Marcos und Huehuetenango an der mexikanischen Grenze. Marihuana wird in den Bezirken Peten und Jalapa angebaut.

Die Geldwäsche entwickelt sich unaufhörlich. Laut eines Sprechers der Zentralbank wurden am 4. März 1992 41 Millionen Dollar in das Banksystem geschleust, was einem Rekord entspricht: An einem einzigen Tag ist dies mehr als die gesamte Summe »schmutzigen« Geldes gewesen, die die Bank in den letzten fünf Jahren ermittelt hat.

Ende September 1992 verabschiedete der guatemaltekische Kongreß ein besonders hartes Gesetz gegen den Drogenschmuggel (Dekret 48–92). In einigen Fällen kann die Todesstrafe gegen Drogenhändler verhängt werden. Es regelt erstmals die Ermittlungen zur Geldwäsche, erlaubt den Zugriff auf Bankkonten mutmaßlicher Drogenschmuggler und legt die Auslieferungsbedingungen fest. Daß der Gesetzestext angenommen wurde, geht zurück auf den Eifer der amerikanischen Botschaft. Überdies wurde der Generalstaatsanwalt Asicio Valladares, nachdem er seines Amtes enthoben wurde, Ende November inhaftiert. Ohne sich zu der Rechtsgültigkeit der gegen ihn vorgebrachten Korruptionsanklage zu äußern, weisen Beobachter daraufhin, daß seine Tätigkeit an der Spitze der Staatsanwaltschaft gegen sehr mächtige Bereiche des Landes, wozu das Drogengeschäft und die Armee gehören, gerichtet war.

Aber die Justiz ist nicht immer so unbeugsam, wie der Fall eines

Richters zeigt, der »aus Mangel an Beweisen« mehrere Drogenhändler, darunter den ehemaligen Direktor der Finanzpolizei, Carlos Mazariegos, freisprach, obwohl sie in Besitz von 900 Kilogramm Kokain verhaftet worden waren. Andererseits lehnte es der Kongreß am 30. Juli ab, die parlamentarische Immunität von Elder Vargas, Abgeordneter aus Zapaca, aufzuheben. Ihm wurde vorgeworfen, daß er seinen Bruder Antonio am Tag vor dessen Auslieferung in die USA, wo er wegen Kokainhandels verurteilt werden sollte, mit vorgehaltener Waffe aus der Haft zu befreien versuchte. Die Regierung hat fünfzehn weitere Auslieferungen angekündigt.

Honduras

Die honduranische Karibikküste bildet eine Zwischenetappe für den Schmuggel in die USA. So hat die Polizei im Oktober 1992 eine Ladung von 463 Kilogramm kolumbianischem Kokain in einem zwischen Puerto Limón und der Insel Guanaja aufgegebenen Schiff sichergestellt. Nach Angaben der DEA passieren insgesamt etwa 2000 Kilogramm Kokain monatlich das Gebiet von Honduras.

Mehrere Affären haben 1992 die Verwicklung honduranischer Streitkräfte in den Drogenhandel gezeigt. Im September verhaftete man bei einer Operation, bei der 62 Kilogramm Kokain beschlagnahmt werden konnten, den in Ruhestand versetzten Oberstleutnant Rolando Mejia, der in den achtziger Jahren wichtige öffentliche Ämter bekleidet hatte. Der Polizei zufolge soll der Oberst Mejia der Hauptverantwortliche für den honduranischen Abschnitt des Schmuggels zwischen Kolumbien und den USA gewesen sein. Einige Wochen später wurde ein anderer ehemaliger honduranischer Offizier, der Oberst Rigoberto Regalado, damaliger Botschafter von Honduras in Panama, wegen Schmuggels festgenommen.

Über die Panamericana-Straße, die aus dem Süden Mittelamerikas nach Nordamerika führt, wird Kokain auch über den Landweg transportiert. Anfang Juni 1992 beschlagnahmte die honduranische Polizei 70 Kilogramm Kokain in einem Lastwagen aus Guatemala, der Nicaragua passiert hatte; dann auf derselben Strecke im Dezember 276 Kilogramm auf einem ebenfalls in Guatemala registrierten LKW. Sicherstellungen dieser Art gab es auch in El Salvador, wo der Schmuggel jedoch schwach entwickelt ist, da dieses Land für die kolumbianischen Kartelle kaum von geographischem Interesse ist.

Nicaragua

Seit der Wahlniederlage der Sandinisten im Februar 1990 hat vor allem die Atlantikküste Nicaraguas als neuer Transitpunkt in die USA das Interesse der Kartelle von Medellín und Cali geweckt. Das Kokain erreicht die Insel San Andrés (Kolumbien), von wo aus es über die Hauptschmuggelroute zu den Corn-Inseln (Nicaragua) weiter nach Barra Rio Maiz und Puerto Limón (Costa Rica) gelangt. Eine andere Route verläuft von Bluefields bis nach Managua.

Wie eine Polizeioperation, bei der am 13. September 1992 eine Bande kolumbianischer und nicaraguanischer Händler aufflog, zeigte, geht eine dritte, neuere Strecke über Cayos Misquitos und endet in der Region Puerto Cabezas. Der Ring operierte zwischen Lamlaya, an der Atlantikküste im Norden, und den Cayos Misquitos-Inseln, wo sie den Ermittlungen zufolge kolumbianische Narkos versorgten. Die Droge sollte anschließend noch auf der Miami-Strecke nach Honduras gebracht werden.

Die Atlantikküste bietet unzählige Vorteile, da sie von einer schweren Wirtschaftskrise betroffen ist, die für jede Art von Schmuggel Arbeitskräfte und Helfershelfer sichert. Nur 60 Kilometer östlich von Bluefields sorgt die Nachbarschaft der Inseln San Andrés und der Corn-Inseln unter dem Schutz der Kleinfischerei der Küstenbewohner für ideale Schmuggelbedingungen zwischen beiden Ländern. Die Mafias waschen Narkodollars, indem sie von den Fischern Langusten kaufen; aus Verlegenheit, legale Abnehmer für ihre Gelder zu finden.

Eine Geldwäsche in größerem Maßstab geschieht auch mittels der illegalen Fischereiindustrie. Nicaragua verfügt nämlich über keine bedeutende Flotte, weshalb sich die nicaraguanischen Unternehmer mit den honduranischen Reedern verbinden, die ihnen Schiffe zur Verfügung stellen, die Genehmigungen zahlen und sogar die Fischerei selbst übernehmen. Unter Verletzung internationaler Regeln werden die Schiffsladungen auf offener See an kolumbianische Händler verkauft, die ihnen einen besseren Preis als der lokale Markt bieten und somit Narkodollars in verhältnismäßig großen Mengen waschen können.

Die Schmuggler benutzen auch Sportflugzeuge, um die Droge entweder zielgenau an die Küste zu liefern oder um Ladungen ins Meer – hauptsächlich im Gebiet der Cayos Misquitos – abzuwerfen. Weder die Kriegsmarine noch die Luftwaffe sind ausgerüstet, um diese großen Meeresräume und üppigen Wälder zu kontrollieren.

Eine Rekordsicherstellung von 738 Kilogramm kolumbianischem Kokain auf einer Farm in der Umgebung von Managua zeigte, daß die Kartelle tatsächlich nach Nicaragua vorgedrungen sind. Diese Situation war anscheinend Grund genug für Nicaragua, mit den USA ein Kooperationsabkommen zur Drogenbekämpfung zu unterzeichnen. Das Programm sieht vor, daß die DEA an der Atlantikküste stationierte Spezialeinheiten der nicaraguanischen Polizei – obwohl ausschließlich Sandinisten – trainiert und ausrüstet.

Andererseits brachte die Presse die Erklärung des US-Ermittlers Jorge Rios, derzufolge »Beweise existieren, daß das Finanzsystem Nicaraguas benutzt worden ist, um Drogengeld zu waschen«. Der Präsident der Zentralbank, Evenor Taboada, bestätigte diese Äußerung.

Die nicaraguanischen Behörden sorgen sich außerdem über eine andere Konsequenz nach dem Ende des internen Konfliktes: die schnelle Entstehung von Marihuanakulturen als Alternative zur Krise, die die Landwirtschaft erlebt. Von 1991 bis 1992 hat der Bezirk Matagalpa seine Position als größter Erzeuger des Landes wiedererlangt. In dieser Region leben ehemalige Contras von der Drogenproduktion und üben der Polizei zufolge eine hermetische militärische Kontrolle aus, um ihre Hochburg zu schützen. Ebenfalls sind demobilisierte Soldaten der sandinistischen Armee verwickelt.

Costa Rica

Die Vervielfachung der Sicherstellungen 1992 bestätigten die bedeutende Rolle, die dieses als die »Schweiz Mittelamerikas« bezeichnete Land im Drogenschmuggel eingenommen hat. Bei einer zusammen mit der DEA durchgeführten Operation beschlagnahmte die Polizei 275 Kilogramm Kokain und verhaftete 15 Händler, darunter acht Kolumbianer. Sie brachten die Droge mit dem Flugzeug an die Pazifikküste, wo bereits ein Monat zuvor 704 Kilogramm von der Polizei konfisziert wurden.

Im November 1992 gab der Innenminister Luis Fishman eine Liste mit 14 nationalen Unternehmen bekannt, die kolumbianische Narkodollars gewaschen hatten. So seien von 1990 bis 1992 100 Millionen Dollar recycelt worden. Die Methode bestand in der erhöhten Abrechnung kolumbianischer Importe. Nach Angaben des Ministers verfahren andere Gesellschaften, die nach Miami exportieren, ebenso.

Luis Fishman hat erneut die Entschlossenheit seiner Regierung bekräftigt, die Drogenschmuggler, die sowohl in der Gebirgsregion von Talamanca wie im Süden des Landes an der Grenze zu Panama operieren, unverdrossen zu bekämpfen. Im Zuge dieser Erklärungen haben mehrere Politiker ihre Befürchtungen ausgedrückt, daß ein erheblicher Teil der Devisenreserven des Landes illegaler Herkunft sein könnte.

Panama

1992 stellte die Polizei 14 Tonnen Kokain sicher. Diese in der Geschichte Panamas einmalige Menge bestätigt Informationen der nordamerikanischen Presse, denen zufolge viel mehr Drogen in der Landenge zirkulieren als zur Zeit des Diktators Manuel Noriega. Amtliche Stellen führen als Erklärung den Abbau der Armee nach der US-Militärintervention im Dezember 1989 an.

Nach Aussagen lokaler Beamter operieren in den Provinzen Chiriquí und Bocas del Toro an der Grenze zu Costa Rica etwa 2000 Schmuggler; sie schätzen weiter, daß eine Tonne Kokain monatlich die Grenze ins Nachbarland überquert und daß Zollbeamte, Vertreter der Regierungspartei MOLIRENA, Geschäftsleute, Spediteure und ehemalige Militärangehörige darin verwickelt sind.

Überdies haben die Vereinigten Staaten etwa 20 Kilometer entfernt von der kolumbianischen Grenze, im Dschungel von Darién, einen Luftwaffenstützpunkt errichtet, um nicht gemeldete Flugzeuge zu überwachen und gegebenenfalls abzufangen. Diese Basis hat keinen legalen Status. Nach Angaben offizieller Quellen passiert jedoch gegenwärtig der größte Teil der Drogen der kolumbianischen Kartelle den Panamakanal. Was die Geldwäsche betrifft, so ist sie einem neueren Bericht der DEA zufolge seit 1989 angestiegen und erreicht nun eine Summe zwischen 1200 und 2000 Millionen Dollar.

Im November 1992 entbrannte ein heftiger Streit zwischen dem Generalstaatsanwalt Rogelio Cruz und den Vertretern der Kriminalpolizei (PTJ), da dieser sie öffentlich verdächtigte, heimlich gegen die Opposition vorzugehen. Er beschuldigte den Generaldirektor der Zollbehörden, den Finanzminister und den obersten Rechnungsprüfer, am Drogenschmuggel beteiligt zu sein, sowie die PTJ, die Drogenhändler zu schützen.

Am 15. November 1992 verhaftete man einen wichtigen Unternehmensleiter, dessen Name nicht bekanntgegeben wurde, in der Freihandelszone von Colón, in der 1992 nicht weniger als 6,2 Tonnen Kokain und Heroin sichergestellt wurden, die für Europa bestimmt waren. Nach Angaben der DEA organisiert ein »Kartell der Freihandelszone von Colón«, das aus hundert Unternehmen und Banken besteht, den Schmuggel sowie bedeutende Geldwäscheoperationen.

Südamerika

Ende des Jahres 1989, nach der Ermordung des kolumbianischen Präsidentschaftskandidaten Luis Carlos Galán, die die Zusammenarbeit der reichen Länder in dem von den USA in Lateinamerika erklärten Drogenkrieg bewirkte, betrachtete man lediglich drei Länder als Drehscheiben des Narkotikaschmuggels in dieser Weltregion: Bolivien, Peru und Kolumbien. Drei Jahre später gibt es kein Land mehr, das nicht tief in die eine oder andere Phase dieses »Geschäftes« verwickelt ist: illegaler Anbau, Transformation, Kommerzialisierung, Geldwäsche, Finanzierung von Parteien oder Konflikten. Nicht nur hat sich Kokain über den gesamten Kontinent verbreitet, sondern die Drogenproduktion hat sich mit den neu aufgetretenen Schlafmohnanpflanzungen, die es früher nur in Mexiko gab, diversifiziert.

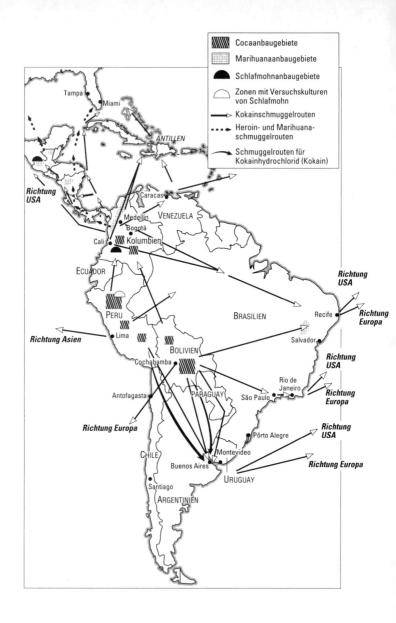

Peru

Das wichtigste politische Ereignis in Peru war der am 5. April 1992 erfolgte Staatsstreich, der dem Präsidenten Fujimori erlaubte, den Kongreß mit Unterstützung der Armee aufzulösen. Alles läßt darauf schließen, daß die Droge dabei eine Rolle spielte, schließlich ist Peru der weltweit größte Erzeuger von Cocablättern und Kokainbase. Denn einer der einflußreichsten Berater des Staatschefs, Vladomiro Montesinos, der die peruanischen Nachrichtendienste (SNI) leitet, ist offenkundig in den Kokainhandel verwickelt. Im ›Miami Herald‹, der großen Tageszeitung Floridas, stützt sich der amerikanische Journalist Sam Dillon auf einen Bericht der DEA von 1991, um seine gegen diesen ehemaligen Armeehauptmann vorgebrachten Beschuldigungen zu erhärten. Montesinos, der Anwalt geworden ist, verteidigt seit über zehn Jahren Drogenbarone. Dillon zeigt überdies, wie Montesinos in den Wochen vor dem Staatsstreich mitgeholfen hat, Personen in Schlüsselpositionen von Polizei und Armee zu bringen, die mit dem Drogengeschäft zu tun haben. Dies legt nahe, daß Peru sich in einem Übergangsstadium befindet, in dem ein Narko-Regime, das gut mit dem in Pakistan existierenden vergleichbar wäre, an die Stelle der individuellen Korruption tritt.

Neue amerikanische Priorität: die Guerillas

Die peruanische Wochenzeitung ›Caretas‹, die einen hohen Beamten der Bush-Administration zitiert, präzisiert, daß Vladomiro Montesinos ebenfalls ein geschätzter Mitarbeiter der CIA ist, die ihn 1991 in die USA einlud, um die seine Person betreffenden Anschuldigungen der DEA auszuräumen. Ein in Lima eingesetzter Angehöriger dieses Dienstes erklärte überdies gegenüber einem Reporter des ›Christian Science Monitor‹, daß zwar die amerikanischen Behörden den Putsch Fujimoris öffentlich verurteilten, sie aber »privat ihre Sympathie dafür nicht verbergen«. Dieser offensichtliche Widerspruch erklärt sich aus der Tatsache, daß die Bush-Administration 1992 eine Wendung um hundertachtzig Grad in ihrer Konzeption der Drogenbekämpfung in Peru vollzog. Während sie bis dahin den Drogenkrieg primär gegen die bäuerlichen Produzenten der Cocablätter und die Drogenhändler ausrichtete, vertrat sie nun die Ansicht, daß keine Erfolge erzielt werden könnten, solange nicht die Guerillas des Leuchtenden Pfads (maoistisch) und der linksrevolutionären Bewegung Túpac

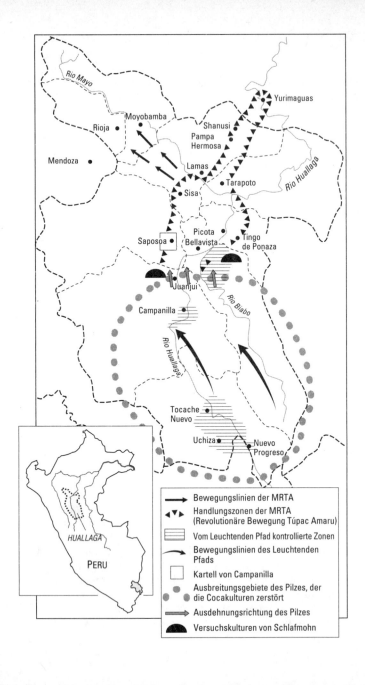

Amaru (MRTA), die sich fest unter den Bauern verankert haben, ausgeschaltet sind. Daraus ergibt sich, daß der Hauptteil des militärischen Drucks in Amazonien gegen die Subversion gerichtet ist. Das begünstigt die Umtriebe der Militärs, die häufig selbst in den Drogenhandel verstrickt sind.

Diese US-amerikanische Politik widerspricht nicht der Tatsache, daß in Peru, wie im übrigen Lateinamerika, die demokratischen Institutionen, so formell sie auch sein mögen, unterstützt werden. Genau aus diesem Grund forderte die Bush-Administration nachdrücklich die Wahl einer verfassungsgebenden Versammlung.

Die Guerillas betrachten dagegen den Bruch der institutionellen Ordnung als eine für sie günstige Entwicklung. Um aber daraus in der strategischen Region des Huallaga-Tals, das auf den letzten Andenausläufern in Amazonien liegt, Nutzen zu ziehen, müssen sie sich den neuen Gegebenheiten anpassen. Dazu zählt die Zerstörung von Abertausenden Hektar von Cocapflanzungen durch die Wirkung eines sehr mächtigen Pilzes, des Fusarium oxysporum, der die Pflanze an der Wurzel angreift und ihr Austrocknen verursacht. Zuerst ist dieser Pilz in der Region Tocache und Uchiza aufgetaucht und hat sich dann auf andere Zonen dieses Tals ausgedehnt, das mit einer Anbaufläche von über 80000 Hektar als das größte Cocaanbaugebiet der Welt gilt. Nach Angaben der Bauern werfen die Tocos-Tocos (Lautmalerei für die Hubschrauber) der DEA »in der Nacht weißliche Patronen auf die Anpflanzungen«. Die US-Botschaft hat jedoch vehement abgestritten, daß die USA einen bakteriologischen Krieg gegen die Cocakulturen begonnen haben. Der Pilz wirkt zunächst stufenweise: Auf einem Hektar, der bei der ersten der drei jährlichen Ernten 600 Kilogramm Blätter erzeugte, betrug die zweite Ernte drei Monate später nur noch 360 Kilogramm und die letzte 144 Kilogramm. Die Ausbreitung der Epidemie entspricht einer ansteigenden geometrischen Kurve.

Diese Situation hat beträchtliche interne geopolitische Konsequenzen. Da ungefähr 50 Prozent der Plantagen durch den Pilz vernichtet wurden, haben die Bauern das Obere Huallaga-Tal, eine Hochburg des Leuchtenden Pfads, verlassen und bewegen sich auf der Suche nach unerschlossenen Gebieten für die Aussaat der Coca-Pflanze in Richtung des Mittleren und Niederen Huallaga Tals, wo die Guerilla der MRTA verwurzelt ist. Wenn sich der Preis für Cocablätter nicht weiter erhöht hat, dann eben deshalb, weil die zerstörten Anpflanzungen unmittelbar anderswo ersetzt wurden. Diese Bevölkerungsbewegungen führen dazu, daß die großen Monopole zugunsten einer Vielzahl kleiner Zwischenhändler verschwinden. Um die kolumbianischen Aufkäufer anzuziehen, gehen diese Zwischenhändler sogar so weit, daß sie selbst Landepisten im Dschungel eröffnen.

Die Kokainsteuer

Außerdem wird infolge der Verbreitung des Pilzes Opium produziert werden – wie in Kolumbien. Von OGD-Korrespondenten vor Ort eingeholte Berichte weisen auf Versuchskulturen an den Amazonasausläufern der Andenkette hin, die sich zwischen 1000 und 1800 Metern Höhe vor allem im Tal des Biabo und im parallelen Tal des Huallaga befinden. Nach Angaben der Führung der nationalen Antidrogenpolizei (Dirandro) sollen auch weiter im Norden, in der Provinz Chachapoyas des Amazonasbezirkes solche Anpflanzungen existieren. Bauern bestätigen, daß der Leuchtende Pfad sie zum Schlafmohnanbau anregt und Samen aus Kolumbien verteilt.

Aber in Peru gibt es auch eine Tradition von Produktion und Konsum von Opium. Es wurde im neunzehnten Jahrhundert von chinesischen Immigranten eingeführt, die in den Plantagen an der Küste arbeiteten. Der Mohnanbau wurde verboten, 1941 aber wieder genehmigt. In der Provinz Bambamarca im Norden des Landes gab es bis Ende der fünfziger Jahre ein bedeutendes Anbaugebiet, das wieder aufblühen könnte.

Als der Pilz das Obere Huallaga Tal befallen hat, entschied der in diesem Gebiet verankerte Leuchtende Pfad, die von den Kleinflugzeugen an die »Drogenfirmen« entrichtete Kriegssteuer sowie die den Bauern auferlegte Steuer herabzusetzen, da diese ihn sonst nicht länger unterstützt hätten. Aufgrund der erhobenen Kokainsteuer konnte die Organisation seit zehn Jahren ein beträchtliches Reservelager moderner Waffen für die »Schlußoffensive« anlegen, die, wie sie verkündet, vor Ende des Jahrhunderts ablaufen soll. Die vom Leuchtenden Pfad erbittert bekämpfte Revolutionsbewegung MRTA tauchte 1985 im Huallaga auf. Sie weigerte sich zunächst, Drogengelder zur Finanzierung des Krieges zu verwenden, änderte dann aber seit 1990 ihre Politik. Im Niederen und Mittleren Huallaga Tal – vor allem in den Gebieten Ponaza, Sisa, Saposoa – und entlang der strategischen Straßenverbindung zwischen Tarapoto und Yurimaguas, die trotz der heftigen Offensiven der Armee und des Pfads ihre Hochburgen geblieben sind, teilen sich ihre Kommandos die Handelsgewinne mit den Bauern und Drogenschmugglern. Letztere müssen überdies den Bau von Schulen, Sportanlagen und Gesundheitszentren finanzieren. Der Bevölkerungszustrom in dieses

Gebiet steigert zwar den politischen Einfluß und die Ressourcen der MRTA, sorgt aber sowohl für interne Auseinandersetzungen um die Kontrolle der Drogengewinne wie für eine Verschärfung der gegen sie gerichteten Angriffe.

Der Leuchtende Pfad dagegen ist weiter südlich, im Oberen Huallaga Tal, fest verankert. Nur eine Enklave am Fluß Biabo trotzt der Vorherrschaft der MRTA im Mittleren Huallaga Tal. Die Maoisten wollen sie bei ihrer Offensive, die die rivalisierende MRTA aus ihren Stellungen vertreiben soll, in eine Angriffsspitze umwandeln.

Maoisten, Narkos und Militärs

Die Verhaftung des Führers des Leuchtenden Pfads, Abimael Guzman, sowie einiger wichtiger Kommandanten der Organisation komplizierte die bereits verwirrende Situation in Peru weiter. Ende 1992 war es noch zu früh, um abzuschätzen, ob die Organisation imstande sein könnte, sich von diesem Schlag zu erholen. Im Amazonasgebiet wird sich zeigen, ob der Leuchtende Pfad an Stärke verloren hat, da diese Region sowohl eine Finanzierungsquelle als auch ein wichtiger Schauplatz seiner Aktivitäten ist. Kurz bevor man Abimael Guzman festnahm, bereitete sich die Führung des Regionalausschusses des Leuchtenden Pfads darauf vor, die Gebiete militärisch zu besetzen, die die MRTA durch den Druck der Armee oder aufgrund ihrer internen Streitereien schrittweise aufgegeben hatte. Außerdem wurde diese Offensive durch die Anwendung der neoliberalen Regierungspolitik begünstigt, die sich katastrophal auf die regionale Landwirtschaft auswirkt.

Ein bezeichnendes Beispiel bietet in diesem Zusammenhang das im Niederen Huallaga gelegene Pampa Hermosa. Seit der Verbreitung des Pilzes strömen Bauern in dieses 1500 Einwohner kleine Dorf. Bis 1986 bestand das einzige Einkommen der Bauern aus dem Reis, den sie auf 1800 Hektar bewässerter Felder anbauten. Seitdem der Markt für asiatische Reisimporte im selben Jahr geöffnet worden ist, pflanzen die Bauern von Pampa Hermosa nur noch Coca an. Während einer Polizeioperation in dieser Region wurden im September 1992 elf Personen verhaftet, darunter Jesus Garcia Huaman, der den Bauern die Kokainbase (aus der Weiterverarbeitung von Coca) abkaufte. Das Dorf reagierte mit einem hochsymbolischen Akt: Seine Einwohner einschließlich des Bürgermeisters, der Stadträte, des Richters und der Gewerkschaftsvertreter schrieben einen Brief an den Staatsanwalt der Provinz des Oberen Amazonas, Dr. Daniel

Sarrate, von dem sie verlangten, kollektiv angeklagt zu werden: »Da wir nichts anderes zum Leben haben, produzieren wir alle Coca. Wir sind alle schuldig.« Die Regierung Fujimori versetzte den legalen Kulturen den Gnadenstoß, indem sie den mit dem Internationalen Währungsfond (IWF) unterzeichneten Strukturanpassungsplan anwendete und die peruanischen Grenzen für Maisimporte öffnete: Diese kosten 147 Dollar je Tonne, wohingegen in Peru der Mais für 210 Dollar produziert wird. Ein Jahr nach der Unterzeichnung des Antidrogen-Abkommens mit den USA ist das darin auftauchende Konzept »alternative Entwicklung« vollkommen aus dem offiziellen Diskurs verschwunden, und der von Vladomiro Montesinos geleitete Nachrichtendienst bestimmt allein die Antidrogenpolitik. Da Montesinos erwiesenermaßen Verbindungen zum Drogenschmuggel hat, ist es nicht weiter erstaunlich, daß die Bauern das hauptsächliche Ziel der Repression sind, was wiederum die terroristischen Umtriebe des Leuchtenden Pfads begünstigt.

Wahrscheinlich löst die mit Hilfe der USA vom Antidrogenstützpunkt Santa Lucia aus in den Cocaanbaugebieten geplante Errichtung einer VI. Militärregion und einer VI. territorialen Luftregion die Probleme nicht, sondern droht sie im Gegenteil zu verschlimmern. Die »Drogenfirmen« werden wahrscheinlich weiterhin prosperieren. Bis September 1992 war das 1000 Einwohner zählende Dorf Campanilla im Mittleren Huallaga Tal das Hauptzentrum ihrer Aktivitäten. Genau dort befand sich der Sitz der einzigen Organisation in Peru, die zurecht als »Kartell« bezeichnet werden kann. Ihr unbestrittener Chef, Dimitrio Chavez Peñaherrera alias »Vaticano«, stützt seine Macht auf 70 bewaffnete Männer, die von kolumbianischen Drogenhändlern trainiert werden. Jede Nacht zwischen sieben Uhr abends und fünf Uhr morgens werden schätzungsweise mehrere Hundert Kilogramm Cocapaste nach Kolumbien geflogen, ohne daß Armeetruppen oder Militärflugzeuge eingreifen. Ein Amtsinhaber von Campanilla erklärte gegenüber einem OGD-Korrespondenten, daß ihm der Leuchtende Pfad kürzlich vorgeschlagen habe, das Kartell aus dem Dorf zu verjagen und allein für seinen Schutz zu sorgen, trotz der guten Beziehungen, die die Maoisten früher zu Vaticano unterhielten. Er fügte hinzu, daß ihm die Militärs dasselbe vorgeschlagen hätten. Diese konnten in den letzten vier Monaten des Jahres 1992 ihre Kontrolle über den Drogenschmuggel verstärken.

Der am 13. November 1992 fehlgeschlagene Versuch eines militärischen Staatsstreichs bot sowohl den Putschisten wie der Regierung die Gelegenheit, Beschuldigungen über Verwicklungen in den Drogenschmuggel vorzubringen. Jenseits dieser Streitereien unter Militärclans bestätigen Bauern, die in den Cocaanbaugebieten leben, daß die Komplizenschaft zwischen Vertretern des Staates und dem Drogenhandel Ende 1992 himmelschreiend ist. Die Kontakte zwischen Militärs und Drogenhändlern sind vor allem stärker geworden, seit die Armee den Kommandos der MRTA-Guerilla harte Schläge versetzt, indem sie sie vom Drogenhandel isoliert. Diese Beschuldigungen sind von Untersuchungen der Juristenkommission der Andenländer und der angesehenen englischen Zeitschrift ›Peru Report‹ bestätigt worden. So konnte Vaticano im Oktober 1992 der von der US-Drogenfahndung geplanten Verhaftung in seiner Hochburg Campanilla entkommen und sein Netzwerk von der weiter nördlich gelegenen Ortschaft Saposoa aus dank der Protektion durch Militärs reorganisieren, die ihn sogar in ihrer Kaserne versteckten. Von der improvisierten Piste in der Nähe des Dorfes starten täglich 50 bis 60 mit Cocapaste beladene Kleinflugzeuge, ohne daß die Verantwortlichen des Militärstützpunktes von Saposoa reagieren würden. Die Kleinflugzeuge landen auf Bahnen, die auf der bloßen Erde in einer Wüstenzone der Sierra, ein paar Kilometer von der Stadt Trujillo entfernt, angelegt wurden. Dort wird die Droge in zweimotorigen Turbopropellermaschinen verladen, die mit zusätzlichen Tanks ausgestattet acht Stunden in einer Höhe von 50 000 Fuß (15 000 Meter) fliegen können.

In Richtung Narkoregime

Ein Journalist aus Juanjuy, Adolfo Isuiza, erlag am 23. August 1992 den Kugeln eines Killers, der kurz darauf ebenfalls getötet wurde, weil er die Überweisung von Geldern seitens der Armee von Amazonien nach Lima über die Interbank untersuchte. Diese zunehmende Inbesitznahme des Drogenmarktes Ende 1992 durch die Armee erfolgt zu einer Zeit, in der die Kokainpreise spektakulär in die Höhe gehen: von 300 auf 600 Dollar je Kilogramm Kokainbase und von 600 auf 1200 Dollar je Kilogramm »gewaschene« Base*. Diese Preise sind das Ergebnis einer Verringerung des Angebots, die durch die Erklärung des »Staatsnotstandes« in Kolumbien und die Wirkungen

---

* Nachdem die Cocablätter in Wasser und Schwefelsäure zerstampft worden sind, wird aus dieser dunkelbraunen Brühe mit Hilfe von Chemikalien (Natriumkarbonat, gebrannter Kalk, Schwefelsäure) die Cocapaste hergestellt. Diese wird dann in primitiven Laborküchen mit Ammoniak, Äther und Salzsäure zu Kokainbase weiterverarbeitet (»gewaschen«), aus der schließlich das Endprodukt Kokain(hydrochlorid) gewonnen wird (Anm. d. Übers.).

des Pilzes Fusarium oxyporum hervorgerufen worden ist. OGD-Korrespondenten vor Ort berichten, daß auf 60 Prozent der Landwirtschaftsflächen des Departments San Martin (400000 Hektar) Cocaanbau betrieben wird. Die Vereinigten Staaten, die hauptsächlich die Guerillaorganisationen bekämpfen, drängen die Armee und die örtliche Antidrogenpolizei dazu, sich des Marktanteiles zu bemächtigen, den bisher die Guerilla hielt. So ist beispielsweise bekannt, daß den Militärs für den Schutz eines mit 500 bis 1500 Kilogramm Kokainbase beladenen Kleinflugzeuges zwischen 6000 und 10000 Dollar bezahlt wird. Wenn, wie einige Beobachter vermuten, diese Politik von höchsten staatlichen Stellen geplant worden ist, könnte sie, indem sie einen Teil der Narkodollars aus dem Drogenschmuggel – zwischen einer und zwei Milliarden Dollar jährlich – kanalisiert, der Regierung Fujimori und der Armee ermöglichen, unabhängiger von internationaler Wirtschaftshilfe zu werden und ihre eigene Vorstellung von Demokratie durchzusetzen.

Bolivien

Bolivien blieb 1992 nach Peru der weltweit zweitgrößte Produzent von Cocablättern und Kokainbase, die nach Kolumbien exportiert wird, um dort in Kokainhydrochlorid umgewandelt zu werden. Obwohl der Anteil Boliviens, absolut betrachtet, auf dem internationalen Drogenmarkt im Vergleich zu den beiden anderen Andenländern sehr gering ist, führt die niedrige Bevölkerungszahl (sieben Millionen Einwohner) und Wirtschaftsleistung Boliviens (weniger als eine Milliarde Dollar jährlicher Exporte) dazu, daß die im Lande bleibenden Einkünfte aus dem Drogenbusiness (zwischen 300 und 500 Millionen Dollar nach den unterschiedlichen Schätzungen) eine beträchtliche Wirkung zeigen: Sie machen beispielsweise 21 Prozent des landwirtschaftlichen und sieben Prozent des nationalen Bruttoinlandproduktes aus. Ebenso schätzt man, daß 600000 Menschen – überwiegend in der Amazonasregion Chapare – unmittelbar von Aktivitäten im Zusammenhang mit dieser Produktion leben. Im Gegensatz zu Peru und Kolumbien gibt es in Bolivien weder bedeutende Mafias noch Bewegungen ländlicher Guerillas. Jedoch fiel 1992 der Versuch krimineller kolumbianischer Organisationen – insbesondere des Cali-Kartells – auf, in Bolivien Fuß zu fassen. Die bekannte Führungsgruppe der anarcho-indianischen Guerilla-Armee Tupac Karari

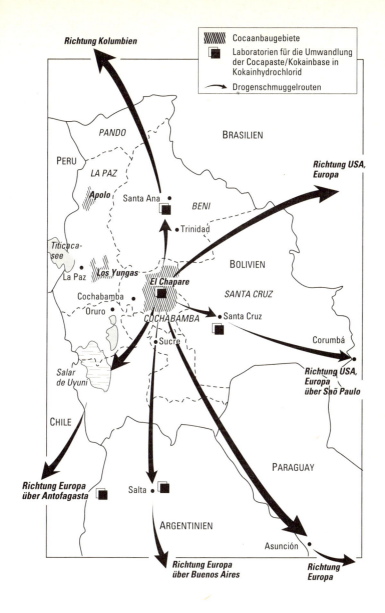

(EGTK) ist zwar Mitte 1992 kaltgestellt worden, aber die Bewegung genießt zahlreiche Sympathien bei den indianischen Migranten, die in der Region Chapare Coca anbauen. Wenn die US-Regierung ihre offene Interventionspolitik weiterverfolgt, könnte sie der Guerilla zu einem zweiten Aufschwung verhelfen und zu ihrer Radikalisierung beitragen.

Das Scheitern der Substitutionspolitik

Angesichts dieses Szenarios prägten drei große Debatten das Jahr 1992: Zunächst wurde die ungenügende Unterstützung alternativer Entwicklungsprojekte diskutiert, die den Bauern, die auf Druck der USA zugestimmt hatten, ihre Anpflanzungen zu vernichten, Mittel zur Verfügung stellen sollten. Dann war der Vorschlag des bolivianischen Präsidenten Paz Zamora im Gespräch, die internationale Gesetzgebung zu ändern, damit dekokainisierte Produkte auf Basis des Cocablattes exportiert werden können. Schließlich erörterte man die Beziehungen zu den USA: Amerikanische Truppen sind ohne Genehmigung des Kongresses in Bolivien stationiert, um am »Drogenkrieg« teilzunehmen; außerdem drängt Washington auf die Unterzeichnung eines Auslieferungsabkommens.

Die USA forderten als Gegenleistung für ihre wirtschaftliche und militärische Hilfe die jährliche Reduktion von 7500 Hektar Cocabuschpflanzungen. Die Bauern erhalten 2000 Dollar als Entschädigung für jeden »umgestellten« Hektar, und mit Finanzhilfe der USA (USAID) wie auch der Vereinten Nationen (UNDCP) sind Entwicklungsprojekte entstanden. Diese Politik ermöglichte 1990 die Vernichtung von 8000 Hektar und 1991 von 4663 Hektar Anbaufläche. Bis zum 31. Oktober 1992 sind 3800 Hektar Cocabüsche zerstört worden, und die Regierung hofft, bis Ende 1992 zusätzlich 400 Hektar vernichten zu können, damit sie von den USA eine weitere Unterstützung über 22 Millionen Dollar erhält, die nicht für alternative Entwicklung, sondern zum Ausgleich der Zahlungsbilanz bestimmt sind.

Eine regierungsunabhängige Koordinationsstelle, die in der Region Chapare arbeitet, berechnete, daß die Beseitigung von 18 835 Hektar Cocabüsche seit 1987 allein bezogen auf den Verkauf von Cocablättern einen Verdienstausfall von 95 Millionen Dollar bedeutete. Hierzu müßte man noch das Einkommen hinzurechnen, das einige Bauern durch die Herstellung von Kokainbase erzielen, besonders wenn die Preise für das Cocablatt fallen und auch die Löhne der Ernte- und Transportarbeiter sowie Fußstampfer in den Kokainküchen, wo die Droge hergestellt wird, heruntergehen. Der Landwirtschaftsminister Oswaldo Antezana erklärte am 24. Dezember 1992, daß jährlich 300 Millionen Dollar notwendig wären, um wirkliche Alternativen zur Coca zu entwickeln. Nach einem Bericht seines Ministeriums, den das Staatssekretariat zur Alternativen Entwicklung veröffentlichte, betrug seit 1987 die Summe der durchschnittlichen jährlichen Investitionen in solche Projekte 13 Millionen Dollar. 1992 wurden 39 Millionen Dollar (24 Millionen stammten aus der Zusammenarbeit mit den USA, 15 Millionen aus der bilateralen Hilfe der Vereinten Nationen) für alternative Entwicklung aufgewandt. Jedoch muß man berücksichtigen, daß ein großer Teil dieser Gelder (manchmal die Hälfte) dazu dienen, die Gehälter der Ingenieure und Techniker der Projekte, anfallende Verwaltungskosten, Fahrzeuge und andere Posten zu bezahlen. Obwohl die Bauerngewerkschaften, die in der Region Chapare sehr gut organisiert sind, über das nationale Abstimmungsgremium CONADAL und dessen örtliche Stellen COREDAL an der Ausarbeitung und Durchführung der alternativen Entwicklungsprojekte beteiligt sind, bestätigen deren Führer, daß die Projekte mangels Finanzierung nicht vorankommen und die Gelder in Wirklichkeit anderen Aktivitäten – wie dem 1992 eröffneten Wahlkampf – zufließen. Tatsächlich schien es, daß die Projekte mehr einen Versuchscharakter besitzen (zum Beispiel die Verbesserung der Bananen-, Ananas- oder anderer exotischer Plantagen und der Fischzucht) und weniger eine wirklich funktionierende Alternative darstellen. Dasselbe gilt für die »Fabriken«, die die tropischen Produkte industriell weiterverarbeiten sollen und von denen zum gegenwärtigen Zeitpunkt nur einige Dutzend Familien profitieren.

Das einzige großangelegte agroindustrielle Projekt – die in der Region Ivirgarzama des Chapare angesiedelte Milchfabrik MILKA – läuft weitgehend defizitär. Der in Besitz der bolivianischen Regierung und des UN-Drogenkontrollprogramms (UNDCP) befindliche Betrieb ist niemals rentabel gewesen, denn eine evangelische regierungsunabhängige Organisation (Gilead Kirken) aus Schweden lieferte dank finanzieller Unterstützung der Regierung eine schlüsselfertige Anlage, die an europäischen Maßstäben ausgerichtet war: So beträgt ihre Verarbeitungskapazität 50 000 Liter Milch täglich, während die Landwirte des Chapare aber nur 3500 Liter liefern können. Die in der Vereinigung UNAPEGA zusammengeschlossenen Kleinbauern, die theoretisch an dem Projekt beteiligt sind, haben in der Praxis kein Mitspracherecht. Die bis Ende 1992 angefallenen fünf

Millionen Dollar Betriebsverluste wurden von der UN-Drogenbehörde gedeckt. Wenn jedoch die Fabrik geschlossen würde, blieben 150 Kleinbauern ohne Absatzmarkt, die mit Krediten, die sie im Tausch gegen die Vernichtung ihrer Cocaanpflanzungen erhielten, Milchkühe gekauft haben. Überdies sind mehrere bolivianische Angestellte dieses Unternehmens wegen ihrer Verwicklung in den Drogenhandel angeklagt und inhaftiert worden.

Die nächste Stufe in der Drogenproduktion

Diejenigen Bauern, die einwilligten, ihre Cocabuschplantagen im Tausch gegen 2000 Dollar zu zerstören, haben in abgelegeneren Regionen erneut Plantagen angelegt. Wie eine im August 1992 in der Region Chapare durchgeführte Untersuchung von OGD ergab, sind die Cocaanbauflächen dennoch weniger geworden, und zahlreiche Bauern haben Chapare verlassen. Da sie in ihren armen und übervölkerten Herkunftsgemeinschaften der Andenhochebenen (Altiplano) ihre Familien oft nicht von der Landwirtschaft ernähren können, bleibt ihnen nichts anderes mehr übrig, als sich den Migrationsströmen nach Argentinien und in die USA anzuschließen. Es ist paradox, daß die Reduktion der Anbauflächen dafür sorgte, daß sich der Preis der Coca halten und zwischen August und November 1992 sogar von 160 Bolivianos (ungefähr 40 Dollar) auf 300 Bolivianos steigen konnte.

Parallel dazu wird eine immer größere Menge bolivianischer Cocapaste lokal in Kokainchlorhydrid umgewandelt, anstatt nach Kolumbien oder Brasilien exportiert zu werden. Die im Dezember von der Antidrogenpolizei vorgestellte vorläufige Bilanz für 1992 gibt 40 Tonnen sichergestelltes Kokain, 1200 zerstörte Produktionsanlagen und 1200 Verhaftungen an: Sie ist bei weitem aufschlußreicher für das Ausmaß, das dieses Phänomen mittlerweile angenommen hat, als für seine wirksame Bekämpfung durch die Polizei.

In der Region der Yungas, wo der Anbau von Coca legal ist, da sie zum Kauen für die indianische Bevölkerung bestimmt ist, fördert die UN-Drogenbehörde (UNDCP) seit einigen Jahren die Kaffeeproduktion. Jedoch brachte der Fall des Weltmarktpreises für dieses Lebensmittels 1992 die Bauern in eine sehr schwierige Lage. Die Regierung droht, die Anbauflächen all jener zu beschlagnahmen, die die Kredite des UN-Programmes, die die Erträge verbessern sollen, nicht zurückzahlen können. Diese Situation hat die Bauern veranlaßt, einerseits die mit Coca bepflanzten Flächen zu vergrößern und

andererseits wachsende Mengen von Cocablättern auf den illegalen
Markt der Nachbarregion Beni zu bringen.

Die »Diplomatie des Cocablattes«

Die bolivianische Regierung versuchte 1992 durch eine »Diplomatie
des Cocablattes«, den dreigliedrigen Maßnahmen der reichen Länder
– Vernichtung/finanzielle Entschädigung/alternative Entwicklung –
eine vierte hinzuzufügen. Diese Politik soll »die mißbräuchliche
Angleichung von Coca an Kokain entmystifizieren und den traditionellen, kulturellen, sozialen und feierlichen Gebrauch der Coca
verteidigen«. Daraus resultieren ihre Bemühungen, »einer legalen
Industrialisierung der Cocablattderivate neue wirtschaftliche Perspektiven zu eröffnen«. Diese von dem bolivianischen Präsidenten
insbesondere auf dem ibero-amerikanischen Gipfel, der Ende Juli
1992 in Sevilla stattfand, eingebrachten Vorschläge fanden die offizielle Unterstützung des Präsidenten Uruguays und des spanischen
Premierministers Felipe Gonzáles. Die gesamte bolivianische Bevölkerung unterstützt sie. Nicht nur die indianischen Quetschua- und
Aymaragemeinschaften (ayllu), die 30 Prozent der Landesbevölkerung ausmachen, gebrauchen traditionell Coca, sie ist auch Teil der
nationalen Kultur. Während man in den ländlichen Gebieten das
Cocablatt kaut, wird es in der Stadt als Teeaufguß (mate) zubereitet.
Die Coca ist zentraler Bestandteil der lokalen Naturmedizin, von
Ausländern wird sie als Mittel gegen die Höhenkrankheit benutzt.
Seit einigen Jahren stellt man außerdem in Bolivien Liköre, Zahnpasten und Salben auf Basis des Cocablattes her. Die bislang gemachten Studien zeigten, daß dieses Blatt überaus reich an Vitaminen,
Mineralsalzen und pflanzlichen Proteinen ist. Das UN-Einheitsabkommen über Drogen von 1961 (Single Convention), das Bolivien
1964 ratifizierte, gab diesem Land 24 Jahre Zeit, um seine gesamten
Cocaplantagen zu vernichten. Bei der Änderung dieses Übereinkommens im Dezember 1988 wurde diese Frist verlängert, aber es ist
deutlich, daß für die Vereinten Nationen die Verpflichtung, den Cocaanbau zu beenden, weiterbesteht. Die USA haben sich dem bolivianischen Vorschlag heftig widersetzt.

Es erscheint legitim, daß ein natürliches Produkt der Dritten Welt,
das weder die Schädlichkeit von Alkohol noch die des Tabaks besitzt,
legalisiert wird, aber dennoch bleibt ungewiß, ob dadurch die Produktionsüberschüsse aufgefangen und die wirtschaftlichen Probleme
Boliviens und die der Produzenten gelöst werden können. Wenn man

gestatten würde, daß der Markt existiert, könnte die Coca auch in anderen tropischen Gebieten der Welt angebaut werden – vor allem in Asien, das zweifellos ausgezeichnete Wettbewerbsvorteile bietet: Oft wird darüber hinweggesehen, daß zwischen 1910 und 1930 Java der weltweit größte Produzent von Cocablättern war und daß diese Pflanze ebenso auf Sri Lanka, den Philippinen und im afrikanischen Kamerun akklimatisiert gewesen war. »Die Diplomatie des Cocablattes« erlaubte dem Präsidenten Paz Zamora, dessen Regierung wegen ihrer Wirtschaftspolitik und Korruptionsaffären einigermaßen in Verruf geraten ist, ein wenig ihr Ansehen aufzubessern. Vor allem konnte er durch den Konflikt mit der US-Botschaft über diesen Punkt ohne viel Aufwand glauben machen, er verfolge einen unabhängigen Kurs, wohingegen Bolivien im Grunde genommen ein folgsamer Verbündeter der Regierung in Washington ist.

Elitetruppen und militärisches Eingreifen der USA

Seit 1985 sind amerikanische Truppen für Militärübungen (gemeinsame UNITAS-Manöver) oder zivile Aktionsprogramme wiederholt in Bolivien eingerückt, wobei die Präsenz der US-Truppen stets für eine große Publizität im Lande gesorgt hatte. Mitte Juli 1992 mußte nun, ganz im Gegensatz zu früher, eine informelle Kommission von Journalisten und Parlamentariern wegen eines Gerüchtes über den Aufenthalt von US-Truppen ermitteln: 122 nordamerikanische Soldaten seien am 5. Juni in Santa Ana de Yacuma in der Amazonasregion Beni, eines der Zentren des Kokainhandels, angekommen. Die Kommission konnte herausfinden, daß es sich um den Pionieren angehörende Elitetruppen handelte, deren Offiziere und Soldaten zum Teil bei der Invasion in Panama und am Golfkrieg teilgenommen hatten. Nachdem er behauptet hatte, daß ihre »einzige Aufgabe darin besteht, vier Klassen für die Sekundarschule im Ort zu errichten«, gab der Sprecher der US-Botschaft, David Dlouhy, schließlich zu erkennen, daß sich diese Soldaten, die Fallschirmjäger waren, auch einer »militärischen Ausbildung« unterzogen. Die Tatsache, daß Riesenflugzeuge des Typs Galaxy und C-5-A sechzig Mal zwischen den USA und Bolivien hin und her pendelten und die Gesamtkosten der Operation zwei Millionen Dollar betrugen, sorgte für allerlei Gerede. Wenn auch Gerüchte über eine mögliche Entsorgung von Nuklearabfällen im Land sich hartnäckig hielten, nehmen Beobachter vielmehr an, daß es sich um einen ersten Schritt handeln könnte, einen ständigen Stützpunkt für militärische Eingriffe gegen subversive Bewegungen in der Region aufzubauen – insbesondere gegen den Leuchtenden Pfad, der eine vorrangige Sorge der USA geworden ist. Diese Situation löste einen Sturm politischer Proteste aus und mobilisierte vor allem die Opposition, die sich darauf berief, daß die Präsenz ausländischer Truppen im Grunde genommen vom Parlament genehmigt werden müßte. Ein Mißtrauensantrag gegen die Minister für Inneres, Verteidigung und Auswärtige Angelegenheiten wurde nicht angenommen. Obwohl die Regierung des Präsidenten Jaime Paz Zamora, die von der nahezu einstimmigen Ablehnung der »ausländischen Intervention« seitens der Bevölkerung unter Druck geraten war, dann »eine ausführliche Überprüfung der Abkommen mit den Vereinigten Staaten« ankündigte, bedeuten die am 19. August unterzeichneten Übereinkünfte eine Anpassung an die amerikanische Politik und die Tendenz zu einer Militarisierung der Drogenbekämpfung.

Die Auslieferung bolivianischer Staatsbürger an die USA ist das zweite Thema, das eine in der gesamten Bevölkerung verbreitete anti-amerikanische Haltung nährt. Im Juli 1992 übergab die bolivianische Regierung Asunta Roca Suarez, die Schwester des Drogenhändlers Jorge Roca Suarez, genannt »Techo de Paja« (Strohdach), der sich ebenfalls in einem US-Gefängnis befindet, ohne gesicherte rechtliche Grundlagen den Vereinigten Staaten. Außerdem fordern die USA die Auslieferung 17 bolivianischer Staatsbürger, gemäß eines neuen Vertrages zwischen beiden Ländern. Die feindselige Haltung der Bevölkerung hat sogar noch zugenommen, als sie die Grenzen der von den USA erwiesenen Gegenseitigkeit bei einem Vorfall zu spüren bekam: Am 11. Juni 1992 hatte der betrunkene US-Drogenfahnder Brian Donaldson von der DEA einen Bewohner von Santa Cruz mit einem Revolverschuß schwer verletzt. Nachdem die Polizei ihn inhaftierte, sorgte das Einschreiten der amerikanischen Konsulin in dieser Stadt, Marilyn McKenney, für seine Freilassung. Obwohl sie versprach, daß sich der Schuldige am nächsten Tag der Justiz stellen werde, brachte ihn die Botschaft sofort in die USA zurück und behauptete, daß »sich seine Waffe zufällig entladen habe«. Es wurden Stimmen laut, die forderten, daß auch für den DEA-Agent ein Auslieferungsbegehren gelten soll. Unter dem Druck der öffentlichen Meinung kündigte die bolivianische Regierung an, den Status der DEA-Agenten erneut zu verhandeln. Die US-Drogenfahnder wurden des öfteren beschuldigt, die bolivianischen Polizisten der Mobilen Einheit der Landpatrouillen (UMOPAR), deren technische Berater sie sind, zu Machtmißbräuchen gegenüber den bäuerlichen Kleinproduzenten von Coca anzutreiben. Aus diesem Grund wurden im September 1992 sechs Angehörige dieser Einheit entlassen und vor Gericht verurteilt. Als Antwort darauf verkündete die US-Botschaft am 20. November 1992, daß sie für alle Angehörigen der DEA einen diplomatischen Status fordere.

Kolumbianische Ansteckung?

Zwischen Juli und Oktober 1992 stellten sich sieben bolivianische Drogenhändler den Behörden im Tausch gegen das Versprechen, nicht an die Vereinigten Staaten ausgeliefert zu werden. Nach Angaben der Antidrogenpolizei (FELNC) nutzten Vertreter kolumbianischer Kartelle das dadurch entstandene Vakuum aus und drangen verstärkt in Bolivien ein. Am 2. November 1992 wurden 700 Kilogramm Kokain in der Region San Borja im Verwaltungsbezirk Beni während der Operation »Goldener Bär«, die die DEA unterstützte, sichergestellt. Boß der Bande, die die Droge exportierte, war Jorge Diaz Murcia – ein Vertreter des Cali-Kartells. Mitte November verhaftete man in der Stadt San Borja 20 Kolumbianer, die ebenfalls für dieselbe Organisation arbeiten sollen. Einige Beobachter nehmen an, daß die den kolumbianischen Kartellen gewidmete Publizität darauf abzielt, die öffentliche Meinung auf eine direkte Beteiligung der Armee bei der Drogenbekämpfung im Auftrag der Verteidigung der nationalen Souveränität vorzubereiten. Am 12. November kündigte man die Ankunft von Militärfahrzeugen an, die die USA schickten und die für ein Transportbataillon der bolivianischen Armee bestimmt waren, das »den Drogenschmuggel bekämpfen soll«. Das Verteidigungsministerium erklärte, daß diese Einheit aber nicht direkt eingreifen würde, sondern der Antidrogenpolizei lediglich eine logistische Unterstützung zukommen lassen solle. Diese Politik der Vereinigten Staaten widerspricht übrigens den Erklärungen des ehemaligen DEA-Chefs in Bolivien, Don Ferrarone, die dieser während einer im Dezember 1992 in den USA ausgestrahlten Fernsehsendung abgab. So wies er auf Komplizenschaften zwischen Militärs und Drogenschmuggel hin; darüberhinaus hätten im Dezember 1991 Angehörige der Marineinfanterie die DEA in San Joaquín im Bezirk Beni angegriffen, um die dortigen Paten zu unterstützen. Am 14. Dezember 1992 verbreitete der bolivianische Innenminister eine Mitteilung, die bestätigte, daß »die Beteiligung von Ausländern, die bei Operationen des Drogenschmuggels nachgewiesen worden ist, keineswegs bedeute, daß dieser von ihnen kontrolliert wird«.

Einige dem Drogenschmuggel von den bolivianischen Antidrogeneinheiten (FELNC) versetzten Schläge zeigen, daß die bolivianischen Drogenhändler tatsächlich weiterhin aktiv bleiben. Die spektakulärste gegen sie gerichtete Aktion war die Operation »Tango«, die im Oktober 1992 in Zusammenarbeit mit argentinischen und brasilianischen Polizeieinheiten ablief und die Verhaftung von Luis Bernardo Salomon Soria, alias »König Salomon«, ermöglichen sollte. Als Stützpunkt seiner Operationen diente ihm sein immenser Grundbesitz, der sich über 45 000 Hektar in der Provinz Sandoval an der Grenze zu Brasilien erstreckte. Der im Schlaf überraschte »König Salomon« erzeugte Tonnen von Kokain, die brasilianische Schmuggler nach Spanien, Italien und in die Schweiz schickten. Luis Bernardo Salomon ist niemand anderes als der Bruder des bolivianischen Armeeobersten Norberto Bubby Salomon, der sich Ende 1992 auf der Flucht befand und der mit dem Ex-Innenminister Luis Arce Gomez verbunden ist, der eine Haftstrafe von vierzig Jahren in den Vereinigten Staaten verbüßt.

Wahlen und Drogenbekämpfung

Die in den letzten Monaten 1992 gestarteten großen Wahlmanöver für die Parlamentswahlen im Mai 1993 könnten sich auch auf die Antidrogenpolitik auswirken. Die Kandidaten der Regierungskoalition des Patriotischen Bundes werden zweifellos eine Zeit lang aufhören, Druck auf die bäuerlichen Cocaproduzenten auszuüben, die ein Potential von 120 000 Wählern stellen. Ebenso ist es wahrscheinlich, daß ebenso wie 1989 Gelder aus dem Drogenhandel der Wahlkampagne zufließen werden. Besonders zwei der Präsidentschaftskandidaten stehen im Blickfeld der Anklage. Es handelt sich zunächst einmal um den General Banzer, dem Anführer des vor allem von seiner Partei, der Nationalistischen Demokratischen Aktion (ADN), und der Partei des gegenwärtigen Präsidenten Boliviens, der Bewegung der Revolutionären Linken (MIR), gebildeten Patriotischen Bundes. Mehrere in Bolivien, Spanien und Frankreich veröffentlichte Untersuchungen haben ausführlich beschrieben, wie sich der Umkreis des Generals Banzer während seiner Militärdiktatur (1971-1978) am Kokainhandel beteiligte. Nach der Rückkehr zur Demokratie sind weitere wichtige Mitglieder seiner Partei eng in Drogenhandelsskandale der letzten Jahre verwickelt gewesen. So legte am 13. März 1991 der Innenminister sein Amt nieder, nachdem der ›Miami Herald‹ ihn beschuldigt hatte, mit den Drogenschmugglern gemeinsame Sache zu machen. Der andere Präsidentschaftskandidat, der häufig einer heimlichen Zusammenarbeit mit Drogenhändlern beschuldigt wird, war Ende 1992 der Favorit bei den Meinungsumfragen. Es handelt sich um den Bierbrauer und Parteichef der Einheit staatsbürgerlicher Solidarität (UCS) Max Fernandez. Seine Gegner konnten ihm nur seine – allerdings legalen – Geschäftsverbindungen zu dem bolivianischen Drogenhändler Bismark Barrientos nachweisen, der in Argentinien inhaftiert ist. Da es in Bolivien keine wirklichen mafiosen Organisationen gibt, spielen Drogengelder möglicherweise nur in der Wahlkampfzeit eine Rolle, was auch nicht unbedingt bedeuten muß, daß der Drogenhandel die Regierung unterwandern wird, wie dies in Peru der Fall ist.

Kolumbien

Das wirtschaftliche, soziale und politische Leben Kolumbiens wurde 1992 erneut von seiner Rolle als weltweit größtes Kokainexportland geprägt sowie von den Aktivitäten verschiedener krimineller Organisationen in seinem Staatsgebiet, die den Drogenschmuggel organisieren. Das von den Guerillabewegungen, die wichtige Teile des Landes unter ihrer Kontrolle haben, aufgeworfene Problem kann nicht völlig vom Drogenschmuggel isoliert werden, wenn es auch andere Dimensionen besitzt. In diesem Zusammenhang standen im Laufe des Jahres 1992 zwei Themen im Vordergrund: zum einen die sogenannte Politik der »Unterwerfung« (sometimiento) der Narkos unter die Staatsgewalt, die Pablo Escobar, der am 15. Januar 1993 eine erneute militärische Offensive einleitete, mit seiner spektakulären Flucht am 22. Juli 1992 prägte; zum anderen die Entwicklung Kolumbiens zu einem bedeutenden Opiumproduzenten.

Opium, Gewalt und Umweltdesaster

Während Kolumbien in den siebziger Jahren den Marihuanaboom und nach dessen Abschwung in den achtziger Jahren den Cocaboom erlebte, entwickelt sich seit 1992 der Anbau von Schlafmohn und die Opiumproduktion. Allerdings findet, was den meisten Beobachtern entgangen ist, parallel dazu eine verstärkte Rückkehr zu Coca und Marihuana statt. In dem Gebiet der Regionen Guayabero-Guaviare-Vichada sorgte zum Beispiel der Preisanstieg für Cocablätter und

Kokainbase, deren Kilopreis von 300000 Pesos (700 Mark) auf 800000 Pesos (1800 Mark) hochgegangen ist, seit Ende 1991 für die Rückkehr zahlreicher Ansiedler und einen erneuten Handelsaufschwung der Marktflecken dieser Amazonasregionen. Jedoch verhalten sich die Nutznießer dieses neuen Booms viel diskreter als in den achtziger Jahren. Sie haben gelernt, daß die allzu prahlerische Zurschaustellung ihres neuen Reichtums nicht nur die staatliche Repression auf sich zieht, sondern vor allem Versuche seitens der Guerilla und Ordnungskräfte, Steuern und Erpressungsgelder einzutreiben.

In anderen Regionen wie Putumayo und Caqueta ist der Fall der Weltmarktkurse für Kaffee, Kakao und Bananen sowie die schwierige wirtschaftliche Lage der Bauern, die die ihnen im Rahmen des alternativen UN-Entwicklungsprojektes vergebenen Kredite unmöglich zurückzahlen können, verantwortlich für die Entwicklung illegaler Kulturen. So zeigen zahlreiche vor Ort gesammelte Berichte, daß in den Bezirken Cauca, Caqueta und im Gebirge von San Lucas wieder Hanfplantagen angelegt worden sind. Aber diese sollen nicht Marihuana (ein tabakartiges Gemisch aus den getrockneten Blättern und Blüten der Hanfpflanze) erzeugen, sondern – was für Kolumbien ein ganz und gar neuartiges Phänomen ist – Haschischextrakt (ein Harz aus den Blütenspitzen), das sehr wahrscheinlich für den Export bestimmt ist. Ein weiterer Grund für die Preissteigerung für Coca ist der, daß auf einem Teil der zu ihrer Produktion genutzten Anbauflächen nun Opium erzeugt wird.

In der Tat breiten sich die sogenannten »Mohnflecken« (mancha) mit einer erstaunlichen Geschwindigkeit aus. Die ersten Anpflanzungsversuche dieser Kultur, die in Kolumbien völlig unbekannt war, reichen ein Jahrzehnt zurück. Der entscheidende Schritt erfolgte 1990. Im Juli 1991 sprach die Drogenpolizei bereits von 2000 Hektar Schlafmohn, aber im Herbst 1992 betrug die entsprechende Zahl schon 17000 Hektar, wovon 7000 Hektar vernichtet worden seien. Wie konnte eine bis dahin unbekannte Produktion ein solches Ausmaß erreichen? Die kolumbianische Regierung beschuldigte »Asiaten, Pakistaner und Thailänder«, die Schlafmohnkulturen zu überwachen. Nach Angaben des von OGD befragten Führers der Paez- und Guambianos-Indianer sind es in Wirklichkeit Mexikaner (deren Land seit fünfzig Jahren Heroin erzeugt), die nach Kolumbien gekommen sind, um ihre Kenntnisse den Indio-Bewohnern der südlichen Verwaltungsbezirke zu übermitteln. Die Mohnsamen wurden vermutlich aus dem Libanon importiert: Europäische Polizeibehörden beschlagnahmten große Mengen davon auf Schiffen, die auf der Fahrt nach Südamerika waren, während sie in der anderen Richtung

Ladungen von Kokainbase sicherstellten, die in den Labors der Bekaa-Ebene in Kokain umgewandelt werden sollte.

Hauptsächlich in drei Bezirken – Cauca, Huila, Tolima – ist 80 Prozent der Opiumproduktion konzentriert, deren größter Teil an Händler in den Städten Cali, Tulua und Pereira geliefert wird. Nur kleine Mengen Heroin beschlagnahmte man 1992 sowohl in Kolumbien wie in den Vereinigten Staaten. Amerikanischen Fachleuten zufolge trägt diese Droge die Fabrikationsmarke südostasiatischer Chemiker, die in den Laboratorien der kolumbianischen Städte arbeiten könnten.

Die Entwicklung von Schlafmohnkulturen erfolgt aus überwiegend wirtschaftlichen Gründen. Obgleich die Produktivität noch äußerst niedrig ist – drei bis sieben Kilogramm Opium je Hektar im Vergleich zu 15 bis 50 Kilogramm in Asien –, erweist sich die Opiumerzeugung viel einträglicher als die Cocaproduktion: zwischen 600000 Pesos (1400 Mark) und 1,2 Millionen Pesos (2800 Mark) je Hektar gegenüber 200000 Pesos (460 Mark) je Hektar für Coca. Im Januar 1993 genehmigte der Nationale Drogenrat den Einsatz eines Herbizids (Glifosat, bekannt als »Round Up«, »Rodeo«), um die Mohn- und Cocaplantagen in den Bergen von Santa Marta, Perija und in den Anden im Süden zu zerstören. Diese Entscheidung rief eine Welle der Empörung in der Öffentlichkeit hervor. Der Arzt und der Bürgermeister der Stadt Irquira erklärten, daß mehrere Personen, vor allem Kinder, infolge des Versprühens des chemischen Mittels Vergiftungen erlitten hätten. Eine Gruppe von Biologen der staatlichen Universität erinnerte daran, daß der Einsatz von Glyphosphat in der Region Santa Marta die Gewässer verseucht und die Vegetation zerstört hat. Eine der Konsequenzen des Herbizideinsatzes ist der erneute Anstieg der gesunkenen Preise für Opium gewesen. Die Regierung entschloß sich, wieder die Technik anzuwenden, zu der man in Thailand wie in Pakistan zurückgekehrt ist – die manuelle Vernichtung durch Ausreißen der Pflanzenstöcke.

Die Schlafmohnkulturen haben beträchtliche soziale Folgen: Sie sorgen für einen erheblichen Anstieg der Bodenpreise in den Höhenlagen (über 1500 Meter), was dazu führt, daß der Grundbesitz sich in wenigen Händen konzentriert. Die Großgrundbesitzer haben sich an die Drogenhändler gewandt, damit sie ihnen helfen, Kulturen auf den Böden anzupflanzen, die sie brachliegen ließen. Im Fall der von den Indios bewohnten Regionen wie der Cauca, wo kollektive Strukturen (Cabildo) existieren und der Boden im Grunde genommen unveräußerlich (Resguardo) ist, verpachten die Bauern ihre Parzellen an die Drogenhändler. Die Opiumproduktion vergrößert sich in dem Maße, in dem die Indiogemeinschaften sich sozial differenzieren. Dieses Phänomen beschleunigt die Auflösung sozialer Bindungen innerhalb der Gemeinschaften, die vielfachen Belastungen durch die Außenwelt ausgesetzt sind. Das Vordringen von Fremden in die Gebiete der Indios geschieht nicht ohne mitunter blutige Auseinandersetzungen.

Die Preissteigerung trägt außerdem dazu bei, den modus vivendi zwischen den bewaffneten Gruppen, die genau abgegrenzte Territorien kontrollieren, wieder in Frage zu stellen. In der Region Nariño schützt die Guerilla der Nationalen Befreiungsarmee (ELN) den Anbau mit der Behauptung, daß sie die Konzentration der Produktion im Besitz weniger Großerzeuger zu vermeiden sucht. Im Süden von Tolima gibt es nebeneinander die Guerilla der kommunistisch ausgerichteten Revolutionären bewaffneten Streitkräfte Kolumbiens (FARC), paramilitärische Gruppen und die Armee. Alle drei Gruppen finanzieren sich mit Hilfe des Opiums, allerdings auf verschiedene Weise: Die Guerilla erhebt Steuern beim Anbau; die Paramilitärs sind direkt an der Produktion und Vermarktung beteiligt; die Armee lebt durch großangelegte Erpressung. Die Ideologie dient heute als Vorwand für Auseinandersetzungen, in denen es hauptsächlich um die Kontrolle der Opiumgewinne geht. Das schnelle Geld beschleunigt die Korruption der lokalen Staatsvertreter und sorgt größtenteils für die Auflösung der Guerilla zu einer Zeit, in der die internationale Situation überdies zum Verlust ihrer ideologischen Bezugspunkte beiträgt. Einige Guerilleros sind von der »Steuereintreibung« beim Anbau dazu übergewechselt, »Schmiergelder« anzunehmen, und man kann beobachten, wie sie ihre goldenen Halsketten und Fingerringe in bester Narkotradition zur Schau tragen.

Während die Coca in den warmen Zonen bis 1800 Meter angebaut werden kann, wirken sich die Schlafmohnkulturen, die über dieser Höhe beginnen, katastrophal auf die Umwelt aus, da Entwaldung und Austrocknung der Böden in den Gipfelregionen die Folge sind. Die Bauern wandern nämlich in die höchsten und entlegensten Zonen, um verschiedene Parzellen zu bepflanzen, damit sie bessere Chancen haben, den Bekämpfungsmaßnahmen zu entgehen. Wenn sie nicht für den Mohnanbau genutzt werden, dienen diese Flächen den Grundbesitzern als Weiden, was wiederum die negativen Folgen der Entwaldung weiter steigert. Der Einsatz von Entlaubungsmitteln durch die Ordnungskräfte, wie dies Anfang 1992 der Fall war, beeinträchtigt auch solche Gebiete, die nicht von den Folgen des Schlafmohnanbaus betroffen sind. Auf diese Weise schließt sich der Teufelskreis. Man kann sagen, daß oberhalb von 3000 Metern die Umweltschäden bereits nicht mehr rückgängig zu machen sind.

Verhandlungen und Unterwerfung unter die Staatsgewalt

Da es der Regierung ein Jahr nach der Ermordung des liberalen Präsidentschaftskandidaten Luis Carlos Galán am 18. August 1989 noch immer nicht gelungen war, den illegalen Drogenhandel durch Repressionsmaßnahmen einzuschränken, verlegte sie sich auf eine andere Methode. Aber als sie Ende 1990 mit den Verhandlungen über die Unterwerfung der Paten des Medellín-Kartells unter die Staatsgewalt begann, wurde sie durch ihre Ohnmacht angesichts der unglaublich brutalen narko-terroristischen Attentatswelle und der Entführung Dutzender Personen aus dem Establishment in die Enge getrieben. Zahlreiche Beobachter meinten, daß eine solche Situation den Zusammenbruch des Staates und eine militärische Intervention der Vereinigten Staaten hervorzurufen drohte. Die durch die Gewaltwelle schockierte Bevölkerung, wohl wissend, daß sie den Preis dafür zu zahlen hat, während die USA profitieren, bejahte in einer überwältigenden Mehrheit die staatliche Kompromißhaltung gegenüber den Drogenbaronen. Aber die Regierung machte einen Rückzieher nach dem anderen, bis sie schließlich die meisten der von den Narkos aufgestellten Bedingungen akzeptierte. Was eigentlich nicht Verhandlungsgegenstand sein sollte, war die Existenz eines Hochsicherheitsgefängnisses. Aber, und das zeigt die unglaubliche Schwäche des Staates, die Kolumbien enorm schadet, als Escobar sich der kolumbianischen Justiz stellte, wurde klar, daß dieses Gefängnis in keiner Weise in der Lage war, Gefangene aufzunehmen, und daß der Justizminister nie wirklich darüber unterrichtet ist, was darin vorgeht. Einzig der Präsident César Gaviria und einige seiner engen Berater sind informiert, und sie nehmen diese Situation in Kauf. Die Öffentlichkeit wird sich dieses Skandals erst zum Zeitpunkt der Flucht Pablo Escobars im Juli 1992 bewußt.

Obwohl der Chef des Medellín-Kartells über einen furchterregenden Militärapparat verfügt und über Unterstützung innerhalb der Armee und Polizei, befand auch er sich in einer schwierigen Situation. Er mußte nämlich gleichzeitig nicht nur die unbestechlichen Polizisten, wie die von General Maza Marquez geleitete Geheimpolizei DAS, fürchten, sondern ebenso die Killer des Cali-Kartells und paramilitärischer Gruppen, die im Sold der Viehzüchter des Magdalena Medio stehen. Unter solchen Umständen kam er kaum dazu, sich um seine schlechter laufenden Geschäfte zu kümmern. Er folgte dem Beispiel der Ochoa-Brüder, die sich einige Monate zuvor gestellt hatten, und versuchte auf diese Weise, kurzfristig sein Leben zu schützen und sich mittelfristig – nach Verbüßung einer symbolischen Strafe – wieder in die Gesellschaft zu »integrieren«. Als Pablo Escobar am 19. Juni 1991 in das eigens für ihn gebaute Gefängnis von Envigado einzieht, kann sich der Präsident Gaviria in den Augen der internationalen Gemeinschaft und vor der Bevölkerung seines Landes rühmen, den wichtigsten Boß des Drogenhandels hinter Gitter gebracht und ein Mittel gegen die Gewalt gefunden zu haben. Auf der anderen Seite führte die Nachgiebigkeit der Regierung dazu, daß die Drogenhändler begannen, einen Teil ihres Kapitals einfach wieder ins Land zurückzubringen, obgleich darüber nicht ausdrücklich mit ihnen verhandelt worden war. Während der Kapitalrückfluß aus dem Drogengeschäft in den achtziger Jahren jährlich zwischen 800 Millionen und 1200 Millionen Dollar ausmachte, wie von OGD befragte Ökonomen der Andenuniversität in Bogotá berechneten, erhöhte er sich 1991 zusätzlich um 500 bis 600 Millionen Dollar. Aus diesem Grund mußte übrigens die kolumbianische Regierung den Peso aufwerten, aber der Rhythmus des Kapitalrückflusses blieb in der ersten Jahreshälfte 1992 stabil.

Dies hätte der Präsident Gaviria als »Erfolg« verbuchen können, wenn es ihm parallel dazu gelungen wäre, die kriminellen Machenschaften der Paten zu unterbinden. Die jüngsten Ereignisse zeigen dagegen, daß Escobar seine »Inhaftierung« nutzte, um die seiner Organisation zugefügten Blessuren zu heilen und seine Geschäftsaktivitäten wieder zu entfalten. Nachdem er das Land für sein zukünftiges Gefängnis erworben und den Bau überwacht hatte, wählte er sich, durch die Vermittlung des Bürgermeisters von Envigado, einer seiner offenen Unterstützer, über die Hälfte seiner vierzig Wächter selber aus, von denen viele vorbestraft waren. Außerdem bildeten seine zwölf Mithäftlinge für ihn und seinen Bruder Roberto eine regelrechte »Prätorianergarde« – eine von Jairo Velasquez Vasquez, genannt »Popeye«, kommandierte Armee bezahlter Killer (sicarios). Und täglich konnten sich unbemerkt »Besucher« unter die 100 Arbeiter mischen und kamen praktisch unkontrolliert in das »Kathedrale« genannte Gefängnis hinein, um die von den Häftlingen verlangten Verschönerungsarbeiten auszuführen. Andere Arbeiter, die dagegen beauftragt waren, die Sicherheitsbedingungen zu verbessern, wurden stundenlang von der Militärgarde festgehalten, so daß der Fortgang der Arbeiten verhindert wurde. So wurde der Stacheldrahtzaun nie unter Strom gestellt, und die zahlreichen Löcher darin ermöglichten den Gefangenen zu kommen und zu gehen, wann sie wollten. Um nichts selber unternehmen zu müssen, vertraute die Regierung diese Sicherheitsarbeiten einer von Eitan Koren geführten israelischen Firma an. Nach Unterlagen der kolumbianischen Geheimpolizei DAS, wie María Jimena Duzán, Journalistin der Tageszeitung ›El Espectador‹, enthüllte, war Koren mit dem israelischen Söldner Yair Klein alliiert, der 1988 und 1989 die paramilitärischen Gruppen der Drogenhändler und der Viehzüchter des Magdalena Medio ausbildete.

Pablo Escobar war sich seiner so sicher, daß er Anfang Juli 1992 das Gefängnis kurzfristig verließ, um widerspenstige Schuldner – wie die Brüder Galeano – zu verurteilen und hinrichten zu lassen. Anscheinend hat der ehemalige Kokainkönig den Schmuggel aufgegeben, um sich auf die lukrative Erpressung zahlreicher Unternehmer umzustellen, die für ihn Geschäfte gemacht haben. Nachdem der Generalstaatsanwalt Gustavo De Greiff Zeugenaussagen von Überlebenden dieser Gewalttaten gesammelt hatte, überreichte er der Regierung am 21. Juli 1992 seinen Bericht; er löste eine Operation aus mit dem Ziel, Pablo Escobar und sein Angehörigen solange in einer Kaserne unterzubringen, bis die Arbeiten, die »die Kathedrale« in ein Hochsicherheitsgefängnis umwandeln sollten, schließlich beendet wären.

Einige Beobachter nehmen an, daß die Flucht Pablo Escobars provoziert worden ist, um ihn leichter töten zu können. Denn der Pate hatte offensichtlich überhaupt kein Interesse, von einem Ort zu flüchten, der nicht nur das wohlgefällig von den Medien beschriebene Luxusgefängnis war, sondern vor allem ein Hauptquartier, von dem aus er die Führung seiner Geschäfte wieder aufgenommen hatte. Dies bestätigte am 20. August 1992 der Ex-Justizminister Fernando Carrillo indirekt, als er vor einer Untersuchungskommission des Senats erklärte: »Es ist klar, daß das Gefängnis von Envigado nie ein Hochsicherheitsgefängnis gewesen ist. Man versuchte vor allem, die Gefangenen zu schützen, und nicht, ihre Flucht zu verhindern.« Als Pablo Escobar die Ankunft von Truppen vor dem Gefängnisgelände beobachtete, glaubte er das Ziel einer Operation der US-Drogenbekämpfungsbehörde DEA zu sein – eine durchaus wahrscheinliche Befürchtung angesichts der kurz zuvor getroffenen Entscheidung des Obersten Gerichtes, die US-Behörden berechtigte, ausländische Bürger in ihrem eigenen Land zu entführen. Er nutzte dann seine zahlreichen Komplizenschaften innerhalb der Polizeikräfte und der Armee, um aus der Haft zu entkommen. Andere sahen in der mißlungenen Operation, die seine Flucht ermöglichte – und diese Interpretation steht nicht im Widerspruch zu der anderen –, eine Falle, die politische Gegner dem Präsidenten Gaviria stellen wollten, damit die Ereignisse ihn darin hinderten, am ibero-amerikanischen Gipfel der Regierungschefs in Sevilla teilzunehmen.

Die Jagd auf den Paten erweist sich um so schwieriger, als er weiterhin eine große Sympathie unter dem Volk des Bezirks Antioquia mit der Hauptstadt Medellín genießt. Seine physische Vernichtung wäre ein politischer Erfolg für die Regierung, aber sie hätte wahrscheinlich keinen Einfluß auf den Umfang der Drogenexporte. Diese abenteuerliche Affäre macht vor allem die wachsende Ohnmacht des kolumbianischen Staates auf all seinen Ebenen – Justiz, Armee, Polizei und Parlament – gegenüber den Drogenhändlern deutlich. Ein ehemaliger hoher Beamter des Justizministeriums erklärte gegenüber OGD, daß die Narkos eine regelrechte Gruppe von Vertretern im Parlament sitzen haben, die nicht davor zurückschrecken, die Forderungen der inhaftierten Narkos vorzubringen, und die für den Fall, daß sie nicht erfüllt würden, offen mit Repressalien drohen.

Rückkehr zum Ausgangspunkt

Beobachter gehen weiter davon aus, daß das Cali-Kartell eine viel dichtere Kontrolle als je zuvor über den ganzen Bezirk einschließlich seiner Hauptstadt ausübt. Das einzige Problem seiner Chefs, der Brüder Orejuela, scheint die Entwicklung rivalisierender Organisationen zu sein, die speziell mit der Produktion von Opiaten in Verbindung stehen. Das lokale Großbürgertum hat sich mit dieser Situation von sich aus abgefunden, um nicht wie in Medellín den Ausbruch eines blutigen Krieges zwischen dem Staat und der lokalen Mafia zu erleben. Unmittelbar nach seiner Flucht versuchte Escobar neue Bedingungen auszuhandeln, damit er sich dem Staat stellt. Sechs seiner Offiziere haben sich bei den staatlichen Ordnungskräften gemeldet: Entweder steckten sie selber in einer verzweifelten Lage, oder der Pate hatte sie geschickt, um die Verhältnisse im Hochsicherheitsgefängnis von Itagui zu testen, wo bereits die Brüder Ochoa inhaftiert waren. Es scheint, daß einige Polizeikorps diesen Vorstoß sabotierten, indem sie nahe Verwandte der Häftlinge ermordeten. Auf der anderen Seite zwang die öffentliche Debatte über die Umstände der Flucht Escobars die Regierung, seine bedingungslose Unterwerfung zu verlangen, und sie setzte alles auf die Karte der Repression: So wurden die Offiziere des Chefs des Medellín-Kartells der Reihe nach umgebracht, während der Staat den »inneren Notstand« erklärte und Anfang November 1992 eine Offensive gegen die Guerilla startete, die die Position Escobars weiter schwächte, da er ein taktisches Bündnis mit einigen Gruppen wie der Nationalen Befreiungsarmee (ELN) eingegangen war. Dazu kam, daß er von der Justiz, die ihm die Verwicklung in eine Serie krimineller Aktivitäten nachwies, kaum einen Straferlaß erwarten konnte. So kündigte er in einem an den Oberstaatsanwalt adressierten Brief vom 15. Januar 1993 seine Absicht an, den bewaffneten Kampf an der Spitze seiner Gruppe der »Antioquia Rebellen« aufzunehmen. In den beiden vorhergehenden Monaten ließ er fast achtzig Polizisten ermorden, um den Tod seiner Angehörigen zu rächen, und eine Serie von Bombenattentaten folgten seiner neuen Kriegserklärung an den Staat. Hier scheint es sich nunmehr um eine Flucht nach vorn eines Pablo Escobars zu handeln, der nur noch von jungen Killern umgeben ist, da die Drogenhändler in Medellín ihn im Stich gelassen haben. Denn diese möchten lieber dem Beispiel der Konkurrenz des Cali-Kartells folgen und wieder zu einem modus vivendi mit einem Staat zurückfinden, den sie in großem Ausmaß unterwandert haben.

Argentinien

Unter dem Vorwand, mit dem Attentat gegen die israelische Botschaft in Argentinien am 3. März 1992 in Verbindung zu stehen, wurde der syrische Drogen- und Waffenhändler Monzer Al Kassar in Madrid festgenommen und am 3. Juni 1992 angeklagt. Obwohl der argentinische Innenminister José Manzano sofort die argentinische Staatsbürgerschaft Al Kassars für nichtig erklärte, die dieser in Rekordzeit und unter Mißachtung der geltenden Gesetzgebung erhalten hatte, konnte er den Skandal nicht vermeiden, der die Umgebung des Präsidenten Carlos Menem in der Weltöffentlichkeit bloßstellte. Als guter Bekannter des Staatschefs genoß Al Kassar die aktive Unterstützung seiner ehemaligen Gefährtin in der syrischen Baath-Partei, Amira Yoma, Schwägerin und Privatsekretärin des Präsidenten Menem, und dessen Bruders Munir Menem, Präsidentschaftssekretär und Ex-Botschafter in Damaskus.

Al Kassar wurde angeklagt, bei mehreren terroristischen Attentaten beteiligt gewesen zu sein, etliche europäische Länder haben ihn schwer verurteilt oder ein Aufenthaltsverbot gegen ihn verhängt, und eine Untersuchung des englischen Nachrichtenmagazins ›Time‹ erwähnt seinen Namen im Zusammenhang mit der Explosion einer Boeing 747 der Panam Dezember 1988 über Lockerbie (Schottland), bei der 270 Menschen umkamen. Trotzdem lebte Al Kassar, als er verhaftet wurde, vollkommen ungestraft an seinem prunkvollen Wohnsitz im spanischen Marbella. Denn er stand unter dem Schutz des spanischen Geheimdienstes (CESID), dem er geholfen hatte, die baskische Untergrundorganisation ETA zu bekämpfen, und für die er den Verkauf staatlicher Rüstungsbestände an Länder des Mittleren Ostens vermittelte. Er war wieder nach Spanien zurückgekehrt, nachdem ihn die spanischen Behörden unter internationalem Druck im April 1990 ausgewiesen hatten. Seine Abreise nach Argentinien wurde damals mit dem Geheimdienst dieses Landes (SIDE) ausgehandelt.

Außerdem war Al Kassar mit der Organisation des in den Vereinigten Staaten verurteilten lateinamerikanischen Drogenhändlers Ramon Puentes alliiert. Dieser profitierte insbesondere von der Komplizenschaft des von Amira Yoma »getrennt« lebenden Ehemannes Ibrahim Ibrahim, der, obwohl er kein Spanisch spricht, für den Zoll auf dem internationalen Flughafen Eceiza von Buenos Aires verantwortlich ist. Man verdächtigt Al Kassar, Amira Yoma geholfen zu haben, Drogengelder von Buenos Aires nach Montevideo zu transportieren. Yoma, die sich ebenfalls an ihrem Wohnort Marbella der Justiz gestellt hatte, war in den Schmuggelring verwickelt, den der spanische Richter Baltazar Garzón aufdeckte. Ibrahim Ibrahim, der sich nur mit bestimmten Auflagen frei bewegen konnte, flüchtete, als er von der Verhaftung Al Kassars erfuhr.

Das schlechte Beispiel der Staatsoberen wirkt sich auch auf die Beamten Argentiniens aus, dessen Hafen von Buenos Aires ein Umschlagplatz für Kokainexporte aus den Andenländern ist. So kam es im Dezember 1992 erneut zu einem Riesenskandal, als Alberto Lestelle, der Leiter des Programmes zur Suchtprävention und Bekämpfung des Drogenhandels (eine 1989 von Präsident Menem geschaffene Einheit), von einem Mitarbeiter dieser staatlichen Behörde wegen Drogenschmuggels, Geldwäsche und Aufbau einer Geheimpolizei öffentlich angeklagt wurde. Diese Beschuldigungen richteten sich auch gegen Ramon Puerta, den Gouverneur der Provinz Misiones im Nordosten des Landes und gegen Federico Russo, den Chef des Verwaltungsbezirks Matanza im Stadtrandgebiet von Buenos Aires. Mario Noguera, der die Anschuldigungen vorbrachte, ist ein ehemaliger Delinquent paraguayischer Herkunft, der in Argentinien eingebürgert und von Lestelle eingestellt wurde, nachdem Menem ihm 1991 seine Strafe erlassen hatte. Der Skandal führte zu einer parlamentarischen Anfrage und zur Eröffnung eines Ermittlungsverfahrens, das die Affäre um den Leiter der Antidrogenpolizei Lestelle aufklären sollte. Dieser mußte insbesondere darlegen, wie er ein 600 Hektar großes Landgut, dessen Wert auf 600000 Dollar geschätzt wird, und ein 300000 Dollar teures Appartment erwerben konnte.

Mario Noguera Vega stellte sich freiwillig der brasilianischen Polizei, um sich dem Auftrag von Ruben Torres, dem Sicherheitschef von Lestelle, zu entziehen: Er sollte in Rio de Janeiro den argentinischen Drogenhändler Francisco Di Fiori aufspüren und töten, den man beschuldigte, 150000 Dollar bei Carlos Segura, einem Beamten der Justizaufsichtsbehörde und ein Freund von Lestelle, unterschlagen sowie gedroht zu haben, eine Liste von Verantwortlichen in der gegenwärtigen Regierung zu veröffentlichen, die in Drogengeschäfte verwickelt sind. Noguera Vega lieferte den Beweis, daß er auf Befehl von Lestelle »Infiltrationsaufträge« in Paraguay, Argentinien und Brasilien ausführte. Infolge dieser Aktivitäten gelangte er in einen geheimen Kreis ehemaliger Offiziere der Streitkräfte, der sich unter der Leitung von Lestelle Drogengeschäften und Geldwäscheoperationen widmete. Der zum Zeitpunkt des Skandals seit neunzehn Monaten im Amt befindliche Lestelle ist direkt dem Präsidenten Menem unterstellt. Er ist ein persönlicher Freund von Martin Bronner, dem damaligen Chef der US-Drogenfahndungsbehörde DEA, und war Präsident der Internationalen Konferenz zur Drogenkontrolle (IDEC). Lestelle, ein Pharmazeut, der eine kurze Karriere als Abgeordneter hinter sich hat, leugnet die Anschuldigungen von Noguera Vega und qualifiziert sie als »wahnwitzig« ab, bestätigt aber, daß einige seiner Informationen zutreffen.

Brasilien

Nach Angaben der internationalen Antidrogenpolizei ist Brasilien seit 1991 der zweitgrößte Kokainlieferant Europas hinter Kolumbien. Ein Teil des exportierten Kokainhydrochlorids stammt aus den Andenländern, aber auch in Brasilien selbst, das in großen Mengen die notwendigen Chemikalien – insbesondere Salzsäure und Essigsäure – herstellt, wird die aus Bolivien gelieferte »Kokainbase« in das Endprodukt Kokain umgewandelt. Um sich den Zugang zu den chemischen Grundstoffen zur Kokainproduktion zu sichern, errichteten die kolumbianischen Kartelle außerdem in den Dschungelgebieten des Bundesstaates Mato Grosso und nahe der gleichnamigen Stadt im Süden Laboratorien.

Der Schmuggel profitiert von Komplizenschaften höchster staatlicher Stellen. So wurde 1991 die parlamentarische Immunität des Abgeordneten Jabes Pinto Robelo an dem Tag aufgehoben, an dem man seinen Bruder Abdiel zu einer Haftstrafe von 24 Jahren verurteilte. Die Brüder besaßen in Cacoal Farmen, Hotels und Transportunternehmen, die ihnen als legale Fassade dienten. Für den gleichen Zweck erwarb das Cali-Kartell vor allem in São Paulo Import-Export-Unternehmen, die steuerliche Begünstigungen der brasilianischen Regierung ausnutzen und deren Lieferkartons nicht kontrolliert werden. Diese Verdächtigungen der offiziellen Mittäterschaft wurden zum Zeitpunkt der »Affäre Collor« bestärkt.

Im Rahmen einer Ermittlung der Bundespolizei, auf die sich die Arbeit der parlamentarischen Untersuchungskommission stützte, brachte das Wochenmagazin ›Isoto‹ einen wichtigen Zeugenbericht, der ausführt, daß der Freundeskreis des brasilianischen Präsidenten Fernando Collor de Mello seine einflußreichen Beziehungen und von Geschäftsleuten bezahlte Schmiergelder dazu nutzte, in den illegalen Drogenhandel zu investieren. Collor de Mello wurde im Dezember 1992 aus seinem Amt entlassen, nachdem sich seine »passive Verantwortung« an den Aktivitäten seiner Angehörigen und des Ex-Schatzmeisters seines Wahlkampfes Paulo Cesar Farias herausstellte, der dank der Unterstützung des Präsidenten in zwei Jahren über 300 Millionen Dollar durch die Abtretung öffentlicher Aufträge erzielte.

Der erste Verdacht über Verbindungen zwischen politischer Korruption und internationalem Drogenhandel tauchte auf, als man sich für die Routen der Flugzeuge der Lufttaxigesellschaft von Farias interessierte. Ein vom Parlament bestelltes Gutachten von Rechnungsprüfern über die Geschäfte von Farias untermauerte diesen Verdacht. Danach besaß Farias über hundert Unternehmen in Uruguay, den Vereinigten Staaten, auf den niederländischen Antillen, der großen Caymaninsel, den Jungferninseln und in Panama. Die Ermittlungen wegen Drogenschmuggels begannen, als der argentinische Drogenhändler Luis Mario Nuñez Mitte September 1992 von sich aus der Bundespolizei erklärte, daß die Flugzeuge von Farias Essigsäure nach Leticia an der kolumbianischen Grenze transportierten und mit Ladungen bis zu 200 Kilogramm Kokainbase zurückflogen, die sie in Arapicara, einer brasilianischen Stadt an der Atlantikküste, zwischenlagerten. Dieses Gebiet ist eine der Wahlbastionen der Familie Farias im Bundesstaat Alagoas, wo Fernando Collor das

Amt des Gouverneurs innehatte, bevor er zum Präsidenten gewählt wurde.

Diese Enthüllungen lenkten die Ermittlungen auf die Geschäfte von Luis Romero Farias, des Bruders von Paulo Cesar, der das Amt des bevollmächtigten Sekretärs im Gesundheitsministerium bekleidete. Die Parlamentarier versuchten nachzuprüfen, in welchem Maße diese für Arzneimittel verantwortliche Stelle die Produktion und den Vertrieb von Azeton und Äther im Land kontrollierte. Sie baten die US-Drogenbehörde DEA um Informationen über Guy de Longchamps, einen Geschäftspartner von Paulo Cesar Farias und ehemaligen Buchhalter des verstorbenen Drogenhändlers Alfonso Rivera. Ebenso stellten sie Untersuchungen über die Finanzoperationen mehrerer in Uruguay ansässiger Scheinfirmen an, die Farias aufgrund von Investitionen und unechten Exportgeschäften ermöglichten, seine Gelder zu waschen.

Chile

Man schätzt, daß Chile 1992 über eine Million Tonnen chemischer Grundstoffe wie Schwefelsäure, Azeton und Natriumkarbonat, die zur Kokainherstellung benötigt werden, nach Bolivien exportierte. Chile ist aufgrund seiner Lage zwischen dem Pazifik und Bolivien gleichzeitig ein Transitraum und ein Absatzmarkt für das im Nachbarland produzierte Kokain. Drogenlieferungen aus Chile wurden 1992 vermehrt entdeckt: So beschlagnahmte man im Januar im Hafen von Göteborg (Schweden) 40 Kilogramm Kokain, das in einer Ladung von Trauben an Bord des Frachters ›Humbold Express‹, der aus Valparaiso kam, versteckt war. Aus diesem Anlaß mußte der Direktor der chilenischen Zollbehörde, Benjamin Prado, erklären, daß sein Land »international als Transitweg für Kokain aus Kolumbien, Peru und Bolivien, das in die Vereinigten Staaten und nach Europa gebracht werden soll, bekannt ist«.

Angesichts dieser wachsenden Spezialisierung Chiles konnten großangelegte Geldwäscheoperationen nicht ausbleiben. So wird angenommen, daß der Bauboom in Valparaíso durch Narkodollars finanziert ist, und Ende 1992 bestätigte sich, daß schmutziges Geld in der Wirtschaft Chiles zirkuliert. Wie der legendäre Al Capone scheiterte der Pate des chilenischen Drogenschmuggels, Carlos Mario Silva, am Fiskus, der ihn anklagte, nach dem Stand der Ermittlungen von Anfang 1993 eine Summe von 200 Millionen Dollar hinterzogen zu haben. Er wurde am 25. November in seiner Luxusresidenz in der rue Padre Letellier in einem piekfeinen Stadtviertel von Santiago festgenommen. Mario Silva hat eine lange Karriere als Kokainhändler hinter sich, die bis in die sechziger Jahre zurückreicht. 1973 wurde er aus Chile ausgewiesen. 1978 taucht er wieder in Mailand auf, wo man ihn wegen »Verstoßes gegen die Drogengesetzgebung« verhaftete. Am 3. Oktober 1988 kehrte er wieder nach Chile zurück und ist seitdem ein erfolgreicher Händler und Financier. Sein Vermögen – Immobilien, Hotels, Rennpferdeställe, Bauunternehmen und andere Aktivitäten – soll nach Schätzungen 20 Millionen Dollar betragen, aber die Untersuchungen laufen noch. Der Direktor der nationalen Steuerbehörde, Javier Etcheverry, erklärte, daß sich die Anklageschrift mangels geeigneter Gesetze nur auf Steuerhinterziehung berufen konnte, »ob es sich nun um Kapital aus rechtmäßigen, unzulässigen oder ganz anderen Aktivitäten handelt.« Jedoch will das Parlament einen Gesetzesentwurf einbringen, der die Geldwäsche unter Strafe stellt. Die Polizei schätzt, daß Mario Silva 1992 aufgrund seiner Beziehungen zur italienischen Mafia ungefähr eine Tonne Kokain nach Europa verschickte.

Ecuador

Aufgrund seiner geographischen Lage zwischen Peru, das den Rohstoff erzeugt (Coca), und Kolumbien, das das Endprodukt (Kokain) herstellt, spielt Ecuador seit langem eine wichtige Rolle als Transitland. Dieses Land hat sich aber auch auf die Lieferung von Chemikalien an die kolumbianischen Drogenkartelle spezialisiert. Schließlich gibt es Cocakulturen in der Amazonasregion nahe der kolumbianischen Grenze sowie seit einiger Zeit Anbauversuche von Schlafmohn. Aber die Aufdeckung des Schmuggelrings der »Heiligen Könige« am 19. Juni 1992 zeigt sehr deutlich, daß Ecuador ebenso im Zentrum des andinen Drogenhandels steht. 49 Personen waren in diese Affäre zusammen mit dem Paten Jorge Reyes (daher der Beiname »Könige«) verwickelt, der seit 1982 mit den kolumbianischen und mexikanischen Mafias gemeinsame Interessen verfolgte. Unter den Angeklagten befinden sich fünf höhere Offiziere, darunter der Oberst Mario Montesinos Mejia, der von 1986 bis 1987 Leiter des Antidrogenstabes des Präsidenten der Republik war, sowie der ehemalige Vizeminister der Verteidigung Francisco Donoso. Während einer Parlamentsdebatte über Korruption am 26. August 1992 forderte der Abgeordnete Milton Salgado die Bildung einer Untersuchungskommission, die die Verwicklung »hoher Staatsvertreter und wichtiger Gruppierungen des Landes« in den Drogenschmuggel aufklären soll. Ende November 1992 verhaftete man den Direktor der von den Streitkräften beaufsichtigten Rumiñahui-Bank mit der Begründung, für den Schmuggelring der »Heiligen Könige« Geldwäscheoperationen organisiert zu haben.

Paraguay

Der legendäre Kopf (Aca Guazú in der Sprache der Guarani-Indianer), der die Schmuggelringe in Paraguay dirigierte, hat nun ein Gesicht: Es handelt sich nach Angaben der Justiz dieses Landes um den General Humberto Garcete, der bis Anfang Oktober 1992 Hauptbefehlshaber der Streitkräfte war. Er mußte wegen eines Skandals um gestohlene Autos zurücktreten, in den Generäle des Führungsstabes der Armee, ein Dutzend Polizeioffiziere und hohe Staatsbeamte verwickelt waren. Aufgrund des Berichts des Oberst Luis Catalino Gonzales Rojas, Kommandant des Vierten Infanteriebataillons, das in der Chaco stationiert ist, konnte ein Teil der ungefähr 15000 Fahrzeuge, die jährlich in Argentinien, Brasilien und Uruguay gestohlen und auf dem bolivianischen Markt gegen Kokain getauscht worden sind, ausfindig gemacht werden.

Nach Angaben von US-Behörden verwandelte sich die einstige Schmuggelinfrastruktur in eine Stütze des Drogenhandels über neu eröffnete Routen für bolivianisches Kokain über Brasilien und Uruguay. Dieser Trumpf machte aus Paraguay die große Drehscheibe krimineller Organisationen in der Region des südlichen Kontinents, und zusätzlich führt das US-Außenministerium die Hauptstadt Asunción als ein bedeutendes Zentrum der Geldwäsche auf. Mitte Oktober führte eine Delegation der US-Bundesbank Ermittlungen über die Rolle der Wechselstuben bei diesen Finanzgeschäften durch. Ein vertraulicher Bericht der US-Drogenbehörde DEA von 1991 identifizierte eine dieser Institutionen – das Cambio Guarani, das sich im Besitz des Generals Rodriguez, des Staatschefs Paraguays, befand – als eine der Drehscheiben für den Transfer von Narkodollars. Der Rücktritt des Generals Garcete und die Inhaftierung eines halben Dutzends hoher Offiziere – darunter der General Lorenz Carrillo, der Ex-Kommandant der Vierten Militärregion, und der General Emilio Balbuena, der Kommandant der Zweiten Militärregion – provozierte die größte institutionelle Krise seit dem Sturz von General Stroessner 1989. Gerüchte über einen Staatsstreich kursierten, als der General Rodriguez – den sowohl die Parlamentarier der Mehrheitsfraktion wie der Opposition als den Paten der paraguayischen Mafias bezeichnen – das Hauptkommando über die Streitkräfte übernahm. All diese Vorkommnisse zeigen, daß die Rückkehr zur Demokratie die mafiosen Praktiken des vorhergehenden Regimes nicht grundsätzlich ausgemerzt hat. Es ist zweifelhaft, ob die Wahlen im Mai 1993 eine radikale Änderung in dieser Hinsicht ermöglichen. Einer der Vorkandidaten der Partei, die sich auf den General und Ex-Diktator Alfredo Stroessner beruft, soll der argentinischen Presse zufolge 400000 Dollar von Präsident Menem erhalten haben, um seinen Wahlkampf zu finanzieren. Schon 1988 hatten der US-Unterstaatssekretär für Lateinamerika, Elliot Abrams, und der amerikanische Botschafter Taylor öffentlich erklärt, daß die gesamte militärische und zivile Spitze des Stroessner-Regimes riesige Gewinne aus dem Drogenhandel schöpfte.

Uruguay

Uruguay ist nicht nur ein Finanzplatz, an dem Drogengelder gewaschen werden, sondern seit 1992 auch – wenn die Informationen des US-Außenministeriums zutreffen – ein Zentrum für die schnelle Abwicklung (dispatching) bolivianischer Kokainexporte, obwohl bis Anfang 1993 lediglich einige Dutzend Gramm dieser Droge bei Touristen sichergestellt worden sind. Zwei Hauptschmuggelrouten sollen eröffnet worden sein:
1. Santa Cruz (Bolivien) > Concepción, Encarnación oder Ciudad del Este (Paraguay) > Posadas (Argentinien) > Montevideo (Uruguay);
2. Von den Provinzen Cajamarca und La Rioja (Argentinien) nach Montevideo (Uruguay).

Dieser Schmuggel wird dadurch begünstigt, daß keine gesetzlichen Möglichkeiten bestehen, Ermittlungen über den Transit von Containern in den »Handelsfreizonen« anzustellen. Es handelt sich um kleine territoriale Enklaven, die von Zollkontrollen und Steuerauflagen ausgenommen sind und von den privaten Unternehmen für die Wiederausfuhr von Waren benutzt werden. Die »Zone Alfa« fördert ebenfalls den Drogenschmuggel in großem Umfang. An der Trichtermündung des Rio de la Plata gelegen und in gleicher Entfernung – 20 Kilometer – von der Küste Uruguays und Argentiniens entfernt, ist diese Zone ein internationaler Transitplatz, wo man legal Fracht von einem Schiff auf ein anderes umladen lassen kann. Der Direktor der uruguayischen Zollbehörde, General Julio Rivero, der eine bedeutende Rolle in der Militärdiktatur spielte, wies alle Möglichkeiten zurück, die Handelsfreizone Alfa wirksam zu kontrollieren. Die Transitfreiheit bildet nämlich die Grundlage einer Strategie, innerhalb des MERCOSUR – des geplanten gemeinsamen Marktes, der Argentinien, Brasilien, Paraguay und Uruguay vereinigt – eine besonders günstige Position zu besetzen.

Venezuela

Als man am 12. Januar 1992 in Liverpool auf einem Schiff aus Venezuela eine Ladung von 900 Kilogramm Kokain sicherstellte – ein Rekord in Großbritannien –, wurde bestätigt, daß dieses südamerikanische Land eine der großen Drehscheiben des Schmuggels geworden war. Etwas mehr als ein Jahr später wurden 13 Tonnen kolumbianisches Kokain, die ebenfalls über venezolanische Häfen gingen, in den Vereinigten Staaten entdeckt. Ein Sprecher der amerikanischen Regierung hatte damals erklärt, daß 80 Tonnen Drogen, die 20 Prozent des US-Marktes versorgen könnten, 1991 durch Venezuela transportiert worden seien. Die am 25. Mai 1992 auf dem Flughafen von Caracas sichergestellten 400 Kilogramm und die drei Monate später auf der Insel Margarita (vor der Küste Venezuelas) entdeckten 79 Kilogramm verlieren sich in einem Ozean von Drogen.

Es ist kennzeichnend für diesen Schmuggel, daß er häufig von Geschäftsleuten und Industriellen dirigiert wird, von denen einige zum Beispiel in den Bundesstaaten Sucre (griechisch-lateinamerikanische Verbindung), Tachira, Zulia (Karibik-Verbindung) aufgeflogen sind. Der illegale Drogenhandel profitiert überdies von Komplizenschaften innerhalb des Geheimdienstes der Armee (DIM), verschiedener Abteilungen der Polizei (BAE) und des Nachrichtendienstes (DISIP): So trugen im Ausland verhaftete Drogenhändler Ausweispapiere, die von der DISIP ausgestellt waren. Am 30. Juni 1992 wurde der Heeresgeneral Alexis Sanchez in Miami verhaftet, als er 25 Kilogramm Kokain in Empfang nehmen wollte. Mitarbeiter des Sicherheitsdienstes des Präsidenten Carlos Andrés Perez wurden ebenso beschuldigt wie Politiker – zum Beispiel der Ex-Gouverneur von Caracas, Adolfo Ramírez Torres, Kandidat für das Amt des Sekretärs der Demokratischen Aktion, die Regierungspartei ist.

Gegen zahlreiche Unternehmen, die angeklagt sind, den illegalen Handel zu finanzieren oder Drogengelder zu waschen, wird in den Bundesstaaten Zulia, Lara, Falcon und Tachira ermittelt. Mitte September 1992 lieferte man schließlich die drei Brüder Cuntrera – »ehrenwerte« Geschäftsleute in Venezuela, wo sie seit sechs Jahren lebten (ein Familienmitglied hatte sogar die venezolanische Staatsbürgerschaft erhalten) – an Italien aus, wo sie angeklagt waren, einer mafiosen Vereinigung anzugehören. Die Justiz hatte ermittelt, daß sie Gelder aus dem Drogenhandel wuschen: Ihre Bankkonten wurden gesperrt und sieben Kilogramm Schmuck im Wert von 700 Millionen Dollar beschlagnahmt. Diese Affäre bestätigte, daß die kriminellen italienischen Organisationen in Venezuela weiterhin im Geschäft sind und daß sie dort Verbindungen zu den Kartellen von Medellín und Cali knüpfen. 1992 ging wiederholt das Gerücht um, daß Pablo Escobar nach seiner Flucht aus dem Gefängnis in Envigado Zuflucht in Venezuela fand, wenn die Situation für ihn in Kolumbien besonders brenzlig wurde.

Drogen und regionale Konflikte

Wie die zahlreichen Artikel dieses Berichtes belegen, zeichnet sich das zu Ende gehende zwanzigste Jahrhundert durch den Ausbruch lokaler Auseinandersetzungen aus. Einige davon sind, wie in Ostmitteleuropa, unerwünschtes Ergebnis des Niedergangs des sowjetischen Imperiums. Andere dagegen wie in Birma reichen bis in die Zeit unmittelbar nach dem Zweiten Weltkrieg zurück. Die Konflikte in Afghanistan oder Lateinamerika, die als Folge des durch den Kalten Krieg bewirkten Gleichgewichts des Schreckens begonnen haben, laufen heute nach anderen Mustern ab.

Von lokalen Konflikten zu regionalen Umwälzungen

Umstände und Dimensionen lokaler Konflikte unterscheiden sich beträchtlich. Wird in Äthiopien oder in Casamance im Senegal um Khat- oder Cannabisfelder gekämpft, schickte die größte Weltmacht vor drei Jahren Interventionstruppen in das Nachbarland Panama, um Jagd auf einen Drogenhändler zu machen.

Um diese Drogenkonflikte zu durchschauen und einordnen zu können, ist es notwendig, geschichtliche Prozesse, makro- und mikroökonomische Aspekte und vor allem Strategien einzubeziehen.

Die Verbindung zwischen Kriegen und Drogen ist nicht neu. Schon in der griechischen und römischen Antike finden sich zahlreiche Hinweise darauf. Bezogen auf die jüngere Geschichte stellt man fest, daß Droge mit einem Wort verknüpft ist, das die im Laufe der Französischen Revolution entstandene Bezeichnung »Terrorist« um sieben Jahrhunderte antizipierte: Im elften Jahrhundert unserer Zeitrechnung wurden die Mitglieder einer fundamentalistischen Sekte, die im Norden des heutigen Syrien angesiedelt war und sich insbesondere den westlichen Kreuzzügen widersetzte, als Assassinen – Haschaschins – bezeichnet, da sie – zu Recht oder Unrecht – beschuldigt wurden, Verbrechen unter dem Einfluß von Haschisch begangen zu haben*. In Mythen und Geschichte war der wichtigste Aspekt der

---

* Die Bezeichnung Assassinen leitet sich aus dem arabischen »haschischijjin« ab, was Haschischgebraucher bedeutet. Bernard Lewis führt diese Assoziation in seiner berühmten Studie auf in Europa kolportierte Gerüchte von Orientreisenden im Mittelalter zurück. Vgl. ders.: Die Assassinen. Zur Tradition des religiösen Mordes im radikalen Islam. München 1993, S. 28f. (Anm. d. Ü.).

Beziehung zwischen Krieg und Drogen die Wirkung, die die Substanz auf den Krieger ausübte; sie stimulierte seinen Kampfgeist oder ließ ihn die Gefahr vergessen, und sie half ihm nach der Schlacht, die extreme körperliche Spannung abzubauen, die sich bei den häufigen Mann-zu-Mann-Kämpfen aufbaute. Auch in den modernen Kriegen taucht dieselbe zweifache Beziehung wieder auf. Während des Bürgerkriegs im Libanon (1975-1990) erhielten die Milizangehörigen Amphetamine, bevor sie in den Kampf geschickt wurden, und Heroin nach ihrer Rückkehr von der Frontlinie. In Afghanistan (1979–1990) hatten die Mudjaheddin, die Panzerfäuste gegen sowjetische Panzer auf ihren Schultern trugen, oft einen tiefen Zug auf einer Aluminiumfolie erhitzten Haschischs inhaliert. In Liberia begingen Kindersoldaten im »Cannabisrausch« fürchterliche Grausamkeiten.

In den aktuellen Konflikten spielt sich die Beziehung zwischen Krieg und Drogen jedoch hauptsächlich im wirtschaftlichen Bereich ab. In der Tat ist eines der charakteristischen Elemente der Drogenökonomie die sprunghafte Gewinnsteigerung auf allen Stufen wie Produktion, Umwandlung und Verkauf, die wiederum in eine Vielzahl von Zwischenoperationen aufgeteilt sind, wobei die Prohibition für beträchtliche Gewinnmargen sorgt. Jede dieser Stufen bildet dem französischen Soziologen Alain Joxe zufolge »einen Ort der Machtsteigerung, insbesondere des Militärs, denn, wenn es Profite gibt, können Soldaten versorgt werden«.

Orte der Machtanhäufung

Illegale Drogenproduktion beginnt bereits beim Bauern, der die sogenannten Drogenpflanzen Coca, Mohn, Cannabis oder Kath anbaut. Dieser Anbau ist für sie in der Regel schlichte Überlebenschance ohne jeden Profit, denn die Bauern erhalten kaum mehr als ein Prozent des Wertes des Endproduktes, das schließlich in den Straßen der reichen Länder verkauft wird. Jedoch finden bereits auf dieser ersten Stufe lokale Machthaber ein Mittel, ihr Kriegspotential zu verstärken, indem sie Steuern auf den Verkauf der Anbauprodukte erheben. In Äthiopien verzeichnet man seit 1991 sporadische Auseinandersetzungen zwischen der Befreiungsfront Oromo und der Demokratischen Front des äthiopischen Volkes in der Region von Harar im Südosten des Landes um die Kontrolle der Kathfelder. Deren Anbau ist zwar nicht verboten, bringt jedoch zwanzigmal mehr als der Anbau des typischen Getreides (Kaffernkorn) und fünfmal mehr als Kaffee ein. Im westafrikanischen Gambia haben die Rebellen der Unabhängigkeitsfront in den Cannabisfeldern zweifellos eine ihrer Finanzierungsquellen gefunden. Ebenso tragen in mehreren anderen Regionen der Welt ausgehungerte Bauern freiwillig oder unter Zwang dazu bei, die Guerilleros in ihrem Kampf gegen die Zentralgewalt auszurüsten: wie in der Region Mindanao auf den Philippinen oder in Atjeh im Norden Sumatras in Indonesien.

Im Fall Lateinamerikas erlaubt die Informationslage genauere Angaben zu derartigen Entwicklungen. Die Guerilleros des Leuchtenden Pfads in Peru oder die der Revolutionären Armeen (FARC) in Kolumbien erhalten eine Steuer auf die von den Bauern produzierten Cocablätter – im Durchschnitt zehn Prozent des Verkaufspreises, falls dieser nicht zu niedrig ist. Im Austausch dafür beschützen die Guerilleros die Bauern vor den Drogenhändlern und der Armee.

In Kolumbien hat sich diese Praxis so gut eingespielt, daß die Kommandoebene der FARC einen weitaus höheren Betrag in den Frontgebieten kassiert, die in den Zonen der Drogenproduktion liegen, wodurch sich die Organisation entscheidende Mittel sichert. Dasselbe gilt für die Region Hilmend im Süden Afghanistans, die der Mullahkommandant Rasoul Akhunzada mit eiserner Hand dirigiert; er erhält fünf Prozent des Verkaufspreises von Opium, das ihm selbst zwar nicht gehört, aber dessen Einkünfte zu denen aus den Tausenden Hektar Land, die sich in seinem Besitz befinden, noch hinzukommen. Auf diese Weise kann er eine Armee von über 5000 Mann ausrüsten. Feindliche Zusammenstöße, denen nur ideologische Motive zugrundeliegen, erfolgen daher mit Kommandanten, die anderen politischen Parteien aus benachbarten Regionen angehören.

Aber nur selten stützen sich lokale Machthaber ausschließlich auf Einkommen, das auf den von den Bauern bezahlten Abgaben beruht. Im Fall der Cocapflanze werden die Blätter zunächst mit Hilfe von Natriumkarbonat, gebranntem Kalk und Schwefelsäure zu Cocapaste verarbeitet. In einem zweiten Schritt wird die Cocapaste mit Ammoniak, Äther und Salzsäure in Kokainbase umgewandelt. Um ein Kilogramm dieser Kokainbase zu erzeugen, sind 200 Kilogramm Blätter im Wert von etwa 100 Dollar notwendig; aber durch eine geringe Investition in chemische Produkte zur Herstellung von Kokain kann der Wert der Kokainbase verzehnfacht werden. Diese Möglichkeit der Profitsteigerung erweist sich als viel interessanter.

Es ist bekannt, daß der Leuchtende Pfad, der stets auf seine Unabhängigkeit von den internationalen Machtzentren achtete, in der Region des Oberen Huallaga (Peru) eine Steuer an die kolumbianischen Händler entrichten läßt, die die Kokainbase für die Umwandlung in

Kokain(hydrochlorid) in ihrem Land abnehmen. Der Tarif beträgt 10000 Dollar für die Ladung eines Kleinflugzeugs, das im Durchschnitt 300 Kilogramm Droge transportiert. Da bekannt ist, daß täglich an die zehn solcher Flugzeuge in dieser Region landen, sind die von diesem Geldsegen hervorgerufenen Begierden und die gewaltsamen Auseinandersetzungen verständlich, die die Maoisten mit der gegnerischen Revolutionären Bewegung Túpac Amaru (MRTA) und der peruanischen Armee um die Kontrolle eines größtmöglichen Teils dieser Gelder austragen.

Obwohl Kath keine verbotene Pflanze ist, ruft sie bestimmte Drogenwirkungen wie psychische Gewöhnung hervor, die die nicht unwichtige Rolle dieser Naturdroge im Konflikt in Somalia erklären. Die um die Kontrolle von Mogadischu kämpfenden Kriegsherren kassieren eine tägliche Abgabe von den Piloten der Kleinflugzeuge, die die frischen Blätter und Stengel aus Kenia einfliegen. Diese Abgabe ermöglicht ihnen den Kauf von Waffen und Munition.

Im Goldenen Dreieck wird der Rohstoff in die Heroinlabore auf dem Rücken von Eseln transportiert. Da die Region von bewaffneten Gruppen heimgesucht ist, die von den durchziehenden Karawanen eine Steuer verlangen, erhalten diejenigen, die den Karawanen Schutz garantieren, entsprechend hohe Summen. Auf diese Weise hat auch der berühmte Kriegsherr Khun Sa seine Macht gesichert. Im Gegensatz zu oft geäußerten Vermutungen stammt der Hauptteil seiner Einnahmen nicht aus der Heroinherstellung, sondern aus der Begleitung von Karawanen mit Opium, das aus den Shan-Staaten im Norden Birmas kommt, bis zur thailändischen Grenze, wo sich die Heroinlabore befinden.

Es ist interessant festzustellen, daß in regionalen Konflikten, in denen bestimmte Kriegsparteien Drogen zu ihrer Finanzierung benutzen, die anderen Parteien, die dies nicht tun, in der Regel Zugang zu alternativen Finanzierungsquellen haben. Dies ist der Fall in Afghanistan, wo der wegen seiner islamischen Strenge bekannte Kommandant Massoud, der sogar den Tabakkonsum untersagt hat, wichtige Edelsteinminen (Smaragde, Lapislazuli) im Norden des Landes kontrolliert. Die Karen in Birma sind eine der wenigen Gruppen, die ebenfalls nicht auf Heroingelder zurückgreifen. Allerdings eignet sich ihr Territorium auch nicht zum Mohnanbau, und sie konsumieren traditionell kein Opium. Aber bis vor kurzem kontrollierten sie die wichtigsten Handelswege für birmanische Edelhölzer nach Thailand und in umgekehrter Richtung die Handelswege für thailändische Waren nach Zentralbirma. Die Kachin, eine weitere rebellische Minderheit in Birma, haben sich wahrscheinlich bis 1989 durch

Drogengelder finanziert. Aus dem Bemühen heraus, sich ein gutes Image zu verleihen, ihrer baptistischen Religion zu folgen sowie vor allem die durch Heroin in ihrer Bevölkerung verursachten schrecklichen Folgen zu beseitigen, führen sie seit drei Jahren eine energische Antidrogenkampagne durch, die sogar die Todesstrafe für Drogenhändler vorsieht. Sie verfügen aber ebenfalls über alternative Ressourcen wie Jademinen und unterhalten vor allem einen einträglichen Handel entlang der chinesischen Grenze zu Yunnan.

Internationale Netzwerke militanter Gruppen

Wir haben gesehen, daß bestimmte lateinamerikanische Guerillagruppen wie die FARC in Kolumbien oder der Leuchtende Pfad in Peru am lokalen Kokainhandel beteiligt sind. Jedoch ist praktisch niemals einer ihrer Angehörigen weder in einem anderen Kontinent noch, wie es scheint, in den Nachbarländern aufgrund von Drogenschmuggel verhaftet worden. Dasselbe gilt für afghanische Parteien wie die Hezb-i Islami von Gulbuddin Hekmathyar, die vor Ort Gewinn aus dem Heroinhandel ziehen, ohne daß jemals Beweise über ihre Verwicklung in den Schmuggel in die USA oder nach Europa vorgebracht worden wären.

Wenn militante Gruppen den Schritt wagen und sich am Schmuggel außerhalb ihrer Grenzen beteiligen, tun sie dies zuallererst in den Nachbarländern. Dies ist der Fall bei bestimmten afghanischen Parteien, die in großem Stil Heroin in den Iran importieren, ohne jedoch bis zur türkischen Grenze vorzudringen. Ebenso importieren die Sikhs pakistanisches Heroin für die Bedürfnisse des indischen Marktes. Die Ascris in Aserbaidshan können inzwischen auch auf Gelder zurückgreifen, die sie durch Drogenverkauf in Moskau erzielen, um den Krieg in Nagorny Karabach gegen die Armenier zu finanzieren.

Andere Guerillas agieren gleich auf der nächsten Handelsebene und erreichen dementsprechend mehr Profit: Sie richten Exportnetzwerke ein, die dazu bestimmt sind, die reichen Länder zu versorgen. Der bekannteste Fall ist der militanter Tamilen aus Sri Lanka, die in den achtziger Jahren gruppenweise überall in der Welt verhaftet worden sind. Die zum Beispiel in Frankreich festgenommenen Tamilen lebten sehr bescheiden, da sie den gesamten Gewinn aus dem Heroinhandel den Führern des Unabhängigkeitskampfes ihrer Volksgruppe überwiesen. Und jüngere Vorkommnisse legen nahe, daß die Tamilen nicht darauf verzichten können, sich aus Drogengeldern zu finanzieren. Ebenso haben die Sikhs ihre Aktivitäten bis nach Großbritannien hin ausgeweitet, und libanesische Milizangehörige haben im Laufe der achtziger Jahre bei den französischen Gerichten – übrigens nicht ohne Erfolg – wiederholt geltend gemacht, daß sie den Heroin- oder Haschischschmuggel organisiert hätten, um die bewaffnete Verteidigung ihrer Gemeinschaft zu finanzieren. Ein weiteres, ganz aktuelles Beispiel ist das Netzwerk von Albanern aus der serbischen Provinz des Kosovo, die Heroin in der Schweiz und anderen europäischen Ländern verkaufen, um Waffen zu erwerben. Obwohl noch nicht sicher ist, daß sie für eine gefestigte Unabhängigkeitsorganisation arbeiten, steht jedoch fest, daß ein Teil der aus diesem Schmuggel stammenden Gelder dazu bestimmt ist, den Widerstand der albanischen Minderheit gegen die serbische Vorherrschaft vorzubereiten. 1991 wurde ein Teil dieser Waffen an Kroaten verkauft, die damals schon den Serben militärisch deutlich unterlegen waren. Ebenso wurden Waffen – insbesondere Stinger-Raketen – aufgespürt, die aus Afghanistan über die traditionell für Drogenschmuggel benutzte Balkanroute nach Ex-Jugoslawien gelangten.

Diese Entdeckung zeigt ein sehr spezielles Merkmal des Drogen-Waffen-Handels: Im Unterschied zu Erwartungen, daß die Waffenverkäufer mit Drogengeldern bezahlt würden, sind sie es meistens, die ihren Kunden zusammen mit Waffen auch Drogen anbieten. Tatsächlich kann der Heroinkäufer auf jeder Handelsstufe infolge der Profitmaximierung beträchtliche Gewinne einstreichen, die es ihm ermöglichen, seinen Waffenlieferanten zu bezahlen. Dieser wiederum ist aus Sicherheitsgründen und aufgrund seines Interesses, einen zuverlässigen und treuen Kunden zu gewinnen, der dringend Waffen braucht, die er aber nicht bezahlen kann, sehr daran interessiert, sein gemeinsames Netzwerk für Waffen- und Drogenverkauf nicht aufzuteilen. Nach diesem Gesetz des illegalen Drogenmarktes, der nicht den sonst geltenden Spielregeln des freien Marktes folgt, haben die libanesischen Milizen nach ihrer Entwaffnung 1990 Waffen und Heroin oder Haschisch auf dem jugoslawischen Markt verkauft.

Kriege von »Drogenhandel-Staaten«

Die Rolle von Drogengeldern in regionalen Konflikten ist keineswegs neu. Insbesondere die Geheimdienste der Großmächte haben in dieser Hinsicht niemals Skrupel gezeigt: So haben der französische Geheimdienst im Indochina-Krieg ebenso wie der amerikanische im Vietnamkrieg den Drogenhandel ihrer Verbündeten aus Gründen der Zweckmäßigkeit gedeckt. Und der Iran-Contra Skandal hat ans

Licht gebracht, daß die von der CIA zur militärischen Unterstützung der Antisandinisten (Contras) in Nicaragua bereitgestellten Flugzeuge mit Kokain und Marihuana an Bord in die USA zurückkamen; sie wurden dann mitunter auf Flughäfen in Florida, wie zum Beispiel Homestead, entladen. Seit zwei oder drei Jahren tendieren diese Praktiken, derer sich vor allem die Großmächte bedienen konnten, jedoch zu einer »Demokratisierung«.

Der immer stärker verbreitete Rückgriff auf Drogengelder in lokalen Konflikten stellt eine Antwort auf die neue politische Weltlage dar. Der Zusammenbruch der kommunistischen Staaten hat den unaufhörlichen Guerillakrieg, den sich die beiden Blöcke, Amerikaner und Russen, vermittelt über Verbündete aus der Dritten Welt, lieferten, sinnlos gemacht. Die lokalen Mächte sind zu Waisen geworden, ob sie nun wie in Afghanistan die von ihren Beschützern entfesselten Konflikte weiterverfolgen oder sich wie in Ex-Jugoslawien in neue militärische Abenteuer stürzen, die durch wiedergewonnene Handlungsfreiheit möglich geworden sind. Im Falle Afghanistans ist es bezeichnend, daß die während des Krieges kontinuierlich ansteigende Opiumproduktion immer dann sprunghaft nach oben ging, wenn sich die Friedensaussichten verbesserten: wie zum Zeitpunkt des Rückzugs der Sowjets oder vor allem während des im letzten Drittel 1991 angekündigten Stopps der Waffenlieferungen an beide Lager ab dem 1. Januar 1992.

Das Geschäft mit Drogen bietet zweierlei Vorzüge: Zum einen steigt ihr Wert bei gleichzeitig schrumpfendem Volumen, zum anderen erlauben Drogen dem Verkäufer, wie wir weiter oben gesehen haben, Waffen zusammen mit den Mitteln, sie zu bezahlen, anzubieten. Diese Theorie des Drogen-Waffen-Marktes gilt nicht für Staaten, die sich beim Waffenkauf auf Gelder beschränken, deren Herkunft verschwiegen wird; und zwar auf Märkten, die ihrerseits vollkommen legal sind. So kann die Regierung von Birma dank der Gelder aus dem Heroinschmuggel seit drei Jahren von China ein beträchtliches Waffenarsenal kaufen, das sie zur Bekämpfung ethnischer Minderheiten wie insbesondere der Karen und Kachin einsetzt. In Pakistan bezieht die Armee – insbesondere ihr Geheimdienst, der Inter Services Intelligence (ISI) – seit Beginn des afghanischen Konflikts einen stattlichen Anteil ihrer Mittel, der sich wahrscheinlich jährlich auf Hunderte Millionen Dollar beläuft, aus Drogengeldern. Zahlreiche Indizien lassen darauf schließen, daß diese Gelder zur heimlichen Herstellung von Nuklearwaffen verwendet werden wie auch zur Finanzierung terroristischer Gruppen aus Punjab und Kaschmir, die für Unruhen in Indien sorgen sollen. Wahrscheinlich kamen die in der Region Belutschistan seit 1990 beschlagnahmten Tonnen Heroin aus Reservebeständen der Armee. Diese Beschlagnahmungen passierten immer dann, wenn die USA oder die internationale Gemeinschaft Pakistan anklagten, sein Nuklearprogramm für militärische Zwecke zu verwenden oder im Kampf gegen Drogen mangelnde Effektivität zu zeigen. Dies könnte auch der Auslöser für die Aktion gegen die ›Lucky Star‹ im Januar 1993 gewesen sein, auf der angeblich 14 Tonnen Heroin beschlagnahmt worden sind.

Die wirtschaftlichen Schwierigkeiten, vor denen die reichen Länder in den neunziger Jahren stehen, haben dazu geführt, daß die Regierungen der Dritten Welt und der neuen Demokratien im Osten sich bewußt geworden sind, daß sie von den westlichen Demokratien keine große Unterstützung zu erwarten haben. Deren Zustimmung zu Hilfeleistungen sind mit Forderungen verknüpft: Anwendung bestimmter Wirtschaftspolitiken, das Funktionieren demokratischer Institutionen und Einhaltung der Menschenrechte. Die »armen« Länder werden daher versuchen, die Rückkehr zur Demokratie, wirtschaftliche Entwicklung oder militärische Sicherheit mit allen nur zur Verfügung stehenden Mittel zu finanzieren. »Schmutziges« Geld, wovon ein Gutteil Drogengelder sind, dient dazu, die schwarzen Kassen zu füllen. Manchmal handelt es sich schlicht um Korruption, wie im Fall der Beziehungen des brasilianischen Ex-Präsidenten Fernando Collor de Mello zu dem Geschäftsmann und Drogenhändler Cesar Farias oder derjenigen des argentinischen Präsidenten Carlos Menem zu dem syrischen Drogenhändler Monzer Al Kassar. In anderen Fällen, wie in Afrika, müssen die neuen demokratischen Parteien aus Mangel an Hilfsgeldern auf schmutziges Geld zurückgreifen. In den meisten Fällen geht es jedoch einfach darum, die Staatskassen zu sanieren oder Kriege gegen Rebellengruppen oder Nachbarstaaten zu finanzieren, ohne sich um Hilfeleistungen bemühen zu müssen, die zum Beispiel an die Einhaltung der Menschenrechte gebunden sind. Wenn sich bewahrheitet, daß in Peru das Drogengeld von der Armee in die Staatskassen geleitet wird, dann würde dieses Geld dem Präsidenten Fujimori erlauben, sein autoritäres Regime zu festigen und auf internationale Hilfe und die Mitgliedschaft im Andenpakt zu verzichten. In Kambodscha soll nach Informationen westlicher Geheimdienste in der Umgebung des Präsidenten Sihanouk eine Drogeneinheit aufgestellt worden sein, die sondieren soll, wie ein Teil der sagenhaften Gewinne nach Kambodscha umgeleitet werden kann, die Geschäftsleute, die Armee oder Politiker der Nachbarländer – Birma, Thailand, Laos – einstreichen, die im Goldenen Dreieck gut im Geschäft sind. Netzwerke, die sich durch das von den Regierungstruppen kontrollierte Gebiet ziehen, sind 1992 entstanden.

Kriege um Drogen

Solche Absichten führen unvermeidlich dazu, daß Drogen eine andere Bedeutung bekommen: Sie haben nicht länger die Funktion, Wirtschaft und Krieg in Gang zu halten, sondern werden selbst zum Auslöser von Profitmacherei und Konflikten. Dies gilt zunächst auf lokaler Ebene. In der Region von Casamance im Senegal haben die Militärs Diola-Rebellen gefoltert, damit sie ihnen die Lage der Cannabisfelder verraten. In einigen afghanischen Regionen wie Hilmend oder Badachschan kann man beobachten, daß die kämpferischen Auseinandersetzungen zwischen rivalisierenden Parteien zum Zeitpunkt der Opiumernte an Intensität zunehmen. In Kolumbien blieb der Zusammenbruch des Ostblocks und die Schwierigkeiten Kubas nicht ohne Folgen für die Moral der orthodoxen kommunistischen Guerilleros der FARC: Die Kontakte mit den »Bruderparteien« bestehen fast nicht mehr, und die Ideologie tritt spätestens dann in den Hintergrund, wenn der Opiumboom in den Zonen einsetzt, die zu den Hochburgen der Guerilla zählen. So bemerken Beobachter eine Veränderung im Verhalten der Guerilleros, die sich immer weniger von den »Narkos« unterscheiden. Bestimmte Gruppen unterscheiden sich kaum noch vom Banditentum, das tief in der Geschichte Kolumbiens verwurzelt ist. In mehreren Regionen kämpfen die Guerillas und die Armee um die Kontrolle der Anbaugebiete. So zum Beispiel im Mittleren Putumayo-Tal, wo die Armee die Oberhand behalten hat, oder im Cauca-Tal, wo die FARC überlegen ist. In den Hochtälern des Orinoco und des Amazonas dagegen sind die andauernden Kämpfe unentschieden. Aber ein kolumbianischer Soziologe ist überzeugt, daß »Drogen nicht nur zu Kriegen anstacheln. Manchmal können sie auch am Anfang des Friedens stehen. Ein stillschweigender Frieden, zweckgebunden und ruhig, zwischen verantwortlichen Gegnern«.

Im Nordosten Birmas ist Ende November 1992 ein gewaltsamer Konflikt zwischen zwei mit der birmanischen Militärjunta verbündeten Clans um die Opiumkontrolle ausgebrochen. Die Militärdiktatur hat die Pheung, die den Clan der Krieger stellen, auf Kosten der Yang begünstigt, die traditionell die herrschende Klasse sind. Dieser vielleicht bewußt vom Militärregime (SLORC) provozierte Konflikt, der die aufrührerischen Verbündeten entzweien sollte, endete mit dem Sieg der Yang. Wäre er anders ausgegangen, hätten die Militärs den entstehenden Bumerangeffekt nicht meistern können.

Im Huallaga-Tal in Peru finden kämpferische Auseinandersetzungen zwischen mindestens fünf militarisierten Gruppen statt: der Antidrogenpolizei, der Armee, den »Narkos«, den Guerilleros des Leuchtenden Pfads und der Revolutionären Bewegung Túpac Amaru (MRTA). Mörderische, widersinnige Auseinandersetzungen (Polizei gegen Armee, Leuchtender Pfad gegen MRTA), die oft um die Kontrolle der »Drogengebiete« geführt werden, gab es im Laufe der letzten Jahre ebenso wie unerwartete Allianzen (Armee und MRTA, Armee/Polizei und »Narkos«, Leuchtender Pfad und »Narkos«). Ende 1992 waren bestimmte Regionen in Zonen aufgeteilt, und es gibt einen modus vivendi zwischen Armee und Leuchtendem Pfad, der es beiden Kräften ermöglicht, unbehelligt Steuern auf die an die Kolumbianer gelieferten Drogen zu erheben. So bot sich 1992 in Peru eine höchst interessante Konfiguration im Bereich Drogen und Konflikte: eine durch Narkodollars belebte Ökonomie, eine sich herausbildende Narko-Regierung, Narko-Guerillas, die durch eine Narko-Armee bekämpft werden, die sich wiederum mittels eines Putsches alsbald in eine Narko-Macht umwandeln könnte. Eine weitere Steigerung in der Verquickung von Krieg und Drogen könnte ein Konflikt zwischen zwei oder mehreren Staaten um die Kontrolle der Drogenprofite sein.

Die Bekämpfung der Geldwäsche

»Es läuft eine weltweite Mobilisierung gegen die Geldwäsche«, erklärte im Juni 1992 der Schweizer Alexis Lautenberg, scheidender Präsident einer Aktionsgruppe gegen Geldwäsche (Financial Action Task Force, FATF) , der alle Mitglieder der OECD (Organisation für Wirtschaftliche Zusammenarbeit und Entwicklung) angehören.

Weltweite Mobilisierung mit mageren Ergebnissen

Das Jahr 1992 zeichnete sich in der Tat durch eine Serie internationaler Konferenzen zum Thema Geldwäsche aus. Es trafen sich die Organisation amerikanischer Staaten (OAS) im Frühjahr, die FATF im Juni, der Europarat im September, Interpol im Oktober und die Karibikstaaten im November. Dieses institutionelle Aufbrausen hat zu einem wichtigen Ergebnis geführt: der Verabschiedung eines Gesetzgebungsmodells im Bereich Geldwäsche seitens der OAS und Karibikstaaten. Jeder Staat der amerikanischen Hemisphäre müßte dieses Modell inzwischen in seine nationale Gesetzgebung aufgenommen haben, dessen entscheidender Punkt besagt, den Banken und Finanzinstitutionen eine Strafverantwortung in Bezug auf Geldwäsche aufzuerlegen.

Entscheidend in Europa war das Inkrafttreten einer Richtlinie der Europäischen Kommission gegen die Geldwäsche am 1. Januar 1993. Um dieser Richtlinie zu entsprechen, mußten diejenigen der zwölf europäischen Staaten, die noch kein Gesetz gegen Geldwäsche hatten, eines vorbereiten. Speziell Deutschland und Spanien haben ihren Parlamenten neue Gesetzentwürfe vorgelegt. Die Schweiz, die kein EG-Mitglied ist, hat sich dennoch entschlossen, ihre Gesetzgebung zur Geldwäsche zu vervollständigen, um sie zumindest teilweise den Normen der Europäischen Gemeinschaft anzugleichen. 1992 hat Australien ein drakonisches Gesetz verabschiedet, das sogar aus Fahrlässigkeit begangene Geldwäsche bestraft, den Banken Strafverantwortung auferlegt und Haftstrafen bis zu 20 Jahren vorsieht.

Eine beunruhigende Bilanz

Die Resultate dieser allgemeinen Mobilmachung gegen Geldwäsche im Verlauf des Jahres 1992 waren jedoch insgesamt gering. Nach Angaben der FATF werden weltweit jährlich 125 Milliarden Mark aus dem Drogenschmuggel gewaschen und 450 Milliarden Mark, legt man die Gesamtheit aller kriminellen Aktivitäten zugrunde. Und letztes Jahr wurde lediglich ein winziger Prozentsatz dieser Gelder beschlagnahmt.

Die im September 1992 beendete Operation »Green Ice«, die größte Aktion gegen Drogen und Geldwäsche des Jahres, die Polizeieinheiten aus acht Ländern auf beiden Seiten des Atlantiks mobilisierte, brachte die magere Beute von 55 Millionen Dollar und 700 Kilogramm Kokain. Dagegen konnten 1989 bei der amerikanischen Operation »Polar Cap« über eine Milliarde Drogendollar sichergestellt werden.

Der Gerichtsprozeß des Jahres 1992 im Bereich Drogen und Narkodollar gegen Manuel Noriega ging gleichfalls mit einer zweifelhaften Bilanz zu Ende. Das Gericht in Miami sprach den Ex-Präsidenten Panamas zwar wegen Drogenhandels schuldig. Aber seit seiner Verhaftung Anfang 1990 ist die Summe der in Panama gewaschenen Narkodollar von 1200 auf 2200 Milliarden jährlich gestiegen.

Ebenfalls in Florida ist die Untersuchung gegen die Republic National Bank of Miami nach drei Jahren aufwendigster Ermittlungen im Sande verlaufen. Zu Beginn verdächtigten die amerikanischen Behörden diese in ecuadorianischem Besitz befindliche Bank der regelmäßigen Geldwäsche, unter anderem in Zusammenhang mit illegalem Drogenhandel. Aber die Anklageschrift zielte schließlich nur gegen drei frühere Bankdirektoren, und die Bank wurde als unglückliches Opfer ihrer Machenschaften dargestellt.

Der Kampf gegen die Geldwäsche auf dem Rechtsweg scheint also voller Hindernisse und Tücken zu sein. Die Mehrzahl der Gesetzgebungen stellt die Geldwäsche aus Fahrlässigkeit nicht unter Strafe, und so können mutmaßliche Geldwäscher immer auf ihre Unwissenheit plädieren. Des weiteren ist schwierig nachzuweisen, wie es das Gesetz im allgemeinen verlangt, welcher Anteil eines Finanzstroms tatsächlich aus illegalem Drogenhandel oder anderen kriminellen Aktivitäten stammt. Denn die Geldwäscher treffen normalerweiser Vorsichtsmaßregeln und mischen die Einkommen aus legalen Geschäften mit denen aus strafbaren Operationen.

Zu den Schwierigkeiten der strafrechtlichen Verfolgung tragen zusätzlich die Lücken in der gegenseitigen Rechtshilfe der internationalen Justiz bei. Im Skandal um Bestechungsgelder, der 1992 in Italien für Aufruhr sorgte, sind die in Verdacht geratenen Vermögen im allgemeinen auf den Schweizer Finanzplätzen gewaschen worden. Dennoch hat ein Tessiner Berufungsgericht 29 von 43 an die Schweiz gerichteten Rechtshilfebegehren seitens des Mailänder Staatsanwaltsvertreters Antonio di Pietro zurückgewiesen. »Obwohl die entsprechenden Gesetze klar strukturiert sind, funktioniert die Rechtshilfe in der Praxis nicht, weil sie langsam und kompliziert ist«, erklärte die von Schweizer Seite mit dieser Affäre beauftragte Tessiner Staatsanwältin Carla del Ponte.

Wäre es im Bereich der Bekämpfung der Geldwäsche nicht angebrachter, statt den Weg der Strafjustiz besser den der Verwaltung, der mehr auf Vorbeugung ausgerichtet ist, einzuschlagen? Diese Absicht erscheint in einer EG-Richtlinie, die die Banken unter Androhung administrativer Sanktionen verpflichtet, den zuständigen Behörden alle Vorgänge mitzuteilen, die auf eine Geldwäscheoperation hinweisen könnten. Aber die Ergebnisse eines solchen Verfahrens sind auch nicht sehr ermutigend.

Seitdem es im Februar 1991 in Frankreich wirksam geworden ist, sind einige Hundert verdächtige Transaktionen der mit der Bekämpfung der Geldwäsche beauftragten Abteilung des Wirtschaftsministeriums (TRACFIN) gemeldet worden. 13 Verfahren waren die Folge, die die Beschlagnahmung von insgesamt nicht mehr als umgerechnet 30 Millionen Mark illegaler Gewinne ermöglichten, was im Vergleich zu den umgerechnet 4,2 Milliarden Mark, die in Frankreich allein aus dem Verkauf illegaler Drogen herrühren, eine geringe Summe ist: »ein Effektivitätsgrad von einem Prozent«, wie es in einem Bericht des französischen Senats Anfang 1993 heißt.

In Frankreich zumindest liegt die Schwäche des Verfahrens darin, daß die Behörden kaum Möglichkeiten haben zu prüfen, ob die Banken das Geldwäschespiel mitmachen, da diese praktisch die einzige Informationsquelle für die Behörden sind. Das Risiko, daß eine Niederlassung sich erwischen läßt, ist also äußerst gering und die Androhung von Sanktionen wenig überzeugend. Dennoch, die Ausweitung dieser Richtlinie auf alle Länder der Gemeinschaft in den kommenden Jahren wird erlauben, deren Effizienz besser abzuschätzen.

Widersprüchliche Politik

Die schwerfälligen oder wenig wirksamen, auch präventiven Maßnahmen gegen die Geldwäsche sind obendrein kaum vereinbar mit der Wirtschaftspolitik in den Industriestaaten und den Ländern der Dritten Welt.

Erstens laufen die Geldwäscheoperationen meistens transnational ab, während die Apparate, die sie zu verhindern suchen, im allgemeinen nationalstaatlich sind. Und der gemeinsame Finanzmarkt der EG seit 1. Januar 1993 adelt diesen grundsätzlichen Mißstand auch noch; die Geldwäscheoperationen des organisierten Verbrechens, das nach den Worten eines italienischen Ministers »die europäische Integration schneller verwirklicht hat als die Staaten«, können davon nur profitieren.

Zwar zielt die Richtlinie der Gemeinschaft gegen die Geldwäsche genau auf diesen unerwünschten Effekt der Integration. Aber wie sich gezeigt hat, steht und fällt eine wirksame Bekämpfung der Geldwäsche nicht mit der Verabschiedung neuer Gesetze, sondern mit ihrer erfolgreichen Umsetzung, die wiederum in erster Linie Sache der nationalen Behörden sein wird. Die Einrichtung einer Europäischen Polizei (Europol) nach dem Modell von Interpol dürfte die überstaatliche Kooperation im Bereich der Strafverfolgung erleichtern. Aber diese europäische Polizeizentrale, die von hochrangigen Polizeibeamten der EG im Straßburger Vorort Neuhof aufgebaut wird, ist noch lange nicht einsatzfähig.

In Bezug auf die Länder der Dritten Welt sind es die Strukturanpassungsprogramme, die der Internationale Währungsfond (IWF) ihnen auferlegt, die nur mit Mühe mit den institutionellen Erfordernissen zur Bekämpfung der Geldwäsche zu vereinbaren sind. In der Tat sehen die vom IWF propagierten Anpassungsmaßnahmen ausnahmslos die freie Währungskonvertibilität und die Garantie des Bankgeheimnisses vor, also zwei Verfügungen, die den Geldwäschern nur zugute kommen. Michel Chossudovski, Ökonom an der Universität in Ottawa, bestätigt: »Der IWF unterscheidet nicht zwischen Drogengeldern und sauberen Geldern. Hauptsache, die Gelder fließen.« Im März 1992 kündigte die Nationalbank Pakistans, ein großes Heroinexportland, sogar in der westlichen Presse die Ausschüttung von Wertpapieren, ausgestellt in Devisen, an und zwar mit Garantie, daß keine Fragen nach Ursprung der Gelder und wirklichen Vermögensempfängern gestellt würden.

Schließlich scheinen diejenigen Länder der Dritten Welt wie auch der Industrienationen, die bedeutende Finanzplätze besitzen, noch nicht bereit, die wirtschaftlichen Kosten einer energischen Bekämpfung der Geldwäsche zu zahlen. In der Schweiz gibt es Bankiers, die sich im privaten Kreis sehr zynisch geben und erzählen, daß sie den Hindernissen, die sie den Geldwäschern theoretisch in den Weg legen müßten, kaum Bedeutung beimessen. »In der Schweiz haben die Geldwäscher gewonnen«, beklagt selbst einer der besten Schweizer Experten im Kampf gegen das Recycling »schmutzigen« Geldes.

Überall in der Welt zeigen sich dagegen andere Verantwortliche überaus naiv gegenüber den redlichen Versicherungen von Finanzinstituten, die sich sehr wohl davor hüten, die Tugenden, zu denen sie sich bekennen, zu praktizieren. Das zeigt der Bericht der Unterkommission zur Aufklärung des BCCI-Skandals [Das vom Scheichtum Abu Dhabi kontrollierte Geldhaus, das auch Filialen in Deutschland besaß, wurde im Juli 1991 von internationalen Aufsichtsbehörden unter Führung der britischen Zentralbank geschlossen, die im Senatsbericht vom September 1992 beschuldigt wurde, schon zuvor über die Verwicklung der Bank in Geldwäsche, Bestechungen, illegalen Waffen- und Drogenhandel sowie Steuerhinterziehung gewußt zu haben. Allerdings ist bekannt, daß bereits Mitte der achtziger Jahre eine Reihe von Experten in US-Behörden über BCCI und ihre Vernetzung mit dem US-Finanzestablishment informiert waren. Die BCCI war in fast 70 Ländern tätig und hatte ein Außenhandelsvolumen von 70 Milliarden Mark. Eine Studie des UN-Zentrums für Transnationale Unternehmen wies daraufhin, daß die Art und Weise der Schließung der Bank solchen Ländern wie Nigeria, Bangladesch und Sambia den größten Teil der Verluste aufbürdete, während Ansprüche in den USA, wo die Bank nur wenige Kunden hatte, zuerst erfüllt worden seien. Andere Kritiker wiesen auf den Zeitpunkt des internationalen Vorgehens gegen BCCI nach der Operation »Wüstenschild« der alliierten Streitkräfte im Golfkrieg hin (Anm. d. Ü.)]. Dieser Bericht des amerikanischen Senats endet mit folgenden bezeichnenden Sätzen: »Zahlreiche Verantwortliche der BCCI erklärten gegenüber der Unterkommission, daß die von der BCCI praktizierte Geldwäsche sich nicht von den Aktivitäten unterschied, die sie bei anderen internationalen Banken hatten beobachten können. Sie teilten die Namen mehrerer führender amerikanischer und europäischer Banken mit, die ihnen zufolge Geldwäsche betreiben würden.«

Neue Gebiete der Geldwäsche

Das Jahr 1992 wird auch daran erinnern, daß die Geldwäscheaktivitäten sich auf immer mehr Länder ausweiten und nicht auf den Finanzsektor beschränkt bleiben. Vor allem die osteuropäischen Länder sind das bevorzugte Gebiet krimineller Organisationen geworden. Bei der Versammlung des Europarates im September 1992 in Straßburg gehörten die Vertreter der Ex-Tschechoslowakei, Polens und Ungarns zu den Ersten, die schilderten, daß ihre Privatisierungspolitik vor allem im Immobilienbereich die Geldwäsche begünstigt hätte. Unter Berufung auf Berichte des italienischen Geheimdienstes (Sismi) behauptete im Juni 1992 der stellvertretende Vorsitzende des Bundes Deutscher Kriminalbeamter Holger Bernsee, daß bereits 72 Milliarden Mark aus Mafiageldern seit der Wiedervereinigung speziell in der Ex-DDR investiert worden seien; allerdings bestritt das Wiesbadener Bundeskriminalamt (BKA) diese gewaltige Summe.

In der Ex-UdSSR tauschten italienische, türkische und lateinamerikanische kriminelle Organisationen harte Devisen gegen Rubel, um im Immobiliensektor zu investieren oder in Rohstoffe wie Erdöl, die wiederum auf den westlichen Märkten verkauft werden. Das Fehlen jeglicher gesetzlicher Regelungen für Banken erleichtert dabei die Geldwäsche.

Ein Versuch, Gelder in Bereichen außerhalb des Finanzsektors zu waschen, wurde 1992 durch die Wachsamkeit des französischen Luxusgüterhandels entdeckt. Die beiden Geschäftshäuser Vuitton und Hermès wurden nämlich auf die in ihren Pariser Kaufhäusern wiederholt vorkommenden massiven Einkäufe japanischer Kunden aufmerksam, die ausschließlich mit 500 Francs-Noten zahlten. Die alarmierte Polizei entdeckte, daß es sich bei den an die hundert Kunden um Boten der Yakuza (japanische Mafia) handelte, die versuchten, auf diese Weise über 400 Millionen Francs zu waschen; die in Frankreich erworbenen Artikel wurden in Japan weiterverkauft.

In ihrem im September 1992 erschienenen Bericht über den BCCI-Skandal widmet die Unterkommission des Senats in Washington den Geldwäscheaktivitäten einer ihrer Filialen, der Gesellschaft Capcom, an den Warenterminbörsen von London und Chicago ebenfalls ein ganzes Kapitel. Capcom, so der Bericht, hat auf den Warenterminbörsen »Milliarden von Dollar aus dem Mittleren Osten in die Vereinigten Staaten und in andere Teile der Welt transferiert und dort gewaschen.«

Oft bestand die Technik der Geldwäsche einfach darin, »Spiegelverträge« abzuschließen, in denen Capcom oder vorgeschobene Personen gleichzeitig Käufer und Verkäufer waren. Auf diese Weise hat Capcom sowohl Gelder gewaschen für den bei der US-Militärintervention in Panama 1989 verhafteten General Noriega, als auch höchstwahrscheinlich für die »Libanon-Connection«, der die Brüder Magharian angehörten, die 1990 in der Schweiz wegen Geldwäsche verurteilt wurden. Die amerikanische Unterkommission empfiehlt abschließend, daß Geldwäsche auf dem Umweg über Warenbörsen künftig strafrechtlich belangt werden soll.

1992 ist der Wissensstand über Geldwäschetechniken mittels Handelstransaktionen bedeutend größer geworden dank der Ökonomen Simon Pak und John Zdanowicz von der Internationalen Universität Florida, die die Ergebnisse einer mit Hilfe von Computern durchgeführten Analyse veröffentlichten. Man erfuhr, daß die doppelte Fakturierung bei Import-Export-Geschäften bestimmter Güter mögliche Instrumente der Steuerhinterziehung, der illegalen Kapitalflucht oder der Geldwäsche sind. So kauft zum Beispiel jemand aus einem Land, das Devisenkontrollen durchführt, bestimmte Waren bei einem Exporteur in einem Land, in das er sein Kapital schaffen möchte, und deklariert gegenüber den Zollbehörden einen weitaus höheren Preis als den tatsächlichen Kaufpreis. Dadurch kann er mehr Gelder aus seinem Land abziehen, als er für die Begleichung der Rechnung seines Lieferanten benötigt.

Auf der Grundlage von Zollstatistiken haben die Autoren der Studie die angegebenen Preise bestimmter Güter in den bilateralen Import-Export-Handelsströmen mit ihren durchschnittlichen Weltmarktpreisen verglichen. So wurden Antibiotika aus den USA nach Kolumbien zu einem Preis exportiert, der 6000 mal höher war als der durchschnittliche Weltmarktpreis. Umgekehrt wurden Smaragde aus Brasilien von den USA zu einem im Vergleich zum Weltmarktpreis achtmal niedrigeren Preis importiert. Der deklarierte Preis für aus den USA nach Frankreich exportierte Maschinengewehre war fünfmal niedriger als der Weltmarktpreis, aber der Preis von aus Frankreich in die USA exportierten tragbaren Telefonen betrug das 88fache des Weltmarktpreises.

Schließlich bedeutete die Ermordung des italienischen Richters Giovanni Falcone im Mai 1992 ganz sicher den schwersten Rückschlag des Jahres im Bereich der Bekämpfung der Geldwäsche. Falcone betonte unaufhörlich, daß der Bekämpfung der Geldwäsche und der gegenseitigen internationalen Rechtshilfe die größte Bedeutung im Bündel der Maßnahmen zukommen, die darauf ausgerichtet sind, erfolgreich gegen die organisierte Kriminalität vorzugehen.

Dagegen gehen zweifellos die größten Erfolge des Jahres 1992 auf das Konto dreier Länder, die nicht zögerten, die Bekämpfung der Geldwäsche auch in den obersten Machtetagen durchzuführen. So wurde in den USA der ehemalige Verteidigungssekretär Clark Clifford in Zusammenhang mit dem BCCI-Skandal beschuldigt*. In Italien wurde eine Untersuchung gegen den früheren Ministerpräsidenten Bettino Craxi im Rahmen des Schmiergelderskandals (»Tangentopoli«) eröffnet, der übrigens Ermittlungsverfahren gegen weitere Politiker nach sich zog**. Und in Brasilien ist der Präsident Fernando Collor seiner Ämter enthoben worden. Obwohl die Justiz keinem dieser drei Politiker vorwarf, direkt an Geldwäsche beteiligt gewesen zu sein, standen diese Aktivitäten im Zentrum der Skandale, in die die Politiker verwickelt waren.

Leider kann der Niedergang dieser drei hochrangigen Figuren nicht als Auftakt einer weltweiten und wirksamen Mobilisierung gegen die Geldwäsche betrachtet werden. Die Anklage gegen Clark Clifford oder gegen hochrangige Persönlichkeiten in der italienischen Schmiergeldaffäre ist nicht den Regierungen, sondern vor allem mutigen Einzelpersonen zu verdanken, die bereit waren, nicht auf das Establishment dieser Länder zu setzen, sondern es vielmehr heraus-

---

* Clifford war Anwalt dieser Bank und zusammen mit seinem Partner Robert Altman an der verdeckten und illegalen Übernahme der First American Banc, deren Direktoren sie zugleich waren, beteiligt. Nach Aufdeckung der BCCI-Machenschaften zahlte die Bank einem Verteidigerteam, dem auch Clifford und Altman angehörte, 21 Millionen Dollar (Anm. d. Ü.).

** Inzwischen hat Bettino Craxi sein Amt als Vorsitzender der Sozialistischen Partei niedergelegt, ebenso wie sein Parteigenosse Claudio Martelli, der Justizminister war. Herausragendes Ereignis 1993 ist jedoch die Aufhebung der Immunität des mehrmaligen Ministerpräsidenten und Christdemokraten Giulio Andreotti, der wie kein anderer Politiker die »blockierte« Demokratie Italiens seit 1945 verkörpert und gegen den nun wegen möglicher Mafiakontakte und Anstiftung zum Mord ermittelt wird (Anm. d. Ü.).

zufordern und ihm zu trotzen: der Staatsanwalt Robert Morgenthau in New York, der Staatsanwaltsvertreter Antonio di Pietro in Mailand. Solange der Kampf gegen die Geldwäsche derart von Einzelnen abhängt, muß er zufällig bleiben. Der Tod von Giovanni Falcone legt davon Zeugnis ab.

Die innerstaatliche US-Drogenpolitik

Es ist eine allgemein geteilte Ansicht unter amerikanischen Experten, daß dem Drogenproblem nur durch differenzierte Ansätze beizukommen ist, und tatsächlich folgte die amerikanische Antidrogenpolitik während des gesamten Jahres unterschiedlichen Überlegungen. Prohibitive Maßnahmen und die Bekämpfung der Geldwäsche zielten sowohl auf die Konsumenten als auch auf die Drogendealer und deren unterschiedliche Aktivitäten. Selbst wenn Änderungen in der Regierungspolitik unter Bill Clinton erfolgen, wird die neue Drogeninnenpolitik facettenreich sein. Die Unterschiede im Vergleich zum Programm des Republikaners Georg Bush betreffen die Anwendung bestimmter Gesetze und die Verbesserung der Behandlungsangebote für Drogenabhängige. Diese Veränderungen geben Aufschluß über die Überzeugungen der neuen Administration hinsichtlich der Ursachen der Drogenabhängigkeit.

Konsumenten unter Beschuß

Präsident Bush hatte die amerikanische Antidrogenpolitik auf die Konsumenten von Rauschmitteln und in erster Linie auf den Freizeitgebrauch Nicht-Süchtiger ausgerichtet. Seit Beginn dieses Programmes behaupteten dessen Planer und Verantwortliche, daß es ihnen um die Abschreckung der gelegentlichen Drogenkonsumenten ginge, damit dem illegalen Handel die Gewinne entzogen werden könnten. Ihre Überlegung ging davon aus, daß die Gelegenheitskonsumenten eine bedeutende Einkommensquelle für die Drogenhändler seien und der gesamte Handel entscheidend an Rentabilität einbüße, wenn diese dem Markt verloren gingen. Diese Sichtweise gründet auf der Überzeugung, daß die individuelle Entscheidung, Drogen zu nehmen, ein willentlicher und rationaler Akt sei. Die Drogenkonsumenten, so behaupteten sie, würden gezielt und bewußt das Gesetz übertreten, weshalb sie mit den Folgen ihrer Entscheidung konfrontiert werden müßten. Potentielle Suchtkandidaten sollten gewarnt werden, daß Drogenkonsum sowohl in rechtlicher als auch moralischer Hinsicht ein Vergehen sei. Und ihnen sollte klargemacht werden, daß Drogen ihre Aussichten auf Erfolg im Beruf wie im Privatleben zerstören würden. Im Vordergrund steht also die Bestrafung.

Um Gelegenheitskonsumenten abzuschrecken, wurde ein ganzes Arsenal an repressiven Maßnahmen aufgestellt. Diejenigen, die sich unbelehrbar zeigten, riskierten den Verlust unterschiedlicher staatlicher Unterstützungsleistungen. Ihnen drohte unter anderem die Zwangsräumung ihrer Sozialwohnungen, der Verweis von schulischen Einrichtungen, sogar der Verlust von Ausbildungsstipendien und zudem Diskriminierungen bei der Arbeitsplatzsuche.

Damit diese Sanktionen auch richtig greifen, wurde einer ganzen Reihe von Institutionen klargemacht, daß die Qualität ihrer Beziehungen zur Regierung von ihrem guten Willen abhinge, diese drakonischen Maßnahmen zur Kontrolle des Drogengebrauchs umzusetzen. Die mit der Bundesregierung in Washington vertraglich zusammenarbeitenden Unternehmen und Organisationen mußten zusagen, ihre Bewerbungskandidaten Antidrogentests zu unterziehen. Höhere Lehranstalten und Universitäten riskierten, die gesamte Finanzierung aus Washington zu verlieren, wenn sie sich nicht die strikten Maßnahmen zur Bekämpfung des Rauschmittelkonsums auf dem Campus zu eigen machten. Mit besonderem Nachdruck wurde gegenüber Konsumenten und Kleindealern die Konfiszierung von Geld und Besitz angewendet. Die Verordnung über diese Beschlagnahmung von Gütern und Vermögenswerten in Zusammenhang mit Drogendelikten, die in großem Maßstab auf Bundesebene und in den Einzelstaaten angewendet wurde, fällt in den Bereich des Zivilrechts. Die Regierung verfügte über die Möglichkeit, Güter ersatzlos einzuziehen und Verdächtige zu zwingen, den Nachweis ihrer Nichtbeteiligung an Drogendelikten selbst zu erbringen.

Für die meisten Beobachter zielten diese Bestimmungen darauf ab, verstärkt politischen Druck auf die öffentliche Meinung über Drogen auszuüben. Die Administration wußte nur zu genau, daß die Angehörigen der Mittelschicht in ihrer Mehrheit über Drogenprobleme besorgt sind. Diese Familien befürchten vor allem, daß ihre eigenen Kinder davon betroffen sein könnten. Die offizielle Überlegung war einfach: Wenn das Ausprobieren von Drogen innerhalb dieser sozialen Gruppe aufgrund höherer Strafandrohung mit einem spürbar größeren Risiko verbunden wäre, würde der gelegentliche Drogengebrauch bei Teenagern zurückgehen. Und gleichzeitig würde das durch den Drogenkonsum entstandene politische Problem verschwinden. Eine zweite Strategie der Administration bestand darin, das Drogenproblem in ein Problem der Ghettos, der schwarzen und hispanischen Gemeinschaften, umzuwandeln. Damit bereitete sie den Boden für eine in weiten Teilen der Bevölkerung tief verankerte Sympathie für das Vorgehen von Polizei und Justiz, wobei sie auf die unterschwellige rassenpolitische Diskussion baute und ihr zusätzliches Futter gab.

Auf politischer Ebene waren die Regierungspläne in der Mehrzahl vom Erfolg gekrönt. Viele Jugendliche der weißen Mittelklasse haben mit dem illegalen Drogenkonsum aufgehört. Das Risiko abwägend, ihre Ausbildungs- und Karrieremöglichkeiten zu verlieren, sind sie alternativ auf vermehrten Konsum von Alkohol umgestiegen, der zwar auch eine Droge ist, aber eine legale. Der größte Erfolg der Regierungsmaßnahmen war jedoch der, daß Drogenprobleme kein Thema in den Debatten während des Wahlkampfes 1992 um die Präsidentschaft waren, ganz im Gegensatz zum vorherigen Wahlkampf. Besser noch, wenn man so will: das Thema rutschte ans Ende der Liste jener Fragen, die von den US-Bürgern und Bürgerinnen zum Zeitpunkt der Wahl als vordringlich beurteilt wurden.

Während Drogen also auf der politischen Ebene an Bedeutung verloren, ist das Suchtproblem unter der nicht-weißen Bevölkerung und der unterhalb der Mittelschichten dramatischer als je zuvor. Und der Rauschgifthandel, eine Domäne der Straßengangs, ist sehr viel gewalttätiger geworden. Die bereits von Ausbildungs- und Arbeitsstellen abgeschnittenen Minderheiten, die nichts mehr zu verlieren haben, konsumieren Drogen und zeigen entsprechende Verhaltensweisen wie eh und je.

Wenn auch der gelegentliche Kokainverbrauch 1991 und 1992 zurückgegangen ist, so ist der Gesamtumfang des Drogenkonsums gleichgeblieben. Im Gegenteil – alles scheint darauf hinzudeuten, daß die Kokainlieferungen wieder ansteigen und die Programme der Regierung zur Beschränkung des Verbrauchs die Aktivitäten der Händlergruppen nicht berührt haben: Der Heroinhandel erlebt einen bemerkenswerten Aufschwung. Die US-Zollbehörden haben zunehmend Mengen sichergestellt, die den »chemischen Abdruck« des Goldenen Dreiecks trugen. Der nigerianische Drogenring konnte mit Hilfe kolumbianischer Kuriere glauben machen, daß das Heroin aus den Tälern des Cauca, Huila oder Tolima stammt; dort entwickelt sich, wie es scheint, der Mohnanbau rasch, genügt aber weder von der Menge noch von der Qualität für eine Versorgung des nordamerikanischen Marktes.

Behandlungsweisen der Sucht

Seit Anfang der neunziger Jahre diskutiert der Kongreß und die Administration in Washington über die Bedeutung von Behandlungsangeboten an Süchtige, die ihre Abhängigkeit überwinden wollen. Zu diesem Zweck sind Bundesgelder bewilligt worden, mit denen spezielle Programme in den Stadtvierteln subventioniert sowie Programme lokaler staatlicher Institutionen unterstützt werden. Eine der wichtigsten Finanzierungsquellen zur Behandlung von Sucht und Abhängigkeit ist die private Krankenversicherung geworden, die Behandlungen mit Unterbringung in einem Krankenhaus für einen Zeitraum von 30 Tagen zahlt.

Privatkliniken, Versicherungsträger und Gruppen auf kommunaler Ebene (community groups) erlebten so einen unverhofften Geldsegen von den Bundesbehörden für Behandlungsmaßnahmen. Aus diesem Grund ist die Zahl der Krankenhauseinweisungen zu einer dreißigtägigen Suchtbehandlung seit 1990 rapide angestiegen. Diese systematische Unterbringung in einem Krankenhaus sowie die Frage der Wirksamkeit der Behandlung brachten zahlreiche Kritiker auf den Plan. Tatsache ist, daß die Mehrzahl der Behandlungsprogramme nicht auf langfristig positive Ergebnisse ausgerichtet ist. Die Abhängigen werden rückfällig, kehren in das Rehabilitierungssystem zurück, und der Kreislauf beginnt von vorne. Trotz der Anläufe in diesen Jahren, Gelder für die Auswertung dieser Behandlungsprogramme zu bewilligen, geht es nur schleppend vorwärts, vor allem, weil bestimmte community groups, die das Versiegen der Geldhähne befürchten, Widerstand leisten.

Es liegt in der Verantwortung der Bundespolitik, daß die Behandlung mit abgestuften Sanktionsdrohungen verknüpft ist: Abhängige werden weniger hart bestraft, wenn sie einer Behandlung zustimmen. Diese Methode mag verführerisch erscheinen, ändert jedoch nichts an dem Problem, daß eine gelungene Behandlung eine wirkliche Beteiligung seitens des Patienten verlangt. Und ein Abhängiger, der einem Programm nur zustimmt, um eine Gefängnisstrafe zu vermeiden, ist nicht wirklich in den Rehabilitierungsversuch miteinbezogen.

Der organisierte Drogenschmuggel

Die Regierung Bush erkannte schließlich die Bedeutung großer krimineller Organisationen im Drogenhandel, mit der konkreten Folge, daß der Antidrogenkampf sich verstärkt auf Operationen konzentrierte, die direkt gegen die Händlerorganisationen gerichtet waren. Eine der auffallendsten Veränderungen der jüngsten Zeit ist die wachsende Beteiligung amerikanischer Nachrichtendienste bei der

Identifizierung von Großhändlern und bei der Ermittlung zum Zweck der Beschlagnahmung von Drogentransporten. Das Ende des Kalten Krieges zwang die Dienste nämlich, neue Aufgabenstellungen zu suchen, um ihre Ausgaben zu rechtfertigen, wobei sich der Antidrogenkampf als ideal anbot. Die US-Dienste haben ihre Aktivitäten daher schnell in diesem Sinn umorientiert.

Die Kenntnisse der Regierungsbehörden über Organisationen, die in den USA Drogen durch Straßenhandel unter die Leute bringen, sind gewachsen. Die spezialisierten Dienste wissen inzwischen, daß eine bestimmte Zahl von Verteilungskanälen von ausländischen Drogenkartellen kontrolliert wird; und sie haben eine genaue Vorstellung über die Führungsstruktur der Händlerorganisationen sowie über ihre Strategie gegen Unterwanderung und Festnahme. Die amerikanische Drogenbekämpfungsbehörde (DEA) sah sich dem Problem einer in streng abgezirkelten Untergruppen funktionierenden Organisation gegenüber, so daß im Falle einer Verhaftung keiner von ihnen in der Lage wäre, gegen ein anderes Mitglied der Organisation auszusagen. Sodann sind die aktivsten Drogenhändler ausländische Staatsangehörige, die für eine verhältnismäßig kurze Zeit in die USA kommen und kein anderes Ziel verfolgen, als schnell Geld zu verdienen, bevor sie wieder in ihr Herkunftsland zurückkehren. Da diese Händler an der amerikanischen Gesellschaft und ihren Arbeitsmöglichkeiten so gut wie kein Interesse haben, gehen die angedrohten Sanktionen bei ihnen natürlich ins Leere. Auch eine mögliche Inhaftierung kann sie kaum beeindrucken, denn die ausländischen Organisationen, denen sie angehören, nehmen sie unter ihre Fittiche und entschädigen ihre inhaftierten »Angestellten« für den hinter Gittern absolvierten »Dienst«. Somit besitzt die amerikanische Strafjustiz kaum Mittel, um mit den Mitgliedern ausländischer krimineller Organisationen »ins Geschäft zu kommen«.

Militarisierung der Drogenbekämpfung

Ein beträchtlicher Prozentsatz des US-Haushaltes zur Drogenbekämpfung floß 1991 und 1992 in Maßnahmen zur Verhinderung des illegalen Imports. Es wurde ein Ballonsystem aufgebaut, das die Küsten mit Radar sichern soll, damit Kleinflugzeuge nicht unbemerkt in den Luftraum des Landes eindringen können. Militärflugzeuge sind mit dem Auftrag unterwegs, in der Karibik und in Mittelamerika Informationen zu sammeln; Küstenwache und Patrouillenboote überwachen die Strände, um mögliche Drogenschmuggler ausfindig zu machen. Trotz dieser Bemühungen reißt der Strom heimlich in die USA eingeführter Drogen nicht ab. Im Gegenteil: Die beschlagnahmten Drogenmengen werden immer größer. Die Beamten der Antidrogenbehörden konfiszieren regelmäßig in Frachtladungen Kokainlieferungen, die 1992 im Durchschnitt eine halbe Tonne betrugen; im vorhergehenden Jahr waren es durchschnittlich hundert Kilogramm. Noch schwerer wiegt die Tatsache, daß die tonnenweise Beschlagnahmung keine Auswirkung auf den Preis der Drogen zu haben scheint, was zu dem Schluß zwingt, daß es erhebliche Lagerbestände geben muß und die Organisationen mit dem Verlust einer großen Zahl von Schiffsladungen kalkulieren.

Der Einsatz militärischer Mittel zur Durchführung von nachrichtendienstlichen Operationen gegen illegalen Drogenimport führt zu bestimmten Auffälligkeiten: am denkwürdigsten das für diesen Zweck bewilligte Militärbudget, das um 300 Millionen Dollar über dem Betrag liegt, der der DEA – der wichtigsten Anti-Drogenbehörde – bewilligt wurde. Das System militärischer Überwachung und Luftraumkontrolle ist auch wegen seiner mageren Ausbeute in Relation zu den aufgewendeten Summen kritisiert worden. So hat das ausgedehnte Netz der Radarballons zur Festnahme nur eines einzigen Drogenschmugglers geführt. Die Planer erwidern, daß ohne dieses Systems eine weitaus höhere Zahl von Drogenhändlern hätte operieren können und die Ergebnisse folglich nicht meßbar seien.

Dealer und Gangs

Zwischen 1990 und 1992 mußte sich die Washingtoner Bundesregierung in ausgiebiger Weise mit den Straßendealern und organisierten Händlerbanden befassen, von denen die innerstädtische Gewalt in den USA in erster Linie ausgeht. Die Gangs sind in den meisten Fällen schwer bewaffnet und liefern sich regelrechte Schlachten in den Straßen der Großstädte, wobei sie mitunter den Tod von Passanten verursachen, die zufällig in ihr Kreuzfeuer geraten sind. Um diese Banden zu bekämpfen, hat das FBI Agenten aus dem Bereich der Gegenspionage entsendet, auch wurde eine Finanzhilfe zur Unterstützung von Initiativen von Nachbarschaftsgruppen oder der lokalen Polizei bewilligt. Allerdings besitzen diese Programme eine entscheidende Schwachstelle. Auf Druck der National Rifle Association, der mächtigen Lobby der amerikanischen Waffenbesitzer, der sowohl auf Bundesebene wie auch in den Einzelstaaten nachgegeben wurde, gibt es keine ernsthaften Maßnahmen, um den Kauf und

Gebrauch von Schußwaffen zu kontrollieren. Folge dieses Versäumnisses ist die zunehmende Bewaffnung der Drogendealer und Bandenmitglieder mit halbautomatischen Pistolen, Maschinenpistolen, selbstladenden Gewehren und so weiter. Bill Clinton hat sich während seiner Wahlkampagne für ein Verbot des Verkaufs solcher Angriffswaffen und eine Wartezeit von über fünf Tagen beim Verkauf von Faustwaffen ausgesprochen, die eine Überprüfung des Käufers ermöglichen soll.

Kriminelle Logistik und Geldwäsche

1989 hat die US-Regierung eine Kontrolle von Chemikalien eingeführt, die zur Drogenherstellung verwendet werden können (precursor chemicals). Für jegliche Versendung dieser Art von Produkten außerhalb des Staatsgebietes sind Exportlizenzen erforderlich, und die betroffenen Unternehmen müssen ihr Lieferregister vorlegen können. Sie machen sich strafbar, falls sie sich über die Vorschriften hinwegsetzen und erwiesene Drogenfabrikanten mit entsprechenden Chemikalien versorgen.

Die Umwandlung von Tourismusflugzeugen für den Drogentransport ist inzwischen illegal. Der zusätzliche Einbau von Reservetanks, um die Reichweite und Unabhängigkeit zu erhöhen, und ähnliche Veränderungen müssen den Behörden gemeldet und von diesen bewilligt werden.

Das Waschen von Drogengeldern durch kriminelle Organisationen veranlaßte die Bundesgerichtsbehörde, neue Bestimmungen zu erlassen. In ihrem besonderen Interesse lag das entscheidende Moment der Umwandlung von Bargeld in Bankguthaben. Jede Einlage über 10000 Dollar in bar erforderte schon seit langer Zeit eine Deklarierung der Transaktion gegenüber der Regierung. Diese Verpflichtung zur Bekanntgabe ist nunmehr auf unterschiedliche Geschäftseinrichtungen ausgedehnt worden: auf Autoverkäufer, Juweliere und andere Firmen, die gemeinhin mit hohen Bargeldbeträgen umgehen. Selbst Anwälte müssen Honorarzahlungen in bar zurückweisen und riskieren den Einzug der Beträge, wenn bewiesen wird, daß das Geld in Verbindung mit Drogenhandel erworben wurde.

Manchmal finden die kriminellen Organisationen Schlupflöcher. So hat die Verpflichtung, Transaktionen über 10000 Dollar zu deklarieren, zu einer wahren Flut von Einlagen geführt, die leicht unter dieser magischen Grenze lagen. Aber insgesamt hat der wachsende Druck, den der Staat gegen die Geldwäsche auf amerikanischem

Staatsgebiet ausübt, bewirkt, daß Gewinne aus dem Drogenhandel immer öfter den ungestörten Weg einer Einlage bei einer »Offshore-Bank« nehmen. Einer der favorisierten Orte ist – immer noch – Panama, und die US-Regierung konnte oder vielmehr wollte nicht auf dieses Problem reagieren.

Obwohl der Akzent auf der Kontrolle von Bareinzahlungen an den Bankschaltern liegt, hat es die amerikanische Politik 1992 nicht verstanden, dieselbe Aufmerksamkeit auf das institutionelle Finanznetz zu richten, das mit Wechselbürgschaften die freie Investition von Drogengeldern ermöglicht. Wenig oder vielmehr nichts ist in Richtung des Bankgeheimnisses in den Finanzparadiesen der Karibik und des Pazifik unternommen worden; der Hauptteil der Geschäfte dieser Banken werden mit Einzelpersonen und Unternehmen abgewikkelt, die auf diese Weise den amerikanischen oder europäischen Gesetzen entgehen.

Meinungsumschwung in der Clinton-Administration

Die Administration des neuen demokratischen Präsidenten Clinton wird zweifellos die Ausrichtung der US-Drogenpolitik ändern. Sie wird den Drogenkonsumenten eher als ein Opfer betrachten und die Geschütze des repressiven System abbauen wollen, die sich seit 1992 gegen die gelegentlichen Drogenkonsumenten richten.

Wahrscheinlich werden Sozialprogramme für benachteiligte Stadtviertel aufgestellt werden und rassische Vorurteile als unterschwellige Argumente im Kampf gegen Drogen und städtische Gewalt an Boden verlieren. In Behandlungsprogramme und deren Auswertung werden wesentlich mehr Gelder fließen, ebenso wie in die Erforschung von wirtschaftlichen, sozialen und psychologischen Ursachen der Drogenabhängigkeit.

Man kann davon ausgehen, daß die militärische Dimension in der Bekämpfung von Drogenproblemen und die dafür bislang aufgewendeten Haushaltsmittel reduziert werden, die dann wieder den spezialisierten Behörden wie der DEA zur Verfügung stehen, vielleicht sogar aufgestockt.

Die Drogenpolitik der Bush-Administration scherte Marihuana mit allen anderen Drogen über einen Kamm. Alles deutet darauf hin, daß Clintons Regierungsteam seine Anstrengungen wohl eher gegen Designer-Drogen (synthetische Drogen), Kokain und Heroin ausrichten und somit weniger Zeit und Geld auf den illegalen Handel mit Cannabis und dessen Derivate aufwenden wird.

Glossar

1. Drogen auf natürlicher Rohstoffbasis

Cannabisprodukte

Cannabis: botanischer Name des indischen Hanfs, eines der stärksten Hanfgewächse
Marihuana: tabakähnliches Gemisch aus den Blüten und Blätterspitzen der weiblichen Hanfpflanze
Haschisch: gepreßtes Harz der weiblichen Hanfpflanze
Ganja: wird in Indien aus besonders gezüchteten Hanfpflanzen gewonnen

Coca/Kokain

Cocapaste: Produkt der ersten Verarbeitungsstufe der Cocablätter unter Zusatz von Chemikalien
Kokainbase: Weiterverarbeitung der Cocapaste mit Ammoniak, Äther, Salzsäure
Kokainhydrochlorid: raffiniertes Endprodukt »Kokain«
Crack: mit Backpulver und Wasser aufgekochte rauchbare Kokainbase

Opiate

Koknar: aus Mohnstroh gewonnenes Präparat (Osteuropa, Ex-UdSSR)
Kompot: aus Monstroh unter Zusatz einfacher chemischer Substanzen gewonnenes Präparat (Osteuropa, Ex-UdSSR)
Przemko: gering morphinhaltige Sorte aus Mohnstroh (Polen)
Opium: getrockneter Milchsaft des Schlafmohn (papaver somniferum)
Morphinbase (Morphin): das wichtigste Alkaloid des Opiums
Morphium: chemisch reine Form des Morphins
Heroin: Verbindung von Morphin und Essigsäure

Kath

Kath (Qat): Blätter und Blattschossen der catha edulis
Cathin: aktive Substanz des Kath

2. Synthetische Drogen und »Designer«-Drogen

Ephedrin: Stimulans mit schwächerer Wirkung als Amphetamine
Ephedron: von Ephedrin abstammende Anregungsmittel

Exstasy (MDMA): Amphetaminabkömmling, Aufputschmittel
ICE (MDA): Amphetaminabkömmling, Aufputschmittel
LSD (Lysergsäure-Diäthylaminderivat, LSD 25): Halluzinogen
MDEA HCL Fantasia (»Eve«): Amphetaminabkömmling, Aufputschmittel
Methadon: synthetisches Opiat, Beruhigungsmittel
Methaqualon (»Mandrax«): Antidepressivum
Metcathinon: synthetische Reproduktion des in Kath aktiven Prinzips Cathin
Normorphin: synthetisches Opiat
PCP (Phencyclidin, »Engelstaub«): Schmerzmittel, Beruhigungsmittel für Schlachtvieh, Halluzinogen
Pervitin: Amphetaminabkömmling, Aufputschmittel
Trimethylfentanyl: synthetisches Opiat

Literaturverzeichnis

Kai Ambos: Die Drogenkontrolle und ihre Probleme in Kolumbien, Peru und Bolivien. Freiburg/Breisgau, Max-Planck-Institut 1993.

Pino Arlacchi: Mafia von Innen. Das Leben des Don Antonio Calderone. Frankfurt am Main 1993.

Ralf Beke-Bramkamp: Die Drogenpolitik der USA 1969–1990. Baden-Baden, Nomos Universitätsschriften Politik 1992.

Petra Bonavita: Donna Sicilia. Sizilianische Frauen gegen Mafia, Tradition und Gewalt. Pfaffenweiler, Centaurus 1993.

Philippe Bordes: Enquête aux frontières de la loi. Paris, Robert Laffont 1992.

André Boucaud/Louis Boucaud: Burma's Golden Triangle – On the Trails of the Opium Warlords. 2nd revised edition. Hong Kong, Asia 2000 1992.

Fabrizio Calvi: L'Europe des parrains. La Mafia à l'assault de l'Europe. Paris, Grasset 1993.

Giorgio Chinnici/Umberto Santino/Giovanni La Fiura/Ugo Adragna: Gabbie vuote. Mailand, Franco Angeli 1992.

Robert Cooper, Nicholas Tapp, Gary Yia Lee, Gretel Schwoer-Khol: The Hmong. Bangkok, Artasia Press 1992.

Roger Cortez H: La guerra de la coca. La Paz, FLACSO-CID 1992.

Jean Couvrat, Nicolas Pless: Das verborgene Gesicht der Weltwirtschaft. Das Geschäft mit Drogen, Waffen und Geld. Münster, Westfälisches Dampfboot 1993.

Rosa Del Olmo: gProibir o domesticar? Políticas de drogas en America Latina. Editorial Nueva 1992.

Drogues et droits de l'homme. Kolloquium (14.–15. Februar 1992, Genf) Genf, Schweizer Liga für Menschenrechte.

Alain Ehrenberg, Patrick Mignon: Drogues, politique et société. Le Monde Édition. Éditions Descartes 1992.

Konrad Freiberg, Berndt Georg Thamm (unter Mitarbeit von Wolfgang Sielaff): Das Mafia-Syndrom. Organisierte Kriminalität. Geschichte, Verbrechen, Bekämpfung. Hilden/Rhld., Verlag Deutscher Polizeiliteratur 1992.

Giovanni Falcone, Marcelle Padovani: Inside Mafia. München, Herbig 1992.

Serge Garde, Jean De Maillard: Les beaux jours du crime. Plon 1992.

Susan George: Der Schuldenbumerang. Wie die Schulden der Dritten Welt uns alle bedrohen. Reinbek 1993.

W. Golden Mortimer: De la coca à la cocaine. Vorwort von Th. Saigne und J. Bourliaud. Durchgesehene und korrigierte Ausgabe v. 1901. Utz 1992.

Ignacio Gomez, Juan Carlos Giraldo: El retorno de Pablo Escobar. Bogotà, Oreja Negra 1992.

Alberto Graña: Perú: Dictadura o Dictablanda? Desenredando la Telaraña. Cuzco, Centro de Estudios Regionales Andinos Bartolomé de Las Casas 1992. Mimeo (Reportes Analíticos)

Miklós Lévai, Kábitószerek és bünözés: Elméletek és a magyar valóság. (dt.: Drogen und Kriminalität. Theorien und ungarische Wirklichkeit) Közgazdasági és jogi könyvkiadó, Budapest 1992.

Hans Leyendecker, Richard Rickelmann, Georg Boenisch: Mafia im Staat. Göttingen 1992.

María Lohmann (Hrsg.): Coca-Cronología. 100 documentos sobre la problematica de la coca y la lucha contra las drogas. Bolívia: 1986–1992, La Paz; Cochabamba, ILDIS; CEDIB, 1992.

Alfred W. McCoy, Alan A. Block (Hrsg.): War on Drugs. Studies in the Failure of U. S. Narcotics Policy. Oxford, Westview Press 1992.

Josef F. O'Brien, Andris Kurnis: Boss of bosses. The Fall of the Godfather: The FBI and Paul Castellano. New York, Island Books 1992

Journal of Interamerican Studies: Drug Trafficking Research Update, Vol. 34, Nr. 3, Herbst 1992.

Observatoire géopolitique des drogues: Des jardins secrets aux champs de bataille, Sondernummer Psychotropes (Montreal), Vol. VIII, Nr. 1/2, 1992/93.

Andrès Oppenheimer: Castro's Final Hour. New York, Simon & Schuster 1992.

Penser la drogue/penser les drogues. 3 Bde. Les Éditions Descartes, 1992. – I: Etat des lieux. Hrsg. von Alain Ehrenberg – II: Les marchés interdits de la drogue: évaluation européenne des connaissances. Hrsg. von Michel Schiray – III: Bibliographies.

Werner Raith: Mafia – Ziel Deutschland. Vom Zerfall der politischen Kultur zur organisierten Kriminalität. Frankfurt am Main 1992.

Jürgen Roth, Marc Frey: Die Verbrecher-Holding. Das vereinte Europa im Griff der Mafia. München-Zürich 1992.

Pierre Salama/Michel Schiray (Hrsg.): Drogues et développement. Revue Tiers-Monde, Vol. XXXIII, Nr. 131, Juli/September, IEDES; PUF, 1992.

Mylène Sauloy, Yves Le Bonniec: A qui profite la cocaïne? Calmann-Lévy 1992.

Martin Smith: Burma Insurgency and the Politics of Ethnicity. London/New Jersey, Zed Books 1992.

Sam Stanley: Drug policy and the Decline of American Cities. News Brunswick, London, Transaction Publishers 1992.

Simon Strong: Shining Path. London, Harper Collins 1992.

Guido Tarqui Jamira, Freddy Condo Riveros: Coca. El legado de los dioses o lociura de los biancos. Ediciones Alkhamari, La Paz 1992.

Towards Democracy in Burma. Washington D. C., Institute for Asian Democracy 1992.

Guillemette de Véricourt: Mort annoncée d'un chroniqueur. Les journalistes colombiens face aux narcotrafiquants. Ramsay 1992.

Arkadi Waksberg: Die sowjetische Mafia. Organisiertes Verbrechen in der Sowjetunion. München-Zürich 1992.

Franklin Zimring/Gordon Hawkins: The Search for Rational Drug Control. New York, Cambridge University Press 1992.

Namenregister

(Bei den Personen konnten nicht alle Vornamen ermittelt werden.)

Abedi-Bank 23
Abrams, Elliot 251
Abuzar, Ziaulhaq 38
ADI (Islamische Demokratische Allianz, Pakistan) 23, 26
ADN (Nationalistische Demokratische Aktion, Bolivien) 235
Adjoussou, Godefry 189
Ahl-e Hadith (afghanische Partei) 37
Aidid, Hassan Farah 193
Akhunzada, Nasim 36
Akhunzada, Rasoul 36, 257
akzept (Verband für Drogenarbeit) 123
Alfieri, Carmine 178
Ali, Habib Ben 159f.
Al Kassar, Monzer 165, 244f., 262
Alavarez, Humberto 203
Altman, Robert 271
ANC (African National Congress) 201f.
Andreotti, Giulio 170, 175, 271
Antezana, Oswaldo 229
Aronson, Bernard 207
Arumugam, Raju Tana 46
Atto, Osman 193
Aversa, Salvatore 178
Ayala, Giuseppe 173
Aye Shaw Swe 54
Ayub Afridi, Haji Mohammad 23f.

BAE (Polizei, Venezuela) 253
Balbuena, Emilio 251
Ballestero, Matta 166
Banzer, Hugo 235
Barclays-Bank 106
Bardellino, Tonino 163
Barientos, Bismarck 236
Barre, Siyad 193
Basri, Driss 155
BBDH (Investmentgesellschaft) 105
BBN (Büro zur Bekämpfung des Drogenhandels, Moskau) 82, 85
BCCI (Banc of Commerce and Credit International) 23, 115, 268–271
Berlinguer, Enrico 170
Bernsee, Holger 269

BfV (Bundesamt für Verfassungsschutz) 118
Bhutto, Benazir 23, 25
BINM (Bureau of International Narcotic Matters) 13, 68
BKA (Bundeskriminalamt) 11, 122, 125, 269
BND (Bundesnachrichtendienst) 118
Bodenmann, Herman 114
Bogotá-Kartell 163
Borsellino, Paolo 172f., 176ff.
Britische Zentralbank 268
Bronner, Martin 246
Bronstein 86
Broussard 133
Bund Deutscher Kriminalbeamter 269
Bueren, Carlos 161
Buscetta, Tommaso 173f., 179
Bush, George 10, 147, 203ff., 207, 219, 221, 273, 276, 280

Caclamanos, Nick 163
Cali-Kartell 109, 120, 125–128, 167, 213, 234, 240, 243f., 247, 253
Cambio Guarani 251
Camorra 158, 163, 178
Cannavagio, Jacques-Antoine 163
Capcom 270
Capone, Al 249
Carrillo, Fernando 242
Carrillo, Lorenz 251
Cassina, Arturo 174
Cavalieri del Santo Sepulcro 174
Ceauşescu, Nicolaie 107
Ceauşescu, Nicu 107
CESID (spanischer Geheimdienst) 245
Chaar, Mohamad 146
Chiesa, Dalla 174
Chossudovski, Michel 268
Chybanov, Igor Semenovitch 93
CIA (Central Intelligence Agency) 22, 67, 109, 204, 219, 261
Cleman 125
Clifford, Clark 271
Clinton, Bill 203, 273, 279f.

Collor de Mello, Fernando 247f., 262, 271
Contorno, Salvatore 173
Contrada, Bruno 174f., 179
Cordova, Agostino 168
Corleone-Clan 172, 174f., 177
Cosa Nostra 109, 163, 167–179
Craxi, Bettino 175, 271
Crédit commercial de France 106
Crédit suisse 106
Cruz, Rogelio 215
Cuntrera-Caruana-Clan 121, 178, 253

Däubler-Gmelin, Herta 123
DAS (kolumbianische Geheimpolizei) 240, 242
DC (Christdemokratische Partei, Italien) 169f.
DDSI (militärischer Sicherheitsdienst, Birma) 50
DEA (Drug Enforcement Administration, USA) 10, 24f., 28, 64, 69, 84, 109, 125f., 144, 146, 148, 203f., 211–216, 219, 221, 233f., 242, 246, 248, 250, 277f., 280
De Greiff, Gustavo 252
Demirel, Süleyman 142
De Zoete Weed 106
DHS (Deutsche Hauptstelle gegen die Suchtgefahren) 122
DIA (Direzione Investigativa Antimafia, Italien) 11, 173, 176
Diatta 192
Di Benedetto 170
Di Fiori, Francisco 246
Dillon, Sam 219
DIM (Geheimdienst, Venezuela) 253
Di Maggio, Baldassare 176
Dirandro (Antidrogenpolizei, Peru) 222
DISIP (Nachrichtendienst, Venezuela) 253
Dlouhy, David 232
DNA (Direzioni Nazionale Antimafia, Italien) 178
Doe, Samuel 191
Donaldson, Brian 233
Dongo, Emile 189
Donoso, Francisco 250
Dostom, Abdur Rachid 37
DRPJ (französische Kriminalpolizei) 159

Dufoix, Georgina 65
Duzán, María Jimena 242

ECDP (European Cities on Drug Policy) 123
EDU (Europol Drug Unit) 122
EG (Europäische Gemeinschaft) 156, 164, 265ff.
EGTK (Guerilla-Armee, Bolivien) 228
Ehrenberg, Alain 133
El-Assad, Hafez 149
ELN (Nationale Befreiungsarmee, Kolumbien) 239, 244
Engelsman, Eddy 116
Escobar, Pablo 236, 240–244, 253
Escobar, Roberto 241
Escobar, Severino 113
ETA (baskische Untergrundorganisation) 165, 245
Etcheverry, Javier 249
Europäisches Städtenetzwerk 123
Europol 122, 134, 267
EVIS (sizilianische Befreiungsarmee) 172
Eyama Angue Osa, David 189

Falcone, Giovanni 168, 170, 172f., 175, 176ff., 271f.
FARC (Guerilleros, Kolumbien) 239, 257, 263
Farias, Luis Romero 248
Farias, Paulo Cesar 247f., 262
FATF (Financial Action Task Force) 264f.
FBI (Federal Bureau of Investigation, USA) 11, 113, 166, 278
FELNC (Antidrogenpolizei, Bolivien) 234f.
Fernandez, Max 236
First American Banc 271
FIS (Islamische Heilsfront, Algerien) 159
Fiscali especial (spanische Antidrogeneinheit) 161
Fishman, Luis 214f.
FSI (libanesische Polizei) 149
Fregapane, Salvatore 168
Fujimori, Alberto 206f., 219, 224, 226, 262

GAFI (Finanzorganisation gegen Geldwäsche, Frankreich) 130

Galán, Luis Carlos   126, 217, 240
Galeano-Brüder   242
Garcete, Humberto   250f.
Garzón, Baltasar   161, 165f., 245
Gaviria, César   240f., 243
Gelli, Licio   168
General Accounting Office, USA   205
Gilam Jam (usbekische Milizen)   37
Gilead Kirken   229
Giuliano, Bruno   174
Giuliano, Salvatore   172
Glemp, Jozéf   108
Gokal, Abbas   115
Goldstone, Robert   202
Gomez, Luis Arce   235
Gonzales, Felipe   231
Grieff, Monica de   24
Guazelli, Giuliano   178
Guzman, Abimael   223
Gwandu, Abubakar   189

Hariri, Rafic   150
Hassan II.   155, 164
Hassan, Mehdi Hajj   149f.
Hékho, Azan   189
Hekmathyar, Gulbuddin   36, 259
Hoang Ngoc Lam   72
Horner, Robert C.   24
Hussein, Saddam   149f.

Ibrahim, Ibrahim   245
IDEG (Internationale Konferenz zur Drogenkontrolle)   246
IHESI (Institut zur Untersuchung der inneren Sicherheit, Frankreich)   133
IKPO-Interpol   197
Immordino, Vicenzo   174f.
INCB (International Narcotics Control Board)   13
Interpol   158, 187f., 197, 267
Irshad, Mohammed   45
Isa, Haci Mehmet   140
ISI (Inter Services Intelligence, Pakistan)   22f., 43, 261
Ishaq, Ghulam   25
Isuiza, Adolfo   225
IWF (Internationaler Währungsfond)   42, 195, 224, 268

JES (Junkies-Ex-User-Substituierte)   123
Joumblatt, Walid   150

Jouraev, Alicher Jouraievitch   92
Joxe, Alain   256
Juan Carlos   161
Jurado, Franklin   125, 127

Kalinitschenko, Vladimir   86
Kanaan, Ghazi   146
Kérékou   189
Kerry-Kommission   149
Khatak, Anwar   25, 28
Khatak, Aslam   25
Khin Nyunt   50, 57
Khun Sa   53-56, 64, 72, 258
KIO (Kachin Independence Organization)   49, 55
Kittipong   67
Kleiman, Mark   203
Klein, Yair   242
KMT (Kuomintang)   75f.
KNLP (birmanische Militäreinheit)   56
Komissarov   86
Kopp, Elisabeth   112
Koren, Eitan   242
Kouchner, Bernard   134
Krapayoon Suchinda   65
Kuchenbecher, Kurt   120
Kyawk Ni Lai   54

Labrousse, Alain   10
Larcher, Gérard   130, 133
Lautenberg, Alexis   264
Lestelle, Alberto   245f.
Leuchtender Pfad   219, 222 ff., 233, 257, 259, 264
Lima, Salvo   169-172, 176, 178
Lin Chien Pang   64
Lin Ming Xian   50, 71f.
Lintner, Eduard   122
Lin Zexu   61
Livatino, Rosario   121
Lonchamps, Guy de   248
Londoño, José Santa Cruz   126f.
Lopez, Maximo Blanco   165
Lucic, Dejan   102

MADC (Entwicklungskorps, Laos)   70
MADERA (französische Hilforganisation für ländliche Gebiete)   33
Madonia, Giuseppe   167, 178
Mafia (Sizilien)   109, 121, 131, 167-179
Magharian, Barkev   112, 270
Magharian, Jean   112, 270

Mahecha, Ricardo   125f.
Malli, Mohamad Khayr   146
Mancino, Nicola   176
Mandela, Nelson   201
Mann, Richard   66
Mannoia, Francisco Marino   170, 174
Manzano, José   244
Mantillo, Edgar Garcia   125, 127
Mao Tse-tung   75
Maphai, Ramudi Michael   202
Marchese, Pino   174
Marquez, Maza   240
Martelli, Claudio   173, 271
Martinez, José Ramon Pintado   165
Massoud, Ahmad Shah   37, 258
Mattarella, Piersanti   174
Mayal, Izek   25
Mayo   73
Mazariego, Carlos   212
Mbasongo, Nguema   189
Mbasongo, Teodoro   189
McKennedy, Marilyn   233
Medellín-Kartell   163, 167, 213, 240, 244, 253
Medio, Magdalena   241f.
Mejia, Mario Montesinos   249
Mejia, Rolando   212
Menem, Carlos   244, 246, 251, 262
Menem, Munir   244
Merill Lynch   106
Messina, Leonardo   168f., 171
MERCOSUR (geplanter gemeinsamer Markt, Südamerika)   252
Meza, Heriberto Castro   126f.
MFDC (Mouvement des forces démocratiques de Casamance)   192
MIR (Revolutionäre Partei, Bolivien)   235
MNLF (Nationale Befreiungsfront, Philippinen)   74
MOLIRENA (Regierungspartei, Panama)   215
Montesinos, Vladomiro   219, 224
Morgan Stanley   106
Morgenthau, Robert   272
Mossad (israelischer Geheimdienst)   149
Moubarak, Hosni   160
Moukhabarat (syrischer Geheimdienst)   144
MPD (Demokratische Volksbewegung, Marokko)   157
MRTA (Túpac Amaru, revolutionäre Bewegung, Peru)   221ff., 225, 258, 264
Mufa-Ring   166
Murcia, Jorge Diaz   234
Musullula, Yasir Avni   163
Mutolo, Gaspare   173f.

Narong Wongwan   65
Nationalbank Pakistan   268
National Rifle Association   278
NDLEA (National Drug Law Enforcement Agency, Nigeria)   189
Nicolle, Anthony   63
Nixon, Richard   10
NNBIS (National Narcotics Border Interdiction System, USA)   10
NNICC (National Narcotics Intelligence Consumers Committee, USA)   207
Noguera Vega, Mario   246
Noriega, Manuel   215, 265, 270
Nuñez, Luis Mario   247

OAS (Organisation Amerikanischer Staaten)   264f.
Oçalan, Abdullah   145
Ocha-Brüder   241, 243
OCRGDF (Zentralstelle zur Verfolgung der Großfinanzkriminalität, Frankreich)   130
OECD (Organisation für Wirtschaftliche Zusammenarbeit und Entwicklung)   264
Office of National Drug Control Policy, USA   10
Oleijnikow, Anatolij   119
Orejuela, Rodriguez   126, 243
Orlando, Leoluca   171f.
Oromo   192

PAC (Panafrikanischer Kongress)   202
Pacepa, Ion   107
Pagano, Giacomo   168
Pak, Simon   270
Pao Yo Chang   54
Parmonov, Narmat   94
Pasdaran (iranische Nationalgarde)   144
Pathet Lao   67, 69
PCB (kommunistische Partei, Birma)   50, 54, 57, 72
PCI (kommunistische Partei, Italien)   170
Pellegritti, Giuseppe   170

Peñaherrera, Dimitrio Chavez (»Vaticano«) 224f.
Perez, Carlos Andrés 253
Pheung Kya-fu 57
Pheung Kya-shin 57
Pietro, Antonio di 175, 266, 272
PKK (Partiva Karkaren Kurdistan) 11, 137, 142–145
Ponte, Carla del 113f., 266
Prado, Benjamin 248
Propaganda 2 (P2, Italien) 168, 171
PSI (sozialistische Partei, Italien) 172, 175, 271
PTJ (Kriminalpolizei, Panama) 215
Puentes, Ramon 245
Puerta, Ramon 245

Quilès, Paul 133

Rabbani 37
Rabita (islamische Bewegung) 102
Rahman, Abdur 36
Reagan, Ronald 10, 204f.
Regalado, Rigoberto 212
Reina, Michele 174
Republic National Bank 266
Reuter, Peter 203
Reyes, Jorge 249
Riccobono, Rosario 173
Riina, Salvatore (»Toto«) 11, 163, 172f., 175–179
Rios, Jorge 214
Rivera, Alfonso 248
Rivero, Julio 252
RNI (Nationale Versammlung der Unabhängigen, Marokko) 157
Robelo, Abdiel 247
Robelo, Jabes Pinto 247
Rochtchin, Valentin 83
Rodriguez 250f.
Rojas, Luis Catalino Gonzales 250
Roma-Brüder 159f.
ROS (Reparto Operativo Speciale, Italien) 176
Rüttgers, Jürgen 124
Rumiñahui-Bank 250
Russo, Federico 245

Sager, Robert 84
Saifullah, Anwar 25
Saifullahi, Reza 39
Salgado, Milton 250

Salomon Soria, Luis Bernardo 106, 235
Salomon Soria, Norberto Bubby 106, 235
Salvo, Ignazio 171, 177f.
Sarrate, Daniel 223f.
Savio, Mario 158
Saw Maung 50
Scotland Yard 11
Seck, N'Diaga 186
Seehofer, Horst 122
Segura, Carlos 246
Sène 185
Sergejew, Alexander 80f.
Severin, Adrian 107
Sharif, Navaz 23, 26, 29
Siclari, Bruno 178
Siculina-Clan 178
SIDE (argentinischer Geheimdienst) 245
Signorino, Domenico 173, 179
Sihanouk, Norodom 262
Silva, Carlos Mario 249
SISDE (italienischer Geheimdienst) 174, 179
SLORC (birmanisches Regime) 49f., 53, 56f., 61, 263
SNI (peruanischer Nachrichtendienst) 219
Soe Aung Lwin 56
Solai, Azhar 26
Solh, Hassan Mohamed 163
Southern Command 204f.
Spatola-Inzerillo-Clan 175
Spegelj, Martin 100
SSA (nationalistische Shan-Bewegung) 56
SSNLO (Shan State National Liberation Organization) 56
SSPP (nationalistische Shan-Bewegung) 56
SSRC (Shan State Restauration Council) 56
Stanculescu 107
Sterling, Claire 109
Stidde-Gruppe (Sizilien) 167f.
Storbeck, Jürgen 122
Stroessner, Alfredo 251
Suarez, Asunta Roca 233
Suarez, Jorge Roca 233
Swe Aye 56
Sya Lenk 56

Taboada, Evenor 214
Tama 54
Taylor, Charles 191
Tet Ne Htoon 56
Tha Kalay 56
Thurman, Maxwell 204
Tin Kwang Ming 54
Torres, Adolfo Ramírez 253
Torres, Ruben 246
Touré, Sékou 184
TRACFIN (Antigeldwäscheabteilung, Frankreich) 130, 266
Trevi-Gruppe 156
Triaden 59, 74, 104, 162, 201
Tribal Research Institute 71
Tschiang Kai-scheck 75

UCIFA (Guardia Civil, Spanien) 165
UCS (Einheit staatsbürgerliche Solidarität, Bolivien) 236
ul-Haq, Zia 21
UMOPAR (Polizeieinheit, Bolivien) 233
UN (United Nations) siehe Vereinte Nationen
UNAPEGA (bolivianische Bauernvereinigung) 229
UNDCP (United Nations International Drug Control Program) 32, 35, 67–71, 88, 148, 151, 228ff.
UNTAC (UN-Streitkräfte in Laos) 71
UN-Zentrum für Transnationale Unternehmen 268

USAID (United States Agency for International Development) 36, 67, 69f., 228
UWSP (birmanische Organisation) 54

Valladares, Asicio 211
Vargas, Antonio 212
Vargas, Elder 212
Vasquez, Jairo Velasquez 241
Venter 197
Vereinte Nationen (UN) 13, 33, 122, 155, 229, 231, 237

Wain, Ghulam Haidar 26
Wei Shao-Kang 53f.
Wei Shao-Lung 53f.
Wei Shao-Yin 53f.
Weltbank 195

Yakuza (japanische Mafia) 59, 270
Yanafinio, Sukanna 44
Yang Mu An 57
Yang Mu Leng 57
Yasim, Farouk 160
Yildirim, Huseyin 137
Yoma, Amira 244f.

Zachert, Hans 125
Zamora, Jaime Paz 228, 232f.
Zdanowicz, John 270
Zhang Zhi Ming 50, 71f.
Zia, Ramadi 100f.

Gesellschaft
Politik
Wirtschaft

Jewgenia Albaz:
Das Geheimimperium
KGB
Totengräber der
Sowjetunion
dtv 30326

Timothy Garton Ash:
Ein Jahrhundert
wird abgewählt
Aus den Zentren
Mitteleuropas
1980-1990
dtv 30328

Fritjof Capra:
Wendezeit
Bausteine für ein
neues Weltbild
dtv 30029

Das neue Denken
Ein ganzheitliches
Weltbild im
Spannungsfeld
zwischen Naturwissen-
schaft und Mystik
Begegnungen und
Reflexionen
dtv 30301

Alfred Grosser:
Verbrechen und
Erinnerung
Der Genozid im
Gedächtnis der Völker
dtv 30366

Graf Christian von
Krockow:
Politik und
menschliche Natur
Dämme gegen die
Selbstzerstörung
dtv 30321

Heimat
Erfahrungen mit
einem deutschen
Thema
Aktualisierte Ausgabe
dtv 30321

Dagobert Lindlau:
Der Mob
Recherchen
zum organisierten
Verbrechen
dtv 11709

John R. MacArthur:
Die Schlacht der Lügen
Wie die USA den
Golfkrieg verkauften
dtv 30352

Gérard Mermet:
Die Europäer
Länder, Leute,
Leidenschaften
Mit zahlr. Tabellen,
Karten u. Abbildungen
dtv 30340

Witold Rybczynski:
Verlust der
Behaglichkeit
Wohnkultur im
Wandel der Zeit
dtv 11439

Hans Jürgen Schultz:
Trennung
Eine Grunderfahrung
des menschlichen
Lebens
dtv 30001

Dorothee Sölle:
Gott im Müll
Eine andere
Entdeckung
Lateinamerikas
dtv 30040

Zeitbombe Mensch
Überbevölkerung und
Lebenschance
Hrsg. v. Reymer Klüver
dtv 30375

Auslandsberichte

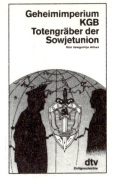

Jewgenia Albaz:
Das Geheimimperium
KGB
Totengräber der
Sowjetunion
dtv 30326

Milovan Djilas:
Jahre der Macht
Im jugoslawischen
Kräftespiel
Memoiren 1945 – 1966
Vorwort von
Wolfgang Leonhard
dtv 30304

Marion Gräfin Dönhoff:
Der südafrikanische
Teufelskreis
Reportagen und
Analysen aus drei
Jahrzehnten
dtv 11110

Georg Markus (Hrsg.):
Mein Elternhaus
Ein österreichisches
Familienalbum
Mit zahlreichen Fotos
dtv 30330

Mark Mathabane:
Kaffern Boy
Ein Leben in der
Apartheid
dtv 10913

Conor Cruise O'Brien:
Belagerungszustand
Die Geschichte des
Zionismus und
des Staates Israel
dtv 11424

Peter Scholl-Latour:
Mord am großen Fluß
Ein Vierteljahrhundert
afrikanische
Unabhängigkeit
dtv 11058
Leben mit Frankreich
Stationen eines halben
Jahrhunderts
dtv 11399

Der Tod im Reisfeld
Dreißig Jahre Krieg
in Indochina
dtv 30336

John R. MacArthur:
Die Schlacht der Lügen
Wie die USA den
Golfkrieg verkauften
Vorwort von
Dagobert Lindlau
dtv 30352

Dorothee Sölle:
Gott im Müll
Eine andere Entdeckung Lateinamerikas
dtv 30040

Jonathan D. Spence:
Das Tor des
Himmlischen Friedens
Die Chinesen
und ihre Revolution
1895 – 1980
dtv 30307

Yue Daiyun:
Als hundert Blumen
blühen sollten
Die Odyssee einer
modernen Chinesin
vom Langen Marsch
bis heute
dtv 11040

Gerhard Konzelmann im dtv

Der Nil
Heiliger Strom unter Sonnenbarke, Kreuz und Halbmond

Die bewegte Geschichte der Länder am Nil von den Pharaonen bis zu Mubarak und den westpolitischen Machtblöcken der Gegenwart. dtv 10432

Jerusalem
4000 Jahre Kampf um eine heilige Stadt

Konzelmann erzählt detailliert und kenntnisreich die viertausendjährige Geschichte dieser Stadt, die sowohl für Juden wie für Mohammedaner und Christen die »heilige Stadt« ist. dtv 10738

Der unheilige Krieg
Krisenherde im Nahen Osten

Ein Versuch, das für den westlichen Beobachter schier unentwirrbare Knäuel verschiedener Einflüsse und Strömungen im libanesischen Bürgerkrieg zu entwirren und durch geschichtliche Rückblicke die Ursachen des Konflikts aufzudecken. dtv 10846

Die islamische Herausforderung

Der allumfassende Anspruch und die Kompromißlosigkeit ihrer Religion geben der neuen islamischen Bewegung ihre Kraft. Konzelmann vermittelt das Wissen, das zum Verständnis der islamischen Revolution nötig ist, mit der das Abendland sich die nächsten Jahrzehnte wird auseinandersetzen müssen. dtv 10873

Allahs Schwert
Der Aufbruch der Schiiten

Die faszinierende Geschichte der radikalen islamischen Minderheit, die seit Jahren für Schlagzeilen sorgt. dtv 11351

Der Jordan
Ur-Strom zwischen Heil und Haß

Wer die heutigen Konflikte um den Besitz des Westjordanlandes wirklich verstehen will, muß ihren historischen Wurzeln nachspüren. Konzelmann führt fachkundig durch die Wirren der Geschichte dieses umkämpften Gebietes. dtv 30317

Die Hebräer
Ursprung und Aufbruch des biblischen Volkes

Die packende Geschichte des jüdischen Volkes von der Zeit König Salomons bis zur Zerstörung der Stadt Masada im Jahr 73 n. Chr. durch die Römer. dtv 30332

Der Golf
Vom Garten Eden zur Weltkrisenregion

Wie die Ereignisse des Gofkrieges im Zusammenhang mit der 5000 Jahre alten Geschichte und Kultur des Zweistromlandes stehen.
dtv 30363 (Juli '93)

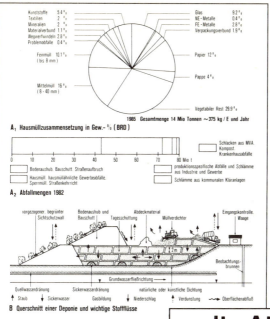

A₁ Hausmüllzusammensetzung in Gew.-% (BRD)

A₂ Abfallmengen 1982

B Querschnitt einer Deponie und wichtige Stoffflüsse

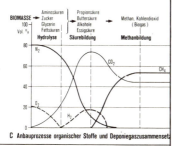

C Anbauprozesse organischer Stoffe und Deponiegaszusammensetz[ung]

dtv-Atlas zur Ökologie
von Dieter Heinrich und
Manfred Hergt
Tafeln und Texte
Mit 122 Farbtafeln
Originalausgabe
dtv 3228

dtv Atlanten

dtv-Atlas zur Weltgeschichte
von W. Hilgemann und H. Kinder
2 Bände
dtv 3001/3002

dtv-Atlas zur Astronomie
von J. Herrmann
Mit Sternatlas
dtv 3006

dtv-Atlas zur Mathematik
von F. Reinhardt und H. Soeder
2 Bände dtv 3007/3008

dtv-Atlas zur Atomphysik
von B. Bröcker
dtv 3009

dtv-Atlas zur Biologie
von G. Vogel und H. Angermann
3 Bände
dtv 3221/3222/3223

dtv-Atlas der Anatomie
von W. Kahle, H. Leonhardt und
W. Platzer
3 Bände
dtv/Thieme 3017/3018/3019

dtv-Atlas zur Baukunst
von W. Müller und G. Vogel
2 Bände
dtv 3020/3021

dtv-Atlas zur Musik
von U. Michels
2 Bände
dtv/Bärenreiter 3022/3023

**dtv-Atlas
zur deutschen Sprache**
von W. König
dtv 3025

dtv-Atlas der Physiologie
von S. Silbernagl und
A. Despopoulos
dtv/Thieme 3182

dtv-Atlas zur Chemie
von H. Breuer
2 Bände
dtv 3217/3218

**dtv-Atlas
zur deutschen Literatur**
von H. D. Schlosser
dtv 3219

dtv-Atlas zur Psychologie
von H. Benesch
2 Bände
dtv 3224/3225

dtv-Atlas zur Physik
von H. Breuer
2 Bände
dtv 3226/3227

dtv-Atlas zur Ökologie
von D. Heinrich und M. Hergt
dtv 3228

dtv-Atlas zur Philosophie
von P. Kunzmann, F.-P.
Burkard und F. Wiedmann
dtv 3229